普通高等学校公共体育新形态教材

大学体育教程

（第二版）

主编 罗红 夏青 王玮

Course of College Physical Education

王越
历史12班

高等教育出版社·北京

内容简介

本教材在上一版教材的基础上，深入贯彻全国教育大会精神，紧密围绕教育部印发的《全国普通高等学校体育课程教学指导纲要》《高等学校体育工作基本标准》等文件编写而成。本教材包括大学体育概述、体育锻炼的理论基础、体质健康、体育文化与欣赏、田径、篮球、排球、足球、五人制足球、乒乓球、羽毛球、网球、游泳、武术、跆拳道、健美塑身、特色传统体育项目、时尚休闲体育项目 18 章内容。本教材链接了大量二维码资源，便于学生自学自练。

本书既可作为普通高等学校公共体育教材，又可作为体育锻炼者的参考用书。

图书在版编目（C I P）数据

大学体育教程 / 罗红，夏青，王玮主编． -- 2 版
． -- 北京 ： 高等教育出版社，2021.8（2022.9重印）
ISBN 978-7-04-056403-7

Ⅰ. ①大… Ⅱ. ①罗… ②夏… ③王… Ⅲ. ①体育-高等学校-教材 Ⅳ. ①G807.4

中国版本图书馆 CIP 数据核字（2021）第 129976 号

Daxue Tiyu Jiaocheng

策划编辑 范 峰　　责任编辑 杨 琛　　封面设计 张 楠　　版式设计 于 婕
插图绘制 于 博　　责任校对 窦丽娜　　责任印制 朱 琦

出版发行 高等教育出版社
社　　址 北京市西城区德外大街 4 号
邮政编码 100120
印　　刷 三河市华骏印务包装有限公司
开　　本 787mm×1092mm 1/16
印　　张 25.5
字　　数 630千字
购书热线 010-58581118
咨询电话 400-810-0598
网　　址 http://www.hep.edu.cn
　　　　 http://www.hep.com.cn
网上订购 http://www.hepmall.com.cn
　　　　 http://www.hepmall.com
　　　　 http://www.hepmall.cn
版　　次 2016年 8 月第 1 版
　　　　 2021年 8 月第 2 版
印　　次 2022年 9 月第 6 次印刷
定　　价 48.00元

物 料 号 56403-00

编写组成员

主　编： 罗　红　夏　青　王　玮

副主编： 秦小平　谢晓艳　董丽丽

参　编： 丁　文　朱豫皖　张　燕

前言

大学体育是高等教育的重要组成部分，是培养德智体美劳全面发展的社会主义建设者和接班人的重要途径。2018 年 9 月，习近平在全国教育大会上强调："要树立健康第一的教育理念，开齐开足体育课，帮助学生在体育锻炼中享受乐趣、增强体质、健全人格、锤炼意志。"为贯彻落实《"健康中国 2030"规划纲要》《关于全面加强和改进新时代学校体育工作的意见》《全国普通高等学校体育课程教学指导纲要》《国家学生体质健康标准（2014 年修订）》等文件精神，我们在认真总结当前大学体育教学经验、广泛参阅国内众多优秀公体教材的基础上，结合大学体育教学实际和学生学习诉求编写了本教材。

大学体育课程是大学生以身体练习为主要手段，通过合理的体育教育和科学的体育锻炼过程，达到增强体质、增进健康和提高体育素养为主要目标的公共必修课程，是学校课程体系的重要组成部分，是高等学校体育工作的中心环节。随着社会的发展和科技的进步，大学生的体力活动也日趋减少。面对这种现状，通过体育锻炼提高大学生的体质和健康水平，锤炼其意志品质，引导其树立终身体育的意识和行为显得格外重要。

本教材在延续上一版教材体系的基础上，深入贯彻全国教育大会精神，以"健康第一、促进终身锻炼"为编写宗旨，内容简明扼要、图文并茂、通俗易懂，融思想性、科学性、民族性、时代性和系统性于一体。本书在体现现代体育教育内容主体的同时，还增加了特色传统体育项目等内容，有助于激发大学生的学习兴趣，适合各高校体育课程教学，让大学生学习体育锻炼的基础理论知识、掌握体育锻炼的方法、理解体育文化的内涵、增强体育锻炼的意识、形成自觉锻炼身体的行为和习惯。

本教材在编写过程中，吸收、借鉴了大量国内外专家学者的最新研究成果，在此一并表示感谢。为提高学习效果，本教材通过二维码关联有关知识点拓展内容和动作示范录像，实现了纸质教材与互联网的深度融合，是普通高等学校公共体育新形态教材。

由于编写人员水平有限，书中难免有不当之处，敬请广大读者批评指正。

编　者

2021 年 1 月

目 录

第一章　大学体育概述 / 1
第一节　体育的渊源 / 1
第二节　现代体育与人的健康 / 6
第三节　大学体育的价值与目标 / 10

第二章　体育锻炼的理论基础 / 13
第一节　体育锻炼的生理学基础 / 13
第二节　体育锻炼的心理学基础 / 20
第三节　科学的体育锻炼与评价 / 24
第四节　运动常见的生理反应及其处理 / 34
第五节　常见运动损伤的预防与处理 / 41
第六节　运动营养与保健 / 44

第三章　体质健康 / 50
第一节　大学生体质健康的测量与评价 / 50
第二节《国家学生体质健康标准》测试项目的操作方法和锻炼方法 / 55

第四章　体育文化与欣赏 / 61
第一节　体育文化概述 / 61
第二节　奥林匹克运动 / 62
第三节　校园体育文化 / 68
第四节　体育欣赏 / 70

第五章　田径 / 76
第一节　田径概述 / 76
第二节　田径技术与练习方法 / 76
第三节　田径竞赛规则简介 / 86

第六章　篮球 / 89
第一节　篮球概述 / 89
第二节　篮球技术与练习方法 / 90
第三节　篮球战术 / 99
第四节　篮球竞赛规则简介 / 102

第七章　排球 / 105
第一节　排球概述 / 105
第二节　排球技术与练习方法 / 106
第三节　排球战术 / 114
第四节　排球竞赛规则简介 / 117

第八章　足球 / 120
第一节　足球概述 / 120
第二节　足球技术与练习方法 / 122
第三节　足球战术 / 134
第四节　足球竞赛规则简介 / 138

第九章　五人制足球 / 142
第一节　五人制足球概述 / 142
第二节　五人制足球技术与练习方法 / 143
第三节　五人制足球战术 / 153
第四节　五人制足球竞赛规则简介 / 158

第十章　乒乓球 / 163
第一节　乒乓球概述 / 163
第二节　乒乓球技术与练习方法 / 164
第三节　乒乓球战术 / 175
第四节　乒乓球竞赛规则简介 / 177

第十一章　羽毛球 / 181
第一节　羽毛球概述 / 181
第二节　羽毛球技术与练习方法 / 181

第三节 羽毛球战术 / 189
第四节 羽毛球竞赛规则简介 / 191

第十二章 网球 / 194
第一节 网球概述 / 194
第二节 网球技术与练习方法 / 195
第三节 网球战术 / 203
第四节 网球竞赛规则简介 / 209

第十三章 游泳 / 212
第一节 游泳概述 / 212
第二节 熟悉水性练习 / 214
第三节 游泳技术 / 216
第四节 游泳竞赛规则简介 / 227

第十四章 武术 / 230
第一节 武术概述 / 230
第二节 武术基本功 / 233
第三节 初级长拳三路 / 239
第四节 简化太极拳 / 250
第五节 散打 / 259
第六节 女子防身术 / 266

第十五章 跆拳道 / 273
第一节 跆拳道概述 / 273
第二节 跆拳道技术与练习方法 / 274
第三节 跆拳道竞赛规则简介 / 280

第十六章 健美塑身 / 282
第一节 健美操 / 282
第二节 体育舞蹈 / 299
第三节 瑜伽 / 322
第四节 健美运动 / 332

第十七章 特色传统体育项目 / 345
第一节 跳绳 / 345
第二节 毽球 / 347
第三节 陀螺 / 350
第四节 滚铁环 / 354
第五节 巴山舞 / 355
第六节 竹竿舞 / 361
第七节 板鞋竞速 / 362
第八节 高脚马 / 365

第十八章 时尚休闲体育项目 / 368
第一节 定向运动 / 368
第二节 攀岩 / 382
第三节 台球 / 386
第四节 轮滑 / 388
第五节 跑酷 / 393

参考文献 / 396

第一章 大学体育概述

第一节 体育的渊源

一、体育的产生

体育是一种人类社会特殊的文化现象，其形成是一个漫长的历史过程。它是应社会生产、生活的需要产生和发展起来的，并随着社会的发展而逐渐完善。

在漫长的原始社会中，人类在极其艰苦的条件下生活，只能靠采集、狩猎、捕鱼等方法来获取各种食物，维持生存。人们在繁重的生产劳动过程中，在与野兽搏击的过程中，以及在部落之间的斗争中，不断改进自己的体力和智力，并逐渐发展了行走、奔跑（图1-1-1）、跳跃（图1-1-2）、投掷（图1-1-3）、攀登、爬越、游水、攻防、格斗等生活技能。人类最初的这些活动，正是最初的体育形态。

图1-1-1 奔跑

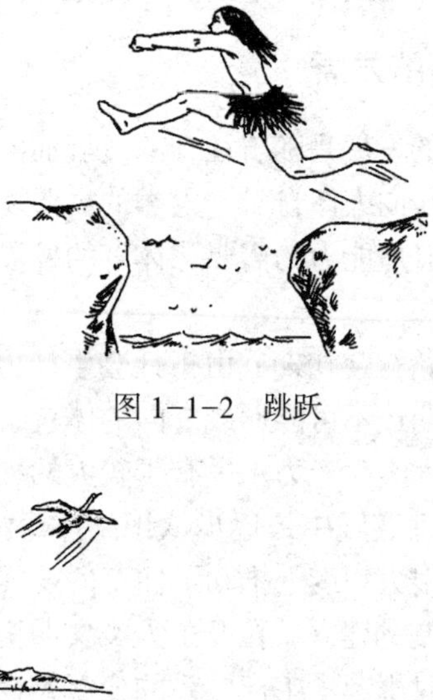

图1-1-2 跳跃

图1-1-3 投掷

>>> 知识链接

50万年前，随着生活的变迁，人类由树栖动物变为地栖动物，最终变为直立行走的人；几万年前，人类发明了“飞石索”用来投掷野兽；3万年前，人类发明了弓箭用来射击禽兽……在长期的历史发展进程中，人类逐渐发展了多种生存与生活技能。

随着生产工具的改进和生产力水平的不断提高，劳动技能日益复杂化。同时随着社会生产的物品增多，人们的衣食住行有了一定的改善。在这样的条件下，为了适应整个社会生活的需要，使社会物质生产和社会生活能够延续发展，年长者会在劳动生产过程中和日常生活中向年轻一代传授各种经验和技能，这便是人类最初的教育。原始社会的教育主要是一些生产技能的传授，而这些生产技能又多是体力劳动。这种以身体活动为主要手段的教育，其中也包含体育的因素。据民族学提供的材料，1945 年，在我国大兴安岭西北麓森林中的鄂温克人还处于原始社会末期，过着原始狩猎生活。为了适应这种狩猎生活，在其从小接受的教育中，体育占有重要地位。他们的孩子在五六岁时就常玩狩猎游戏，经常练习射箭和打靶。可见，原始的教育活动与体育是很难截然分开的。这是人类教育的萌芽，也是体育活动的萌芽。

在原始社会条件下，体育的产生与人类当时的各项社会活动，如劳动、教育、军事、娱乐、医疗和卫生等都有十分密切的联系。为了对付野兽的袭击和防卫部落之间的各种冲突，出现了各种格斗活动；为了表达和抒发内心的各种感情，出现了一些集体的舞蹈和游戏；为了益寿延年，人们逐渐认识到一定的身体活动具有防治疾病的作用，从而产生了原始的医疗体操，如在我国原始社会末期就出现了阴康氏的“消肿舞”。人类的这些活动都与体育的起源有着紧密的联系，是之后体育运动发展和演变的基础。在现代体育运动中，仍然可以寻觅到人类早期活动的踪迹。

二、体育的发展

体育的发展是随着社会的发展而发展的。随着社会的进步，人类的眼光逐渐从人体之外的自然转向人体自身。人类的需要从最初由对自然物的需要逐渐过渡到对增强人自身征服、改造自然能力的需要，体育的发展，也正是随着人类社会需要层次的不断提高而不断发展的。

在原始社会初期，由于社会生产力水平十分低下，人们在极其艰苦的环境中生活，因而这个时期还不可能形成专门的体育，体育也无法成为一项专门的社会活动。到了原始社会末期，人类生产力水平有了较大的提高，人类智力水平也有了较大的发展，人们在长期的生产劳动实践中，逐步认识到体育活动可以强身健体，培养更好的劳动力和优秀的勇士。这在很大程度上推动了体育的发展。

奴隶制的建立，拉开了人类文明史的序幕。特别是工具的运用，极大地提高了生产力水平，同时引起了生产关系的变革，也为体育的初步形成提供了物质条件和社会条件。由于生产方式和生活条件的改变，人类社会对体育的需要也发生了变化。体育的运动形式相对独立和日益丰富起来；民族传统体育初步形成；随着社会的发展，战争此起彼伏，军事斗争成为推动体育发展的重要动力，体育也成为最重要的教育内容。体育在军事、文化、教育等方面显示出了它的社会职能。

到了封建社会，体育有了长足的进展。这一时期运动项目日趋多样化和规范化，参加体育活动的人日益增多，体育活动的范围扩大，体育竞技状况空前兴盛，体育竞技规模也较大，运动技术水平有了很大提高。到了封建社会的后期，体育的发展在组织程度上有了极大的提高。在体育理论方面，大量的体育资料积累汇集，尤其是养生术和养生思想有了很大发展。在思想观念上，文武双全也成为封建社会衡量人才的重要标准。军事武艺在社会活动中越来越显露出它的重要性。因此，体育备受统治阶级的重视。这对当时体育的发展，起到了很大的推动作用。

资本主义社会把私有制的社会形态推向顶峰。生产力的巨大发展给人类社会生活带来了深刻的影响和变化。随着人们物质生活水平的极大提高，体育因其具有广泛的社会需要而得到迅速的发展。体育活动项目和规模都远远超过奴隶社会和封建社会。体育科学开始形成独立的学科体系。体育已成为学校教育的重要组成部分。

社会主义社会力求把每个社会成员都培养成为德智体美劳全面发展的人才。体育是培养全面发展的人才的重要内容与手段，社会对体育也不断提出新的要求。正是这种不断发展的社会需要，使体育的功能从早期的增强生存能力逐渐发展为丰富、美化人们的生活，培养全面发展的人。

三、体育的概念

19 世纪 60 年代，由西方传入“体育”（physical education）一词，其意是指与维持和发展身体的各种活动有关联的一种教育过程。近几十年来，随着人类社会的不断进步和体育实践的日益丰富，原指体育教育的“体育”概念已不能涵盖具有相对独立体系的竞技运动和身体锻炼。

《中国大百科全书（体育）》把体育的概念分为狭义体育与广义体育。狭义体育把体育定义为身体教育，认为体育是以身体练习为手段，以促进人的身体发展、增强人的体质和提高人的运动技术水平为目的的教育过程。其内涵是传授锻炼身体的知识和技能，培养良好的道德和意志品质，促进人的全面发展。广义体育视体育为一种社会文化现象，即体育不仅是通过身体练习，增强人的体质，提高人的运动技术水平，而且是丰富人们社会文化生活，提高大众生活质量，促进社会文明建设的有意识、有组织的社会活动。体育是社会总文化的组成部分，其发展受社会政治和经济的制约，同时，体育可为社会政治和经济服务。

体育的概念是对体育认识的概括，也揭示了体育作为社会文化现象的本质。伟大教育家、现代奥林匹克运动之父皮埃尔·德·顾拜旦（1863—1937 年）曾以优美动听的散文诗《体育颂》讴歌体育。他赞美体育，崇尚体育，称体育是“天神的欢娱，生命的动力”，是“美丽”“正义”“勇气”“荣誉”“乐趣”“沃地”“进步”“和平”的化身。

四、体育的功能

随着社会的不断进步和发展，人类需要的层次不断提高。体育自身的特征及其与各种社会现象之间相互作用的规律被不断揭示，人们对体育功能的认识更为深刻。

（一）体育的健身功能

体育以身体运动为基本表现形式，它要求人体直接参与活动，这也是体育最基本的特点之一，这一特点决定了体育具有强身健体的功能。体育的健身功能主要表现在以下几个方面：

1. 改善和提高人体神经系统的功能

体育锻炼可以改善大脑的供血、供氧，使大脑皮质的兴奋增加，抑制加深，兴奋和抑制更加集中，神经系统的均衡性和灵活性加强，对外界刺激的反应更加迅速、准确，大脑的综合分析能力加强，整个神经系统的工作能力得到改善和提高。

2. 促进有机体的生长发育，塑造健美体型，提高人体的运动能力

经常参加体育锻炼，可以使人体的骨骼更加坚实、抗压性增强，特别能使脊柱、胸部和骨盆等支撑器官的发育更加完美，为塑造健美体型创造条件。体育锻炼还可以改善肌肉的血液供应状况，增加肌肉的营养物质，使肌纤维增粗，使肌肉有更多的能量储备以适应运动和劳动的需要，从而促进生长发展，提高运动能力。

3. 促进人体内脏器官构造和机能的改善

体育锻炼可以使人体能量消耗增加，代谢产物增多，新陈代谢旺盛，血液循环加速，从而使内脏器官的构造和机能得到改善。

4. 提高人对自然环境的适应能力

在严寒、酷暑、高空等环境条件下进行体育锻炼，不仅可以调节人的某些不健康情绪和心理，使人朝气蓬勃，充满活力，而且可以提高人对环境的适应能力，促进全身各器官、系统的功能相互协调。

5. 提高人体的应急能力和免疫力

经常参加体育锻炼不仅可以增强人体的免疫力，还能提高人体的应急能力，有助于推迟人体衰老的生理过程，从而达到防病治病、延年益寿的效果。

（二）体育的教育功能

体育的教育功能是体育最基本的功能之一。体育作为一种特殊的社会现象，不仅本身是学校教育中不可缺少的重要组成部分，而且对整个社会所产生的影响也是非常深刻的。

就学校教育体系而言，学校体育是学校教育不可缺少的重要组成部分，是学校培养全面发展人才的重要内容和手段。现代教育观认为，在学校教育过程中，应完成教育、教学和发展三方面的任务，而体育本身的动态特征决定了它在这方面具有广阔的作用空间。

就社会教育体系而言，由于体育具有群众性、活动性、技艺性、竞争性、国际性和礼仪性等特点，它在激发人们的爱国热情、振奋民族精神和培养人们的优良品德方面具有不可低估的作用。

（三）体育的娱乐功能

由于体育所显示的高难性、惊险性、造型的艺术性、配合的默契性和易于接受的朴素性，不仅给人以健、力、美的享受，而且越来越多地吸引着人们自觉投身其中，体育成为人们余暇生活的一个重要组成部分，丰富了人们的社会文化生活，满足了人们的精神需要。

（四）体育的经济功能

生产力的提高是社会经济发展的重要标志。人是社会生产力中决定性的因素，而身体素质是人的各种素质的物质基础。体育能提高人的身体素质和基本活动能力，从而大大提高劳动生产率，促进社会经济的发展。

在高度发达的商品经济社会，体育的经济效益又取决于体育的“社会化”“娱乐化”“终身化”程度和竞技体育的发展水平。一次重大的比赛，出售电视转播权、出售门票、发行体育彩票和纪念币、收纳广告费等，可获得巨额的收入。重大国际比赛还能促进旅游业等第三产业的发展。

（五）体育的政治功能

体育的政治功能是客观存在的。体育与政治的关系微妙，它可以作为正义的政治宣传手段。例如，在古希腊城邦交战时期，奥林匹克运动会举行期间各方约定休战，由此开创了体育为和平政治服务的先河。

体育在宣传民族自强及爱国主义精神方面所起的政治作用相对比较微妙。大型运动会上，运动员获胜后，常高举自己国家的国旗绕场一周；在奥运会颁奖仪式上，通常会升起前三名运动员所在国国旗，奏冠军运动员国家的国歌。这些举动和仪式都充分显现了体育的政治宣传力量。

体育也常成为抗议种族歧视、捍卫民族尊严的手段。为抗议种族歧视，非洲国家体育组织集体抵制了 1976 年蒙特利尔奥运会；为抗议苏联入侵阿富汗，以美国为首的部分西方国家抵制了 1980 年莫斯科奥运会；而以苏联为首的部分东欧国家集体抵制了 1984 年洛杉矶奥运会。这些都表明体育与国家主权、民族尊严有着不可分割的联系。

（六）体育的社会化功能

在人的一生中，许多人并不是以个体的社会化为目的去从事体育运动的，却在体育运动中实现或加速了自己的社会化过程。在现代社会，体育的社会化功能受到了广泛的重视。体育不仅可以为人们提供社会生活所需求的行为能力、行为方式与规范等，还可以使人们学到其他社会生活领域中的规则。对于广大青少年来说，体育还可以使他们学会互相尊重、养成良好的社会态度、发展自主性和对道德问题的判断力，促进其个性的形成与发展。体育社会化，不仅能提高人们对身体、生命、环境和体育的认识，形成正确的体育价值观念，还可以在强化竞争的意义、规范、道德等过程中，使人们认识到社会上各种竞争活动的社会意义。

五、我国体育的构成

我国体育基本上由学校体育、竞技体育和社会体育三方面构成。三者既不能相互代替，也不能相互混淆。

（一）学校体育

学校体育是学校教育的重要组成部分，是全民教育的基础。它作为教育和体育的交叉点，又是国家体育事业发展的战略重点。为了达到教育、教养及发展的总目标，学校体育按不同教育阶段和年龄特征，通过体育课程、课余训练和课外体育活动的基本组织形式，以增强体质、增进健康、树立“健康第一”意识、为“终身体育”奠定基础为核心，全面实现其在学校教育中的各项任务。由于处在学校教育这个特定环境中，体育的实施内容被列入学校总体计划，实施效果又有相应的措施予以保证，学校体育与其他教育环节共同构成一个完整的教育过程，以促进学生德智体美劳的全面发展。

（二）竞技体育

竞技体育是体育的重要组成部分，主导着体育运动的发展，是当代体育运动的主体。竞技体育是在全面发展身体素质的基础上，以战胜对手、取得优异运动成绩为目标，为最大限度地发挥和提高个人、集体在体格、体能、心理和运动能力等方面的潜力所进行的科学的、系统的训练和各种竞赛活动。竞技体育具有激烈的对抗性、高度的竞争性、高超的技艺性和超越自我、永攀高峰的拼搏精神，它不仅可以活跃社会文化生活，振奋民族精神，提高国家的国际威望，还可以促进民族团结，增进各民族的友谊。

（三）社会体育

社会体育作为体育的重要组成部分，关系到全民族体质健康水平的提高和生活质量的改善，是现代社会文明、健康、科学的重要标志之一。现代生产方式和人文环境等客观条件将对社会体育的性质、内容、范围、结构、对象等产生巨大影响。在我国，社会体育是指大众自愿参加，以增进身心健康为主要目的，内容丰富、形式灵活的社会体育活动，既有别于高水平的竞技体育，又有别于学校体育，它作为学校体育的延伸，可使人们的体育生涯得以维持并使人们受益终身。

第二节 现代体育与人的健康

一、现代生活方式与人的健康

（一）现代生活方式的特征

20 世纪是人类文明发展史上的一个重要阶段。在这 100 年里，人类创造的奇迹超过了以前几万年的总和。但在令人炫目的 21 世纪，我们的世界会进一步改变。例如，劳动过程的机械化、自动化，汽车代步，生活电器化、信息化，食物半成品化、快餐化等都在不断改善社会生活的物质条件。我们的生产和生活由于现代化的高度发展而日趋效率化和合理化，劳动的时间得以缩短，闲暇时间不断增多。社会学研究表明，社会发展可持续化、社会资产投入无形化、社会知识化、教育终身化、生产方式集约化、信息传递网络化的趋势和特征，对学校教育改革与发展，对人才培养的方针和途径，以及人才如何适应未来社会生活需要提出了新的要求，这也正是学校体育特别是高校体育所面临的重要问题。

（二）现代生活方式对人体健康带来的影响

现代生活方式主要由人们满足自身需要的方式所决定。科学技术的发展，使生产过程自动化、电气化和智能化的过程加快，繁重的体力劳动大大减少。过去那种大幅度、高强度的劳动操作，被由小肌肉群参与的小动作取代。现代生活方式的变化，使现代人的机体结构和机能（身体、心理）与生活环境之间产生了不平衡。身体活动的机会越来越少，这必然导致体力的下降。而现代社会的物质又极为丰富，人们营养物质摄入过剩，加上日常生活中运动的减少，肥胖率逐渐升高。一些人随着肥胖程度的增加，体能逐渐下降，而另一些人甚至出现体质衰弱。现代文明病逐渐成为人类的第一杀手。

（三）现代社会带来的挑战与危机

现代社会给人们带来方便和舒适的同时，也带来了许多的危机和不利的因素，归结起来有 5 个方面：

1. 高科技的挑战

信息时代，大众传媒的覆盖面越来越大，电脑被广泛使用，信息爆炸，人们要不断地挑选和运用这些信息，学会面对崭新的环境。

2. 精神紧张的影响

以自动化为代表的生产方式，不但使劳动者自身劳动生产的喜悦减少，而且增加了劳动者的厌倦感。此外，由于快节奏的工作，精神紧张程度也会越来越大，从而增加了精神的疲劳。此外，城市人口高度集中，交通拥挤，噪声增加，加上以广告为代表的宣传泛滥等，均是使人容易疲劳的因素。

3. 道德和情感的困惑

在现代社会，以互联网用户构成的社区已成为城市日常生活的主流，这些超越时空的因素使人们的交往方式变得复杂，但这种情感的交流是不完全的。办公家庭化、信息个人化又呼吁人们应有面对面情感交流的机会，这种时空的阻断和交流的渴望使人们不可避免地产生道德和情感的困惑。

4. 生态危机

由于人口高度集中和城市化的不断发展，人们与大自然的距离越来越远。全球气候变化、臭氧层破坏、酸雨污染、土地荒漠化、水资源危机、森林植被遭到破坏、生物多样性锐减、海洋资源的破坏和污染、持久性有机污染物的污染等，使得人类的生存环境急剧恶化。

5. 社会公害问题严重

在现代社会，由于利益的驱使，一部分人或损人利己，或知法犯法，或造假贩假，或违法犯罪……这些都给社会的稳定繁荣带来了负面的影响，也给百姓的生活带来了心态上的负面影响。另外，利用职务谋私等腐败行为也会有较大的社会负面影响。

二、现代体育的发展趋势

体育作为一种提高生活质量、满足人类身体需要和精神享受的重要手段，是现代社会人类文明、健康、科学生活方式不可缺少的组成部分。体育不仅对健康的人生有着重要的意义，还与建立幸福的家庭和社会紧密联系在一起。有社会学家预测，体育甚至可能上升为未来社会人类生活的第一需要。社会的进步，使得体育的内容和形式也日趋丰富多样。

1. 体育的社会化

发展体育事业得到了世界各国的普遍重视，各国政府都以立法的形式保证体育的广泛开展。例如，日本于 1961 年制定了《体育运动振兴法》，美国于 1978 年推行了《业余体育法》，我国 1995 年颁布了《中华人民共和国体育法》。

随着社会的发展及生活水平的提高，人们的体育意识不断增强，对体育的需求日益迫切。生命在于运动，运动胜过良药，已成为社会普遍接受的观点。现代人对体育的普遍需求，也促进了全社会参与体育的热情。体育产业已成为国民经济的重要增长点。2012 年，美国体育产业年产值高达 4 350 亿美元，约占其 GDP 的 4%。北京奥运会后，我国体育朝着社会化和产业化发展的趋势日益明朗，这已成为当前体育改革的主要方向。

2. 体育的多样化

为了满足现代人的需要，体育运动的目的、内容、形式等正朝着多样化的方向迅速发展。娱乐性体育运动的内容将更加丰富，形式将更加灵活多样。体育和音乐、舞蹈等艺术结合，形成了健美、健身活动，其和谐的韵律、鲜明的节奏，给人以一种力的表现和美的享受。气功、钓鱼、下棋使人轻松悠闲，乐在其中。在紧张的工作之后进行娱乐运动，可以使人活动身体，调节情绪，消除精神疲劳，获得积极的休息，使人的身心得到协调发展。现代社会中各种趣味性强、轻松愉快、规则简单的娱乐运动，已成为人们合理利用闲暇时间的必不可少的方式和手段，受到了人们普遍的喜爱。

3. 体育的终身化

现代社会为人类生存提供了良好的条件。延缓人体的衰老进程，保持良好的健康状况，成为人们追求的目标。体育在人的一生中对维持健康的身心状态起着极为重要的作用。以往体育在家庭、学校、社会中各自分离的状况，显然已不能适应现代社会的需要。现代体育要求从儿童、少年、青年到中老年，都应连续不断地从事体育运动，形成家庭、学校、社会连贯的终身体育体系。各年龄段对体育运动有各自独特的需求，儿童、少年要健康发育和成长，青年希望获得健美的体格和充沛的精力，中老年希望延缓衰老，健康长寿。体育在社会不同职业范畴、不同生活领域和人类生命的全过程都应得到充分的利用，并朝着终身化的方向发展。

4. 体育的国际化

现代通信网络和交通工具的迅速发展，使人类生活的空间距离不断缩小，这为人类的频繁交流创造了客观条件。在物质极大丰富的情况下，人们更热衷于文化的交流。体育作为现代社会最受欢迎的文化现象之一，正以前所未有的速度朝着国际化的方向迈进。它不受国家、地区、种族、文化的限制，把不同国家和民族联结在一起，交流体育文化和情感，传播友谊与和平。每年国际体育交流频繁，运动项目、参加人数和规模不断扩大。在各种国际性体育交流中，最引人注目的首推现代奥林匹克运动会。国际体育交流丰富了体育内容，增进了国家和民族之间的相互了解和友谊。

5. 体育的科学化

现代体育的发展特征是科学化。当前体育发达的国家，都普遍重视体育科学研究。现代竞技运动水平在一定意义上可以说是科学技术的较量。美国艾利尔博士在 1976 年奥运会前，运用生物力学和计算机技术，对铁饼运动员威尔金斯的投掷技术进行了分析，并模拟出最佳技术动作指导他的训练，预测他的成绩将超过自己最好成绩 3 米。结果三天后，威尔金斯的成绩提高了 4.86 米，并打破了世界纪录。

以增强体质为目的的健身运动的兴起，促进了体育锻炼的科学研究。尽管许多人明白体育锻炼能增强体质，但对于如何进行体育锻炼、锻炼多长时间、多大负荷才能达到增强体质的目的，却很少有人能做出确切的回答。如果说传统体育给人们留下的是单纯玩耍和游戏的乐趣，那么，现代体育则是在科学指导下，为增强体质、增进健康、丰富文化生活、使人类自身得到全面发展的一种特殊的社会实践活动。

三、现代体育与人的发展

现代人所要求的社会性格和现代体育，特别是竞技体育所提倡的观念是一致的。因此，在现代社会里，常常利用体育来培养社会成员或未来社会成员的现代意识和心理行为。

体育促进人的发展具体表现在以下几个方面：

（一）健康人的体质

以自我身体活动为基本活动方式来实现对自身的改造，是体育特有的属性。体育的强身健体作用主要表现在两个方面：一是可使骨骼变粗、变长，肌肉变得发达、结实，体型变得强壮而健美；二是可使心血管系统、呼吸系统、消化系统、泌尿系统、神经系统的功能发生适应性变化，改善机体机能，提高健康水平。体育教会人们合理有效地利用、保护和促进身体发展，是一种利用身体而又去完善身体的活动过程。合理而科学的身体锻炼，是保证身体发挥其效能的有效途径。

（二）文明人的精神

1917年，毛泽东以二十八画生的笔名在《新青年》上发表了著名的《体育之研究》一文，其中提到："欲文明其精神，先自野蛮其体魄；苟野蛮其体魄矣，则文明之精神随之。夫知识之事，认识世间之事物而判断其理也，于此有须于体者焉。"体育对人的精神的作用主要通过两个途径实现：一是体育运动使人体健美、体质增强，从而获得健康的精神；二是体育运动能直接满足人在娱乐、民主、自由、交往、创造、成功和宣泄等精神上、心理上的各种需要，使人心情舒畅，精神充实愉悦，充满活力。而健康的精神，无疑有助于充实人生、支持人生，使人们乐观向上，充满幸福与快乐。

（三）娱乐人的生活

体育作为一种文化形式、一种欢度闲暇的手段，在充实人们的生活时间、扩展人们的生活空间、满足人们不断增长的发展需要、提高人们的生活质量等方面有着特殊的功能。人们的基本生存需要得到满足后，随着余暇时间的日益增多，体育的娱乐功能将体现得越来越明显。在现代生活中，体育的"娱人"功能主要通过观赏和参与两个途径来实现。通过观赏体育竞赛与表演，品味健、力、美的统一，欣赏和谐的韵律、鲜明的节奏、精妙的配合及其所表现的诗情画意般的、戏剧性的艺术造型，可以消除疲劳和调节生活。通过自身参与体育实践，在与同伴的密切配合中，在与对手斗智斗勇的过程中，在超越自我（如爬山登顶）的过程中，可以满足自身的发展需要。文明社会在时间、财力和营养方面为人类的身体娱乐活动提供着越来越优越的条件。以身体活动为主要媒介的身体娱乐与其他的娱乐方式相比具有"双重功效"，适度的身体娱乐活动，既健身，又悦心。

（四）促进人的社会化

体育是人类文化的结晶，直接或间接地影响人的社会化的进程。今天，体育促进人的社会化功能越来越引起人们的重视。人类的生活如同竞技场上的比赛，大到与自然竞争，小到与对手竞争，无一不是在竞争中不断地寻求完善自我和超越自我的生活。参与竞争的人，必须创造条件充实自己。无论是去现场观看比赛还是参赛，运动场为人们在生活中即将发生的竞争提供了极佳的预演场所。人们在运动场上养成的良好品性和行为举止，可以迁移到日常行为模式之中而成为受社会所认同和接纳的因素。同运动场上一样，生活中有得意之时，也有失意之处，光荣的胜利者固然值得敬佩，失败者同样受人尊敬。胜不骄、败不馁、奋发向上、顽强拼搏不仅是运动员所应具备的品质，也是社会上的每个成员都应具备的品质。从公平竞争的角度讲，运动场是培养人们具有公平、公正意识的最佳场所。

作为社会教化的手段，现代体育可以促进个性的形成与发展。参加体育活动需要较强的自发性和反复进行练习的坚持力。一般来说，运动能力强的人都比较乐观，有创造性，适应能力强。对于大学生来说，参加体育运动并使之成为大学生活的一个组成部分，对促进身体与心智的发展有十分明显的作用。

第三节 大学体育的价值与目标

中共中央、国务院在《关于深化教育改革，全面推进素质教育的决定》中明确指出："健康体魄是青少年为祖国和人民服务的基本前提，是中华民族旺盛生命力的体现。学校教育要树立健康第一的指导思想，切实加强体育工作。"教育是立国之本，是提高整体国民素质的根本所在，大学体育作为高等教育的重要组成部分，在增进学生身心健康，提高整体素质方面具有不可替代的作用。因此，全面提高大学生身心健康水平是学校教育工作的基本内容，更是大学体育责无旁贷的历史使命和工作重心。

一、大学体育的价值

（一）大学体育的文化价值

体育属于文化的范畴，是大众文化的一个有机组成部分。体育一词的英文之意就可直白地表述为身体文化（physical culture），说明体育与文化的联系紧密，特别是欧美文化对体育格外重视。在意大利、英国、西班牙和德国，体育文化以无穷的活力与魅力融入人们的现代生活，成为文化消费不可缺少的内容。同其他文化方式相比，体育文化具有覆盖范围大、渗透能力强、感染力与震撼作用大、群众喜闻乐见和雅俗共赏等特点，它还不受性别、年龄、文化程度、地域及语言等因素的限制，是最普及、最流行、最直接的文化娱乐方式。

体育是通过人们自身行为改变自己的自然属性和社会属性的一种有意识、有目的的活动。随着时代的发展，现代体育的内涵和外延发生了重大的变化，与人们的生活联系得更加紧密，成为一种十分显著而复杂的文化现象，对个体的身心成长、发展，以及社会政治、经济、文化等方面产生了重大的影响。随着当今体育的发展及其人文价值、教育和娱乐等多种社会功能的凸显，体育已成为人类社会共有的精神文化产品，改变着越来越多人的生活。体育给人们带来的影响是独特和无可替代的，它所产生的心理与精神的效应是积极向上、正面深刻的。大学体育活动可以使大学生提高精神追求和文化品位，丰富课余文化生活，调节精神，锤炼品格。大学体育的文化价值可概括为体育文化的传承、体育情趣的熏陶、精神需求的满足和文明修养的塑造。

（二）大学体育的社会、心理价值

体育是一种复杂的社会现象，它集健身、健心于一体，是身心健康的塑造过程。大学体育是滋养身心的课堂，历练品行的场所。著名体育教育家、清华大学教授马约翰先生早就指出"运动场是培养学生品格的极好场所，可以批评错误、鼓励高尚、陶冶性情、激励品质"，刻苦的锻炼可以"培养青年们勇敢的精神、坚强的意志、自信心、进取心和争取胜利的决心"，"而且这种运动场上表现出来的道德品质能够迁移"。

大学体育是以身体与智力活动为基本手段，根据人体生长发育、技能形成和提高的规律，通过体育教学、课外体育锻炼等形式，促进身体健康发展，提高身心素质水平，提升运动能力，丰富和改善生活方式，调节心理，陶冶情操，完善个性品质，提高生活质量的一种有意识、有目的、有组织的社会活动。在人类发展史上，体育作为一种积极的人类行为和特殊的社会现象，一直随着社会的发展、文明的发展而发展，并对人类的进化和社会的发展起到了巨大的促进作用。在 21 世纪，大学体育作为调节、培养心理品质，塑造健全人格，形成文明健康生活方式的重要内容，对大学生的健康始终起着独特的作用，是维护学生身心健康最有效、最有益的方法，是学生调节情绪、历练品行、培养良好人格的最有效的途径之一。体育锻炼已经成为大学生用以调节精神生活、陶冶性情、改善心态的有效途径，成为大学生拓宽生活空间、扩大信息来源和人际交往的重要渠道。学生自主地参加适合自己的体育锻炼，可以充分体验运动的乐趣和意义，进而培养对体育运动的爱好和兴趣。同时，大学生掌握从事终身体育活动所需的体育知识与技能，可以促进大学生提高自我锻炼的能力，形成终身体育的态度和习惯，从而奠定终身体育的基础。

今天，人们日益重视在体育活动过程中心理变化的特点与过程，关心体育锻炼对人心理的作用与影响。人们普遍感觉到，在参加体育活动的过程中，人的情绪变化对机体的积极影响、对健康的作用要比生理指标重要得多，有许多研究把研究的方向瞄向体育锻炼的心理价值层面。在体育锻炼与心理健康方面，研究者主要把目光集中在体育锻炼对人的情绪改善、对自我概念的影响和与认知功能的关系等课题上，还涉及体育锻炼所产生的心理效益机制等领域。人们通过体育活动调节日常生活，扩大人际交往，缓解社会压力，调整失衡心态，体验幸福生活。

（三）大学体育的美学价值

运动竞赛是体育的重要组成部分，其竞争性、观赏性和比赛结果的不确定性能够满足人们的审美需求，使人如醉如痴，遐想无限。运动员或运动队在赛场上所表现出来的精湛技艺，让人赏心悦目，人们能从中得到极大的美学享受。重大体育比赛能够极大地满足一个人乃至多个民族的社会需求和表现欲望，从精神、心境、情感、意志和思想等方面影响人们的生活与行为，使精神得到升华，品质得到陶冶，境界得到提高。体育是以民族文化的价值观、世界观、人生观为基础的，它负载着人们的情感，包含着人们的智慧、信仰、艺术道德、风俗习惯等内容。大学体育的审美价值是奋斗进取、追求卓越、净化心灵、培养情趣。

体育比赛在竞争中充满着合作、严谨中渗透着幽默、平民化的气氛中散发着高雅气息，既有静态的雕塑美，又有运动的动态美，这些都带给人们深刻的心理体验。在体育比赛中，爱与恨、悲与喜、乐与忧、期望与失望、成功与失败等融为一体，带给人无限的遐想和无尽的回味。情感得到升华，痛苦得到释怀，愤怒得到宣泄，心态得到平衡，这就是体育的独特与精彩之处，这就是体育文化的神奇与魅力所在。提高大学生的体育审美品位和在体育比赛中欣赏美、创造美的能力，也是大学体育的目标之一。

二、大学体育的目标

21 世纪，我国大学体育的目标、内容和形式发生了深刻的变化。大学体育的目标从以往片面关注体质的生物性机能改善，发展为全面关注大学生的身体健康、心理健康和社会适应能力的协调发展；从以往仅仅关注大学阶段的短期效益，发展为兼顾终身体育能力培养的长远效益。大学体育的内容呈现出个性化和多样化的倾向，大学体育内容的选择，比以往更加强调大学生的主体地位。大学体育的形式比以往更加灵活多样，有着良好的发展前景。

大学体育是培养全面发展的人才的重要内容，是造就一代有竞争力、创造力、高素质的有用人才的有效渠道，是提高当代大学生身心素质、使其健康地为祖国工作 50 年奠定坚实良好的身心基础的平台。塑造健康之体魄、陶冶健全之精神、提高社会适应能力、形成体育锻炼习惯是大学体育的最终目标。

第二章 体育锻炼的理论基础

第一节 体育锻炼的生理学基础

运动的主体是人，生命在于运动，因此，大学生有必要了解人体的结构、功能及其与运动的关系。人体由运动系统、消化系统、呼吸系统、泌尿系统、心血管系统、神经系统、内分泌系统、生殖系统和感觉器官构成。在人生的不同时期，在不同的环境条件下，选择不同的运动项目、不同的运动方式和不同的运动方案，对人体各器官系统产生的效果不同。了解人体各器官系统的结构与功能，了解运动对人体器官系统的正、负面影响，根据人体不同发展时期的特点，科学地从事运动是终身健康的基本前提与保障。

一、运动系统与运动

（一）运动系统的组成与功能

运动系统由骨、骨连结和骨骼肌组成。在神经支配下，肌肉收缩，牵拉其所附着的骨，以可动的骨连结（主要为关节）为枢纽，产生杠杆运动。

1. 骨

（1）骨的形态与结构。正常人体共有 206 块骨（图 2-1-1）。骨根据形态可分为长

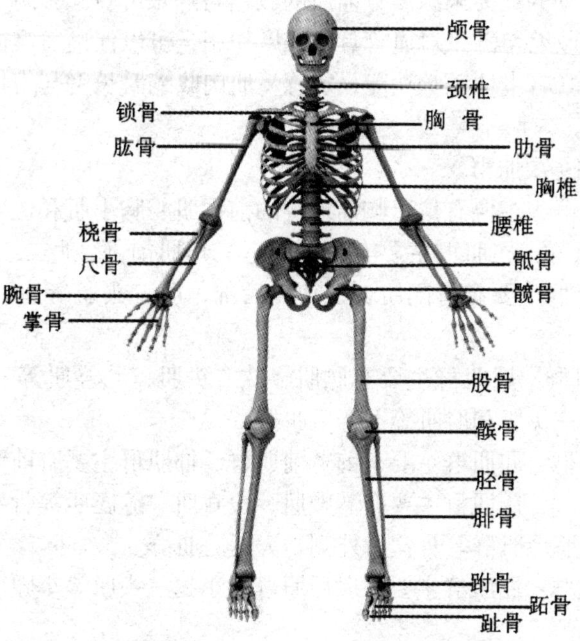

图 2-1-1 人体骨骼示意图

骨、短骨、扁骨和不规则骨。骨由骨膜、骨质和骨髓构成。骨膜上有血管和神经，有营养和感觉的功能。骨质可分为骨密质和骨松质。骨髓可分为红骨髓和黄骨髓，红骨髓具有造血功能。

（2）骨的理化特性。成年人骨中的有机物约占骨重量的1/3，主要成分是骨胶原纤维和黏多糖蛋白。有机物使骨具有一定的弹性和韧性。成年人骨中的无机物约占骨重量的2/3，主要成分是磷酸钙、碳酸钙，它们沉积在骨胶原纤维的周围。无机物使骨具有很大的硬度。

骨在运动中充当杠杆的角色，具有支持体重、保护器官、造血等功能。此外，骨也是体内最大的钙、磷储存库。

（3）骨龄。骨龄指骺及小骨骨化中心出现的年龄以及骺与骨干的愈合年龄。

测量骨龄可以预测身高，了解、评价儿童青少年生长发育的情况与规律。在参加全国中小学生的某些比赛时，小运动员通常需要拍一个手骨的X线片，为运动会的主办单位提供判断运动员年龄的依据。

2. 关节

骨与骨之间借结缔组织相连结称为骨连结。其中，活动性较大的骨连结称为关节。

（1）关节结构。关节包括关节面、关节囊和关节腔等基本结构，还包括关节内外的韧带、关节内软骨等各种辅助结构。

（2）关节类型。人体有球窝、平面、椭圆、鞍状、滑车、车轴等各种类型的关节，不同类型的关节可以完成不同的运动。

（3）关节的运动。关节可以完成屈伸、外展内收、旋转和环转等多种运动。

3. 骨骼肌

（1）骨骼肌的结构与功能。骨骼肌由中部的肌腹（骨骼肌细胞）和两端的肌腱（排列紧密的胶原纤维）构成，里面有丰富的血管和神经。

骨骼肌是人体运动的动力来源。骨骼肌的收缩与舒张可引起其附着的骨以关节为支点进行运动。骨骼肌的收缩与舒张对血管具有按摩作用，可以促进血液循环。骨骼肌除具有一般感觉功能外，还具有本体感觉功能，能感受肌肉收缩时长度与力量的变化，及时调整运动动作。

（2）人体运动的主要肌群。

运动肩胛骨的肌群：主要有位于胸前外侧的前锯肌、胸小肌和位于颈背部的斜方肌。

运动肩关节的肌群：屈肌群主要有胸大肌、三角肌前部、肱二头肌等胸、肩部肌群和上臂前肌群，伸肌群主要有背阔肌、三角肌后部、肱三头肌等肩、背部肌群和上臂后肌群。

运动肘关节的肌群：屈肌群主要有肱肌、肱二头肌、肱桡肌等上臂肌群和前臂前肌群，伸肌群主要有肱三头肌和肘肌等上臂后肌群。

运动腕关节的肌群：屈肌群主要有前臂前肌群，伸肌群主要有前臂后肌群。

运动髋关节的肌群：屈肌群主要有髂腰肌、股直肌、缝匠肌等骨盆与大腿前肌群，伸肌群主要有臀大肌、股后肌群等骨盆后外侧与大腿后肌群。

运动膝关节的肌群：屈肌群主要有股后肌群和小腿三头肌等小腿后肌群，伸肌群主要有股四头肌。

运动踝关节的肌群：屈肌群主要有小腿三头肌等小腿后肌群，伸肌群主要有胫骨前肌等小腿前肌群。

运动脊柱的肌群：屈肌群主要有胸锁乳突肌、腹肌等，伸肌群主要有斜方肌、竖脊肌、臀大肌等。

（3）肌肉的物理特性。

伸展性与弹性：伸展性是指在外力作用下，肌肉可以被伸展拉长的特性；弹性是指除去外力后可恢复原长度的特性。肌肉伸展性越好，关节运动幅度越大。肌肉弹性越好，收缩时的弹性回缩力越大，肌肉的力量越大。

黏滞性：肌肉收缩与舒张时，肌纤维内部分子间会因摩擦产生阻力。肌肉的黏滞性大，工作时易拉伤，且妨碍肌肉的快速收缩与舒张。黏滞性受温度影响，温度升高，黏滞性降低，肌肉的收缩速度快，且不易拉伤。因此，运动前应做好充分的准备活动，使体温升高，以降低肌肉的黏滞性。

（二）运动对运动系统的影响

1. 运动对骨的影响

（1）促进骨的生长发育。在运动过程中，骨承受的各种运动负荷的刺激，可促使骺软骨细胞增殖，有利于骨的增长；在运动过程中，血液循环加快，可保证骨的营养供给，促进新陈代谢，从而促进骨的生长发育；在进行户外运动时，阳光中紫外线的照射，可使人体皮肤内的部分胆固醇转化为维生素 D，有助于人体对钙的吸收，这对儿童少年骨骼的生长发育特别有帮助。

（2）使骨增粗。经常参加体育锻炼的人，骨表面的隆起更为显著，骨密质增厚，管状骨增粗，骨小梁分布更符合力学规律。

（3）提高骨的机械性能。经常参与体育运动，可使骨在形态结构方面获得良好变化，使骨的抗压、抗弯、抗折断和抗扭转等机械性能得到提高。如一般人股骨仅能承受 236~400 千克的重量，而运动员的股骨能承受 700 千克以上的重量。

（4）不良运动对骨的负面影响。持续、过量的运动负荷，可能会使骨骼疲劳，形成疲劳性骨折；过早地从事大强度负重练习，可能会使骨过早钙化，影响骨的正常发育。

2. 运动对关节的影响

（1）增强关节的稳固性。经常运动，可使关节周围的肌肉力量增强，关节软骨和关节囊增厚，韧带增粗，关节的稳固性增强。

（2）增大关节的运动幅度和灵活性。经常参与运动锻炼，可使肌肉力量增强的同时伸展性提高，从而使关节的运动幅度增大、灵活性提高。

（3）不良运动对关节的负面影响。冲击性过大、持续时间过长的运动，可能会造成关节软骨的损伤；运动幅度过大、准备活动不充分或动作不合理，可能会造成关节周围软组织的损伤。

3. 运动对骨骼肌的影响

（1）肌肉体积增大，重量增加，肌力增大，脂肪减少。经常参加体育运动者，肌肉体积显著增大，这种增大常以肢体的围度作为评定指标。线粒体是细胞中进行有氧氧化供能的结构，系统地进行有氧运动者，肌肉中线粒体数量增多、体积增大。线粒体的增加，可为肌肉收缩提供更多的能量以适应耐力项目等有氧训练的需要。有氧运动可使肌纤维中的脂肪和肌膜上的脂肪相应减少，脂肪的减少可使肌肉收缩时的黏滞性减小，肌肉的收缩效率相应提高。

（2）肌肉中毛细血管数量及其分支吻合增多。经常参与运动锻炼，可使肌肉中毛细血管的数量增多，肌肉的血液供给得到改善；静力性负荷练习可使肌肉中毛细血管行程迂曲，分支吻合丰富，毛细血管吻合处出现膨胀状；动力性负荷练习可促使毛细血管分支吻合增多。

（3）肌肉的结缔组织增厚。在运动过程中，肌肉收缩的反复牵引能促使肌腱和韧带增厚，肌外膜、肌束膜和肌内膜也会增厚，肌肉变得坚实，抗张强度提高，从而增强了肌肉的抗断（拉伸）能力。

（4）肌肉的化学成分发生变化。肌球蛋白和肌动蛋白是肌肉收缩的基本物质。经常进行运动，能增加肌肉中的肌球蛋白和肌动蛋白，提高肌肉的收缩能力；运动可使肌红蛋白增加，酶活性提高，氧化供能的能力增强；运动可使肌糖原含量增加，使肌肉储能能力提高。

（5）不良运动对骨骼肌的负面影响。运动幅度过大、准备活动不充分或动作不合理都可能造成肌肉拉伤；从事不适应的运动或运动中肌肉以离心收缩为主，则会出现肌肉酸痛的现象。

二、呼吸系统与运动

（一）呼吸系统的组成与功能

呼吸系统由呼吸道与肺组成。呼吸道包括鼻、咽、喉、气管和支气管，主要功能是运输气体；肺的功能是进行气体交换（图 2-1-2）。

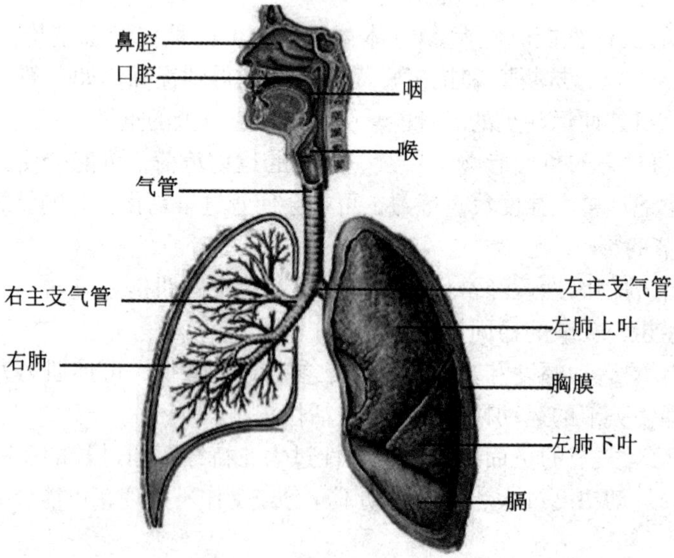

图 2-1-2 呼吸系统的组成

1. 鼻、气管和支气管等器官

这些器官的内腔面由具有纤毛的上皮构成，形成呼吸的第一道屏障，具有湿润、加温和净化空气的功能。

2. 肺

肺位于胸腔内，呈圆锥形，上部是肺尖，下部是肺底。肺由 50~80 个肺小叶组成。

肺泡与肺泡周围毛细血管之间有气血屏障，可限制细菌、异物进入血液。

（二）运动对呼吸系统的影响

1. 长期坚持合理运动的正面影响

（1）可使呼吸肌得到发展，胸围加大，呼吸深度加大。

（2）安静时的呼吸次数减少，肺活量增大，肺通气量增大。

（3）组织利用氧的能力增大，能适应和满足运动对呼吸系统的需求。

2. 过量运动的负面影响

研究表明，随着负荷强度的增加，呼吸膜的厚度发生从正常到增厚，再到变薄，最后直到破裂的变化，呼吸膜最终将失去呼吸作用。

三、心血管系统与运动

（一）心血管系统的组成与功能

心血管系统由心脏与血管组成，在人体内构成一个封闭的管道系统，具有运输氧、营养、激素等物质到组织器官，将组织器官在代谢中产生的二氧化碳、废物排出体外的功能。

1. 心脏

心脏是血液循环的动力器官。通过心脏的舒缩推动，血液在心血管系统中周而复始地流动。

2. 动脉

动脉是运送血液离心的血管。动脉自心脏发出，经反复分支，血管口径逐步变小，数目逐渐增多，最后分布到全身各组织内，成为毛细血管。

3. 静脉

静脉是引导血液回心的血管。静脉在其行进中逐步汇集成为大的静脉，进入心房。

4. 毛细血管

毛细血管是连接小动脉与小静脉之间的微细血管，是血液与组织之间进行物质交换的场所。

（二）血液循环

血液循环是指血液从心脏出发，经动脉及其分支到达全身各组织器官的毛细血管进行物质与气体交换后，经各级静脉返回心脏的周而复始的流动过程，包括体循环与肺循环。

1. 体循环

体循环指心脏与全身各组织器官之间的血液循环，血液在毛细血管处完成与组织之间的物质交换。

2. 肺循环

肺循环指心脏与肺之间进行的血液循环，在肺部毛细血管中的二氧化碳与肺泡中的氧气进行交换，使静脉血变成动脉血运回心脏。

（三）运动对心血管系统的影响

经常从事体育运动的人，心血管系统会获得良好的发展，表现为心脏动员快、效率高、储备大、恢复快，血管的弹性好、缓冲血压的能力强。

1. 动员快

在比赛或运动开始时，经常运动的人，心脏能很快地通过心收缩力的增加和心跳的加快适应运动的需要。

2. 效率高

在进行相同负荷量的运动时，经常运动的人心脏的反应小，能以较少的心跳次数保证运动的需要，在负荷增大时，能更大限度地动用心力储备。

3. 储备大

（1）心肌收缩能力储备。经常从事力量项目训练的人，心肌纤维增粗，心肌层增厚，心肌收缩力增强；经常从事耐力项目训练的人，心腔容积扩大，心舒期回心血量增多，心缩力增强，每搏输出量较不运动的人大。

（2）心力储备。经常从事有氧运动的人，安静时的心率减少，运动时心率上升的幅度增大，心力储备大。

4. 恢复快

运动结束后，经常从事运动的人心率能很快恢复至安静时的水平。

5. 对血管的影响

（1）动脉。动物实验表明，运动使动脉管壁的中膜增厚，平滑肌细胞（中动脉）、弹性纤维（大动脉）增多，口径增粗。

（2）毛细血管。运动可使毛细血管数量增加，行程迂曲，分支吻合增加，有利于器官的供血。

6. 大运动负荷或超大运动负荷的影响

超大负荷的过度运动会造成心肌纤维中线粒体损伤，供能不良；此外，还会造成肌节变长或变短，肌丝断裂，心肌收缩力下降，出现一系列不良反应。但以健康为目的的适量运动，通常不会达到损伤心血管的程度。

四、神经系统与运动

（一）神经系统的组成与功能

神经系统由中枢神经系统与周围神经系统组成。中枢神经系统包括位于颅腔的脑和位于椎管的脊髓；周围神经系统包括与脑相连的12对脑神经和与脊髓相连的31对脊神经。

1. 协调各器官系统的功能活动

神经系统借助感受器，接受体内、外各种刺激，引起人体产生各种相应的反应，并能协调各器官系统的活动，使人体成为完整的有机体。

2. 提高人体的适应能力

神经系统使人体能适应内、外环境的变化，并能有效、最大限度地改造自然环境。

3. 语言文字与抽象思维

人类在进化过程中，随着生产劳动、语言文字和社会生活实践的进行，人类的大脑皮质高度发展，不仅能适应客观环境，还能主动地认识和改造客观世界，使之为人类服务。

（二）反射与反射弧

1. 反射

反射是神经系统的基本活动方式，是指在中枢神经系统的参与下，机体对内、外环境变化的刺激产生的有规律的应答反应。它可分为先天由种族遗传的非条件反射和后天在个体生活中获得的条件反射两类。

2. 反射弧

反射弧是完成反射活动的结构基础，包括感受器、传入神经、神经中枢、传出神经和效应器 5 部分。

（三）运动对神经系统的影响

1. 神经元形态结构的改变

运动时，多种感受器接受刺激，使感觉中枢接收的信息增多。同时运动中枢也不断地发出大量的信息支配肌肉活动。经常参加运动，在大量传入与传出信息的作用下，中枢神经元发生形态结构的改变。由于血液循环改善，神经元得到充分的营养供给，这为神经元形态结构的改变提供了物质基础。

2. 提高神经系统的灵活性与均衡性

人体的各种运动动作都是在神经系统的支配下完成的。在完成短时间周期性运动项目（如短跑）的过程中，神经中枢的兴奋与抑制快速交替，动作的频率越快，神经系统的灵活性越高。在完成长时间周期性运动项目（如长跑）的过程中，神经中枢长时间保持兴奋与抑制交替，这能提高神经过程的均衡性。

五、能量供应与运动

体育锻炼所需要的能量来自营养物质的化学能。但营养物质不能直接为细胞提供能量，它储存的能量必须经过释放，转变成含有高能磷酸键的化合物后才能被细胞利用。在体内只有三磷酸腺苷（ATP）可以作为肌肉收缩的直接能源。肌肉 ATP 的含量很少，只有不停地合成 ATP 才能满足肌肉收缩的需要。体育锻炼时，体内代谢过程大大加强，能量消耗增加，各器官系统功能增强。为保持运动的持续性，人体还需要其他的供能方式。在体内有两种方式可以合成 ATP：一种是在无氧条件下产生 ATP，称为无氧供能；另一种需要氧的参与，称为有氧供能。

（一）无氧供能

无氧供能包括在无氧或氧供应不足情况下高能磷酸化合物（ATP 和磷酸肌酸）分解供能和糖酵解供能，前者称为非乳酸供能，后者称为乳酸供能。

非乳酸供能是指运动开始时，所有能量都由 ATP 和磷酸肌酸（CP）供给。ATP 和 CP 的分解不需要氧也不产生乳酸。磷酸肌酸是由肌酸合成的高能磷酸化合物，存在于肌质中，含量是 ATP 的数倍，CP 在酶的作用下可迅速分解，使二磷酸腺苷（ADP）合成 ATP。非乳酸供能是短时间、大强度运动的主要供能方式。

乳酸供能是指肌糖原或葡萄糖分解为乳酸时放出的能量被 ADP 接受用以合成 ATP 的供能方式。乳酸供能产生乳酸，乳酸的积累可导致疲劳。乳酸供能是速度耐力等体能的基础，人在从事时间较长、运动强度大的身体活动时，乳酸供能比例较大。

（二）有氧供能

在氧供应充足的条件下，糖类（葡萄糖或肌糖原）和脂肪被氧化成二氧化碳和水，并释放出大量的能量，这一过程称为有氧供能。有氧供能释放大量的能量，供 ADP 再合成 ATP。除糖类和脂肪可氧化供能外，蛋白质也可氧化供能，但比例较小。运动初期，糖类是主要的供能物质，随着时间的延长和脂肪供能比例的增加，蛋白质也参与供能。有氧供能是耐力运动的基础。

无氧供能和有氧供能是人体在不同运动强度下，根据需氧量的不同，所表现出的两种供能方式，二者紧密相连，不可分割，只是比例有所不同而已。如持续时间在10秒以内的最大强度运动几乎完全依靠无氧供能；持续几十分钟甚至几小时的运动，有氧供能占主导地位；而在800米跑中，有氧供能和无氧供能的比例相差不大。

（三）能源物质的消耗与补充

人体运动时直接消耗ATP，但最终却是消耗糖类、脂肪和蛋白质。

1. 糖类和脂肪的供能特点

糖和脂肪是运动中合成ATP的主要来源，但由于运动持续时间、强度，以及糖和脂肪供能特点的不同，所消耗（能量物质）的比例也不相同。因为糖类可以进行无氧酵解和有氧代谢，而脂肪仅能进行有氧代谢。正是这一特点，使不同运动中二者的供能比例不同。例如，运动初期或时间短、强度大的运动，主要是消耗糖类，因为这时主要是无氧代谢过程；而时间长、强度较小的运动，脂肪的消耗（供能）比例增加（马拉松跑等长时间持续运动的后期，约有80%的ATP来源于脂肪的氧化），蛋白质也将参与供能。因此，要消耗体内的脂肪，应进行强度不大，但持续时间较长的运动。

2. 运动后能量物质的恢复

运动时，体内代谢过程加强，以不断满足运动时能源的需要，运动中及运动停止后，能量物质需要不断进行补充与恢复，能量物质的恢复过程大致可分为三个阶段。

第一阶段：在运动进行当中，恢复过程就已开始。这时机体一边进行锻炼消耗，一边进行能量物质的恢复补充，但由于锻炼中消耗多，此时的恢复跟不上消耗的量，因此能量物质储备逐渐下降。

第二阶段：运动结束后，此时体内能量物质消耗逐渐减少，而恢复过程却不断加强，锻炼中消耗的能量物质不断得到补充，直至补充到锻炼前的水平。

第三阶段：超量恢复阶段，即能量物质恢复到原水平时并未停止，而是继续恢复补充。运动后的一段时间，能量物质的恢复可超过原来储备的水平，比锻炼前能量物质的储备量还要多。超量恢复是对未来重复较大运动负荷时能源物质再次耗尽的一种预防性保护机制。一段时间后，能量物质的储备又回到原来水平。

第二节 体育锻炼的心理学基础

一、心理发展的一般规律

一个自然人从出生到成熟至衰老，他的心理状况都在发展与变化之中，这种发展变化表现为从简单到复杂的心理转化和从低级到高级的心理演进。青少年心理发展变化具有明显的阶段性特点，表现出分阶段的由数量积累到质量转化的过程。美国著名的心理学家埃里克森（E. H. Erikson）根据其丰富的临床诊断经验，按照个性发展各时期主要矛盾的出现，把人生个性发展分为8个阶段（表2-2-1）。

表 2-2-1　埃里克森的心理发展阶段理论

阶段	人的发展阶段	心理 - 社会转变期的矛盾
一	婴儿期（0~1.5 岁）	基本信任和不信任的心理冲突
二	儿童期（>1.5~3 岁）	自主与害羞（或怀疑）的冲突
三	学龄初期（>3~6 岁）	主动对内疚的冲突
四	学龄期（>6~12 岁）	勤奋对自卑的冲突
五	青春期（>12~18 岁）	自我同一性和角色混乱的冲突
六	成年早期（>18~25 岁）	亲密对孤独的冲突
七	成年期（>25~65 岁）	生育对自我专注的冲突
八	成熟期（65 岁以上）	自我调整与绝望的冲突

这 8 个心理发展阶段相互联系、相互影响、相互促进、相互制约，如果某一个发展阶段出现问题，则会影响到下一个阶段的发展变化，轻则产生心理障碍，重则出现行为偏离。埃里克森关于心理、社会发展的理论，关于人类心理发展划分为 8 个阶段的学说，是心理动力学的代表作，具有较高的参考价值。这里选择跟大学生年龄特点相关的青春期和成年早期两个阶段进行探讨。

1. 青春期阶段的心理特点

青春期阶段的特征是个体有了统一感、个性感、差异感，即对自己和别人已经形成了一个完整统一的认识，又有弥散性的“自我”角色和个性的不确定性；逻辑思维能力明显增强，知其然，更想知其所以然；学习动作技能侧重于对“概念”的理解。这个阶段的典型特征是“角色延缓”，他们尝试充当各种角色，但是，还没有等他们懂得这些角色的内涵时，一切就很快过去了。这个时期，环境、人际交往、良性或不良刺激都将对人的一生产生决定性的影响。

2. 成年早期阶段的心理特点

从学习年龄上说，成年早期阶段是大学学习期并开始走向社会的阶段。这个阶段的特征是心理上需要与他人建立亲密的交流，其中包括对异性的亲近感，既需要朋友的友谊，更渴望爱与被爱。他们在学有所成的基础上，开始考虑自己的恋爱婚姻问题，考虑自己毕业后的社会定位问题等。由于这一阶段会出现极其复杂的心理变化，自然会产生许多的矛盾。这一阶段常会出现烦恼和孤独感，青年人经常出现两极分化现象，即有的学生性格开朗，喜交朋友，推崇团队活动；而有的学生个性孤僻，独来独往，具有明显的自卑感，这部分学生虽然知道自己和周围环境存在着适应问题，但却不知怎样去解决，或者知道解决的方法，但又不能付诸行动。因此，此阶段的个体情绪波动较大，主动性、创造性等都处于抑制状态。

二、体育运动的心理学因素

1. 体育与智力

正常的智力是人们从事各种活动最基本的心理条件。学习效率是由大脑高级神经系统决定的。经常从事体育活动和身体锻炼，可促进新陈代谢，提高神经系统的活动能力，增强呼吸系统和心血管系统的功能，使大脑供氧充分，进而使记忆力增强，思维更加敏捷灵活，学习效率提高。

2. 体育与情绪

情绪是因人的自然需要是否得到满足而产生的一种体验。情绪几乎参与人的所有活动，对人的行为活动起着很大的调节作用。良好的情绪对人的行为具有积极作用，而消极的情绪不但会影响人的正常学习工作，还会对人的身体和心理产生许多不良影响。长时期的情绪压抑、忧虑和紧张，还可导致疾病。

经常参加体育锻炼，可使机体产生极大的舒适感。人可以在各种运动项目中感受运动的美感、力量感和韵律感，从而陶冶情操、开阔心胸，激发生活的自信心和进取心，形成豁达、乐观、开朗的良好心境。

3. 体育与人格

人格，也称个性。体育教学的功能之一，就是帮助学生形成正确的世界观和人生目标，以及健康、积极、进取向上的人格。在体育竞赛中，取胜催人奋发向上，有利于个性的形成；而失败也是对人格的考验，可以让学生明白“重要的是参与，而不是取胜”，让他们能挖掘失败中的有利因素，能看到成功的希望。体育运动能提高学生的心理耐挫水平，使学生能正确地面对和处理各种挫折和困难，形成高尚的人格和独特的个性。

4. 体育与意志

意志指人们自觉地确定目的，根据目的支配和调节自己的行动，并克服各种困难，最终实现预定目的的心理过程。受意志支配的行动，称为意志行动。

人的行动主要是有意识、有目的的行为。人在从事各种实践活动时，通常是先根据自己对客观规律的认识，在头脑中确定行动目的，然后再选择实现这一目的的方法，并克服各种困难，最终达到预期目的。例如，学生认识到只有加强素质训练才能更熟练地掌握运动技术动作后，会自觉地确定素质训练的目的，并制订训练计划，按照计划一步一步地进行训练，最终较好地提高运动素质水平，从而提高运动技术水平。

良好的意志品质不是先天就有的，而是在后天生活实践中，在教育过程中逐渐形成的。只有经过长期磨炼，才可能逐步形成良好的意志品质。意志是人意识的能动性，是主观见之于客观的心理过程，它受立场、观点、信念的制约，也与一个人的认知水平有关，能充分地表现出一个人的立场、观点、信念和认知水平。因此，培养良好的意志品质应当从世界观教育着手，还要提高认知，发展情感，加强锻炼，并把教学过程与有目的地培养意志品质的过程统一为整体，使教学、训练促进意志品质的培养。

5. 体育与心理素质

心理素质主要包括自信心、勇敢精神、竞争意识、意志力、自制力和自我心理调节能力等。对于体育而言，意志坚忍顽强是十分重要的。参加体育活动既是对身体的锻炼，又是对意志的考验。锲而不舍，勇于拼搏，是体育精神的充分体现。要让学生通过参加体育活动，体验运动的乐趣，展示自己的风采。

三、体育运动动机及其培养

（一）体育运动动机的概念

体育运动动机是促进个体参与体育运动的心理动因或内部动力，它引起并维持个体的体育运动，进而将体育运动导向一定的目标。动机是个体的内在过程，其作用是：引起和发动个体的体育运动；指引个体选择体育运动的方向；调节个体的体育运动，即维持、加强或制止、减弱个体的某一体育运动。

（二）体育运动动机的产生

引起动机的条件有两个：一是内在需要，二是外部诱因。

1. 内在需要

人们参与体育运动的内在需要主要包括生理、心理和社会三个方面的需要。

（1）生理方面的需要。参加体育运动是出于保持身体健康，增强体质，提高力量、速度、耐力素质，解除脑疲劳，促进和保持良好睡眠的需要。

（2）心理方面的需要。参加体育运动是为了调节和控制情绪、保持良好的精神状态、提高注意力、锻炼意志力、培养开朗的性格、养成文明健康的生活习惯等。

（3）社会方面的需要。参加体育运动是为了扩大社交范围、增强集体凝聚力、提高竞争能力和社会适应能力。

2. 外部诱因

外部诱因是指能激起参与体育运动的外部原因，它是引起体育运动、满足个体需要的外在刺激。这些刺激包括物质因素和精神因素，统称为环境因素。环境因素有很多，如优良的体育设施器材、老师的表扬或批评、同伴之间的情绪感染、考试分数、竞赛的奖励（包括精神的、物质的）等。

在多数情况下，体育运动动机是由内在需要和外部诱因相互影响、交互作用而产生的。人出生后就有体育运动的需要，随着年龄的增长，在学校教育的影响下，儿童少年有了对某项体育运动的兴趣，这时主要是强烈的需要产生动机，为了满足需要，他们积极参与体育运动，同时也不宜忽视环境因素的影响，如教师的优美示范、学校的传统优势项目、学校的运动竞赛等都可能诱发个体已有的需要，从而使其产生体育运动动机，最终引发外显行为。由此可见，在形成体育运动动机、产生外显行为的过程中，体育运动需要是根本条件，外部环境因素是必备条件，只有二者相互作用，才能激发积极的体育行为。

（三）体育运动动机的培养

1. 树立正确的价值观

价值观是一个人对周围客观事物的评价和态度体现，决定着一个人对该事物的态度和行为。对学生进行体育运动价值观教育，使其树立正确的价值观十分重要。体育教育，可以使学生了解体育运动对增强体质的意义了解体育运动对其全面发展的意义，提高其对体育的认识水平。

2. 目标设置

在体育教学训练过程中，要为练习者确定一定的目标，如跑、游泳的距离，体操动作的次数和质量等。当这种目标转化为练习者的内在需要时，练习者就会使练习经常处于自己的意识控制之下，这能提高练习者的努力程度和动机水平，调动其积极性。

3. 积极反馈

反馈是学生通过对技能操作或学习结果的评定和自我知觉了解自己学习的情况，并对以后的行为进行调节的过程。在技能练习过程中，反馈的无论是正确的动作信息，还是错误的动作信息，都有利于练习者坚持目标或修正目标。反馈是最有益的动态调节信息，有利于激发学生坚持目标和努力的想法，使已有动机得到强化。

4. 情境创设

情境具有诱发动机的功能。学生在体育教师设计的情境中进行学习或锻炼，由于情境的不同，效果会有很大差异。例如，同一教材内容，如果老师组织教法丰富多变、新颖，学生就会感到有趣，愿意学。反之，学生就可能兴趣黯然，不愿意学。所以，教师应创造问题情境，引起期待心理，满足学生的好奇心，诱发其学习和锻炼的内驱力。

第三节　科学的体育锻炼与评价

科学的体育锻炼是指按照人体发展的基本规律，合理地进行体育锻炼。参加体育锻炼，必须遵循一定的原则，这样才能达到促进身体生长发育、改善和提高各器官系统的功能、提高身体素质、增强体质的作用。反之，不遵循体育锻炼的基本原则，不但收不到良好的锻炼效果，还有可能造成运动损伤，损害人体健康。

一、体育锻炼的相关概念

1. 运动量

运动量是指运动的负荷量，即人体在运动中所完成练习的强度、密度和时间。

2. 运动强度

运动强度是指单位时间内的运动量，通常用心率或血乳酸来衡量。

3. 运动密度

运动密度是指单位时间内的练习数量，通常用练习间隔时间来衡量。

4. 极点

在进行剧烈运动时，由于在运动开始阶段内脏器官的机能增强不能满足运动器官的需要，人体往往会有一种非常难受的感觉，此时会感到呼吸困难、肌肉酸痛、动作迟缓、精神低落，甚至不愿再继续下去，这种状态叫“极点”。“极点”出现后，应该继续坚持运动，减速并加深呼吸，各种不良感觉会逐渐消失，动作就会逐渐轻松协调，运动能力又会慢慢恢复，这种现象称为“第二次呼吸”。

5. 有氧运动

人体需氧量和吸氧量达到动态平衡的运动称为有氧运动。在进行有氧运动锻炼时，体内不产生乳酸堆积，心率、心输出量和肺通气量等保持稳定状态，因此，可持续运动时间较长，此过程可以消耗较多脂肪，并能提高心血管机能。

6. 最大心率

最大心率是指达到最大运动强度时的心率。最大心率随年龄的逐渐增长而减少，一般可以用“220－年龄”来推算。

7. 靶心率

通常以心率作为指标设定的强度称为心率强度，以心率强度设定的心率则称为靶心率或目标心率。靶心率是目前国际上通用的确定运动强度的最好方法之一，可以用以下方法计算靶心率：

$$靶心率=(最大心率-安静心率)\times(0.6\sim0.8)+安静时心率$$

对于体质较弱的人群，如儿童、中老年人可采用：

$$靶心率=(最大心率-安静心率)\times0.5+安静时心率$$

8. 极限运动

极限运动是指能够激发人体最大潜力、使人的生理和心理承受能力得到最大限度发挥的运动，如蹦极、攀岩、登山、跳伞等项目。极限运动具有挑战自我、冒险性、刺激性、创造性等无穷的魅力。参与极限运动，能够帮助人们重新认识自我，挖掘自身潜力，并唤起人们面对困难和挑战的勇气。

二、体育锻炼的基本原理

体育运动是一个确有实效，而又能不断提高身体能力的实践活动；体育锻炼是人们进行的合理、有效的身体活动。而要使这种身体活动合理和有效，就必须了解体育锻炼的基本原理。

1. 刺激与适应性的改变和增强

体育锻炼实际上就是对身体施加的一种运动刺激。在运动的刺激下，机体会产生多种反应，并且随着刺激次数的增加、时间的延续、负荷量与强度的增长，人体在形态、机能、素质等方面均会产生适应性变化。

2. 运动疲劳与恢复

体育锻炼的过程就是运动疲劳和休息恢复的过程。运动中只有出现疲劳，才可能通过休息使体力得以恢复，进而提高身体对疲劳的耐受力。例如，在长跑锻炼中，一个人在开始的一段时间里跑 1 000 多米就会感到体力不支，而他通过一段时间的锻炼后，跑了两三千米仍不会感到疲劳。可见，人的体力及各种运动能力，必须通过运动所产生的疲劳恢复才能得以增强和提高。这种现象在运动生理学中叫作“超量恢复”。所谓超量恢复，是指通过一定量与强度的运动刺激，使机体出现疲劳，而在休息之后，机体的代谢能力与体力状况可以恢复到比运动前更高的水平。人的各种运动素质与体能，就是经过多次这种“超量恢复”之后提高起来的。

3. 能量消耗与补充

运动必然要消耗体内更多的能量物质。因此，运动后就必须注意营养物质的补充，这样才能使体内的机能代谢逐步提高到新的水平。这不仅能够加强人体对营养物质的吸收和利用，而且可使体质的增强得到充分的物质保障。

科学锻炼小知识

三、体育锻炼的原则

体育锻炼的原则是体育锻炼过程中客观规律的反映，是练习者从事体育锻炼实践、达到理想效果所必须遵循的原则。只有科学地理解和遵循体育锻炼的原则，有效地锻炼，才可使体育锻炼获得最佳效果。

（一）从实际出发原则

从实际出发原则是指锻炼身体应从个人的实际情况和外界环境条件的实际出发，确定锻炼目的，选择适宜的运动项目，合理地安排运动时间和运动负荷。这是增强身体素质及提高运动水平必须遵循的原则。它包括以下两方面内容：

1. 锻炼者的自身情况

人体生理结构虽然基本相同，但由于年龄、性别、身体功能、基本活动能力等存在差异，并且由于每个人的锻炼基础、锻炼条件不同，随着锻炼过程的发展，机体产生的影响也会不同。因此，在选择确定锻炼的内容、方法、负荷时，要想使体育锻炼收到实效，就必须考虑到每个人的实际情况。既要考虑到兴趣、爱好，又要考虑到具体情况和具体特点，在制订锻炼的任务、内容、方法时，必须因人而异，依人制订运动处方。

2. 外界环境的变化

进行体育锻炼时，还要根据地理环境、气候条件、季节、场地器材等外界条件，按照科学锻炼的方法，选择适合自身的锻炼方法，这样才能收到良好的锻炼效果。如在冬季应着重发展身体的耐力和力量素质，在春、秋两季多进行技术性较强项目的练习；在炎热的夏天，游泳是比较理想的运动项目。另外，锻炼时还需注意，不要在强烈阳光下进行长时间的练习，防止中暑；在每次力量练习训练前，要认真检查运动器械，尽可能两人结合，相互保护和帮助，以防止运动伤害的发生。

（二）循序渐进原则

循序渐进原则是指体育锻炼必须根据人体身心发展规律，在锻炼的内容、方法、运动负荷等方面逐步提高，使机体功能不断得到改善。循序渐进是人体适应环境的基本规律。人体对内外环境变化的适应是一个缓慢的由量变到质变的过程，只有遵循这个规律，才能取得良好的锻炼效果。

1. 运动负荷循序渐进

进行体育锻炼时，当机体对一定运动负荷产生适应后，这种负荷对机体的刺激就会变小，此时，可以适当增加练习时间和练习次数，让机体产生新的适应。但运动负荷的增加要由小到大，逐步提高。体育锻炼的开始阶段或中断锻炼后恢复锻炼时，强度宜小，时间宜短，不要急于求成。

2. 练习内容循序渐进

练习内容要由简到繁，在动作要求上应由易到难，逐步加大难度。应首先考虑简单易行、容易收到锻炼效果的项目和内容。在每次练习时，也应先从动作简单、强度不大的内容开始练习，然后逐渐增加动作难度和运动负荷。

3. 锻炼过程循序渐进

每次锻炼前要做准备活动，锻炼后要做好整理活动，如长跑前先进行 10 分钟慢跑，长跑后也不要马上停下来。

（三）持续性原则

从生物学角度看，人体机能水平的提高，各种运动能力及素质的发展，运动技能的形成与巩固，均有赖于长时间的锻炼，这样才能使机体在身体形态、生理机能、生化过程等方面产生一系列适应性的变化。这些良好的适应性变化，不是一朝一夕或短时期锻炼就能产生的，而是长期坚持锻炼积累的结果。所以，强化终身体育意识，养成良好的锻炼习惯，使身体锻炼生活化是贯彻这一原则的关键。

（四）全面性原则

全面性原则是指采用各种运动形式、内容、方法和手段，对人体各组织、器官、系统和心理产生全面的良性影响，使人体得到全面协调的发展，消除薄弱环节。

1. 锻炼的部位要全面

人体是有机的整体，各组织、器官和系统之间相互联系、相互制约，身体运动的主要目的是促进机体整体协调发展，提高整体的健康水平。

2. 锻炼的项目内容要全面

大学生在体育锻炼过程中，应结合自身特点选择 1~2 项体育运动项目作为内容，并辅以其他锻炼内容，既保证各个运动对身体素质发展的独特性，又要避免锻炼局限于身体的某个部位。例如，长跑锻炼有益于发展人的心肺功能，若再结合一些徒手体操和力量训练就可发展人的灵敏、柔韧和力量素质。又如在健美运动中进行肌肉力量训练后，可增加一些发展速度的球类练习，这样既可以尽快降低肌肉黏滞性，又可发展人的速度素质，使身体得到全面锻炼。

（五）自觉性原则

自觉性原则指身体锻炼是出自锻炼者内在的需要和自觉的行动。锻炼在于自觉，锻炼者应把锻炼的目的、动机和树立正确的人生观联系起来。这样有助于形成或保持身体锻炼的兴趣，调动和发挥更大的主动性和积极性。贯彻自觉性原则应注意以下几点：一要做到自觉锻炼，明确锻炼目的；二要充分认识体育锻炼的特点和作用；三要使锻炼更具自觉性，还应经常检验锻炼的效果。

四、体育锻炼内容的选择

体育锻炼的项目、方法等内容是多种多样的，科学地选择体育锻炼的内容，对实现体育锻炼的目的有着极其重要的意义。

（一）体育锻炼项目的选择

1. 根据自然环境条件分类

利用空气、日光、水等自然条件和季节、气候的变化选择合适的锻炼内容，是一种促进健康、增强体质的有效的锻炼方法。这些体育锻炼内容的突出特点是与生活紧密相连。通过自然力的锻炼，不仅可以增强机体对外界环境的适应能力，而且可以增强心血管系统的功能，加快新陈代谢，改善身体各组织器官的机能，提高身体对各种疾病的抵抗力。

2. 根据体育锻炼的目的和要求分类

（1）健身运动。健身运动指正常人为增进健康、增强体质而进行的体育锻炼，如慢跑、太极拳、武术、游泳、骑自行车、划船、滑冰、舞蹈及各种球类活动等。

（2）健美运动。健美运动是指为了人体的健美而进行的体育锻炼。健美运动不仅可以增进健康，还可以培养审美能力和提高身体表现能力。如为了使肌肉发达，可采用举重和器械体操进行练习；为了形成良好的体型与姿态，可采用艺术体操、健美体操、各种舞蹈和基本体操中的一些练习等。

（3）娱乐性体育。娱乐性体育是指为了调节精神、丰富文化生活而进行的体育活动。进行这类活动可以使人身心愉快，如活动性游戏、渔猎、游园、郊游、打保龄球和定向运动等。

（4）格斗性体育。格斗性体育是指掌握和运用格斗的攻防技术（包括军事技术）的体育锻炼。参与格斗性体育项目，既能强身，又能自卫，如擒拿、散打、推手、拳击、刺杀和射击等。

（5）医疗体育和康复体育。医疗体育和康复体育也称为体育疗法。这类体育锻炼的对象是体弱多病者，其目的是祛病健身、增强体质，一般应在医生的指导下进行，其内容主要有步行、跑步、太极拳、按摩、保健操、矫正体操和生产操等。

（二）体育锻炼方法的选择

体育锻炼方法是指根据人体的发展规律，运用各种身体练习和自然因素锻炼身体的途径和方式。体育锻炼方法是贯彻体育锻炼原则、达到锻炼身体目的的桥梁。

1. 重复锻炼法

重复锻炼法是按照一定的负荷要求，多次重复同一动作进行锻炼的方法。在重复刺激机体的过程中，可以起到加速新陈代谢、增强体质的作用。

重复锻炼法要合理掌握重复次数和时间。两次锻炼之间的间歇时间原则上应使机体得到较充分的恢复。强度可达极限强度的90%~100%，使其达到锻炼负荷的有效价值范围（最有锻炼价值负荷量下的心率），并据此调节重复次数。在重复锻炼中，如何控制负荷量以达到理想效果，应视实际情况而定。通常认为，普通大学生的负荷心率为130~170次/分是较适宜的。在这个范围内，心室血液充盈，每搏输出量和氧气的运输量等均达到最佳状态，并可以持续地运动；心率低于130次/分时，锻炼效果不明显，应增加重复次数；而心率超过170次/分时，则需减少重复次数或安排足够的间歇时间。

2. 间歇锻炼法

间歇锻炼法是指在锻炼过程中，对安排的多组练习之间的间歇时间作出严格规定并反复进行锻炼的方法。该方法的关键是间歇时间必须严格控制，必须在机体尚处于未完全恢复的状态下即进行下一组的练习。该方法的特点是每次锻炼的负荷时间较长，负荷强度适中。

该方法可使锻炼者的心脏功能明显增强。该方法通过调节负荷强度，可使机体机能产生与锻炼项目相匹配的适应性变化；可提高有氧代谢供能能力，从而提高学生的体质健康水平。

同重复锻炼法一样，间歇锻炼法的间歇时间也要依据负荷的有效价值范围去调节。一般来说，当负荷反应（心率）指标低于有效价值范围时，应缩短间歇时间；而高于有效价值范围时，则可延长间歇时间。通过适当的间歇，把负荷量调节到负荷有效价值范围可以收到良好的锻炼效果。实践证明，间歇中负荷心率为130次/分左右时，就应再次开始锻炼。而且间歇时不应做静止方式休息，而应当做积极性休息，如慢速走步、放松手脚、伸腰或做深而慢的呼吸等。因为轻微活动可使肌肉对血管起到按摩作用，以帮助血液回流、加快体内代谢废物的排除。

3. 连续锻炼法

连续锻炼法是按一定要求，持续进行规定动作的体育锻炼方法，是指在锻炼的过程中，为了保持有价值的负荷量而不间断地连续进行运动。该方法要求负荷强度较低、负荷时间较长，不间断地连续进行运动。连续的作用在于保证持续负荷量不下降，维持在一定的水平上，使身体充分地受到运动的作用。

连续锻炼法的负荷强度和持续时间，同样要根据负荷的有效价值范围来确定。通常认为，在130次/分左右心率下连续锻炼20~30分钟，可使机体的各个部位获得充分的血液和氧的供应，因而能有效地发展有氧代谢能力和耐力素质。用于连续锻炼的内容通常是那些比较容易并已为锻炼者所熟悉的运动，如跑步、游泳，也可以是健美操或广场舞等。

连续锻炼法多用于发展一般耐力，如较长时间的匀速跑。也可在非周期性项目中用于巩固某一技术动作和发展专门耐力，如篮球投篮训练中连续的原地起跳投篮练习等。

4. 循环锻炼法

循环锻炼法是指由几个不同的练习内容联合组成的练习组合。该方法要求锻炼者必须按照既定的练习顺序和路线依次完成每个练习站的练习任务。一般的组织形式是锻炼者在完成一个练习站的任务后，迅速转移到下一个练习站继续练习，同时下一个锻炼者依次跟上。每一个锻炼者都完成了各个练习站的练习内容时，就算完成了一次循环。其结构因素包括每站的练习内容、运动负荷、练习站的安排顺序、练习站之间的间歇形式与时间、每一循环之间的间歇、设置练习站的数目和循环的组数等。

循环锻炼法对技术的要求不高，且各项目都采用比较低的负荷进行练习，因此练习起来简单有趣，可有效地提高不同层次和不同水平练习者的运动情绪和积极性；可以合理地增大锻炼过程的练习密度，并随时根据具体情况因人制宜地加以调整，做到区别对待；可以防止局部负担过重，延缓疲劳的产生，交替刺激不同身体部位，有利于综合锻炼，从而达到全面发展的效果。

运用循环锻炼法的关键是要按照全面性原则去搭配项目。就大学生而言，锻炼时既要发展四肢，又要发展躯干；既要运动胸背部，又要运动腰腹部；既要追求形态的健美，又必须注意机能、素质的全面发展。因此，必须科学地搭配项目，一般可以选择6~12个简单易行的项目。锻炼时，注意上肢动作与下肢动作、剧烈的跑跳练习与静力憋气动作之间的合理交替。

在体育锻炼中，可根据锻炼项目安排循环练习站，还可分队比赛，增加竞争性，以提高练习兴趣。

5. 变换锻炼法

变换锻炼法是指通过不断变换运动负荷、练习内容、练习形式和练习条件等，提高锻炼者的积极性、适应性和应变能力的方法。该方法可以有效地调节锻炼者的生理负荷，提高兴奋性，强化锻炼意识，克服疲劳和厌倦情绪，最终达到提高锻炼效果的目的。

如刚参加锻炼时，可多做些诱导性和辅助性练习。随着锻炼水平的提高，应加大练习的难度，如用越野跑代替在田径场的长跑等。锻炼条件的变化，可对锻炼者的大脑皮质产生新的刺激，提高锻炼者的兴奋性，从而提高机体对负荷的承受能力，增强锻炼效果。

另外，不断对锻炼内容、时间、动作速率等提出新的要求，可有效地调节生理负荷，使机体不断产生适应性变化，从而达到更好的锻炼身体的目的。

（三）体育锻炼项目、方法选择的原则

1. 根据锻炼者的体质状况进行选择

（1）健康型。健康型指身体强健者。这类人对身体锻炼一般都具有强烈的欲望和热情，并能承受较大的运动负荷。在选择锻炼内容时，可根据锻炼者的实际情况和兴趣，选择1~2项运动项目作为健身的手段。一般来说，年轻人可选择球类、韵律操、游泳和健身跑等项目或自己喜爱的其他体育项目。可用循环锻炼法、重复锻炼法和间歇锻炼法等进行有计划的锻炼。

（2）一般型。一般型指身体虽不健壮但也无疾病者。这种类型的人在群体中所占比例较大，在青少年学生中约占60%。一般型的人身体无疾病，但往往缺乏锻炼的热情和持久精神，不经常锻炼，锻炼流于形式。对这类人来说，最好选择形式灵活又对增强体质有实效的项目，从而激发其锻炼的热情，培养其锻炼的兴趣，逐步使其养成良好的锻炼习惯。若选择球类、武术、游泳、健美运动等项目，宜采用循环锻炼法和重复锻炼法。

（3）体弱型。体弱型指体弱多病或发育不良者。为了增强体质、战胜疾病、增进健康，体弱者可选择健身跑、定量步行、太极拳等内容进行锻炼，待体质得到改善后，再选择其他内容。在运动负荷上更要注意循序渐进，切不可急于求成。可先采用重复锻炼法、循环锻炼法进行力所能及的锻炼，待体质有所增强时再考虑改用其他方法锻炼。

（4）肥胖型。肥胖型指体重超过正常标准者。肥胖型的人参加身体锻炼，通常希望能减肥健身，因此，在内容的选择上要有针对性。在身体无其他疾病的情况下，可选择耐力跑、长距离游泳、健美运动或按照减肥“运动处方”进行锻炼。如患有冠心病等心血管系统疾病，在锻炼时则应遵循治病为主、减肥为辅的原则，掌握好运动负荷，防止发生意外事故。这类人可多采用重复锻炼法、循环锻炼法进行锻炼。

（5）消瘦型。消瘦型指体重低于正常标准者。消瘦型的人参加身体锻炼，是希望能使身体健壮、丰满。这类人宜选择举重、体操、健美运动等项目，可采用重复锻炼法、循环锻炼法进行锻炼。

2. 根据季节的变化进行选择

（1）春季锻炼的内容和方法。一年之计在于春。经过寒冷的冬季，身体各器官的功能与肌肉的功能都处于较低水平，肌肉、韧带也较为僵硬，所以春季进行体育锻炼，主要以加强体内的新陈代谢为主，逐渐提高各器官的机能水平。体育锻炼应以有氧代谢供能形式为主，运动强度要逐渐增加，运动形式可选择长跑、轮滑、自行车、跳绳、爬山和球类等。在春季进行体育锻炼时，要做好准备活动，充分伸展韧带，以减少运动损伤，同时要注意增减衣物，防止感冒。

（2）夏季锻炼的内容和方法。夏季由于天气炎热，给体育活动带来很大不便，但如果停止锻炼又会破坏锻炼的持续性。所以，夏季一定要坚持锻炼，但在锻炼方法和时间的选择上要做到科学、合理。夏季最理想的锻炼方式是游泳，游泳不仅可以提高身体机能，而且可以防暑解热。夏季较为理想的另一种锻炼方式是日光浴。此外，夏季供人们选择的体育锻炼项目还有慢跑、散步、太极拳、羽毛球和轮滑等。选择这些项目进行锻炼，最好在清晨或傍晚，选择空气新鲜且流通较好的场所进行，同时运动后要注意补充水分，以防身体脱水和中暑。

（3）秋季锻炼的内容和方法。秋季是体育锻炼的大好季节，可选择篮球、排球、足球、长跑、轮滑、武术和自行车等项目进行锻炼。一些冬季锻炼方式，如冬泳、冷水浴、空气浴等，也应该从此时就开始准备，以便让身体有个适应的过程。秋季进行体育锻炼时，由于天气变化无常，早晚气温较低，要注意适时增减衣服，防止感冒。另外，秋天气候干燥，锻炼前后要注意适量补充水分，以保持呼吸道的湿润。

（4）冬季锻炼的内容和方法。冬季参加体育锻炼，不仅可以提高身体健康水平，还可以提高身体的抗寒能力和对各种疾病的防御能力。冬季锻炼的内容非常丰富，一般人可进行长跑、足球、拔河、冬泳等项目，儿童少年可选择跳绳、踢毽子、跳橡皮筋等项目，老年人可选择慢跑、太极拳、广播体操，有条件者还可选择轮滑、滑雪、滑冰等项目。冬季锻炼时，身体的惰性较大，肌肉组织容易受伤，所以锻炼前要做好充分的准备活动。运动时，最好采用鼻吸口呼或口鼻同时呼吸的方式，以防止冷空气直接刺激口腔黏膜而发生上呼吸道感染。

五、体育锻炼计划

每个参加体育锻炼的人都应当根据自身条件、环境条件制订锻炼计划，以期达到预期的锻炼效果。

（一）体育锻炼计划的制订

体育锻炼计划一般可分为年度锻炼计划、学期锻炼计划和周锻炼计划。

1. 年度锻炼计划

年度锻炼计划可以达到《国家学生体质健康标准》某个级别为长远目标，也可以防治某些疾病、矫正某种身体畸形或提高整体健康水平为目标。具体锻炼内容可根据年度目标而定，一般可采用健身走、健身跑、武术、健美操、矫正操等锻炼方式。

2. 学期锻炼计划

学期锻炼计划的任务和要求要根据年度锻炼计划并结合学期学习任务和季节特点而定。学期锻炼计划中的锻炼内容可从年度锻炼计划中选定。

3. 周锻炼计划

周锻炼计划内容要具体明确，如学习有关跑步、球类等基本知识、技术，发展某种身体素质，培养特定思想意志品质和心理素质等都应有所要求、有所落实。

（二）制订体育锻炼计划的注意事项

体育锻炼计划的制订要从个人的体质、学习、生活等实际条件出发，按照学校规定的作息时间和规章制度进行安排。

（1）每次锻炼内容的选择与确定很重要，必须切合实际，才能保证计划顺利进行。内容的确定除了要考虑到个人体质、健康状况和兴趣爱好外，还要充分考虑到场地、器材和气候等因素。

（2）体育锻炼要长计划、短安排。进行体育锻炼要有一个总体设想和总目标，根据这一总目标确定每学期的具体指标，这样便于总结提高。具体计划安排可以周锻炼计划为主，按实际情况随时进行调整，以适应不断发展的需要。在制订体育锻炼计划时，必须全面贯彻体育锻炼的原则，同时做到简单、具体、实用、重点突出。

（3）每次锻炼的安排应从锻炼者当时的身心状况出发，注意科学性。速度、灵巧性练习安排在前，力量练习安排在后；运动量小、强度小的练习安排在前，运动量大、强度大的练习安排在后；技术性练习要由简到繁，由易到难，同时还要注意上、下肢练习的搭配安排。每次锻炼时，要先做好准备活动，然后进行主要项目的练习，最后进行整理活动。

（三）一次锻炼课的计划

一次锻炼课通常分三部分进行，即准备部分、锻炼部分和结束部分。在不同的锻炼阶段，这三部分的时间划分各不相同。在早期，准备部分时间要长些，一般为 10~15 分钟，锻炼部分 20~25 分钟，结束部分 5~10 分钟。在中期和后期，准备部分 5~10 分钟，然后进入主项运动（即锻炼部分），最后 5 分钟为整理活动。这样的一次课表现为“开始缓慢、中间爽快、终了微火似的运动过程”。以健身为目的的锻炼者总运动时间为 30~45 分钟。各部分锻炼内容各有所侧重，并且运动负荷量的分配也不同。准备部分的作用是使机体组织“暖和”起来，使身体逐渐适应强度较大的运动，以免因心、肺等内脏器官和骨骼关节不能适应强烈运动而发生运动伤害事件，一般可采用活动强度小的步行、伸展性体操或太极拳等锻炼方式。

锻炼部分也称为基本部分，其内容是运动处方的主项运动欲达到的目标，例如，耐力运动项目要达到一定的心率水平，并要求至少维持 12 分钟。主项运动的运动强度一般为最大能力的 40%~60%，同时还要求达到一定活动范围的肌力训练，其训练强度为最大能力的 80%左右。

结束部分是指在训练结束后，要使高负荷活动的机体逐渐安静下来，不要突然停止运动，因为此时血液仍大量集中于四肢，若突然停止运动，会使回心血量锐减，可能会出现“重力性休克”，即由于每搏输出量不足，引起脑贫血而发生休克症状。这时，通常可做一些放松式体操、散步或自我按摩等运动，达到使机体逐渐恢复到安静时状态的目的。

六、体育锻炼效果的自我评价

体育锻炼效果的自我评价是指锻炼者运用简单的医学方法，对自己的锻炼状况进行检查和评定。通过自我评价，可以间接地衡量运动的强度和密度安排是否合理，并根据机体的反应判断体育锻炼效果，以便及时调整体育锻炼计划，合理安排运动量。

（一）主观感觉

1. 一般感觉

一般感觉通常有感觉良好、感觉一般和感觉不良三种情况。感觉良好是指锻炼者精神饱满、心情愉快、全身无不适感觉，锻炼后能坚持长时间的学习和工作，且效率较高；感觉不良是指在体育锻炼中出现精神萎靡不振，全身有不同程度的疲劳，肌肉酸痛，四肢无力，心情烦躁，容易激动，不能坚持锻炼等现象，严重者有头昏头痛、食欲减退、恶心呕吐、心慌气喘、失眠和多梦等症状；感觉一般是指锻炼反应和感觉平淡。在锻炼过程中，如果出现不同程度的疲劳，不要紧张，这是正常反应，一般在较短的时间内就可恢复。有一定疲劳才会有超量恢复，人的体质就是从一次次的疲劳和一次次的超量恢复中积累起来的。

2. 食欲

体育锻炼能刺激唾液和胃液的分泌，可增加食欲，提高消化系统的功能，有利于营养物质的消化和吸收。在锻炼中，要注意保持运动量三要素（即频率、强度、时间）适当，否则在一段时期内会持续出现食欲缺乏，甚至厌食的状况，这是体育锻炼运动负荷过大或健康状况不佳的反应。

3. 睡眠

睡眠是休息的深度状态，体育锻炼能提高睡眠的质量。人的一生有 1/3 的时间是在睡眠中度过的，睡眠的情况直接关系到身体的健康。一个人如果体育锻炼后入睡快、睡得沉，睡醒后感觉身心舒畅、精力旺盛，工作、学习效率高，说明体育锻炼的运动量三要素安排适当。如果入睡慢、易醒、多梦、睡眠后还有疲劳感，则说明体育锻炼的运动量三要素安排不当。根据自我监督的原则，此时应对体育锻炼内容做适当的调整，必要时还可暂停一段时间，再进行适当的运动。

4. 运动心情

心情是人对自己的需要与客观事物之间关系的反映。当客观事物能满足身体的需要时，人便产生愉快、高兴等肯定的心情；反之，就会出现否定的心情。体育锻炼不仅能转移人们日常生活、工作、学习中的烦恼，而且能增强人体的活力。美国科学家研究证明，每天坚持体育锻炼，能增加身体内部内啡肽的含量，使人产生一种特殊的欣快感。当心情不佳或不想锻炼时，可对自己的体育锻炼计划进行适当的调整。这是因为当人体处于疲劳或过度疲劳状态时，心情会受到影响，如果不及时调整，就达不到增强体质的功效。

5. 学习效率

适度的体育锻炼能使人在学习过程中思想集中、记忆清晰、思维敏捷、求知欲旺盛。反之，学习时心神不定、记忆力衰退、缺乏兴趣、信心不足、学习效果不佳等则是不健康的表现。出现这些状况时，要根据自己的身体状况对运动量做适当的调整。

（二）客观检查

客观检查是对身体的观察和测定，以及对一些机能指标的检查，包括脉搏、呼吸频率、肌力、排汗量、进食、营养等。锻炼者应学会用这些客观指标来指导自己的体育锻炼。

1. 脉搏

脉搏是客观检查中很重要的一项指标，是体育锻炼的指南。通常通过触摸腕部桡动脉的跳动可以测定人体的脉搏。人体每分钟的脉搏次数称为脉搏率，一般脉搏率等于心率。正常人的脉搏率为 60~100 次 / 分，脉搏率低于 60 次 / 分为心动过缓，高于 100 次 / 分为心动过速。老年人脉搏率偏低，一般为 55~80 次 / 分。正常人的脉搏应规律、整齐、强弱一致。掌握了脉搏的基本规律就可用它来监督自己的体育锻炼。运动前脉搏率低于 50 次 / 分、高于 100 次 / 分或每搏间隔时间不等、强弱不一时，就应当到医院检查，待恢复正常后再进行体育锻炼。

在有氧的情况下，脉搏是检查心肌耗氧量的指标。根据体育锻炼时每分钟的脉搏次数还可以直接推算出运动时的耗氧量和运动量。按心率计算运动量，可分为大、中、小三种，其计算公式如下：

大运动量 =（最高运动心率 − 静息心率）× 60% + 静息心率

中运动量 =（最高运动心率 − 静息心率）× 50% + 静息心率

小运动量 =（最高运动心率 − 静息心率）× 40% + 静息心率

测定脉搏次数通常在体育锻炼前后进行，以便于比较。一般情况下，正常成年人心率恢复时间应在 10 分钟以内。心率恢复时间越短，表明心脏功能越好。若 30 分钟后还未恢复，说明心脏功能不良，有可能是运动量过大所致，也有可能是缺乏体育锻炼、身体机能水平降低所致。

自我心脏功能的测定方法很简单，可以不同体位时心率的变化作为评判标准。测试者卧于床上，安静休息 3 分钟后测 1 分钟脉搏次数，然后起立，站 1 分钟后再测 1 分钟脉搏次数。将两次脉搏次数进行比较，若站立时每分钟脉搏次数比卧位时增加 6~11 次为心功能良好，增加 12~20 次为一般，增加 20 次以上为心功能较差。

2. 呼吸频率

呼吸频率是指人体在安静时每分钟的呼吸次数，它是人体健康的重要标志。定期检查自己的呼吸频率，可以科学地控制体育锻炼过程。不同年龄的人，安静时呼吸的频率是不同的，一般成年人为 12~18 次 / 分，而经常锻炼者为 8~12 次 / 分。不锻炼者呼吸浅而快，有时可达 32 次 / 分，而呼吸量只有 300 毫升；经常锻炼者的呼吸深而缓慢，呼吸量可达 600 毫升。因此，进行体育锻炼时，可根据这些指标科学地确定运动量。

3. 肌力

肌力是指人体肌肉收缩力的大小。人的各种运动都离不开肌力。肌力取决于肌纤维的横截面积和神经系统兴奋时支配参加运动的肌纤维数量。经常锻炼者，肌纤维增粗，骨骼结构的牢固度和各种肌肉群之间的协调配合能力也较高。

肌力包括握力、臂力、背力、腹肌力等。臂力可以用引体向上、双臂屈伸、俯卧撑、举重物等方式来评定。腹肌力可用仰卧起坐、悬垂收腹举腿等来评定。握力可用握力计测定，并用“握力指数”进行评定，一般来说，其数值相当于自身体重的 1/2。测定背力可用如下方法：被测定者俯卧在床上或桌上，脐部齐床边沿，躯干上部悬空，另一人压住被测定者的小腿，被测定者两手放于枕骨部，然后用力抬起躯干，记录其抬起时间。当被测定者躯干上部明显降低或近于平面时，计时停止。评定时，可参照下列标准：男子 30 秒以上为良好，15~30 秒为中等，15 秒以下为差。女子 20 秒以上为良好，10~20 秒为中等，10 秒以下为差。

4. 排汗量

进行体育锻炼时，体内会消耗多余的能量，体温会迅速升高，这时主要通过排汗来降低体温，调节人体机能。人体在静止时，皮肤也有水分蒸发，但人们不会注意到，这叫稳性汗，每天约 500 毫升。进行体育锻炼时，排汗量为 500~1 000 毫升，运动量大时可达 1 500 毫升，一场剧烈的足球赛，运动员的排汗量可达 6 000 毫升。运动中的排汗量可用下列公式计算：

排汗量 = 运动前体重 − 运动后体重 + 饮水量和进食量 − 尿量和粪量

如体育锻炼过程中未进食、未饮水，也无大小便，则排汗量可按运动前后体重差数计算。

从体育锻炼开始到开始出汗的时间一般为 6~8 分钟。如有大量出汗，则表明运动量过大或身体过度虚弱。气候炎热也是运动时大量出汗的原因。锻炼时，可根据排汗量和时间进行客观检查，以便及时调整自己的体育锻炼内容和运动量。

5. 进食

体育锻炼后不宜立即进食，应当有一定的时间间隔。饭前和饭后不宜进行较剧烈的运动，因为饭后体内大量血液聚于胃肠道，如果马上进行运动，会使参与胃肠道消化的血液又重新分配到全身的肌肉中去，从而影响胃肠道的消化和吸收功能。空腹时也不宜进行体育锻炼，因为饥饿时体内营养消耗较大，血糖降低，易头昏乏力，从而影响锻炼情绪和效果。

体育锻炼最好在饭后 30~60 分钟开始，饭前半小时要停止运动，以使身体得到充分的休息，保证饭后食物的消化与吸收。

运动处方

6. 营养

体育锻炼可使体内物质代谢速度加强，能源物质大量消耗并引起一系列内环境的变化。及时、合理地供给营养，有助于稳定体内环境，使代谢过程顺利进行，保证各器官功能活动正常进行。运动所需的营养主要有糖类、脂肪、蛋白质、维生素、矿物质和水等。

第四节　运动常见的生理反应及其处理

世界卫生组织指出，适量规律的体育锻炼有以下好处：延年益寿；强健筋骨、肌肉和关节；有效控制体重；减少患心脑血管疾病、高血压、直肠癌、2 型糖尿病的概率；预防和减少骨质疏松的发生；促进心理健康，减少抑郁症、强迫症和孤独感的发生；帮助青少年预防和控制不良习惯，远离烟草、酒精、药品滥用及不健康的饮食习惯。

在体育锻炼过程中，人体的生理平衡受到暂时性破坏，会出现某些生理反应，这种反应称为“运动生理反应”。以下简要介绍运动常见的生理反应及其处理办法。

一、延迟性肌肉酸痛

开始从事运动的人或是很长一段时间没有运动的人，一旦运动，常会有肌肉酸痛或紧绷的感觉。在运动后数小时内所产生的急性肌肉酸痛被认为与运动肌群缺乏血流量（氧含量）及肌肉疲劳有关。

在运动后 24 小时出现的肌肉疼痛、肌肉酸痛或肌肉僵硬的现象称为延迟性肌肉酸痛（DOMS）。这种肌肉酸痛最常见于新开始的锻炼计划，或大幅度地增加持续时间和强度的运动。其特点是在运动后 24~72 小时酸痛达到顶点，5~7 天后疼痛基本消失。延迟性肌肉酸痛是对平时肌肉不用力的一种正常反应，是一个适应的过程，将导致肌肉的恢复及肌纤维的增粗，会产生更强的耐力和力量。

延迟性的疼痛与急性、突然而剧烈的疼痛不同。延迟性肌肉酸痛一般与体液的增加（刺激末梢神经有痛觉），以及肌肉与关节本身及周围结缔组织过度伸展或撕裂等因素有关。

（一）病因和症状

延迟性肌肉酸痛是由细小肌肉纤维撕裂而导致的。撕裂的数量（和疼痛程度）取决于运动的强度、时间和类型。进行不熟悉的运动项目可能导致延迟性肌肉酸痛，肌肉剧烈收缩会导致延迟性肌肉酸痛。

引起肌肉剧烈收缩的运动包括下楼跑、下坡跑、降低重心和下蹲的运动及俯卧撑。这些运动除了会导致小肌肉撕裂外，撕裂部位与肌肉肿胀会共同引起延迟性肌肉酸痛。

（二）处理

1. 运动恢复

有关研究表明，低强度的有氧运动可增加血液流量，减少肌肉酸痛。在剧烈运动或比赛后，可采用低强度的有氧运动帮助肌肉放松。

在体育比赛或高强度运动后，完全休息是恢复的最好方法。然而，研究也发现了通过运动恢复的一些优势。进行运动恢复时，一般在训练后从事低强度运动。运动恢复有两种形式：一是在剧烈运动后立即放松，二是在比赛和高强度运动后的第二天从事低强度运动。

2. 休息和恢复

在没有任何特殊处理的情况下，疼痛通常会在 3~7 天消失。运动后保证足够的休息是必要的，以便身体肌肉组织尽快恢复、重建和加强。恢复时间对于任何训练计划都很重要，因为这个时间是身体适应训练和产生真实训练效果的时间。

3. 按摩

按摩能够帮助减少肌肉疼痛和肿胀，而且不会影响肌肉的功能。治疗型的按摩可治疗软组织疼痛和伤害。按摩有助于改善肌肉的灵活性，提高关节活动范围和减少肌肉僵硬，有助于改善按摩区的血液流动，增加肌肉温度。此外，按摩还有助于减少焦虑和改善情绪。

4. 使用 RICE 方法

RICE 方法，即采用休息、冰敷、压迫和抬高伤肢的方法。如果运动中遭受扭伤、肌肉拉伤或撕裂等损伤，可采用 RICE 法以缓解疼痛、限制肿胀和保护受伤的软组织。

其他的治疗方法还有进行温和的拉伸练习、采用药物治疗、练习瑜伽等，但最重要的还是预防。

（三）预防

1. 减慢过程

最重要的预防方法是逐渐增加运动的时间和强度。太快增加运动强度、时间是运动损伤的一个常见原因，健康专家建议新手和专业运动员采取 10% 的指导原则避免运动损伤和肌肉酸痛。这条指导原则是指增加的活动每周不应超过 10%，包括锻炼的距离、强度、重量和时间，设置每周训练强度的增加量的上限。例如，如果一个人每周跑 20 千米，他还想增加跑步的距离，那么在下周应遵循 10% 原则，增加 2 千米的距离。如果一个人举重的重量为 50 千克，想增加举重的重量，则在下一周应遵循 10% 原则，增加 5 千克的重量。一个刚开始运动的人，如果觉得增加 10% 负荷量太大，则可以每周增加 5%。

2. 热身活动

适当的热身活动可以增加流向运动的肌肉的血液量，从而减少肌肉僵硬，降低受伤的风险，提高运动表现。此外，热身活动还为生理和心理做好了运动的准备。典型的热身活动包括：① 逐渐增加专项运动的强度。例如，对于跑步的人而言，慢跑一会，并做几个冲刺型的动作来动员所有的肌纤维。② 以缓慢平稳的方式添加非专项的动作，如健美操或柔韧性练习，球类项目运动员经常使用无关球的练习作为他们的热身活动。

拉伸肌肉最好的时间是在增加血液流量之后，这可避免受伤。天冷时拉伸肌肉会增加受伤的危险，因此，最好在拉伸之前做有氧运动。有氧运动之后做拉伸练习可以使肌肉变软，增加血液流量并使肌肉温度提高。

3. 放松活动

运动后应以温和的拉伸放松。拉伸是提高体能和健康最基本的方式。拉伸可以促进循环，扩大运动范围，改善身体姿态，减少关节僵硬，降低肌肉张力，提高表现，提高放松的能力。

在进行拉伸时，应注意以下几点：① 均匀地拉伸身体两侧的肌肉，不要只拉伸一侧而不拉伸另一侧；② 避免过度伸展，不要有疼痛或不适感，以感到轻微的紧张感为佳；③ 慢慢地均匀地拉伸肌肉，保持姿势约 15 秒，同时也要慢慢地释放；④ 拉伸的时候不要反弹或猛拉，否则会因超出肌肉的能力而发生损伤，拉伸应该流畅和缓慢；⑤ 练习时应放松，深呼吸是放松的关键，在拉伸时不要屏住呼吸。

二、运动中腹痛

运动中腹痛泛指在运动过程中或运动结束时产生的腹部疼痛。

（一）病因

一般引起腹痛的原因，大体可分为两类：一类是腹内脏器病变，另一类腹腔以外脏器或全身性病变。由腹内脏器病变引起腹痛者，又可分为器质性和功能性两种。

1. 胃肠痉挛

胃肠痉挛引起的腹痛，轻者为钝痛、胀痛，重者则可为阵发性绞痛。饭后过早参加运动，运动前吃得过饱、喝水过多、喝冷饮过多或空腹锻炼引起胃酸或冷空气对胃的刺激等，都会引起胃痉挛，其疼痛部位在上腹部。运动前吃了产气或不易消化的食物，如豆类、薯类、牛肉等，腹部受凉或蛔虫刺激等，均可引起肠痉挛，其疼痛部位多在肚脐周围。宿便刺激也可引起肠痉挛，其疼痛部位在左下腹部。

2. 肝脾瘀血

肝脾瘀血肿胀，增加肝脾被膜的张力，使被膜上的神经受到牵扯，因而产生疼痛。肝痛在右季肋部，脾痛在左季肋部，疼痛性质为胀痛或牵扯痛。发生肝脾瘀血的原因可能是准备活动不够或开始运动时速度过快。当内脏器官的功能还没提高到应有的活动水平，就加大运动强度，特别是心肌力量较弱时，心脏搏动无力，会影响静脉血的回流，致使下腔静脉压力上升，肝静脉回流受阻，从而引起肝脾瘀血肿胀。此外，剧烈运动时，会破坏均匀、有节奏的呼吸，引起呼吸肌疲劳或痉挛；膈肌疲劳后会减弱对肝的“按摩”作用，同时由于呼吸短浅，胸腹腔内压增加，会影响下腔静脉血的回流，这些都可使肝脾发生瘀血肿胀。

3. 腹直肌痉挛

夏季进行剧烈运动时，由于大量排汗，盐分缺失，水盐代谢可能发生紊乱，加上疲劳，可引起腹直肌痉挛。这种腹痛多发生在运动后期，疼痛部位比较表浅。

4. 髂腰肌血肿

在剧烈运动时，由于髂腰肌拉伤，可能产生血肿而引起腹痛。

5. 腹部慢性疾病

慢性肝炎、溃疡病或慢性阑尾炎患者参加剧烈运动时，由于病变部位受到牵扯、震动等刺激，可能产生疼痛。这种疼痛的部位同病变的部位一致。

（二）征象

运动中腹痛的部位一般与有关脏器的解剖部位有关。腹部可分为上、中、下三部分或左、中、右三部分。右上腹痛者，多为肝瘀血、胆囊炎、胆石症等；中上腹痛者，多为胃痉挛、十二指肠溃疡、急性胰腺炎等；左上腹痛者，多为脾瘀血；腹中部痛者，多为肠痉挛、肠套叠或蛔虫症等；右下腹痛者，多为阑尾炎、右髂腰肌血肿；左下腹痛者，多因为宿便刺激引起的肠痉挛或左髂腰肌血肿；腹直肌痉挛多在相应的部位疼痛，且比较表浅。但是，有的疾病在发病初期其疼痛部位并不一定与病变部位完全一致，如急性阑尾炎早期的疼痛部位多在上腹部或脐周围。也有些疾病虽然表现为急性腹痛，但病变部位却在腹外器官，如急性心肌梗死、大叶性肺炎等。

（三）处理

运动中发生腹痛时，一般只要减慢跑速、加深呼吸以调整呼吸与运动的节奏，按压疼痛部位或弯着腰跑一段距离等，疼痛即可减轻或消失。如疼痛仍不减轻，甚至反而加重，就应停止运动，并做进一步的鉴别诊断和处理。若是由胃肠痉挛引起的腹痛，可针刺或用指掐、点、揉内关、足三里、大肠俞等穴位；若是腹直肌痉挛，则可进行局部按摩，或采用背伸动作拉长腹肌。如果上述措施均不见效，就应请医生进行诊断和处理。

（四）预防

合理安排膳食，运动前避免吃得过饱和饮水过多，饭后 1.5~2 小时才可进行剧烈运动，并在运动前做好充分的准备活动。运动时要坚持循序渐进原则，并注意呼吸与动作之间的节奏配合。夏季运动要适当补充盐分。各种腹部脏器的慢性疾病应及早就医、彻底治疗，在疾病未愈之前应暂停训练，或只参加一些力所能及的活动。

三、运动性贫血

（一）病因

贫血可由各种原因引起，它不是独立的疾病，而是一种症状。运动员在训练过程中如果生理负担量过大，也会贫血，这种贫血称为运动性贫血。其类型多为缺铁性贫血，少数为溶血性贫血，个别为混合型贫血。从发生率看，女性高于男性，年龄小的运动员高于年龄大的运动员。血红蛋白是红细胞的主要成分，正常人血红蛋白的浓度和红细胞的数量密切相关。在一般情况下，血液中红细胞数量越多，血红蛋白浓度就越高。我国成年健康男性血红蛋白浓度为120~160克/升，成年女性为110~150克/升。成熟红细胞的寿命约120天，机体在正常情况下每天都有一定数量的红细胞在新生和衰亡，二者之间维持着动态平衡，从而使血液中红细胞与血红蛋白的数量保持在相对稳定的水平上。一旦这种平衡受到某些因素的破坏，即可引起贫血。由于血红蛋白减少，血液输送氧的功能不足，以致全身各器官、组织缺氧，从而引起各种临床症状。

（二）征象

运动性贫血发病缓慢，主要表现为头晕、乏力、易倦、记忆力下降、食欲差等症状。运动时症状较明显，常伴有气喘、心悸等症状，主要的体征为皮肤和黏膜苍白，心率较快，心尖区可听到收缩期吹风样杂音等。症状的程度与血红蛋白的数量及运动负荷有密切关系。血液检查时，血红蛋白的含量减少，男性低于120克/升，女性低于110克/升，这是诊断本病的标准。

（三）处理

适当减少运动量，必要时应停止训练，改善营养，尤其是补充富有蛋白质和铁的食物。饭后口服硫酸亚铁片剂，这对治疗缺铁性贫血有明显效果，并同时服用维生素C和胃蛋白酶合剂，以利于铁的吸收。也有人采用中西药结合来治疗运动性贫血，也有较好的疗效。由其他原因引起的贫血则应及时查明原因，对症治疗。

（四）预防

合理安排运动量和运动强度，遵守循序渐进和个别对待的原则。多食含蛋白质丰富的食物，克服偏食习惯。对大运动量训练的运动员可进行预防性补铁，建立合理的膳食制度，使运动与进食之间有一定的间隔时间。

四、运动性晕厥

在运动中或运动后由于脑部一时性血供不足或血液中化学物质的变化引起突发性、短暂性意识丧失、肌张力消失并伴有跌倒的现象称为运动性晕厥。

（一）病因

运动性晕厥是由供应给大脑的血液和氧减少引起的。晕厥是一种临时的意识丧失，通常持续不到1分钟。运动性晕厥可能是由各种因素引起的，如严重的脱水、低血糖或高温。此外，在运动中晕倒也常常跟血液循环受到影响有关。

（二）症状

运动性晕厥多表现为头晕、眼花、面色苍白、全身乏力、出冷汗，进而出现意识丧失和瞳孔缩小。一般数秒钟内便可恢复，少数人在数小时后清醒，其他异常体征不明显。

（三）处理

病情较轻者，只要保持安静，取平卧位，注意保暖，并予以必要的对症处理，口服镇静剂，吃容易消化的食物等；对心功能不全的患者，应保持安静，取端坐位，给患者吸氧及点掐内关、足三里等穴位；对昏迷者可增加点掐人中、百会、涌泉等穴位，并保持呼吸道通畅；若患者发生呼吸、心搏骤停，必须立即就地做人工呼吸和胸外心脏按压，同时速请医生做进一步处理。

（四）预防

预防晕厥，首先在于加强体育锻炼，提高身体素质和机能水平。其次，在训练和比赛中，应结合身体实际情况量力而行。患病期间，可暂停训练，积极治疗并注意休息。伤病初愈者，要注意逐渐增加运动量。凡在重大比赛和大强度训练前均应做全面深入的体格检查。对有高血压病史、心血管系统疾病史的患者或有家族病史者应禁止参加剧烈运动和比赛。此外，饭后要休息 2~3 小时再进行运动和比赛。

五、肌肉痉挛

肌肉痉挛（俗称抽筋）是指肌肉不自主地强直收缩。在体育运动中最易发生痉挛的肌肉是小腿腓肠肌，其次是足底的踇长屈肌和趾长屈肌。

（一）病因

1. 大量排汗

进行剧烈运动时（尤其是夏天），由于大量排汗，失水、失盐严重，体内电解质的平衡发生紊乱，体内氯化钠的含量过低，引起肌肉神经的兴奋性增高而发生肌肉痉挛。

2. 肌肉收缩失调

在运动中，由于肌肉快速地连续收缩，放松的时间太短，肌肉收缩与放松的协调交替关系发生破坏。特别是局部肌肉处于疲劳状态时，更易发生肌肉痉挛。

3. 寒冷的刺激

在寒冷的环境下进行体育活动时，若未做准备活动或准备活动不充分，肌肉受到寒冷的刺激常可发生肌肉痉挛。此外，局部肌肉疲劳或有微细损伤时，也可引起肌肉痉挛。

（二）征象

肌肉发生痉挛时，局部肌肉坚硬或隆起，剧烈疼痛，且一时不易缓解。

（三）处理

牵引痉挛的肌肉，几分钟即可缓解。例如，腓肠肌痉挛时，先让患者平坐或仰卧，伸直膝关节。牵引者双手握住患者足部并抵于牵引者的腹部，利用牵引者躯干前倾的适度力量，将患足缓慢地背伸；若踇长屈肌、趾长屈肌痉挛，用力将足和足趾背伸，但切忌使用暴力。此外，可配合局部按摩，以使痉挛得到缓解。

（四）预防

运动前应做好充分的准备活动。容易发生痉挛的肌肉可事先做适当按摩。冬季户外锻炼时要注意保暖，夏季进行剧烈运动时应注意补充盐分、水等。游泳前要先用冷水淋湿全身，以提高机体对冷水刺激的适应能力。若水温较低，游泳的时间不宜太长，更不要在水中停止活动。若发生腓肠肌痉挛，切勿惊慌失措，可采用仰泳，一手划水，用患肢对侧的手握住患侧足趾，用力将患肢的踝关节背伸；若无效或两侧腓肠肌同时痉挛时，应立即呼救。

六、极点

（一）极点

训练不足的人，通常在运动开始后不久（特别是长跑运动），就会有两腿发软、全身乏力、呼吸困难等感觉，在运动生理学中，这种现象称为“极点”。例如，在中长跑时，能量消耗大，下肢回流血量减少，氧债不断积累到一定程度，就会出现呼吸急促、胸闷难忍、下肢沉重、动作不协调，甚至恶心的现象，这就出现了“极点”。

“极点”的产生主要是由内脏器官的惰性造成的。因为人体从相对安静状态到剧烈运动时，四肢肌肉能迅速适应，进入工作状态，而内脏器官，如呼吸系统、心血管系统等，则不能很快发挥其最高的机能水平，就会造成体内缺氧，大量的乳酸和二氧化碳积聚，使神经系统的协调遭到暂时破坏，表现为“极点”的产生。“极点”是一种正常的生理现象，与训练水平、运动前的准备活动有关。经常参加锻炼的人，“极点”出现得晚，持续时间短，身体反应也较轻；而很少运动者“极点”出现得早，且持续时间长，表现得也较重。

（二）第二次呼吸

运动中出现“极点”现象时，千万不要因此而停止运动，应适当地减慢运动速度，保持冷静并有意识地进行深长的呼气，坚持下去，上述生理反应将逐渐缓解和消失，随后机能得到重新改善，氧供应增加，运动能力得到提高，动作变得协调有力。这种现象，标志着“极点”已经有所克服，生理过程出现新的平衡，运动生理学上称为“第二次呼吸”。“第二次呼吸”出现以后，循环机能将稳定在较高的水平上。

“极点”与“第二次呼吸”是长跑运动中常见的生理现象，无须疑虑和恐惧，只要坚持经常锻炼和处理得当，“极点”现象是可以延缓和减轻的。

七、运动中暑

（一）病因

在较高的温度下，长时间进行体育锻炼易发生中暑。尤其在温度高、通风不良的条件下，头部缺乏保护，被烈日直接照射容易中暑。

（二）征象

中暑早期会出现头晕、头痛、呕吐现象，后逐步发展为体温升高、皮肤干燥，严重者可出现精神失常、虚脱、抽搐、心律失常和血压下降，甚至昏迷。

（三）处理

降温消暑：将患者扶到阴凉通风处休息，使其平卧，头部抬高，解开衣领。如果患者神志清醒，并无恶心、呕吐症状，可饮用含盐的清凉饮料、茶水或绿豆汤等，并补充生理盐水或葡萄糖生理盐水等，以起到降温和补充血容量的作用。

人工散热：可采用电风扇吹风等散热方法，但不能直接对着患者吹风，防止造成其感冒。

冰敷：可在头部、腋下或腹股沟等大血管处放置冰袋（用冰块、冰棍或冰激凌等放入塑料袋内，封严密即可），并可用冷水或 30% 酒精擦拭直到皮肤发红。每 10~15 分钟测量一次体温。

严重患者，经临时处理后，应迅速送至医院治疗。

（四）预防

在高温炎热的季节进行锻炼时，应适当减少运动量和运动的时间，避免在烈日下长时间锻炼。夏天在室外锻炼时，应戴白色的凉帽，穿宽敞透气的衣服。在室内锻炼时，应保持良好的通风并备有低糖的饮料。

八、运动无法忍受度

运动中的运动量和运动强度应该保持在安全的范围内，可根据运动时的心率是否超出个人的目标范围来判断运动强度。体适能较差或高危人群，运动时如果超出目标范围是不安全的。一些生理的信号可以告知是否超出功能上的极限，这就是运动无法忍受度。当出现运动无法忍受时，会出现心动过速或不规则、呼吸困难、恶心、呕吐、头痛、晕眩、不正常的脸色发红或发白、极端疲惫、全身无力、发抖、肌肉酸痛、肌肉痉挛和胸部憋闷等症状。因此，运动时要学会观察身体的反应，一旦发现有以上症状，应立刻停止运动。以后如果想继续运动，经检查后再决定。

恢复心率可作为过度劳累的指标。从某种程度上说，恢复心率与体适能水平有关。运动后 5 分钟，心率应低于 120 次 / 分，否则表示运动过度或有其他心脏方面的问题。如果减低运动强度或运动的持续时间，运动后 5 分钟的心率仍有过快的现象，则应及时就医。

第五节　常见运动损伤的预防与处理

一、运动损伤的原因

在体育运动中所发生的损伤，统称为运动损伤。造成运动损伤的直接原因较多，主要有以下几个方面：

（1）思想上不够重视。运动损伤的发生，常与学生对预防运动损伤的意义认识不足、思想上麻痹大意及缺乏预防知识有关，如运动前不检查器械、预防措施不得力、好胜好奇等。

（2）运动前准备活动不充分，特别是缺乏有针对性的准备活动。人体从相对静止状态过渡到紧张的运动状态，必须依靠准备活动来提高神经系统和运动系统的兴奋性，缺乏准备活动或准备活动不合理、不充分，就很容易发生运动损伤。

（3）运动情绪低下，或在畏难、恐惧、害羞、犹豫和过分紧张时容易发生伤害事故；有时也会因缺乏运动经验和缺乏自我保护能力而产生损伤，如摔倒时用肘部或直臂撑地，会造成肘关节或尺、桡骨损伤。

（4）内容组合不科学、方法不合理、纪律松散和技术上的错误等，都可能造成损伤，如投掷手榴弹或标枪时上臂外展，屈肘小于 90°，肘部低于肩部，容易造成肌肉拉伤，甚至肱骨骨折。

（5）运动场地狭窄，地面不平坦，器械安置不当或不坚固，锻炼者拥挤或多种项目在一起运动，容易相互冲撞致伤。

（6）动作粗野或违反规则。在比赛中不遵守比赛规则，或在教学训练中相互逗闹，动作粗野，故意犯规等，是篮球、足球等项目中发生损伤的重要原因。

（7）不良环境的影响。空气污浊、噪声、光线暗淡、气温过高或过低等原因，都可直接或间接地造成伤害事故。

二、运动损伤的预防

在体育锻炼中，如果忽视运动损伤的预防工作，或者未能积极采取各种有效的预防措施，就可能发生各种伤害事故。因此，在体育锻炼中，要了解各种造成运动损伤的原因，并及时总结规律，把握导致损伤的特点，预防在先。

（1）加强运动安全教育，克服麻痹思想，提高预防损伤意识。

（2）认真做好准备活动，准备活动要有针对性，不同项目重点活动的部位不同；天冷时准备活动时间可长一些，天热时也不要忽视准备活动；对可能发生运动损伤的环节和易伤部位，要及时采取预防措施。

（3）合理组织安排锻炼，合理安排运动量，防止局部运动器官负担过重。

（4）加强易伤部位和相对薄弱部位的练习，提高其机能，是预防运动损伤的积极措施。

（5）提高自我保护能力。如摔倒时，立即屈肘低头，团身滚动，切不可直臂或肘部撑地；由高处跳下时，要用前脚掌着地，注意屈膝、弯腰，两臂自然张开，以利于缓冲和保持身体平衡；面对粗野动作，要及时闪避，不要“硬碰硬”，尽量避免身体直接接触。

三、运动损伤的处理

体育锻炼中出现的损伤多为闭合性软组织损伤，如扭伤、挫伤和肌肉拉伤等，这种损伤一般可分为早期、中期和后期三个时期。① 早期，伤后 24~48 小时，严重的可持续 72 小时；② 中期，伤后 48 小时至 6 周；③ 后期，伤后 3 周至 12 个月。但这三个时期之间并没有明显界限，这三个时期除与受伤程度有关外，还与伤后能否得到及时合理的急救处理、治疗及康复有关。处理得当，愈合过程可缩短且可以不留或少留后遗症，否则将可能有相反的结果。

1. 早期

这一时期最长可持续 72 小时，主要是组织撕裂或断裂后出现血肿和水肿，出现反应性炎症，表现为不同程度的红肿热痛及功能障碍。此时，处理原则主要是防止内出血、制动、防肿和止痛。处理办法为：立即停止活动，以减少出血；用冷水浸泡或用冰块冷敷受伤部位以达到止血、防肿和止痛效果；用绷带加压包扎防止肿胀的扩大。注意，早期肿胀形成越小，后期康复就越容易，早期的正确处理对于治疗运动损伤起着关键的作用。

2. 中期

此时伤处开始消肿。热疗可在伤后 24~48 小时进行，以消除水肿，促进机体尽快吸收，并减少瘢痕形成。还可用针灸、按摩等治疗方法，并应尽早进行受伤部位的功能锻炼。热疗和按摩在此期的治疗中极为重要，热敷时温度不要太高，时间不要太长，避免烫伤；按摩手法应从轻到重，从损伤周围到损伤局部，以免加重伤势，造成再出血。

3. 后期

在此时期主要是提高肌肉、肌腱和其他组织的功能，治疗方法主要是加强受伤部位的功能锻炼，负荷可以逐渐增加，直至剧烈运动，另外配合热敷、按摩等治疗方法。

四、常见的运动损伤

1. 开放性软组织损伤

擦伤是因皮肤受摩擦所致的皮肤黏膜伤。轻度擦伤可用碘伏涂抹，不需包扎即可痊愈。重度擦伤应首先用生理盐水和过氧化氢冲洗消毒，然后再用消过毒的敷料包扎。撕裂伤、刺伤、切伤等发生后，皮肤都会有不同程度的规则或不规则的裂口，早期处理主要是清创、缝合和抗破伤风。伤口内有异物者应先清除，然后再止血缝合包扎。

2. 挫伤

挫伤是因外来钝性暴力作用或运动员相互撞击导致的损伤。一般会出现红热肿痛及功能障碍，即俗称的“硬伤”，轻者可以按照闭合性软组织损伤处理。伤及头部、胸部、腹部和睾丸等严重挫伤者可合并其他内伤，并出现脑震荡、休克等现象，应注意观察，及时抢救，并迅速转送到医院。

3. 肌肉拉伤

肌肉拉伤是体育运动中常见的损伤，在准备活动不充分或肌肉疲劳时较易发生。另外，压腿或者劈叉时因幅度过大也容易发生肌肉拉伤。肌肉拉伤会严重影响锻炼、生活和学习。发生肌肉拉伤后，轻者会出现少量肌纤维撕裂，可立即做冷敷、加压包扎和抬高患肢处理，然后让肌肉处于松弛位固定休息；中后期可以采取按摩、针灸等治疗方法；严重者会出现肌肉完全断裂，应及时送至医院缝合处理。

4. 腰肌劳损

腰肌劳损是引起慢性腰痛的重要原因。腰肌劳损主要是因腰部活动过多引起长期负荷过度，进而产生多次微细损伤的积累所致，或者是因急性腰扭伤后治疗不彻底，并与多次损伤一起逐渐演变所致。长期姿势不正确或固定于某种体位、运动后受凉等都是致病因素。患者若坚持体育锻炼或中小运动负荷锻炼，则会出现运动前、后腰部疼痛。而症状较重者，则完全不能运动。按摩、针灸和拔罐等方法对治疗腰肌劳损有较好的效果，运动时可用腰部保护带（护腰），并注意加强腰背肌练习。

5. 踝关节扭伤

踝关节扭伤在足球、篮球项目中发生率较高，主要原因是运动时跳起落下重心不稳、踩在别人脚上或者场地凹凸不平。踝关节扭伤后要及时治疗，避免出现习惯性扭伤。

在发生踝关节扭伤后，要及时进行现场处理。最容易犯的错误是不检查、不包扎就放冷水冲，本想止血，但反而因水的冲击使其迅速肿胀，不但达不到冷敷的目的，反而会使肿胀更加严重。较合理的处理措施是立即用指压迫止血，同时做强迫内翻试验及踝关节抽屉试验检查，判断损伤的程度。也可使关节小的错动复位，然后可用冰敷或蒸发冷冻剂喷洒降温并加压包扎，抬高患肢，并按闭合性软组织损伤处理，或送医疗单位处理。为避免习惯性扭伤，重新运动时要打弹性绷带进行包扎固定，并协助踝关节发力，限制踝关节过度内翻，这对预防二度扭伤有较好的作用。

第六节 运动营养与保健

在运动中，体内的营养物质被消耗或分解，因此，必须给予补充。运动后及时补充营养，不仅能满足运动者生理恢复过程的需要，而且根据不同项目的物质代谢特点，及时补充营养还能增强体育锻炼的效果，提高身体健康水平。运动中热能代谢的水平和营养素的需求，受到运动类型和项目、运动强度、密度、持续时间，以及运动者的年龄、体重、运动水平和环境等多种因素的影响。

一、体育锻炼与营养补充

食物与营养是人类生存的基本条件。人体摄入食物，目的是补充食物中的糖类、脂肪、蛋白质、矿物质、维生素、水和膳食纤维。这七大营养素是维持生命必不可少的物质，缺少任何一种，人都无法生存。而所谓均衡营养，就是从饮食中摄取各种营养素，以供人体新陈代谢及活动所需。

（一）糖类

1. 来源及功能

糖类也称碳水化合物，主要是一类含碳、氢、氧的物质，常见的糖类有葡萄糖、果糖、蔗糖和淀粉。糖类的功能包括：

（1）提供热能。糖类能迅速氧化分解供给人体热能，是机体热能的主要来源。

（2）帮助脂肪酸氧化，帮助肝脏解毒，促进生长发育。

（3）血糖供给身体营养。糖原可储存于人体肌肉及肝脏中以备急时之需。

（4）构成身体组织。所有的神经组织和体液中都含有糖类。

2. 运动营养补充

运动员在大强度训练期间，要保证其膳食中有充足的糖类，其含量应达到总热量供给的70%~75%，这对维持血糖水平、保证运动中糖氧化供能充分、运动训练后肝糖原和肌糖原水平快速恢复均有良好作用。长时间运动训练或比赛时，于运动前或运动中适量补糖，可以减少糖原消耗，提高血糖水平，有利于提高运动能力，延缓疲劳的发生。研究证明，不同种类的糖，其补糖功效不同，如葡萄糖、蔗糖较易引起胰岛素升高反应，而果糖的此种反应较小；低聚糖对增加糖原储备、维持血糖、减少胰岛素升高反应、提高运动能力等有良好作用。运动后补充糖类可促进糖原储备的恢复。运动后即刻摄入果糖对恢复肝糖原的效果较好，葡萄糖与蔗糖可使肌糖原储备在24小时后保持较高水平。

当然，对参加一般体育锻炼的大学生而言，不必过多食用高糖膳食或补糖，以防热能积蓄而发胖。但从事耐力项目的高水平学生，应适当增加糖类的摄入量，以满足运动训练和比赛的需要。

（二）脂肪

1. 来源及功能

脂肪是油和脂的总称。脂肪的主要来源包括动物油脂（如猪油、牛油）、植物油脂（如菜籽油、花生油、果仁）、蛋类和奶类。其主要生理功能是：

（1）供给人体热量。每克脂肪氧化可产生9千卡的热量，是蛋白质和糖类产生热量的2倍多。

（2）构成体内细胞。脂肪是构成细胞的重要成分。

（3）帮助维生素溶解。维生素A、维生素D、维生素E和维生素K是脂溶性维生素，只有脂肪存在时才能被人体吸收利用。

（4）保护内脏器官，形成皮下脂肪以维持体温。

2. 运动营养补充

大学生膳食中适宜的脂肪含量应为总热量的25%~30%。高脂肪膳食氧的利用率较低，加之脂肪不易消化，在胃内停留时间长，且在运动时人的消化机能常处于抑制状态，因而不宜在运动前食用高脂肪食物。因此，大学生的日常膳食应避免过多摄入脂肪。当然，脂肪不足时，食物的质量及口感会受影响，也会造成食物的摄取量减少，而且运动员的膳食要求量少质精、发热量高，所以也不可过多减少脂肪的供给量。

（三）蛋白质

1. 来源及功能

蛋白质是组成人体的主要成分之一，是生命的基础。除水以外，蛋白质在人体细胞中的含量比其他任何成分都高。蛋白质的主要来源有牛奶、鸡蛋、肉类和豆类等。其主要功能是：

（1）构成机体、修补组织。人体的肌肉、血液、皮肤、毛发等都是由蛋白质构成的。

（2）调节生理功能。人体内的酶、激素、抗体等，也都直接或间接由蛋白质构成。

（3）供给能量。每克蛋白质在机体内氧化可释放出4千卡的热能，供代谢所需。

2. 运动营养补充

运动员的蛋白质日供给量应高于一般人。成年运动员为每千克体重1.8~2.0克，少年运动员为每千克体重2.0~3.0克，儿童运动员为每千克体重3.0~3.4克。运动员的蛋白质供热量应为一日总热量的12%~15%（或15%~20%）。对参加体育锻炼的大学生来说，饮食中应适当增加蛋白质。参加业余训练的高水平大学生运动员，可参照运动员的标准供给蛋白质。

（四）矿物质

1. 来源及功能

矿物质包括不同的金属与非金属元素。矿物质（包括微量元素）的主要生理功能是：

（1）构成机体组织。如钙、磷、镁是骨骼、牙齿的重要成分。

（2）调节生理功能。一些矿物质是酶的活化剂。

（3）矿物质还参与调节体液平衡和维持机体的酸碱平衡。

对人体较重要的矿物质有三类：钙、磷和铁。钙的主要来源是牛奶、蛋、绿叶蔬菜、豆类和硬壳果；磷的主要来源是蛋、肉类、豆类和牛奶；铁的主要来源是肝脏、蛋黄、肉类、全谷、坚果和绿叶蔬菜。

2. 运动营养补充

在运动过程中，人体代谢机能旺盛，因而对经常参加体育活动的大学生或运动员来说，矿物质的营养状况对其健康和运动能力有重要影响。大学生较易缺乏或对运动有特殊生理意义的矿物质有钙、磷、铁、锌、铜等。

大学生应注重从富钙的食品中摄取钙以预防骨营养不良。牛奶等奶制品的钙含量高、吸收率高，每天喝 0.5 千克奶，可满足人体对钙的需求。磷广泛分布于食物中，且吸收率高于钙，一般情况下人不会缺磷。如果膳食中铁的含量不足，会造成运动性贫血和运动能力下降，预防性补铁时应采用小剂量铁。关于运动后锌需要量的研究尚不充分，但可以直接从富锌的食品中获取锌，如鲜肉等高蛋白食物。有关运动对铜代谢影响的报道不一，但长时间进行大强度训练和比赛，尤其是在高温、高湿的环境下训练的运动员应注意多摄入富含铜的食物，如甲壳类、动物肝肾、坚果类等食物。

（五）维生素

1. 来源及功能

维生素是维持生命的元素，是人类食物中不可缺少的营养素。维生素不足会导致维生素缺乏症。维生素的来源很多，不同的维生素有不同的食物来源（表 2-6-1）。

表 2-6-1 维生素的食物来源及功能表

维生素	食物来源	功能
A	肝脏、奶类、蛋黄、蔬菜	维持眼底视网膜的正常功能；预防眼干燥症；促进钙化作用；维持表皮黏膜细胞的功能
B_1	麦胚、麦芽、瘦肉、牛奶、肝脏、豆类、酵母	促进发育；预防和治疗脚气病；促进食欲
B_2	牛奶、蛋、豆类、瘦肉、内脏、麦胚	促进细胞中的氧化还原作用；维持皮肤、神经系统的正常功能
C	蔬菜、水果	预防和治疗维生素 C 缺乏病；维持齿龈、皮肤和血管的正常功能；增强免疫系统能力；促进激素分泌和伤口愈合；促进体内氧化
D	鱼肝油、肝脏、蛋黄	增进钙化；促成牙齿和骨骼的发育
E	糙米、胚芽、植物油	保护细胞膜和组织；维持心血管系统的正常功能

2. 运动营养补充

在热能营养充足和平衡膳食的情况下，大学生一般不会发生维生素缺乏症，但在大运动量训练或减体重期，热能营养不能满足需要，或添加食物的营养密度不够，以及蔬菜、水果摄入较少时，应适当补充维生素制剂，因为维生素大多不能在体内合成或合成量甚微。

（六）水

1. 来源及功能

水是人体含量最多的营养素，占人体重的 60%~70%。人体器官都含有水，如血液含水约 83%，心脏含水约 79%，肝脏含水约 70%，骨骼也含有约 30% 的水分。在正常状况下，人体通过皮肤、肺及大小便不断排出水分，同时也不断地摄取水来补充。每日所进的水分与所排出的水分几乎相等，这称为“水平衡”。若体内水分损失达到 20%，便无法维持生命。水在人体内有极其重要的生理功能。

（1）水是细胞和体液的重要成分。

（2）水是很好的润滑剂。水的黏度小，可使摩擦面润滑，减少损伤。体内各关节、肌肉、呼吸道等处都能分泌润滑剂。

（3）水能帮助体内消化、吸收、循环和排泄等。

（4）水能保持和调节体温。水的比热容高，能吸收较多的热量，以保持体温不发生明显的波动。例如，人体可通过出汗带走大量热量，从而有效地维持正常体温。

（5）水能保持脏器的形态和机能。体内水与蛋白质、糖和磷脂等结合形成胶体，使脏器维持一定的形态和坚固性。

2. 运动营养补充

参加体育锻炼补水时，应少量多次，水温适宜。运动前补水为预防性补水，可以避免运动中脱水。合理的方法是采用运动前 15~20 分钟补水或饮料 400~700 毫升，要少量多次摄入，每次 100~200 毫升，分 2~4 次饮用。运动中也要适量补水，以保持水分的平衡。补液量根据排汗量而定，在一般情况下，每小时补液总量不要超过 800 毫升，在运动中可以每隔 15~20 分钟补液 100~300 毫升，或每跑 2~3 千米补液 100~200 毫升。运动后也要注意补水，使进出机体的液体达到平衡。运动后补液同样要遵循少量多次的原则，切忌暴饮。运动后补液量可根据体重的丢失量确定，一般是运动前后体重差的 150%，如运动前后的体重相差 0.5 千克，那么补充水量应控制在 750 毫升左右。

（七）膳食纤维

1. 来源及功能

膳食纤维指的是人体不能消化的多糖，包括纤维素、半纤维素、果胶、树胶等。膳食纤维的主要生理功能包括：

每日营养膳食指南

（1）预防便秘。这是由于膳食纤维有很强的吸水性，可在肠道内吸收水分，增加粪便体积并使之变软利于排出。

（2）控制体重，防止肥胖。这是由于富含膳食纤维的食物体积较大，能量密度（单位重量所含能量）较低，有利于减少能量摄入量。

（3）降低血液中胆固醇浓度。膳食纤维可抑制胆固醇的吸收，加速其排出，从而降低其在血液中的浓度。

2. 运动营养补充

含膳食纤维较丰富的食物有谷类（特别是粗粮）、豆类、蔬菜、薯类、水果等。过多摄入膳食纤维将影响维生素和微量元素的吸收，建议每天膳食纤维的总摄入量为 20~30 克。

二、运动保健常识

（一）体育锻炼的个人卫生保健

1. 定期进行体格检查

为了了解体育锻炼对增强体质的功效，了解运动中身体机能的变化状况，检查锻炼的方法是否正确、运动负荷是否适合等，应定期进行体格检查，从而进一步修订体育锻炼计划和改进锻炼方法。

2. 运动前要做好准备活动

准备活动的作用在于提高中枢神经系统的兴奋性，扩大肌肉、肌腱和关节的活动范围，克服内脏器官机能的惰性，加强心血管和呼吸系统的活动能力，使机体各方面的功能适应锻炼或训练的需要，预防或减少肌肉、关节和韧带的损伤。准备活动的量和时间，可因锻炼项目、内容、强度和季节、气候的不同而有所差异，一般达到微微出汗，身体各大肌肉、韧带和关节都得到适量的活动，感到灵活、舒适即可。

3. 运动后要做整理活动

运动结束时，应做些使身体放松的练习，这样可以使人体更好地从紧张的运动状态逐渐过渡到相对安静的状态。整理活动是促进体力恢复的一种有效措施。因为运动引起的一系列生理变化，并不会在运动停止的同时消失。如呼吸和血液循环等机能在运动停止后，还会维持在较高的水平上，它们需要一个恢复的过程。同时，整理活动可以改善肌肉的血液循环，使肌肉中血液流畅，有利于偿还氧债，排出二氧化碳并清除其他代谢产物，以减轻肌肉的酸痛感，消除疲劳。

4. 饭后不宜进行剧烈运动

有些人常常刚吃完饭便去打球或从事一些剧烈的运动，这是不符合体育卫生要求的。因为饭后胃肠已经开始紧张的工作，毛细血管开放，大量血液流入消化器官。此时若进行剧烈的运动，大量的血液就要从胃肠流入骨骼肌，使消化机能减弱。长此以往，轻则引起消化不良，重则发生如胃炎、胃溃疡等消化道慢性疾病。同时，饭后胃内已经积累了大量的食物，进行剧烈运动时，由于食物的重力和运动的颠簸作用，肠系膜受到牵拉，容易引起腹痛、呕吐等。因此，饭后应避免立即进行剧烈运动。

5. 运动饮水卫生

参加体育锻炼时，由于出汗多，需要补充水分，不然会引起机体缺水，影响正常的生理机能活动，导致全身无力、口唇发干、精神不振和疲劳。但在剧烈运动中或运动后，都不宜一次性大量饮水。如果在运动中大量饮水，会使胃部膨胀，妨碍膈肌的活动，影响呼吸，不利于运动。同时，大量饮水会使血液容积增加，增加心脏、肾脏的负担。运动时饮水应以少量、多次为原则，同时，最好饮用接近于血浆渗透压的淡盐水或饮料，以保持体内水盐平衡。

（二）体育运动环境卫生

在运动环境中，空气、水和各种体育设施在人与人之间起着联系和媒介作用。运动场所如果通风不良、空气质量下降，可诱发体育运动参与者患呼吸系统疾病，水质污染可传播皮肤和病毒性结膜炎（红眼病）等疾病。因此，做好运动环境的卫生工作，对于更好地利用环境条件、发挥体育运动的效能、预防疾病和增进健康，具有十分重要的意义。

1. 非正规的室外运动场所

许多非正规的室外运动场所，如公园、广场、健身走廊、人行道等，由于经济实惠、方便、环境好，吸引了越来越多的锻炼者。在非正规的室外运动场所进行锻炼时，应尽量选择绿化好、空气清新、噪声少、地面平坦干净的地点。如条件许可，可到海滨、森林、乡村、旷野等场所锻炼，这些地方空气新鲜、环境优美，令人心旷神怡，可收到较好的锻炼效果。

2. 运动场馆卫生

（1）室内体育馆的卫生。人们去体育馆的目的是参加或观看比赛和表演。根据运动员和观众在比赛和表演时的生理、心理等特点，体育馆除了应具有良好、舒适的馆内环境外，还应具有完善的卫生和生活服务设施。

（2）室外运动场的卫生。田径场和球场是学校最常见的室外运动场。田径场的跑道应坚固，不怕雨水冲淋，并具有一定的弹性和湿度。跑道的表面应平坦，无凹坑、碎石、浮土和其他杂物，也不能太滑，以防运动者滑倒摔伤。

3. 运动服装与器械卫生

运动服装应符合运动项目的要求，并具有透气性和吸湿性，既有利于身体活动，又能防止运动创伤。在夏季，运动服装应通气、质轻、宽松和色淡；在冬季，室外运动服装既要保暖，又不能妨碍动作的完成。运动后，潮湿的运动服装应立即换掉，以免受凉感冒。

运动时，使用的器械要坚固、安装得当，器械的重量和体积要符合规定及练习者的年龄和性别特点。平时应注意器械的检查和维修，防止生锈和连接处脱落，预防运动伤害的发生。

（三）女子体育卫生

女子参加体育锻炼，除注意普通卫生外，还要讲究某些特殊卫生。

1. 女子体育锻炼的特点和内容的选择

女子肩部较窄，臂力较弱，做悬垂、支撑及大幅度摆动动作较吃力。学习这些动作时，要注意循序渐进，并给予必要的保护。

女子身体重心较低，平衡能力较差，柔韧性较好，适宜进行健美操等运动。在体育锻炼中，应注意保持和发展其柔韧性，有目的、有步骤地加强肩带肌、腹肌、腰背肌和盆底肌的锻炼。

女子不宜做过多的从高处跳下的练习，地面不可过硬，并注意落地姿势，以免身体受到过分震动而影响盆腔脏器的正常位置和骨盆的正常发育。

女子应根据自身的身体条件、体育爱好和特长积极参加体育锻炼，有效地发展力量、速度、耐力等素质，提高健康水平。

2. 女子经期的体育卫生

月经期间，女子一般不出现明显的异常变化。因此，月经正常的女子在月经期间，可以参加适当的体育运动，如健美操、乒乓球、羽毛球或排球等。通过这些活动，不仅可以改善盆腔的血液循环，减轻盆腔的充血现象，而且腹肌和盆底肌收缩与放松的交替对子宫所起的柔和按摩作用有助于经血的排出，使人感到舒畅。此外，丰富多彩的体育活动还可以调节大脑皮质的兴奋和抑制过程，从而减轻全身的不适反应。

（1）月经期间不宜游泳。女子经期子宫内膜脱落后，子宫内会形成较大的创面，子宫颈口略为开大，宫腔与阴道口位置正对，游泳时病菌容易侵入内生殖器引起炎症。此外，月经期间应避免寒冷刺激，特别是下腹部不要受凉，冷水浴锻炼也应暂停。

（2）月经期间应避免做剧烈、大强度或震动大的跑跳动作，如快跑、跨跳、腾越和使腹内压力明显增高的屏气或静力性动作，如推铅球、举重、收腹等，以免子宫受到过大的震动或由于腹内压过高而使子宫压过大，造成经血过多或引起子宫位置的改变。

（3）月经紊乱（经量过多、过少或经期不准等）、痛经或患有内生殖器炎症的女生，月经期间应暂停体育活动。

第三章 体质健康

第一节 大学生体质健康的测量与评价

一、体质的概念

体质是指人体的质量，是个体在先天遗传性和后天获得性的基础上表现出来的身体形态、身体机能、身体素质、心理品质和适应能力等方面相对稳定的特征。

体质是人的生命活动的物质基础，体质在其形成、发展和消亡的过程中具有明显的阶段性。一个人的体质好与坏，既依赖于先天因素，又与后天因素相关，而后天因素起着决定性作用。因此，在测定和评价体质时，必须注意体质的综合性特点并采用多项指标予以评价。

二、体质的构成

人的身体形态、身体机能、身体素质、心理品质、适应能力是构成体质不可分割的5个重要因素。身体形态是体质的物质基础；身体机能、身体素质和心理品质是体质的主客观表现，适应能力是它们的综合反应。构成体质的这5个因素相互统一、密切联系。身体素质是各器官系统的机能能力在人体运动过程中的客观反映。发展和提高身体素质的过程会相应地引起身体形态、身体机能的一系列变化。而伴随着身体形态、身体机能的变化和身体素质的发展提高，机体又会产生一定的心理过程和个性心理特征，从而促进人的心理发展。

三、体质与健康的关系

体质与健康之间有着密切联系。二者都是对人体状况的描述，都涉及人体的身体形态、身体机能、身体素质、心理品质和适应能力等方面，它们之间既有联系，又有所不同。体质是生命活动的基本要素，也是健康的物质基础；而健康则是人体理想状态的标志，是体质所追求的目标体现。体质侧重于体格、体型、身体素质、运动能力等，而健康则侧重于研究人体的心、肝、脾、肺、肾及血管组织结构和生理机能的异常、疾病和死亡。体质是从“外观”上研究人体，健康是从“内部”研究人体。体质是人体的质量，健康则是体质状况的反映和表现，所以在评价体质和健康状况时，有些指标很难说是纯属体质的指标，另一些指标也很难说是纯属健康的指标。

四、体质测试与评价

体质测试是指选择能够客观地反映体质状况的各种指标和方法，对人体进行定量的测试，获得反映体质状况的资料，为更好地进行身体锻炼和促进人体健康成长提供科学依据。对体质测试所得的资料进行科学的统计与分析，作出某一方面或综合的健康判断称为体质评价。

体质测试的基本内容及指标有：

（1）身体形态指标。主要包括身高、体重、胸围、臀围、坐高和身体组成（皮脂厚度、体脂比重、去脂体重等），是人体生长发育的重要指标之一。

（2）身体机能指标。主要包括安静心率、血压、心肺功能相关指标等。

（3）身体素质指标。主要包括力量相关指标、柔韧相关指标、灵敏和协调相关指标、平衡相关指标等。

（4）心理品质指标。包括智力、情感、性格、意志等方面相关指标。

（5）适应能力指标。包括对环境的适应能力和对疾病的抵抗能力等相关指标。

五、大学生体质健康测试与评价概述

为建立健全国家学生体质健康监测评价机制，激励学生积极参加身体锻炼，引导学校深化体育教学改革，推动各地加强学校体育工作，促进青少年身心健康、体魄强健、全面发展，在认真总结各地实施《国家学生体质健康标准》的基础上，结合新时期青少年体质健康状况和学校体育工作实际，教育部组织专家对《国家学生体质健康标准》进行了修订，并于 2014 年 7 月印发《国家学生体质健康标准（2014 年修订）》。

（一）说明

（1）《国家学生体质健康标准》（以下简称《标准》）是国家学校教育工作的基础性指导文件和教育质量基本标准，是评价学生综合素质、评估学校工作和衡量各地教育发展的重要依据，是《国家体育锻炼标准》在学校的具体实施，适用于全日制普通小学、初中、普通高中、中等职业学校和普通高等学校的学生。

（2）本标准的修订坚持健康第一，落实《国家中长期教育改革和发展规划纲要（2010—2020 年）》、《国务院办公厅转发教育部等部门关于进一步加强学校体育工作若干意见的通知》（国办发〔2012〕53 号）和《教育部关于印发〈学生体质健康监测评价办法〉等三个文件的通知》（教体艺〔2014〕3 号）有关要求，着重提高《标准》应用的信度、效度和区分度，着重强化其教育激励、反馈调整和引导锻炼的功能，着重提高其教育监测和绩效评价的支撑能力。

（3）本标准从身体形态、身体机能和身体素质等方面综合评定学生的体质健康水平，是促进学生体质健康发展、激励学生积极进行身体锻炼的教育手段，是国家学生发展核心素养体系和学业质量标准的重要组成部分，是学生体质健康的个体评价标准。

（4）本标准将适用对象划分为以下组别：小学、初中、高中按每个年级为一组，其中小学为 6 组、初中为 3 组、高中为 3 组。大学一、二年级为一组，三、四年级为一组。

（5）小学、初中、高中、大学各组别的测试指标均为必测指标。其中，身体形态类中的身高、体重，身体机能类中的肺活量，以及身体素质类中的 50 米跑、坐位体前屈为各年级学生共性指标。

（6）本标准的学年总分由标准分与附加分之和构成，满分为 120 分。标准分由各单项指标得分与权重乘积之和组成，满分为 100 分。附加分根据实测成绩确定，即对成绩超过100分的加分指标进行加分，满分为20分；小学的加分指标为一分钟跳绳，加分幅度为20分；初中、高中和大学的加分指标为男生引体向上和1 000米跑，女生一分钟仰卧起坐和800米跑，各指标加分幅度均为10分。

（7）根据学生学年总分评定等级：90.0分及以上为优秀，80.0~89.9分为良好，60.0~79.9分为及格，59.9分及以下为不及格。

（8）每个学生每学年评定一次，记入《〈国家学生体质健康标准〉登记卡》。特殊学制的学校，在填写登记卡时可以按规定和需求相应地增减栏目。学生毕业时的成绩和等级，按毕业当年学年总分的50%与其他学年总分平均得分的50%之和进行评定。

（9）学生测试成绩评定达到良好及以上者，方可参加评优与评奖；成绩达到优秀者，方可获体育奖学分。测试成绩评定不及格者，在本学年度准予补测一次，补测仍不及格，则学年成绩评定为不及格。普通高中、中等职业学校和普通高等学校学生毕业时，《标准》测试的成绩达不到50分者按结业或肄业处理。

（10）学生因病或残疾可向学校提交暂缓或免予执行《标准》的申请，经医疗单位证明，体育教学部门核准，可暂缓或免予执行《标准》，并填写《免予执行〈国家学生体质健康标准〉申请表》，存入学生档案。确实丧失运动能力、被免予执行《标准》的残疾学生，仍可参加评优与评奖，毕业时《标准》成绩需注明免测。

（11）各学校每学年开展覆盖本校各年级学生的《标准》测试工作，《标准》测试数据经当地教育行政部门按要求审核后，通过“中国学生体质健康网”上传至“国家学生体质健康标准数据管理系统”。测试和数据上传时间由教育行政部门确定。

（二）单项指标与权重

大学生单项指标与权重见表3-1-1。

表3-1-1 大学生单项指标与权重

测试对象	单项指标	权重/%
大学生	体重指数（BMI）	15
	肺活量	15
	50米跑	20
	坐位体前屈	10
	立定跳远	10
	引体向上（男）/一分钟仰卧起坐（女）	10
	1 000米跑（男）/800米跑（女）	20

注：体重指数（BMI）= 体重（千克）/ 身高^2（米^2）。

（三）《国家学生体质健康标准》大学生评分表及加分指标评分表

《国家学生体质健康标准》大学生评分表见表3-1-2和表3-1-3。

表 3-1-2 《国家学生体质健康标准》大学生评分表（女子）

等级	单项得分/分	肺活量/毫升		50 米/秒		坐位体前屈/厘米		立定跳远/厘米		一分钟仰卧起坐/次		800 米		体重等级	体重指数/（千克·米$^{-2}$）
		大一 大二	大三 大四	大一 大二	大三 大四	大一 大二	大三 大四	大一 大二	大三 大四	大一 大二	大三 大四	大一 大二	大三 大四		
优秀	100	3 400	3 450	7.5	7.4	25.8	26.3	207	208	56	57	3'18"	3'16"	正常 100 分	17.2~23.9
	95	3 350	3 400	7.6	7.5	24.0	24.4	201	202	54	55	3'24"	3'22"		
	90	3 300	3 350	7.7	7.6	22.2	22.4	195	196	52	53	3'30"	3'28"		
良好	85	3 150	3 200	8.0	7.9	20.6	21.0	188	189	49	50	3'37"	3'35"	低体重 80 分	≤ 17.1
	80	3 000	3 050	8.3	8.2	19.0	19.5	181	182	46	47	3'44"	3'42"		
及格	78	2 900	2 950	8.5	8.4	17.7	18.2	178	179	44	45	3'49"	3'47"	超重 80 分	24.0~27.9
	76	2 800	2 850	8.7	8.6	16.4	16.9	175	176	42	43	3'54"	3'52"		
	74	2 700	2 750	8.9	8.8	15.1	15.6	172	173	40	41	3'59"	3'57"	肥胖 60 分	≥ 28.0
	72	2 600	2 650	9.1	9.0	13.8	14.3	169	170	38	39	4'04"	4'02"		
	70	2 500	2 550	9.3	9.2	12.5	13.0	166	167	36	37	4'09"	4'07"		
	68	2 400	2 450	9.5	9.4	11.2	11.7	163	164	34	35	4'14"	4'12"		
	66	2 300	2 350	9.7	9.6	9.9	10.4	160	161	32	33	4'19"	4'17"		
	64	2 200	2 250	9.9	9.8	8.6	9.1	157	158	30	31	4'24"	4'22"		
	62	2 100	2 150	10.1	10.0	7.3	7.8	154	155	28	29	4'29"	4'27"		
	60	2 000	2 050	10.3	10.2	6.0	6.5	151	152	26	27	4'34"	4'32"		
不及格	50	1 960	2 010	10.5	10.4	5.2	5.7	146	147	24	25	4'44"	4'42"		
	40	1 920	1 970	10.7	10.6	4.4	4.9	141	142	22	23	4'54"	4'52"		
	30	1 880	1 930	10.9	10.8	3.6	4.1	136	137	20	21	5'04"	5'02"		
	20	1 840	1 890	11.1	11.0	2.8	3.3	131	132	18	19	5'14"	5'12"		
	10	1 800	1 850	11.3	11.2	2.0	2.5	126	127	16	17	5'24"	5'22"		

表 3-1-3 《国家学生体质健康标准》大学生评分表（男子）

等级	单项得分/分	肺活量/毫升		50 米/秒		坐位体前屈/厘米		立定跳远/厘米		引体向上/次		1 000 米		体重等级	体重指数/（千克·米 $^{-2}$）
		大一 大二	大三 大四	大一 大二	大三 大四	大一 大二	大三 大四	大一 大二	大三 大四	大一 大二	大三 大四	大一 大二	大三 大四		
优秀	100	5 040	5 140	6.7	6.6	24.9	25.1	273	275	19	20	3'17"	3'15"	正常 100 分	17.9~23.9
	95	4 920	5 020	6.8	6.7	23.1	23.3	268	270	18	19	3'22"	3'20"		
	90	4 800	4 900	6.9	6.8	21.3	21.5	263	265	17	18	3'27"	3'25"		
良好	85	4 550	4 650	7.0	6.9	19.5	19.9	256	258	16	17	3'34"	3'32"	低体重 80 分	≤ 17.8
	80	4 300	4 400	7.1	7.0	17.7	18.2	248	250	15	16	3'42"	3'40"		
及格	78	4 180	4 280	7.3	7.2	16.3	16.8	244	246			3'47"	3'45"	超重 80 分	24.0~27.9
	76	4 060	4 160	7.5	7.4	14.9	15.4	240	242	14	15	3'52"	3'50"		
	74	3 940	4 040	7.7	7.6	13.5	14.0	236	238			3'57"	3'55"	肥胖 60 分	≥ 28.0
	72	3 820	3 920	7.9	7.8	12.1	12.6	232	234	13	14	4'02"	4'00"		
	70	3 700	3 800	8.1	8.0	10.7	11.2	228	230			4'07"	4'05"		
	68	3 580	3 680	8.3	8.2	9.3	9.8	224	226	12	13	4'12"	4'10"		
	66	3 460	3 560	8.5	8.4	7.9	8.4	220	222			4'17"	4'15"		
	64	3 340	3 440	8.7	8.6	6.5	7.0	216	218	11	12	4'22"	4'20"		
	62	3 220	3 320	8.9	8.8	5.1	5.6	212	214			4'27"	4'25"		
	60	3 100	3 200	9.1	9.0	3.7	4.2	208	210	10	11	4'32"	4'30"		
不及格	50	2 940	3 030	9.3	9.2	2.7	3.2	203	205	9	10	4'52"	4'50"		
	40	2 780	2 860	9.5	9.4	1.7	2.2	198	200	8	9	5'12"	5'10"		
	30	2 620	2 690	9.7	9.6	0.7	1.2	193	195	7	8	5'32"	5'30"		
	20	2 460	2 520	9.9	9.8	−0.3	0.2	188	190	6	7	5'52"	5'50"		
	10	2 300	2 350	10.1	10.0	−1.3	−0.8	183	185	5	6	6'12"	6'10"		

加分指标评分表见表 3-1-4。

表 3-1-4 加分指标评分表

加分/分	男生（引体向上/次）		女生（一分钟仰卧起坐/次）		男生（1 000 米）		女生（800 米）	
	大一	大二	大一	大二	大一	大二	大一	大二
10	10	10	13	13	−35"	−35"	−50"	−50"
9	9	9	12	12	−32"	−32"	−45"	−45"
8	8	8	11	11	−29"	−29"	−40"	−40"
7	7	7	10	10	−26"	−26"	−35"	−35"
6	6	6	9	9	−23"	−23"	−30"	−30"
5	5	5	8	8	−20"	−20"	−25"	−25"
4	4	4	7	7	−16"	−16"	−20"	−20"
3	3	3	6	6	−12"	−12"	−15"	−15"
2	2	2	4	4	−8"	−8"	−10"	−10"
1	1	1	2	2	−4"	−4"	−5"	−5"

注：引体向上、一分钟仰卧起坐均为高优指标，学生成绩超过单项评分 100 分后，以超过的次数所对应的分数进行加分。1 000 米跑、800 米跑均为低优指标，学生成绩低于单项评分 100 分后，以减少的秒数所对应的分数进行加分。

第二节 《国家学生体质健康标准》测试项目的操作方法和锻炼方法

一、《国家学生体质健康标准》测试项目的操作方法

（一）身高、体重

身高是反映人体骨骼生长发育和人体纵向高度的主要形态指标。体重是反映人体横向生长和重量的指标。

1. 身高

测试方法：受试者赤足，立正姿势站在调整好的身高计的底板上，上肢自然下垂，足跟并拢，足尖分开约成 60°，足跟、骶骨部和两肩胛区与立柱相接触，躯干自然挺直，头部正直，两眼平视，耳屏上缘与两眼眶下缘最低点成水平。测试人员站在受试者右侧，将水平压板轻轻沿立柱下滑，轻压于受试者头顶。测试人员读数时双眼应与压板水平面等高。记录以厘米为单位，精确到小数点后一位。测试误差不得超过 0.5 厘米。

注意事项：

（1）严格掌握“三点靠立柱”“两点成水平”的测量姿势要求。测试人员读数时，两眼一定要与压板等高。

（2）水平压板与头部接触时，松紧要适度。

（3）测量身高前，受试者不应进行体育活动和体力劳动。

2. 体重

测试方法：测试时，将杠杆秤放在平坦地面上，调整0点至刻度尺水平位。受试者赤足，男性受试者身着短裤，女性受试者身着短裤、短袖衫或背心，站于秤台中央，测试人员放置适当砝码并移动游标刻度尺至平衡。读数以千克为单位，精确到小数点后一位。电子体重计读显示数值即可。测试误差不得超过0.1千克。

注意事项：

（1）测量体重前，受试者不得进行剧烈的体育活动和体力劳动。

（2）受试者站在秤台中央，上、下杠杆秤时动作要轻。

（3）每次使用杠杆秤均需校正。测试人员每次读数前都应校对砝码重量，避免差错。

（二）肺活量

测试方法：各种肺活量计在每次使用前都必须进行测试检验，仪器误差不得超过3%。使用电子肺活量计时，首先将肺活量计接上电源，按电源开关，肺活量计通电并进入工作状态。测试时，先将口嘴装在叉式管的进气端，受试者手握叉式管，保持导压软管必须在叉式管上方位置，以免口水或杂物堵住气道，面对肺活量计站立，头部略后仰，尽力深吸气，直至再不能吸气为止；然后将嘴对准口嘴，以中等速度和力度深呼气直至不能呼气为止。此时液晶显示器上显示的数字即为肺活量值。测试两次，选取最大值作为测试结果。记录以毫升为单位，不保留小数。使用桶式肺活量计时，注意待浮筒停稳后再进行读数。

注意事项：

（1）测试前，受试者应了解测试方法和工作要领，可做必要的练习。

（2）受试者吸气和呼气均应充分，呼气不可过猛，并防止从嘴与口嘴接触部位漏气，防止用鼻呼气。呼气时允许弯腰，但呼气开始后不得再吸气。测试人员应注意观察，防止因呼吸不充分、漏气或再吸气影响测试结果。

（三）50米跑

测试方法：受试者至少两人一组测试。站立式起跑，受试者听到“跑”的口令后开始起跑。发令员在发出口令同时要摆动发令旗。计时员视旗动开表计时。受试者躯干到达终点线的垂直面停表。记录以秒为单位，精确到0.1秒。

注意事项：

（1）受试者测试时最好穿运动鞋，不得穿钉鞋、皮鞋或塑料鞋。

（2）发现有抢跑者，要当即召回重跑。

（3）如遇风时一律顺风跑。

（四）立定跳远

测试方法：受试者两脚自然分开站立于起跳线后，脚尖不得踩线，然后两脚原地同时起跳，不得有垫步或连跳动作。丈量起跳线后缘至最近着地点后缘的垂直距离。每人试跳三次，记录其中最好一次成绩。记录以厘米为单位，不计小数。

注意事项：

（1）发现犯规时，此次成绩无效。三次试跳均无成绩者，再跳至取得成绩为止。

（2）可以赤足，但不得穿钉鞋、皮鞋或塑料鞋测试。

（五）坐位体前屈

测试方法：受试者上体垂直坐，两腿并拢伸直，两脚平蹬测试纵板，两脚尖分开10~15厘米，上体前屈，两臂伸直向前，用两手指尖轻轻地向前推动游标，直至不能前推为止，保持这一姿势三秒。测量三次，取最大值。记录以厘米为单位，数值精确到小数点后一位。

注意事项：

（1）测试前应做短时间的热身活动。

（2）测试中动作要缓慢，以避免受伤。

（3）身体前屈，两臂向前推游标时，两臂用力要均匀，两腿不能弯曲。

（六）1 000米跑（男）、800米跑（女）

测试方法：受试者至少两人一组进行测试。站立式起跑，当听到“跑”的口令后起跑。计时员看到旗动开表计时，当受试者的躯干到达终点线垂直面时停表。

注意事项：

（1）受试者测试时最好穿运动鞋或平底布鞋，赤足亦可，但不得穿钉鞋、皮鞋或塑料鞋。

（2）发现有抢跑者，要当即召回重跑。

（3）如遇风时一律顺风跑。

（七）一分钟仰卧起坐（女）

测试方法：受试者全身仰卧于垫上，两腿稍分开，屈膝成90°左右，两手指交叉贴于脑后。另一同伴压住其踝关节，固定下肢。受试者起坐时，两肘触及或超过双膝为完成一次。仰卧时两肩胛必须触垫。测试人员发出“开始”口令的同时开表计时，记录一分钟内受试者完成的次数。一分钟到时，受试者虽已坐起但肘关节未达到双膝者不计该次数。

注意事项：

（1）如发现受试者借用肘部撑垫或臀部起落的力量起坐时，该次不计数。

（2）测试过程中，观测人员应向受试者报数。

（3）受试者双脚必须放于垫上。

（八）引体向上（男）

测试方法：受试者面向单杠，自然站立，然后向后摆动双臂，跳起，双手分开与肩同宽，正握杠，身体成直臂悬垂姿势。待身体停止晃动后，两臂同时用力，向上引体（身体不能有任何附加动作）。当下颌超过横杠上缘时，还原，成直臂悬垂姿势，此为完成一次。测试人员记录受试者完成的次数。记录以次为单位。

注意事项：

（1）若受试者身高较矮，不能自己跳起握杆时，测试人员可以提供帮助。

（2）测试时，受试者要保持身体挺直，不得屈膝、挺腹等。若借助身体摆动或其他附加动作完成引体时，该次不计数。

（3）测试时应有相应的保护措施，防止伤害事故的发生。

（4）下降过程身体不能猛然放松，身体要稍微紧张，双脚在此时迅速向前伸（幅度不要过大，以免造成违规）。

二、《国家学生体质健康标准》测试项目的锻炼方法

（一）1 000 米跑（男）、800 米跑（女）

1 000 米跑（男）、800 米（女）跑项目，既测试有氧耐力水平，又测试无氧耐力水平。由于耐力是衡量人的体质健康状况和劳动工作能力的基本因素之一，是从事各项运动必不可少的一种运动素质，因此，测试耐力水平对于评价学生的体质健康状况有着非常重要的意义。

长跑测试既可以反映肌肉耐力，又可以反映心肺功能，测试方法简单易行，具有其他测试项目不可替代的作用。更为重要的是，《国家学生体质健康标准》把长跑测试作为一种手段，可以引导学生更多地关注自己的肌肉耐力和心肺功能，主动积极地参加长跑等体育锻炼，发展体能，增强耐力，提高体质健康水平。

锻炼方法：

（1）匀速跑 800~1 500 米。全程都以均匀的速度跑。

（2）中速跑 500~1 000 米。要跑得轻松自然，动作协调，放开步子跑。

（3）重复跑。反复跑几个段落，如 200 米、400 米或 800 米等，中间休息时间较长。跑的距离、重复次数、速度、强度可根据自己的情况而定，发展速度耐力。

（4）加速跑 60~80 米。反复跑，中间有较短时间的间歇。

（5）变速跑 1 500~2 500 米。要求快跑与慢跑结合，如采用 100 米慢跑、100 米快跑或 100 米慢跑、200 米快跑等交替进行的方法，发展速度耐力。

（6）越野跑。利用自然地形条件进行练习，如在公路、田野或山坡上进行跑步练习，可以发展耐力、灵敏、弹跳等素质。

（7）跑台阶、跑楼梯练习。

（二）肺活量

肺活量是指在不限时间的情况下，一次最大吸气后尽最大力量所呼出的气体量。肺活量是反映人体生长发育水平的重要机能指标之一。

锻炼方法：经常运动的人比一般人的肺活量要大，他们的呼吸次数、呼吸深度、肺活量和肺通气量这 4 个指标都会出现良好的变化。长跑、游泳、健美操、跳绳、跑楼梯、上下台阶、长距离竞走、篮球和足球等项目都是提高人体肺活量的有效方法。

（三）50 米跑

50 米跑是国际上通用的测试项目，通过较短距离的高强度跑测试速度素质。

速度素质可以反映人体中枢神经系统的机能状态和神经与肌肉的调节机能，也可以综合地反映人体的爆发力、灵敏和柔韧等素质。

锻炼方法：

（1）小步跑。体会前脚掌快速扒地的动作，上下肢放松协调配合。

（2）高抬腿跑。提高大腿抬高的幅度，增强腿部力量和动作频率。

（3）后蹬跑。纠正后蹬用力不充分和“坐着跑”等缺点，增强腿部力量。

（4）小步跑转入加速跑 50~60 米。

（5）高抬腿跑转入快速跑 50~60 米。

（6）后蹬腿跑转入快速跑 50~60 米。

（7）顶风跑、顺风跑、上坡跑、下坡跑。

（8）30 米、50 米计时跑。

（9）重复跑 60~80 米。以中等速度反复练习。

此外，还可采用负重练习，以增强腿部力量。方法参照立定跳远项目的锻炼方法。

（四）立定跳远

立定跳远是发展下肢肌肉力量、腰腹力量、协调性和跳跃能力的指标之一，是测试爆发力的项目。爆发力要求在最短时间内发挥最大的力量。爆发力不仅取决于力量，而且取决于力量和速度的结合。它在人们的日常生活、劳动中有重要的意义和作用。

锻炼方法：采用各种跳跃练习和负重练习，能够有效地发展腿部肌肉力量和肌肉速度，提高弹跳能力。

（1）深蹲跳。全蹲下去，双脚同时用力向上跳起，连续做几次。

（2）单脚跳。用左脚连续向上或向前跳一定的次数，再换右脚做单脚跳。

（3）多级跨步跳。连续以最少的步数，跨出最远的距离。

（4）多级蛙跳。屈膝半蹲，上体稍前倾，双脚同时用力蹬地，充分伸直髋、膝、踝三个关节，同时两臂迅速上摆。身体向前跃出，双腿屈膝落地缓冲后再接着向前跳。

（5）跳台阶。原地双脚起跳，跃上台阶或其他物体，然后再跳下，反复进行。

（6）跳绳。各种方式的跳绳练习。

（7）身体负重跳。肩负杠铃或沙包、腰和腿绑沙袋、身穿沙衣等做各种跳跃练习。

（五）坐位体前屈

坐位体前屈是反映人体柔韧的测试项目。柔韧是指人体完成动作时，关节、肌肉、肌腱和韧带的伸展能力。一个人的柔韧越好，其关节的活动幅度越大，关节灵活性越强。

柔韧与健康的关系极为密切。柔韧的提高，对增强身体的协调能力，更好地发挥力量、速度等素质，提高技能和技术，防止运动创伤等都有积极的作用。

锻炼方法：

（1）正压腿。一腿直立，另一腿举起放于高度适当的高物上，身体正对高腿，上体向前尽量用胸部贴腿，双膝不得弯曲，还原后连续再做几次。

（2）侧压腿。一腿直立，另一腿举起放于高度适当的高物上，身体侧对高腿，上体尽量侧屈，用头的一侧贴腿。不要前倾或后仰，还原后连续再做几次。

（3）正踢腿。直立，两臂平举，左脚向前迈出一小步，右腿绷脚面伸直，急速有力地向上踢腿，落下时要有控制。两腿交替练习。

（4）并腿体前屈。两腿并立，上体前屈，两手触地，上体与腿尽量贴近，还原后连续再做几次。

（5）两腿左右开立，大于肩宽，上体前屈，臀部自然后移，双膝伸直，两手先向左腿外侧摸地面，还原后再向右腿外侧摸地面，连续做几次。

（6）双腿伸直坐于垫上或床上，上体前屈，两臂向前伸，尽力用双手触脚尖，膝关节不得弯曲，还原后连续再做几次。

（六）一分钟仰卧起坐（女）

一分钟仰卧起坐是测试腹肌力量和耐力的一个项目。测试方法简单易行，多年来在学校体育的锻炼和测试中一直受到重视。

锻炼方法：

1. 垫上练习

（1）直腿仰卧起坐。仰卧于垫上，双腿并拢伸直，两臂上举。上腹用力，使上体坐起，两臂前伸用手触脚。还原后连续做几次。

（2）仰卧团身。两手上举仰卧于垫上，双腿并拢屈膝，大小腿成 90°。收腹起上身，同时双膝往上提，臀部随之离地，两臂抱腿，头尽量碰膝，仅腰部贴地。还原后再连续做几次。

（3）仰卧对角交替收膝。两手抱头仰卧于垫上，双腿屈膝大于 90°。左膝上提，同时收腹夹肘起上身，尽力用右肘碰左膝。还原后，右膝上提，同时收腹夹肘起上身，尽量用左肘碰右膝。连续做几次。

（4）仰卧举腿。直体仰卧于垫上，两手抓垫，连续做向上直腿举腿动作。

2. 垫上负重和其他器械练习

（1）斜板仰卧起坐。两臂上举，仰卧在稍有高度的斜板上，脚朝上，头朝下，将双脚固定。当上身起坐时，两手尽量往脚尖伸去。还原后连续做几次。

（2）支撑举腿。两臂伸直，支撑在双杠或其他物体上，身体保持正直，双腿并拢后，快速收腹举腿，使大腿与上体成 90°，保持几秒后，还原再做几次。

（3）悬垂举腿。双手正握单杠或肋木（背向肋木）成悬垂姿势，双腿伸直，最大限度地向上举起。还原再做几次。

（4）仰卧双腿举重物。仰卧于垫上，双手抓住固定物体。双脚夹重物或踝关节绑沙袋向上举起后放下。连续做数次或数十次。

（5）负重仰卧起坐。仰卧于垫上，双腿伸直，双手在头后持重物。腹肌迅速收缩，使上体坐起并前屈，然后再慢慢还原。反复练习。

（七）引体向上（男）

引体向上主要测试上肢肌肉力量的发展水平。引体向上是最基本的锻炼背部肌肉的方法，也是衡量男性体质的重要测试项目。

引体向上要求男性有一定的握力、上肢力量和肩带力量，这个力量必须能克服自身的体重才能完成一次。引体向上是一种力量耐力项目，对发展上肢悬垂力量、肩带力量和握力有重要作用。它以按动作规格完成的次数来计算成绩，做得多则成绩好。

锻炼方法：在练习引体向上时，一般每次 3~5 组，每组 8~12 次，组间休息 1 分钟左右。也可以在做第 1 组时做到几乎竭尽全力（无论是 3 个还是 4 个）。然后再做 2 组，每组尽力而为，能做多少做多少。下次再做时，尝试每组多做一两个。

当引体向上每组次数超过 12 次时，即可考虑负重练习。一般要做 3~8 组，每组 8~12 次，组间休息 1~2 分钟。休息时间长短因人而异。也可按照规定次数进行，例如，第 1 组采用顶峰收缩法做 8 次，有余力也不多做，组间休息 1 分钟，第 2 组也按规定做 8 次，直至最后几组，用尽全力，即便借助外力，动作不太规范，也要完成规定的 8 次，总共做 50 次左右。

第四章 体育文化与欣赏

第一节 体育文化概述

随着社会的发展，人们开始从文化的角度去认识体育，人们越来越多地开始关注体育背后的文化意蕴，“体育文化”这一概念应运而生。

一、体育文化的概念

体育文化是一切体育现象和体育生活中展现出来的特殊的文化现象，是关于体育运动的物质、制度、精神文化的总和。它涵盖了人类的体育认识、体育情感、体育价值、体育理想、体育道德、体育制度和体育物质等方面。

体育是一种文化，原因在于：

第一，体育是人类创造出来的一种社会生活。人类区别于其他动物的重要特征，就在于人类能创造出各种文化系统，而这些系统恰好包含体育。动物的肢体活动和嬉戏是它们的本能活动，不具备任何文化意义。

第二，体育运动具备文化的各种特征，文化的继承性、时代性、民族性、世界性和阶级性等都能在体育运动中看到。

第三，体育运动不仅有其外在的身体活动形式和设施、器材等物态体系，而且具有内在的价值观念、意识形态和行为规范等。这些深层的意识形态方面的内容已经成为人类共同理想的一部分，如奥林匹克精神和随之而产生的一些体育道德等。当代体育文化将随着人类社会的发展越来越繁荣，甚至成为社会文明程度的一个标志。因此，体育运动是文化中不可或缺的一部分。

二、体育文化的价值

（一）竞技体育文化的价值

体育与人类的生存、发展紧密相连，人类创造了体育，也创造了体育文化。体育文化是一种竞技运动文化。正是人类对这一种竞技运动文化进行了改造，经济、文化才不断获得创新与发展。然而这些创新与发展，是在众人不断的实践中完成的，并经历了与西方社会变革的历史进程相对应的三个阶段，即宗教体育文化阶段、科学体育文化阶段和正在进行中的艺术体育文化阶段。艺术体育摆脱了人类求生存的宗教体育文化和强身健体适应环境的科学化与功利性体育文化的特征之后，正向着竞技与艺术相结合、形体美与心灵美相结合的形态发展。

（二）大众体育文化的价值

在人类文明的进程中，出于人类的共同需要，人类对自身生存、发展、享受的追求和关注一刻也没有停止过，正是这种大众体育文化在教育全球化的浪潮中的推动力最大，影响最为广泛，也最为深刻。这是因为大众体育文化能给人类带来快感和美感，并给社会带来健康和活力。无论是中国的大众体育，还是西方的大众体育，都以全面发展和和谐发展为根基。

（三）中国传统体育文化的价值

中国传统文化历史悠久、博大精深，是中华民族自强不息的象征。中国传统体育文化受中国传统文化的影响，在体育形态上强调整体观和意念感受，动作简单而内涵深刻，很少有强烈的肌肉运动，因此缺少激进和冒险行为。随着东西方文化的交流，中国传统体育文化这种整体修炼和内在和谐之美，正在和现代科学相结合，并形成新的独特风格。

第二节 奥林匹克运动

翻开奥林匹克运动的篇章，无论是古代奥林匹克运动会（简称古代奥运会），还是现代奥林匹克运动会（简称现代奥运会），其历史之悠久，规模之宏大，影响之深远，是任何运动都无法比拟的。奥林匹克运动是世界人民的伟大创举，它创导和融合了多种运动项目的比赛和竞技运动模式，表达了人类寻求友谊、合作、公平与和谐的强烈愿望。奥林匹克运动所提倡的体育精神和所蕴含的文化内涵给世人留下了一笔丰富的文化遗产。

一、古代奥运会的历史回顾

（一）古代奥运会的起源

▶ 奥林匹克运动的起源

习惯上把公元前776年作为第一届古代奥运会的举办日期，这也是奥运会有文字记载的开始。但史学界普遍认为，在此之前奥运会已经存在，只不过自公元前776年定期举办。古代奥运会的产生与古希腊的政治、经济、文化和宗教有着密切的关联。当时社会矛盾加剧，战争频频，各个城邦为了取胜，都利用体育锻炼增强战士的体质，培养身强力壮的武士，尤其注重提高战士的赛跑、混斗、拳击等技能，以抵抗来犯的敌人。为此，他们经常组织各种体育竞赛，这为古代奥运会的产生奠定了基础。此外，古希腊人特别信奉神灵，每逢重大祭祀活动，各城邦都会举行隆重的宗教集会，城邦首脑、军人、民众都纷纷参加欢庆，既有歌舞，以表达对“神”的敬意，又有竞技，以显示本城邦的威武勇猛。古代奥运会就是在这种战争背景和祭祀形式下形成的。

（二）古代奥运会的兴盛

公元前5世纪，古希腊进入全盛时期。随着经济的繁荣和祭神活动的广泛展开，奥运会也进入鼎盛时期，逐渐成为全希腊最大的节日。古代奥运会初期，竞赛项目不多，前22届比赛时间仅一天。后来随着比赛项目的增加，比赛时间又延长为两天。公元前472年，奥运会赛期被确定为5天。其中第一天是开幕式，举行献祭和宣誓仪式，第二、三、四天是正式比赛期，第五天是闭幕式，进行发奖和敬神活动。古代奥运会通常在6月底或7月初举行。在古代奥运会举办期间，各城邦之间的战争一律停止，如有违反，则对违反者处以罚款。对参与奥运会的人，也都不可侵犯，否则要被罚款并遭诅咒。

（三）古代奥运会的衰落

公元前 431 年至公元前 404 年，古希腊爆发了“伯罗奔尼撒战争”，战争最终以斯巴达战胜雅典而结束。古希腊经济在这次战争后由繁荣转向了衰败。各城邦没有力量、也没心情顾及古代奥运会，古代奥运会自此开始衰落。公元前 146 年，古罗马彻底征服了古希腊，古代奥运会可悲地恢复为初始时期的地方性比赛。公元 394 年，罗马帝国皇帝狄奥多西一世认为奥林匹克是一种邪教，下令废止古代奥运会。历时 1168 年，共举办了 293 届的古代奥运会至此结束。

（四）古代奥运会的历史功绩

古代奥运会虽然带有浓厚的宗教色彩，但充分表达了人民追求和平、平等，以及寄托生命与希望的人文精神，从而延续了 1 000 多年。古代奥运会开创了人类历史上竞技运动的模式，为现代奥运会和世界竞技运动的模式奠定了基础。在古代奥运会期间，要点燃象征和平的圣火。

二、现代奥运会的光辉历程

（一）“圣火”传递的由来

现代奥运火炬传递是一个非比赛项目，形式与古希腊的火炬传递相同，它已经转变成为庆祝奥运会开幕的一项重要活动。在 1912 年举行的斯德哥尔摩奥运会上，现代奥林匹克运动的创始人顾拜旦在其预言性的演讲中指出：“从现在起，火炬手接受了火炬，也接受了传递奥运火焰的神圣使命。让奥运圣火在青年一代的手中相互传递，让全世界的青年都时刻准备着，将奥运圣火传遍全球。”作为庆祝奥运会开幕仪式的一部分，现代奥运会火炬传递的复兴是从 1936 年的柏林奥运会开始的，自此以后，每届夏季奥运会都要举行火炬传递活动。奥林匹克火焰的神圣力量得到了世界的认同，也成为奥运会开幕的前奏。

（二）现代奥运会的发展

自公元 394 年古代奥运会被下令废止后，中世纪的欧洲进入了一段漫长的宗教黑暗统治时期。14—18 世纪，欧洲进入文艺复兴、宗教改革时期，在新兴资产阶级宣扬自由、和平、博爱和个性解放的旗帜引领下，人们开始重新怀念和赞美古希腊奥运会的理想和精神。1889 年 7 月，在法国巴黎召开的国际田径代表大会上，后来被人们尊称为“奥林匹克之父”的法国教育家皮埃尔·德·顾拜旦首次公开了他恢复奥运会的设想。1891 年 1 月，顾拜旦以法国田径协会联合会秘书长的身份向全世界几乎每个体育组织和俱乐部发出邀请——参加于 1894 年 6 月 16 日在法国巴黎索邦神学院召开的国际体育运动代表大会。此次大会为第一届奥林匹克代表大会。会议召开一个星期后，即 6 月 23 日，大会就通过了成立国际奥林匹克委员会的决议，而 6 月 23 日也就成了“国际奥林匹克日”（International Olympic Day），顾拜旦当选为首任秘书长。大会决定，在 1896 年召开首届现代奥运会，希腊的历史名城雅典获得主办权。1896 年 4 月 6 日至 15 日，希腊雅典举办了第一届现代奥运会。虽然组织不太完备，却成为现代奥运会正式诞生的标志，从而揭开了人类文明史上又一新的篇章。

在现代奥运会初创时期，由于组织上尚不成熟，除体操、滑冰和赛艇项目外，其他运动项目尚无国际组织，项目设置不健全，比赛场地缺乏统一标准，裁判基本上是由举办国人员担任，从而难以保证比赛的公正性。后来，组织者强调了奥林匹克运动的名言：“参与比取胜更重要”，并明确了相关组织、成员的职责与分工，从而确定了奥运会的基本框架。

由于第二次世界大战的影响，1940 年和 1944 年两届奥运会被迫取消。第二次世界大战后，世界格局发生了变化，这也使得奥运会有了变化，如参赛国家和参赛运动员激增，1948 年伦敦奥运会有 59 个国家参赛，而 1972 年慕尼黑奥运会有 121 个国家参加。现代奥运会在规模扩大的同时，运动水平也大幅度提高。

历史的发展为现代奥运会改革与创新带来了很多机遇。1980 年，西班牙人萨马兰奇出任国际奥委会主席。他以全新的思维对奥运会进行了全面的改革：第一，将商业运作机制引进奥运会，并肯定商业化的积极意义，从而摆脱了举办奥运会的沉重经济包袱。第二，他宣布奥运会向世界最优秀的运动员开放，以提高奥运会的竞技水平和观赏价值，并增强了奥林匹克在政治上的独立性。第三，引进现代化管理手段对奥运会内部结构进行了一系列的革新，特别是使奥委会成为有法人资格的国际组织。第四，开设了一系列的体育文化教育，如举办“奥林匹克日”，赞助“世界体育大会”“奥林匹克大会”等，呈现体育与文化、教育、科技相结合的新态势。

三、奥林匹克文化

（一）奥林匹克运动的思想

奥林匹克运动的宗旨：使体育运动为人类的和谐发展服务，以提高人类尊严；以友谊、团结和公平竞赛的精神，促进青年之间的相互理解，从而有助于建立一个更加美好的、和平的世界；使世界运动员在每 4 年一次的盛大的体育节日——奥林匹克运动会中聚会在一起。

奥林匹克格言：更快、更高、更强——更团结。

奥林匹克运动的名言：参与比取胜更重要。

（二）奥林匹克礼仪

奥运会开幕式的大致流程为：奥运会组委会主席宣布开幕式开始—运动员入场—奥运会组委会主席讲话—国际奥委会主席讲话—主办国国家元首宣布奥运会开幕—奏《奥林匹克圣歌》—奥林匹克会旗入场，升会旗—运动员宣誓—裁判长宣誓—点燃、传递圣火仪式—文艺、烟火表演。

1. 奥林匹克圣火

在每届奥运会开幕前，都要在奥林匹克运动的发源地，由身着希腊传统服装的少女在奥林匹克希腊女神庙前用凹面镜聚焦太阳光点燃“圣火”（图 4-2-1）。“圣火”点燃火炬后，将火炬接力传到主办国，并于开幕式时进入会场，一般由主办国著名运动员手持火炬点燃圣火，直到闭幕式时熄灭。圣火象征着光明、团结、友谊、和平和正义。

图 4-2-1　奥林匹克圣火

2. 奥林匹克会旗

奥林匹克会旗以白色为底，象征纯洁。蓝、黄、黑、绿、红五环，环环相扣，象征着五大洲的团结。其中，蓝色代表欧洲，黄色代表亚洲，黑色代表非洲，绿色代表大洋洲，红色代表美洲。五环相连代表五大洲的团结和全世界的运动员在奥林匹克运动会上相聚一堂（图 4-2-2）。

图 4-2-2　奥林匹克会旗

3. 奥林匹克会歌

国际奥委会在 1958 年于东京举行的第 55 次全会上确定用《奥林匹克圣歌》(《萨马拉斯颂歌》) 作为奥林匹克会歌，其乐谱存放于国际奥委会总部。

4. 奥林匹克会徽

历届奥运会会徽的图案虽然千差万别，但都有一个共同的标志，即相互套连的奥林匹克五环标志，同时衬以表现奥运城市和主办国历史、地理、民族文化传统等特点的主体图案，使人一眼就可看出奥运会举办的时间和地点。

5. 奥林匹克精神

《奥林匹克宪章》指出，奥林匹克精神即相互了解、友谊、团结和和平竞争的精神。奥林匹克精神强调对文化差异的容忍和理解，并强调竞技运动的公平与公正。

（三）奥林匹克运动的类型

1. 夏季奥林匹克运动会

夏季奥林匹克运动会（简称夏奥会），每 4 年举办一届。夏奥会沿袭古代奥运会旧制，不管运动会举办与否，届次照算。截至 2016 年，已举办 31 届。

2. 冬季奥林匹克运动会

冬季奥林匹克运动会（简称冬奥会）最初规定每 4 年举办一届，与夏奥会在同年和同一国家举行。自第二届冬奥会（1928 年圣莫里茨冬奥会）开始，冬奥会与夏奥会的举办地点改在不同的国家举行。自 1994 年起，冬奥会与夏奥会以两年为隔交叉举行。截至 2018 年，已举办 23 届。第 24 届冬奥会将于 2022 年 2 月 4 日至 2 月 20 日在中国北京和张家口举行。

3. 残疾人奥林匹克运动会

残疾人奥林匹克运动会（简称残奥会）始于 1960 年，由国际奥委会和国际残疾人奥林匹克委员会主办，是专为残疾人举办的世界大型综合性运动会，每 4 年于夏奥会后举办。截至 2017 年，已举办 15 届。

冬残奥会自 1976 年以来已经举办 9 届，参赛运动员总人数接近 4 000 人。比赛项目有高山滑雪、越野滑雪、冰上雪橇球、轮椅体育舞蹈 4 个大项，每个大项包括若干小项。截至 2017 年，已举办 11 届。

4. 特殊奥林匹克运动会

特殊奥林匹克运动会（简称特奥会），是基于奥林匹克精神，专门针对智障人士开展的国际性运动训练和比赛。特殊奥林匹克运动会包括本地、国家、洲际和世界等不同级别。其中，世界特奥会每两年举办一届，夏季和冬季交替举行。1968—2017 年，共举办了 14 届世界夏季特奥会，参赛运动员累计超过 60 000 人次；共举办了 11 届世界冬季特奥会，参赛运动员累计近万人次。

5. 青少年奥林匹克运动会

青少年奥林匹克运动会（简称青奥会）是一项专为年轻人设立的体育赛事，融合了体育、教育和文化等领域的内容，并将为推进这些领域与奥运会的共同发展而扮演着催化剂的作用。国际奥委会在 2007 年 7 月 5 日于危地马拉城举行的第 119 次国际奥委会全会上同意创办青奥会，运动员的年龄需为14~18岁。首届青奥会在新加坡举行。中国南京于2014年8月16日至8月28日举办了第二届青奥会。

（四）中国与奥运会

1. 初识奥运

1922年，我国外交家王正廷成为国际奥委会的第一位中国委员。从此，我国与国际奥委会建立了直接联系。1928年，我国派观察员观摩了阿姆斯特丹奥运会。

2. 首登赛场

1932年，我国派出代表团参加了洛杉矶奥运会，代表团只有刘长春一人。由于旅途劳顿，体力不支，且第二天便仓促上阵，刘长春在100米和200米预赛中就被淘汰，还不得不放弃了400米比赛。这次参赛虽然成绩不佳，但刘长春却是第一个出现在奥运赛场的中国运动员，被称为“中国奥运第一人”。

3. 重返奥运

由于政治原因，直至1979年，中国在奥林匹克组织中的合法地位才得以恢复。1980年，我国派出了28名运动员去美国普莱西德湖参加第13届冬奥会。1984年，我国派出了225名运动员参加第23届洛杉矶奥运会，并取得了15金、8银、9铜的战绩，震惊了世界。

4. 零的突破

1984年7月29日，在洛杉矶奥运会男子手枪慢射比赛中，我国选手许海峰获得冠军，这是我国奥运史上的第一枚金牌。2002年2月，在盐湖城冬奥会短道速滑女子500米决赛中，我国选手杨扬获得冠军，这是我国冬奥会史上的第一枚金牌。

（五）2008年第29届北京奥运会

1. 北京奥运会的三大理念

（1）绿色奥运。把环境保护作为奥运设施规划和建设的首要条件，制定严格的生态环境标准和系统的保障制度；广泛采用环保技术和手段，大规模多方位地推进环境治理、城乡绿化美化和环保产业发展；增强全社会的环保意识，鼓励公众自觉选择绿色消费，积极参与各项改善生态环境的活动，大幅度提高首都环境质量，建设宜居城市。

（2）科技奥运。紧密结合国内外科技最新进展，集成全国科技创新成果，举办一届高科技含量的体育盛会；提高北京科技创新能力，推进高新技术成果的产业化和在人民生活中的广泛应用，使北京奥运会成为展示新技术成果和创新实力的窗口。

（3）人文奥运。传播现代奥林匹克思想，展示中华民族的灿烂文化，展现北京历史文化名城风貌和市民的良好精神风貌，推动中外文化的交流，加深各国人民之间的了解与友谊；促进人与自然、人与社会、人的精神与体魄之间的和谐发展；突出“以人为本”的思想，以运动员为中心，提供优质服务，努力建设使奥运会参与者满意的自然和人文环境。

2. 北京奥运会口号

2005年6月26日，北京奥组委宣布“同一个世界、同一个梦想”成为北京2008年奥运会中英文主题口号。

“同一个世界、同一个梦想”，集中体现了奥林匹克精神的实质和普遍价值观——团结、友谊、进步、和谐、参与和梦想，表达了全世界在奥林匹克精神的感召下，追求人类美好未来的共同愿望。

“同一个世界、同一个梦想”，深刻反映了北京奥运会的核心理念，体现了作为“绿色奥运、科技奥运、人文奥运”三大理念的核心和灵魂的人文奥运所蕴含的和谐的价值观。

3. 北京奥运会会徽

“中国印·舞动的北京”会徽将肖形印、中国字和五环徽有机地结合起来，充满了深沉的活力。尺幅之地，凝聚着东西方气韵；笔画之间，升华了奥运会精神（图 4-2-3）。

（1）印章、红色与诚信。红色的东方之光将燃起所有人心中的圣火，篆刻书法象征文化中国。

（2）印信中的篆字又似一个“京”字。

（3）字形幻化为一个飞奔撞线、迎接胜利的运动人形。

（4）会徽下部是以中国书法写成的富于古意的英文 Beijing 和阿拉伯数字 2008。

图 4-2-3　北京奥运会会徽

北京奥运会会徽将中国汉字融入奥运会会徽当中，体现了中国独特的文化艺术特征——书法，整个会徽具有浓厚的中国文化气息。

4. 北京奥运会火炬

北京奥运会火炬创意灵感来自“渊源共生，和谐共融”的“祥云”图案。祥云的文化概念在中国具有上千年的时间跨度，是具有代表性的中国文化符号。火炬造型的设计灵感来自中国传统的纸卷轴。纸是中国四大发明之一，通过丝绸之路传到西方。人类文明随着纸的出现得以传播。源于汉代的漆红色在火炬上的运用使之明显区别于往届奥运会火炬设计，红银对比的色彩产生醒目的视觉效果，有利于各种形式的媒体传播。火炬上下比例均匀分割，祥云图案和立体浮雕式的工艺设计使整个火炬高雅华丽、内涵厚重。

5. 北京奥运会吉祥物

“福娃”是 5 个拟人化的娃娃，其色彩与灵感来源于奥林匹克五环，来源于中国辽阔的山川大地、江河湖海和人们喜爱的动物形象。福娃向世界各地的人们传递着友谊、和平、积极进取的精神及人与自然和谐相处的美好愿望。福娃代表了梦想和中国人民的渴望。它们的原型和头饰蕴含着其与海洋、森林、火、大地和天空的联系，其形象设计应用了中国传统艺术的表现方式，展现了中国的灿烂文化。每个福娃都代表着一个美好的祝愿：贝贝象征繁荣、晶晶象征欢乐、欢欢象征激情、迎迎象征健康、妮妮象征好运。娃娃们带着北京的盛情，将祝福带往世界各个角落，邀请各国人民共聚北京，欢庆中国北京的 2008 奥运盛典。5 个福娃分别叫“贝贝”“晶晶”“欢欢”“迎迎”“妮妮”，各取它们名字中的一个字，便有次序地组成了谐音“北京欢迎你”。

四、2022 年北京冬季奥运会

2015 年 7 月 31 日，在马来西亚吉隆坡举行的国际奥委会第 128 次全会上，国际奥委会主席巴赫宣布：中国北京获得 2022 年第 24 届冬季奥林匹克运动会的主办权。北京成为奥运史上第一个既举办过夏奥会又将举办冬奥会的城市。届时，北京将与张家口联合举办 2022 年北京冬季奥运会（简称 2022 年北京冬奥会）。2022 年北京冬奥会设 7 个大项，102 个小项。北京将承办所有冰上项目，延庆和张家口将承办所有雪上项目。2017 年 12 月 15

日，2022年北京冬奥会会徽“冬梦”和冬残奥会会徽“飞跃”正式亮相。2018年2月25日，在第23届冬季奥林匹克运动会闭幕式上，北京市市长陈吉宁接过奥运会会旗，这标志着冬奥会进入“北京周期”。

第三节 校园体育文化

校园体育文化主要是指人们在学校体育教育过程中所创造和拥有的精神财富和物质财富的总和，它涵盖了校园体育意识文化、行为文化和物质文化三大类。校园是学生学习和生活的主要空间，校园文化建设直接影响到育人的效果。校园体育文化是校园文化的重要组成部分。校园体育文化建设，会直接影响到学校体育活动的开展，与学生的身心健康有很大的关系。良好的校园体育文化环境可以陶冶学生的情操，纠正学生的不良行为，是学生身心发展的必要条件。

一、校园体育文化的内容及特点

1. 校园体育文化的内容

校园体育文化是一种特别的文化现象，它既是校园文化的一部分，又是体育文化的一部分；它是校园文化和体育文化两者相互影响、相互渗透、相互促进而发展起来的；它是具有时代特点的一种群体文化；它是学校在长期的教学、科研和行政管理过程中逐步形成的，更是在广大学生直接参与和精神培养的基础上发展起来的。

校园体育文化是以学生为主体、以课外体育活动为主要内容、以校园为主要空间、以校园精神为特征的一种群体文化。它通过多种形式来体现，其主要形式有早操、课间操、课外体育活动、运动队训练、小型运动竞赛、体育讲座、专题报告会、体育技能表演、学校体育节等。

2. 校园体育文化的特点

（1）导向性。学校体育文化这种特定的文化氛围是和学校培养目标、校风校纪、生活方式等内容相联系的。它既充分体现了一所学校的教学秩序，又反映了学校管理工作的系统性，同时还可以约束各种不文明行为的发生。

（2）教育性。开展学校体育文化活动是实现学校体育教育目标的重要途径，是使学生树立“终身体育”和“健康第一”思想的重要环节。因此，应把有目的、有计划、有组织的课外体育锻炼、校外活动和运动训练等纳入体育与健康课程，形成课内外相结合的课程结构。通过课外体育活动与课堂互补，实现课内外一体化，从而达到健康育人的目的。

（3）开放性。体育文化的传递模式应该是多渠道的，局限在校园的文化活动，无法满足学生的文化需求，必须让学生从封闭式的校园走向社会，结合素质教育，让学生参加各种体育活动。譬如，组织学生观看或参加校外各类组织形式的体育竞赛；开展户外活动，如野外生存、定向运动、爬山、骑自行车等；通过校际活动、学校与社会之间的交流与接触，增进学生对社会的了解，开阔学生的视野；提高学生在不同的社会环境中的适应

南京晓庄学院防范电信网络诈骗告知书

同学们:

大家好！近期校园通讯网络诈骗案件高发，我们总结了发生在校园内的易发案件，请大家认真阅读，切实增强防范通讯网络诈骗的意识和能力。

一、凡是以网络交友为前提，诱导当事人进行网络赌博，彩票投注等，这就是“杀猪盘”诈骗。网络交友需谨慎，切勿轻易向陌生人转账。

二、凡是以在平台“刷信誉”完成任务给予返利的，这就是“兼职刷单类诈骗。往往得小利后将陷入“套钱”的陷阱，且刷单属于失信违法行为，请勿进行“兼职刷单”。

三、凡是转接公安机关电话，以配合办案为由，要求汇款到“安全账户”的，这就是“冒充公检法”类诈骗。公安机关不会通过电话办案，不会通过“QQ、微信”发送“通缉令”或“财产冻结通知书”。您可拨打“110”或去附近派出所进行核实。

四、凡是自称客服、商家以您购买的物品有问题需要召回或是自称快递公司以物件丢失给予补偿为由，这就是“购物退款”类诈骗。务必通过官方途径进行核实。

五、凡是接到电话，称您的亲人遭遇紧急情况(交学费、出车祸、患重病、嫖娼吸毒被抓等)要立即汇款的，这就是“冒充熟人”类诈骗。务必更换途径联系或当面进行核实。

六、凡是电话中自称领导，以包红包送礼等理由急需用钱，要求您立即汇款帮忙的，这就是“冒充领导”类诈骗。务必更换途径联系或当面进行核实。

七、凡是企业、公司财会人员在聊天工具中，接收领导涉及款项往来的重大工作指示，切勿立即转账，一定要当面进行核实，谨防“冒充老板”类诈骗。

八、凡是在朋友圈购买微商物品，付款后无法联系或是以(商品被海关扣下需要缴纳关税)为由需要加付资金的，这就是“网络购物”类诈骗。务必通过正规途径购买或是走第三方交易平台支付货款。

九、凡是在正规平台交易买卖游戏账号或装备时，冒充平台客服要求以需要缴纳手续费，保障金为由先行转账的，这就是“虚拟物品”类诈骗。务必通过官方途径交易。

十、凡是订购机票、火车票、演唱会门票等，对方以(身份信息不全、贴号被冻、订票不成功等)理由要求受害人再次购买进行转账的，这就是“网络购票”类诈骗。务必通过原订购渠道进行核实，谨防上当。

十一、凡是自称“电商客服”以取消 vip 会员扣费或自称“银行客服”以消除贷款记录，需要您提供手机验证码的，这就是“冒充客服”类诈骗。务必通过官方途径进行核实。

十二、凡是以“月息低无需担保”提供贷款，要求以预付利息、保证金等名义要求转账的，这就是“网络贷款”类诈骗。务必通过正规途径选择贷款公司并当面进行核实。

十三、凡是收到积分兑换短信，需要点击链接，输入银行卡账号密码的，这就是“积分兑换”类诈骗。务必通过正规途径进行兑换。

十四、凡是在电话中自称部队领导和您洽谈业务让您帮忙代购物资，并指定购买厂家，联系后厂家要求先付款后发货的，这就是“冒充军警采购”类诈骗。务必当面进行核实。

请您详细阅读并了解以上您可能会遇到的诈骗类型，守护好自己的钱袋子。如您在生活中遇到疑似电信网络诈骗犯罪又不能分辨时，请致电 96110 或下载“国家反诈中心”APP 知晓更多详情。

请沿此线撕下

能力和交往能力，从而弥补校园文化的不足。

（4）竞争性。竞争观念是现代人应具备的重要的价值观念。竞争是现代体育的灵魂，竞技活动的社会教育作用是其他任何文化活动难以比拟的。体育中所蕴含的竞争观念不仅有振奋民族精神的现实意义，更有着造就新一代民族个性的深远价值。

（5）参与性和健身性。现代体育高度重视个体参与的积极性、主动性和创造性的内在需要。体育的参与过程是人自我完善的过程。在体育竞赛中，人的技术水平得到了提升，人的身体得到了锻炼，人的心理得到了磨炼，人的自由和个性可以得到充分释放，人的价值和尊严可以得到充分体现。体育特有的健身功能是其他文化活动所不能替代的。

二、校园体育文化的作用及价值

1. 校园体育文化的作用

（1）增进学生身心健康。增进健康，促进学生身心发展是学校体育的本质功能，也是大学体育的终极目标。学生参加体育活动不仅可以增强体质，还可以释放不良情绪，从而达到调节心情的作用，这对学生身心发展是极有利的。

（2）改变学生的不良行为。当人处在一个文化环境中，就会受到文化的熏陶，潜意识就会约束自己的行为。校园体育文化作为一种文化，自然也具有这种功能。服从规则是体育的重要文化价值，学生在进行体育活动的过程中，必须遵守体育规则，违反规则就会受到惩罚。多参与体育活动，可以督促学生改变自己的不良行为。

（3）激发学生参加体育运动的积极性。良好的校园体育文化环境提供了一个良好的体育氛围，这可以鼓舞学生积极参加体育活动。如学校宣传栏中的体育新闻、体育明星，尤其是学校体育明星，可以从精神上鼓励学生积极参加体育活动。

（4）培养学生的竞争意识。学生参加体育竞赛和体育锻炼的过程，从本质上来说也是一种与他人竞争的过程。经常参与体育锻炼和体育竞赛，可以培养学生的竞争意识。而经常参与团体项目可以让学生懂得只有加强与队友的合作，才能最终取得比赛的胜利。在这些项目中，团队的荣誉是第一位的。参与体育活动，可以增强学生与他人合作的意识，加强学生的集体观念。

（5）培养学生的意志品质。体育活动不是一个简单过程，学生在从事体育活动过程中，会遇到许多困难和伤痛，只有不断克服它们，才能真正享受体育的快乐。因此，通过体育活动可以培养学生吃苦耐劳、克服困难、挑战自我、超越自我等良好的意志品质。

2. 校园体育文化的价值

（1）树立“健康第一”的指导思想。校园体育文化具有树立学生生理、心理和社会适应等全面性健康意识的作用。同时，校园体育文化注重对学生的心理健康教育，注重培养学生对社会的责任感及坚忍不拔的意志和艰苦奋斗的精神。

（2）为推行素质教育服务。当前，在大学体育教学中应更多地关注学生的个性发展，提高学生的人文体育素养，培养学生的健康人格，增强学生的健身意识和品德修养，提高学生的人际沟通能力和合作精神。

（3）培养终身体育的观念。终身教育是法国的保尔·朗格朗于1965年提出来的。他认为，接受教育应当是每个人一辈子的事情。终身教育是教育定向上的整合，终身体育是终身教育的一个重要组成部分。

（4）校园体育文化的多样性。校园体育文化的宗旨主要是培养学生的体育精神、体育意识和体育技能，提高学生的体育文化素养，增进学生的身心健康，要在此宗旨指导下开展多种多样的校园体育文化活动。

第四节　体育欣赏

体育欣赏是一种审美活动，是指人们通过对体育运动竞赛、体育艺术作品的欣赏，产生强烈的审美感受，从而感到欢欣愉悦并受到教育。它是人们生活方式多元化和体育文化大众化、生活化的产物，它可使个人在身体和精神方面得到休息、放松和享受。通过体育欣赏能力的培养，可以提高大学生文化修养和人文素质，同时能提高学生对体育文化内涵的认识。

一、体育欣赏的特点

（一）体育欣赏的无功利性

体育欣赏的无功利性是指人们在欣赏体育活动中没有实用功利的考虑。中国古典美学中的“审美心陶”的理论，从老子的“涤除玄鉴”到庄子的“心斋”“坐忘”，再到宗炳的“澄怀观道”和郭熙的“林泉之心”；西方美学中的“审美态度”的理论，从托马斯·阿奎那夏夫兹博里到康德，再到布洛等都是关于欣赏的无功利性理论。奥林匹克之父顾拜旦说：“啊，体育，你就是乐趣！想起你，内心充满欢喜，血液循环加剧，思路更加开阔，条理愈加清晰。你可使忧伤的人散心解闷，你可使快乐的人生活更加甜蜜。”这些都充分反映出体育欣赏的无功利性。体育欣赏的无功利性绝不意味着精神的麻木与死寂，正相反，它是精神的解放、活跃，是生命和创造力的升腾洋溢。体育欣赏的无功利性也不意味着欣赏体育活动对于人类生活是无价值和无意义的，恰好相反，它表明欣赏体育活动对人的生活有着特殊的重大的价值和意义。

（二）体育欣赏的直觉性

体育欣赏的直觉性特征可以概括为三点：第一，它是体育欣赏活动感性形成的存在；第二，它具有直接性和整体性；第三，它具有情感体验性和模糊性。即通常所说的“只能意会不可言传”。体育欣赏的直觉性是感性的，但它渗透着理性，即在体育比赛或活动中既有事，又有理，还有情。体育欣赏有着很强的直觉性，在观看体育赛事时，能使我们的感性世界产生丰富的精神多样性。

（三）体育欣赏的创造性

创造性是体育欣赏的重要特征，无论从动作过程来看还是从结果来看，体育欣赏都趋于新形式。如我国优势项目运动员的技战术，都是由无数优秀的教练员结合先进的科学技术相互合作创造出来的，若没有教练员的欣赏和创造，我国不可能在短短几十年里成为世界体育大国。所以，欣赏（感觉、直觉）就是对感性世界的理想。另外，发现就是创造，教练员培养运动员，都是在参加比赛及观赏比赛的过程中，不断发现问题、反复认证、纠正错误、不断创新，从而使技战术更加完善。因此，要通过体育欣赏的实践活动，培养自己多种思维方式及创新能力。

（四）体育欣赏的超越性

人的个体生命是有限的、暂时的存在。但人在精神上有一种趋向无限、趋向永恒的要求。在欣赏体育活动时，往往可以超越个体生命存在的有限性和暂时性，冲开人的精神束缚，获得审美愉悦。如果个人在现实生活中遇到了挫折，此时让其亲临现场观看一场高级别的体育比赛，他会把现实中所有的不开心之事抛之脑后，融入体育比赛的气氛中，并从中获得快感，这就是超越性，也只有它才是一种自由的、积极的超越，才能满足人性的这种需求。体育欣赏的超越性，可以改善学生的不良心理，促进学生身体、心理正常发展。

（五）体育欣赏的愉悦性

愉悦性是体育欣赏最明显的特点，可以将其看作体育欣赏的综合效应。观看一场精彩的体育比赛是一种精神享受，从中可以获得生理和心理乐趣，也可以体验情感多样性。

二、体育欣赏对大学生的教育作用

（一）体育欣赏有助于激发学生学习体育的兴趣

兴趣直接影响并调节学生在学习过程中的态度和积极性。体育欣赏能激发学生学习体育的兴趣，使体育成为学生自发的需要，它是提高学生自觉参加体育运动的重要因素。体育实践课教学多以运动技能学习为主，主要强调学生对体育运动中某一技能的学习和掌握，它的弱点在于反复地练习同一技术容易产生枯燥感，使学生学习体育的兴趣大大降低。体育欣赏实践通过视觉、听觉刺激和一系列心理感知来吸收知识，它强调的是学生的视觉感知、心理体验、联想、创造性思维等心理活动过程；体育欣赏可以在短时间内向学生传达大量的体育文化知识，它摆脱了技能教学的枯燥和乏味，使学生通过视觉得到感官上的愉悦，获得精神上的满足和乐趣，使自身的情感和体育的情感直接沟通；体育欣赏激发了学生学习体育的欲望和兴趣，同时也促进了学生在课余时间自觉参与体育活动的积极性。

（二）体育欣赏有助于丰富学生的体育知识和增强学生的文化素养

大学生正处于人体生命力最旺盛的时期，处于这一时期的学生对知识的渴望最强烈，好奇心也最强，他们渴望获得更多的知识来丰富自己的精神世界，提高人文素养。学生通过体育欣赏不仅能了解各项体育运动的基本知识，而且还能领略体育运动的无穷魅力。体育欣赏的内容丰富多彩，大学生在进行体育欣赏时不仅可获得美的享受，还能了解及掌握有关的体育运动知识，学习运动员的意志品质，提高适应社会环境的能力。

（三）体育欣赏有助于对学生进行美育和德育

体育欣赏可向学生展示体育运动的美，如人体美、姿态美、素质美、动作美、技术美，以及比赛中运动员所表现出的意志品质美和智慧美等。体育美中透视着人的力量、智慧、能力、技术、战术和创造精神，同时向人传达着美的意识、美的观念和美的创造，可以使人在潜移默化中受到感染和教育。它对培养学生正确的审美观念和提高学生的体育鉴赏能力有着积极的作用。体育欣赏也是进行德育的一种重要途径，借助欣赏内容可以引发情感活动，在学生的审美心理和道德心理间架起一座桥梁，从而使审美情感成为完善学生道德心理的一种动力。

（四）体育欣赏有助于培养学生的创新能力和想象力

体育欣赏不是被动接受，而是能动的、积极的，从这个意义上来说，体育欣赏是创造性的欣赏。要欣赏体育就必须理解体育，欣赏并不是简单地用眼或耳看，而是用心去感知，这样才能走进体育，完善自我。在学校体育教学中，教师要结合体育欣赏内容充分调动学生的积极性和多种思维方式，培养学生的创新能力与想象力。

（五）体育欣赏有助体育教学的开展

在高校体育技术课教学中，很多的技术动作是不方便做示范的，只能依靠抽象的语言来描述，这将使学生学习一些技术动作较困难。体育欣赏教学可以弥补这一不足，在具体教学实施过程中可与现代化多媒体技术手段相结合，这样既保证了欣赏教学进一步新颖化，又可以让学生了解优秀运动员规范的技术动作，使学生对该运动项目有完整、具体的认识。此外，还可以让学生在欣赏过程中明白整个动作的来龙去脉，这样学生在技能练习时就能自觉地去理解和体会动作，而不是单纯地模仿动作。

三、不同体育运动项目的欣赏特点

（一）田径的欣赏特点

田径是比速度、高度、远度的项目，要求运动员在短时间内表现出最大速度与力量或较长距离的忍受能力。田径竞争激烈，是奥运会上奖牌最多的项目，也是对观众有强烈吸引力的项目。田径除了向人们展示运动员强健、匀称的美之外，运动员在运动中表现出的速度、力量、耐力和灵敏等，也足以让人精神振奋和愉悦，使人感受到运动中人体充满活力的美。

速度反映了人体进行快速运动的能力，是对运动审美的标准之一。为了达到更快的速度，必须采取合理的动作技术，也就是说人体在运动过程中，要有正确的姿势。最协调的姿势，是最科学、最优美的姿势。运动员之间速度的快慢会给观众强烈的对比感，可使人产生昂扬、振奋、活跃和激烈的情感，这能培养人们积极进取的精神。

起跑姿势虽因距离长短有所不同，但都呈现出人体的姿势美。动与静、力与健的造型等，无不表现了青春勃发的生命活力，体现了人类独有的精神品格。如待一声令下，运动员一个个如箭出弦，运动场上呈现出万马奔腾的热烈气氛。当运动员全力冲刺时，观众和运动员都很振奋，这也唤起了人们对运动员平时训练中勤学苦练、探索钻研、创造奉献精神的敬意。人们对锲而不舍精神的赞叹，显示出人类的进步与追求，以及人的生命和生活的价值，更重要的是映照了人类的优秀品格，折射了人类的崇高精神。

跳跃和投掷主要表现运动员的力量和灵敏。力量的训练，使人的肌肉发达，有力的健美体型给人以雄壮、勇猛、活泼、强健的感觉，表现出具有生气和生命之美。古人就崇尚这种力量的美，如古希腊的塑像“掷铁饼者”，至今仍作为美的化身供人们欣赏。由此可见，田径在健美的同时，还锻炼了人的意志和个性，陶冶了情操，升华了精神。

（二）球类运动的欣赏特点

1. 篮球

篮球在我国是最普及的一项活动，也是最受群众喜爱的运动项目之一。一场高水平的篮球比赛，往往给人带来无穷的乐趣、愉悦的心情和强烈的美感。运动员身材高大、形体匀称、肌肉发达、彪悍强壮，然而他们又快速敏捷、柔韧性好、弹跳力惊人，这些超凡的身体素质，向人们展现了体质美、阳刚美。在赛场上，他们精湛的技艺卓越的表演，使健、力、美融为一体，向人们展示了技艺美。运动员以各自技术特征展示着进攻、防守的转换，表现出激烈对抗的动态美。篮球是一项典型的讲究张弛相宜的有节奏的运动，向人们展现出变幻无穷的节奏美。

篮球不仅比技术、比战术、比意志，而且是智慧之争。人们喜欢观看篮球巨星乔丹的比赛，不仅是观看他高超的技艺，而且是赞叹他的智慧。不论他的对手如何强大，他总是能根据场上的情况，切入或分球，虚虚实实，使己方获得成功，这充分展示了他创造性的智慧和才能，体现出智慧美给人的震撼和享受，使人们感受到人类自身智慧的伟大。

2. 排球

排球是世界范围内普及程度极其广泛的运动项目之一。各国人民之所以喜欢这项运动，不仅是因为排球比赛激烈刺激，而且它的美令千万人陶醉，如排球场上那种千姿万态的神奇变化和精彩纷呈的战术对抗，常给人一种独具特色的情感体验和艺术美感。这种美将智慧、才华、体能和技巧融为一体，升华为一种艺术魅力，也正是这种艺术魅力才使排球具有很高的艺术价值。那些高水平的运动员凭借其超凡的身体素质、高超的技战术水平、出众的弹跳、凶猛的大力扣球、出人意料的后排进攻和令人眼花缭乱的战术配合，将排球的美展现得淋漓尽致。人们把欣赏高水平的排球比赛当作美的享受，借以抒发人们内心对美的向往和感受。

3. 足球

足球是世界上最吸引观众的运动项目，被誉为“世界第一运动”，其魅力在于激烈的竞争和对抗。足球场上人数之多、场地之大、比赛时间之长、战术之多变，是其他运动项目无法比拟的。运动员在场上做奔跑、断球、带球、突破、射门等各种动作，充分体现了运动员强有力的体魄、充满个性和富有创造性的特点。快速奔跑能力和勇猛顽强的战斗意志，达到了人的意志美和身体矫健美的完美结合。足球比赛获胜的艰辛和难测的悬念，使比赛的形式变化莫测，扣人心弦，而最终胜负取决于运动员的灵敏性、主动性、创造性，全队的战术配合和对战机的把握，这为该运动增添了神秘美的色彩。

4. 乒乓球

乒乓球是我国的国球，1988 年被列为奥运会比赛项目，是人民群众最喜爱的运动项目之一。其受欢迎的原因是乒乓球具有独特的个性美，它对运动空间大小要求不高、运动量可大可小、技术水平要求可高可低，同时，每一板球的时空特征，即速度、旋转、力量、弧线、落点 5 个物理竞技要素和不同打法具备的“快、转、狠、准、变”或“转、稳、低、变、攻”等制胜因素，以及这些制胜因素依个人气质、精神风貌而形成的技术风格都使乒乓球具有较大魅力。此外，乒乓球运动员的身体美、技术美和竞赛的场地、环境和器材美等，均构成了乒乓球丰富多彩、引人入胜的美的内容或形式。如以凶怪风格为主的邓亚萍、以快巧为主的刘国梁、以稳凶为主的孔令辉等，他们的技术动作和技术风格具有强烈的审美效应。因此，乒乓球中存在着大量的美学特征，在“美启真”“美导胜”的正确原则指引下，对于这样一项富含美的韵味的体育运动项目，深入探讨其美的本质及特征，掌握其审美因素，培养运动员自觉练就技术美，造就精神美、道德美、意志品质美的能力，是非常必要的。另外，国际乒联从 20 世纪末开始就一再强调要提高乒乓球的观赏性，力争吸引更多的观众观看乒乓球比赛。为此，国际乒联试图通过规则的修改和电视转播等手段提高乒乓球的观赏性。从乒乓球发展史的角度来看，规则的修改始终是围绕提高乒乓球的观赏性而展开的。

5. 网球

网球可以培养参与者的速度、力量、耐力、灵敏等素质，对发展参与者协调性也有积极的作用。它是一项把力量美、艺术美、形体美、服饰美与环境美结合于一体的运动，是一项把竞争性、文化性、观赏性和参与性有机结合在一起的极具魅力的体育项目，是一项既有悠久历史，又不断得到普及发展，深受群众喜爱的时尚健身运动。网球之所以有其独特的欣赏价值，还因为它特有的“网球精神”：网球比赛跑动场面大、对抗激烈，且又在露天进行，因此，运动员的体力消耗很大；规则规定要连胜两分才算取胜一局，要连胜两局才算取胜一盘，否则便要无休止地战斗下去。可见，在网球比赛中，运动员不但要有高超的运动水平，还要有勇敢拼搏的精神。因此，网球比赛是力的较量，是技战术的较量，也是心理素质的较量。人们在欣赏网球比赛时，会有一种力的感受、雅的体验、美的熏陶，而这些正是网球所特有的魅力。

6. 羽毛球

羽毛球不仅是一项竞技项目，也是群众喜爱的娱乐活动，有着很强的观赏性。参与者在球的对击过程中，通过不停地奔跑和身体的变化，努力地去把球击到对方的场地。每当击球者在击出一个好球或赢得一个球时都能使自己兴奋并获得成功的喜悦。球的飞翔有快慢、轻重、高低、远近、狠巧、飘转等变化，这使羽毛球充满了乐趣。由于羽毛球具有竞争性、对抗性、大强度等特点，参与者不仅要有全面的技术、成熟的心理，还要有顽强的意志品质。羽毛球技术的千变万化，使这项运动具有很强的观赏性。如猛虎下山的上网技术，蛟龙出水一样的跳起击球，身如满弓的扣杀，犀牛望月似的抢扑救球……这些都展示了羽毛球的力与美，使观赏者如同吟诵一首动人的诗，欣赏一幅悦目的画。

（三）体操的欣赏特点

体操动作内容丰富、形式多样，是审美价值较高的运动项目。体操不论是单个动作还是成套动作，都要求幅度大、舒展、协调、节奏感强、造型美观大方。艺术体操、健美操、女子自由体操、技巧运动、广播体操、团体操等都要配以音乐伴奏，运动员上场亮相展示出的人的形体美，在音乐的伴奏下轻快、活泼、抒情、优美的姿态，稳健的造型和高超的动作技巧，无不给人以美的享受。

竞技体操突出表现了运动员的力量、柔韧、灵敏、协调等因素，充分展示了各种优美的人体造型。在比赛过程中，运动员各种优良品质的表现，又体现出道德风尚美。另外，竞技体操动作难度大、惊险复杂，要求运动员以娴熟的技战术和自己的创造，使新颖独特的动作与悦耳的音乐紧密配合，动作应舒展、开朗、协调、美观、扣人心弦。艺术体操适合女子生理与心理特点，动作柔韧、协调、灵巧，具有刚柔相济的美和节奏感，充分展示了优美的动态形象和韵律感，使观众能感受到力的造型、美的展示，感受到青春活力的生命美。

（四）武术的欣赏特点

武术作为一种传统体育运动，具有深刻的民族文化特点和广泛的社会发展基础。中国武术之所以经久不衰，而且越来越有魅力，不仅是因为它具有健身自卫的实用价值，还因为它是一种独特的表演艺术。武术的表演艺术特性、娱乐观赏作用，以及审美功能和美学价值，充分表现在运动的全过程中。武术的全部内容倾注着中华民族的民族气质、民族美感和民族精神。

武术套路是按照攻守进退、刚柔虚实等对立统一规律编排而成的。其动作的美学特征以内在的精神气质为基础，以外在的技艺美为表现形式，是一种内外合一、形神具备的特殊文化现象。武术之美是东方古老文明之美的缩影，受中国古典哲学“天人合一”思想文化的影响，它强调顺应自然，按自然规律去发展。因此，无论是武术的技术原理、招式或动作的命名，都充分地展示着自然的美，追求人与自然的和谐，从人与自然的统一中寻求美，所以中国武术将这种和谐作为自己的审美特征。

（五）体育舞蹈的欣赏特点

体育舞蹈在国际上非常流行，是融体育、艺术于一身的体育运动。体育舞蹈将以往的交际舞不断更新，并赋予时代气息和竞赛性质，它不仅成为人们建立友谊、陶冶情操、锻炼身体、提高技艺的良好形式，而且具有独特的艺术表演价值，给舞蹈者和观赏者以美的享受，令人身心愉悦，能提高人们的艺术修养和审美情趣。体育舞蹈的美主要体现在以下几个方面：

1. 人体美

体育舞蹈中的人体美表现在健与美的有机结合上，它要求男女选手以精湛的舞蹈技艺、默契的配合、精心的组织编排去表现这一感人的体育艺术项目。由于人体具有形状、线条、比例、透视、颜色、光泽、质感、对称、动态等一系列的审视条件，因此人体作为审美对象是最自然的。通过欣赏体育舞蹈选手的表演，可使人意识到人体的美丽，发现蕴藏于这项运动中的丰富而动人的人体之美。

2. 服饰美

体育舞蹈中，男女选手的服饰起着衬托美化作用，可为舞蹈锦上添花，具有其独特的审美价值和艺术魅力。在现代舞比赛中，男士通常穿礼服，以显示优美的身体线条和庄重的气质风度；女士着晚礼服式露背长裙，给人以华贵、娴熟、高雅之感。对于拉丁舞选手而言，男士着紧身长裤，上衣多穿宽松式长袖衫，女士则穿露背露腿的草裙式短裙，展示出浓郁的拉丁风情。至于舞鞋，男士均穿黑色或与服装同色的平跟皮鞋；女士则穿高跟皮鞋，颜色与衣裙相同，并可附加亮饰，这令选手舞步醒目，足下生辉。

任何色彩都会给人以美感。在快步、桑巴、恰恰恰等节奏欢快激烈的舞蹈中，男女选手采用对比强烈的色彩组合，能起到相互衬托的作用。而在华尔兹、狐步、伦巴等风格优雅抒情的舞蹈中，男女舞伴则采用对比较弱的色彩搭配以产生和谐效果。

3. 动作造型美

男女选手“动”“静”造型的交相辉映赋予体育舞蹈丰富的表现手段。运用动作造型全面展示各舞种的艺术风格是体育舞蹈的一项重要功能。男女选手以人体为媒介，通过头、颈、肩、胸、腰、臀、膝、臂、腿等部位的动作配合，按照多变的节奏和丰富的韵律，产生点与线的移动和静与动的各种造型。体育舞蹈具有爆发性、对比性、转折性、整体性，能给人特有的瞬间美、过程美、变化美和立体美的享受。丰富多彩的舞蹈动作造型，基本上可分为动态造型和静态造型两大类。动态造型包括男女选手的运步、跳跃、转体、摆荡、升降、倾斜等舞蹈动作，其美感特征是瞬间的造型美。静态造型则主要是指各种起始与结束舞姿和平衡静止动作，这种“定格”的舞姿造型能强化观众的视觉印象。动态造型和静态造型在时间和空间上的美妙组合，产生了连绵不断的神奇效果，恰如一幅流动的画，一首立体的诗，成为人们欣赏体育舞蹈最基本的审美点。

4. 音乐美

音乐与体育舞蹈有着密切的关系。作为舞蹈的灵魂，音乐以其优美的旋律、鲜明的节奏、多彩的风格使体育舞蹈的艺术表现力更加丰富、更为动人。音乐以其独有的魅力促进了体育舞蹈的发展。体育舞蹈的音乐美发挥着控制舞蹈动作的重要作用。在舞蹈进行过程中，男女舞伴默契配合，翩翩起舞，节奏同步和谐，动作轻快流畅，旋转优美飘逸，这不仅需要选手具有娴熟高超的舞技，而且需要音乐节奏的引导和指挥。

第五章 田径

第一节 田径概述

田径是人类以走、跑、跳、投这些自然运动发展起来的体育运动和竞技项目。田径在体育中具有举足轻重的地位，被人们誉为“运动之母”。田径不仅具有全面锻炼身体的功能，同时每一个单项又具有明显指向性，可以有效地发展速度、力量、耐力等身体素质。田径的很多项目及其采用的主要练习手段也经常被其他体育项目选作发展身体能力的重要训练手段，并可作为评价训练效果的测试内容和评定指标。

田径大致可以分为竞走、跑、跳跃、投掷和全能运动。其中，全能运动有男子五项全能、男子十项全能、女子五项全能和女子七项全能等。

田径是一种结合速度与能力，力量与技巧的综合性体育运动。在 1984 年洛杉矶奥运会上，我国选手朱建华获得了男子跳高铜牌，实现了中国田径奥运奖牌零的突破；在 1992 年巴塞罗那奥运会上，陈跃玲获得了女子 10 千米竞走金牌，这是我国的第一枚奥运田径金牌；在 2004 年雅典奥运会上刘翔获得了男子 110 米栏的金牌，打破了欧美垄断短跑项目的神话；在 2008 年北京奥运会上，我国田径运动员取得了女子马拉松和女子链球的两枚铜牌。

第二节 田径技术与练习方法

一、竞走

（一）竞走技术

竞走是眼睛观察到的单腿支撑和双腿支撑相交替，支撑腿在通过垂直瞬间膝关节伸直的周期性运动。可将竞走技术动作分为以下几个阶段：

（1）后摆阶段。这个阶段是从右脚趾离地时开始至右脚摆动到支撑腿垂直部位时结束。

（2）前摆阶段。这个阶段开始于摆动脚的踝关节与支撑脚的踝关节重合之时，止于前摆右脚蹬触地时。

（3）前支撑阶段。这个阶段是从脚掌触地开始，到支撑腿处于垂直位置，与重心垂直投影点相吻合时结束。

（4）后支撑阶段。这个阶段开始于支撑腿的垂直位置，结束于脚尖将要离地。

（5）双支撑阶段。这个阶段指一条腿后支撑阶段结束，另一条腿前支撑开始，双脚同时接触地面的时间。

（6）垂直支撑阶段。前支撑结束瞬间，身体重心投影点与支撑腿重合，称为垂直支撑阶段。

（二）竞走练习方法

（1）原地摆臂模仿练习。

（2）两臂放在背后的竞走；直臂走；两臂和肩积极参与的竞走。

（3）在练习中不能有横向动作，动作应该放松、协调。提示学生两肩积极协同两腿动作的重要性。两臂动作要大而放松。上述练习距离为 50~100 米。

（三）竞走练习提示

走时应以脚跟先着地，然后滚动到全脚掌。提示学生在支撑脚着地前瞬间积极伸直膝关节；摆动腿不能过早屈膝折叠小腿，否则就变成了“后摆式”走，容易变为跑。

二、短跑

1896 年，首届现代奥林匹克运动会设有男子 100 米和 400 米比赛，美国运动员布克分别以 12′ 0″和 54′ 2″获得两项冠军。在第二届奥运会上增设了 200 米比赛项目。女子 100 米、200 米、400 米比赛项目则是在 1928 年、1948 年、1964 年奥运会上依次设立的。

学习短跑，掌握短跑的基本技术和练习方法，可以达到健身和发展速度、力量、灵敏素质的目的。

（一）短跑技术

短跑基本技术包括起跑、起跑后的加速跑、途中跑和终点跑 4 个部分。

（1）起跑。起跑的任务是获得向前冲力，使身体摆脱静止状态，为起跑后的加速跑创造有利条件。听到发令员的口令后，迅速做好“各就位”“预备”动作，并高度集中注意力听枪声。听到枪声的瞬间，两手迅速推离地面，双臂屈肘做快速有力的前后摆动，两脚同时用力蹬离起跑器，后腿以膝领先迅速向前摆动，将身体向前上方有力地送出（图 5-2-1）。

图 5-2-1　起跑

（2）起跑后的加速跑。身体保持适当的前倾，后蹬充分有力，前摆积极，两臂摆动有力，幅度大，步频加快。随着跑速加快，上体逐渐抬起，步长也逐渐加大。

（3）途中跑。途中跑的每一单步结构均由后蹬、后摆、前摆和着地缓冲四个动作阶段组成。途中跑时，上体稍前倾，头部正直，两臂前后摆动，两臂屈肘成 90°，手指自然成半握拳或自然伸掌（图 5-2-2）。

图 5-2-2　途中跑

（4）终点跑。终点跑的任务是尽力保持途中跑的最高速度跑过终点。终点跑包括终点跑技术和撞线技术。在离终点 10~20 米时，躯干稍有前倾，加快两臂摆动速度和力量。在离终点线前约一步距离时，上体急速前压，以胸部或肩部撞终点线。短跑时应发挥个人的特长，反应速度快、加速能力强的运动员，争取前半程领先对手，后半程尽力保持高速度。绝对速度好的运动员应发挥自己的最高速度能力和持久力。

（二）短跑练习方法

1. 原地练习

（1）原地做弓箭步摆臂练习。

（2）原地做屈臂前摆、大腿下压扒地练习。

2. 直道途中跑的练习要求

（1）在直道上以中等匀速反复跑 30 米、50 米、60 米、80 米，动作协调、步子开阔，注意蹬地和摆腿的正确技术。

（2）50~60 米、60~70 米、70~80 米不同距离的加速跑。

（3）80~100 米放松跑，步幅放开，动作自然有力，注意蹬摆结合技术。

（4）80~120 米重复跑，在技术动作正确的基础上加快速度。

（5）采用多种跑的专门性练习，如小步跑、高抬腿跑、后蹬跑、车轮跑等。

3. 弯道途中跑的练习要求

（1）直道进入弯道，有意识加大右腿的蹬地力量和摆动幅度。

（2）弯道进入直道，出弯道的前几步，身体逐渐正直，体会顺惯性的自然跑。

（3）40~60 米弯道跑，体会随着速度的增加，身体内倾的速度也不断加大。

（4）100~150 米弯道跑，体会进入弯道、弯道跑、出弯道跑的衔接技术。

4. 蹲踞式起跑的练习要求

（1）反复练习“各就位”“预备”动作，体会“预备”动作的提臀与探肩的空间感觉。

（2）练习起跑后的 20~30 米加速跑。

（3）快跑上台阶 10~15 级，快跑下台阶 10~15 级；快速上坡跑 15~20 米，中速下坡跑。

5. 终点跑的练习要求

（1）先快速跑 20~30 米并直接跑过终点，再用快速跑在接近终点 1 米处，做胸部撞线动作，迅速跑过终点。

（2）原地摆臂，上体迅速前倾做撞线动作；慢跑中撞线；中速跑 15~20 米撞线；快速跑 20~25 米撞线。

三、中长跑

（一）中长跑技术

中长跑是中距离跑和长距离跑的统称。中长跑是发展耐久力的项目，要求具备合理的技术，即在保持一定速度的情况下，尽可能少消耗能量，这样才能在途中跑的任何段落中具有加速跑的能力。在跑的过程中，掌握正确的技术和合理分配体力是非常重要的。

（1）起跑和起跑后的加速跑。起跑一般采用站立式起跑。听到枪声时，后腿用力蹬地，后腿蹬地后迅速前摆，使身体快速向前冲击。起跑后加速跑时，上体前倾稍大。无论是在直道上起跑或在弯道上起跑，运动员都应接着弯道的切线方向和朝着自己有利的位置跑去，然后进入匀速而有节奏的途中跑。

（2）途中跑。途中跑时，一腿进行后蹬，另一腿进行前摆，蹬摆必须结合好，后蹬产生的支撑反作用力是向前上方的，前摆的惯性又加大了这个推动人体前进的力量。后蹬腿髋、膝、踝三个关节要伸展，摆动腿屈膝前摆，并带动髋部前送。两肩放松，做前后自然摆动，肘关节的角度在垂直部位可大一些，以利两臂肌肉的放松。弯道跑时，身体应稍向左倾斜，右臂摆动的幅度较大，与短跑基本相同，只是动作的幅度与用力的程度较小。

（3）终点跑。终点的冲刺距离要根据比赛项目、个人特点和战术需要来确定。一般情况下，800 米跑在最后 200~250 米开始加速，而在此之前的直道上要占据有利位置。1 500 米跑可在最后 300~400 米进行冲刺跑。5 000~10 000 米跑时，在最后 600~1 000 米开始加速跑。加速跑时要选择良好的时机，动员全部力量以顽强的毅力跑过终点。冲刺时，应加大摆臂，加快步频和增加躯干的前倾角度。

（4）中长跑的呼吸原理。中长跑时，人体消耗能量较大，有机体需要更多的氧来维持运动中需氧量和供氧量的平衡。当供氧量不能满足需要时，组织内能量物质的分解与合成过程进行缓慢，使能量供应不能满足跑的需要，因而使跑速下降，步长缩短，步频减慢。可见呼吸对发挥正确的跑的技术起重要作用。

（二）中长跑练习方法

（1）匀速跑 60~80 米，体会惯性跑和自然放松的技术；用均匀的速度，2/3 的力量进行 5 分钟定时跑，体会呼吸方法和呼吸节奏，合理分配体力。

（2）跑走交替。随着耐力的提高，逐步增加跑的距离。

（3）用 1/2 或 2/3 的力量重复跑 400~600 米，间歇 3~5 分钟，体会跑的节奏。

（4）弯道跑 50~100 米，体会弯道跑技术。

（5）越野跑。力求自然放松，发展一般耐力。

（6）定时跑。以均匀的速度跑一定时间，根据跑的时间分配体力及掌握跑的速度。

（7）变速跑。快跑与慢跑交替进行，快跑速度以 1/2 的力量跑进，快跑段与慢跑段的距离应视自身情况而定。

（8）间歇跑。间歇跑的效果取决于跑的段落长度、跑的速度、重复次数、间歇时间、休息的性质（消极、慢跑、走）等。一般采用跑 200~400 米段落，间歇 60~90 秒，段落跑的速度以跑程终点的脉搏一分钟不超过 180 次，休息的间歇脉搏每分钟低于 130 次。采用间歇跑，要严格控制跑的强度与恢复时间。

（9）重复跑。可采用 500~600 米，1 000~1 200 米，2 000 米或更长的距离，练习时心率为 170~190 次 / 分，休息的时间取决于跑的速度，并根据心率恢复到 130 次 / 分以下进行下一次快跑，一般为 3~12 分钟。

四、接力跑

（一）接力跑技术

1. 持棒起跑

第一棒运动员采用蹲踞式起跑，以右手持棒，接力棒不得触及起跑线和起跑线前的地面，持棒起跑技术和短跑的起跑基本上相同（图 5–2–3）。

图 5–2–3　持棒起跑

2. 接棒队员的起跑

第二、三、四棒的运动员用站立式或一手撑地的半蹲踞式起跑姿势，站在选定预跑段的起跑线前面，两脚前后开立，两膝弯曲，上体前倾，第二、四棒运动员因站在跑道外侧，所以左腿放在前面，右手撑地面。身体重心稍向右偏，头转向左后方，目视跑来的同队队员和自己的起动标志线或标志区。第三棒运动员是站在跑道内侧，应以右腿在前，用左手支撑地面，身体重心稍向左偏，头转向右后方，目视跑来的同队队员和自己的起动标记或标志区。

传接棒的方法很多，常用的方法有上挑式和下压式两种。

（1）上挑式。接棒人的手臂自然向后伸出，手臂与躯干成 40°~45°，掌心向后，拇指与其他四指自然张开，虎口朝下，传棒人将棒向前上方送入接棒人的手中（图 5–2–4 之 1）。

（2）下压式。手腕内旋，掌心向上，拇指与其余四指自然张开，虎口朝后，传棒人将棒的前端由上向下传给接棒人的手中（图 5–2–4 之 2）。

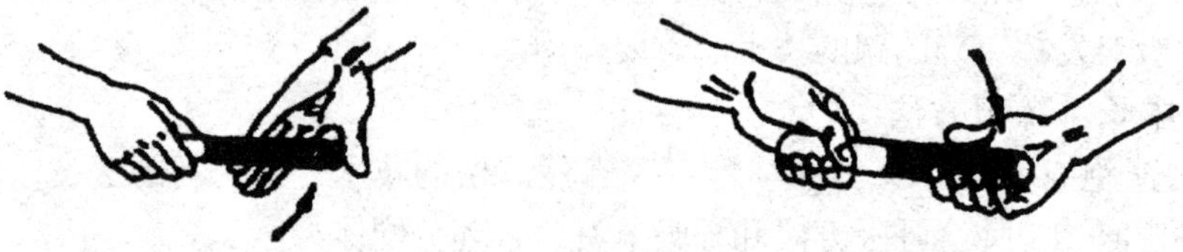

图 5–2–4　传接棒的方法

（二）接力跑练习方法

（1）了解持棒、接棒技术和有关规则，做上挑式和下压式的传棒练习。

（2）徒手和持棒摆臂，集体按口令做上挑式和下压式的接棒练习。

（3）两人一组在行进中按口令做上挑式和下压式传接棒练习，要求同上。

（4）两人一组在慢跑和中等速度跑中反复做上述练习，要求同上。

五、跳远

跳远是一个古老的田径项目，早在希腊古代奥运会上，就有跳远比赛。从事跳远练习能有效地发展速度、灵敏、力量等素质，特别是发展腿部力量，提高跳跃能力。跳远也可以培养大学生坚强的意志品质和勇于进取的精神。

（一）跳远技术

跳远是克服水平障碍的跳跃项目，完整的跳远技术由助跑、起跳、腾空和落地4个部分组成（图5-2-5）。

图5-2-5　跳远技术

（1）助跑。助跑的任务是为获得可控制的最大水平速度，并为准确踏板和快而有力的起跳做准备。从静止状态开始，一般采用“半蹲式”或“站立式”起动姿势开始加速。采用平稳加速的方式，跑法与加速跑基本相同，开始步频较慢，然后逐渐加大步长，提高步频，跑的动作轻松、自然。助跑开始几步的步长较短，步频较快，主体前倾也较大。助跑距离的长短应根据运动员发挥速度快慢的能力而定。男子助跑距离一般为35~45米，跑18~24步；女子一般为30~40米，跑16~22步。

（2）起跳。起跳的任务是充分利用助跑获得的速度，创造尽可能大的腾起初速度和适宜的腾起角。在助跑最后一步，起跳腿积极前摆，然后快速有力地下压，着地时以脚跟先触板，然后用全脚掌迅速蹬地。

（3）腾空。起跳脚着板后，身体重心继续积极前移，迫使起跳腿的髋、膝、踝三个关节退让缓冲弯曲，为蹬伸创造有利条件。蹬伸时，起跳腿的髋、膝、踝三个关节充分伸展，上体和头部保持正直，摆动腿要以腿带髋积极、迅速地向前上方摆动，摆动腿大腿接近水平，小腿自然下垂。当起跳腿开始蹬伸时，同侧臂屈肘向前、向上摆动，异侧臂后引或侧引向体侧或体后摆动。当肘关节屈肘摆到与肩接近平行时，摆臂动作突然停止，以维持身体平衡。

（4）落地。落地技术要求尽可能推迟脚落地的时间，加大着地点和身体重心投影点之间的距离，保证身体移过着地点，安全落地。落地技术包括以下几个动作：着地前两腿屈膝高抬或团身，膝关节主动向胸部靠拢；着地时，膝关节伸直，小腿前伸，以脚跟先接触沙面；着地后屈膝骨盆前移，两臂前摆，使身体迅速移过落点，避免后坐。

（二）跳远练习方法

1. 建立正确的跳远技术概念

2. 练习助跑与起跳相结合的技术

（1）原地起跳模仿练习。

（2）走步中做起跳练习。

（3）助跑3~5步或4~6步结合起跳。

（4）助跑 4~6 步起跳后成“腾空步”。

（5）助跑 6~8 步起跳后成“腾空步”，然后摆动腿下落沙坑，继续向前跑出。

3. 助跑技术练习方法

（1）各种距离的加速跑练习。

（2）用加速跑测定助跑后的第 20 米、第 25 米、第 30 米、第 35 米、第 40 米处的成绩，以测定个人发挥最高速度时的距离。确定距离后，反复进行加速跑练习，最后确定步数和全程跑距离，再移到助跑道上，进一步加以调整。在起跳线上设一个标志，在起跳板前 8 步处设一个标志。

4. 腾空姿势和落地练习方法

（1）原地挺身式跳远的模仿练习。

（2）从高处跳下，完成挺身式空中模仿动作。

（3）4~6 步助跑起跳成“腾空步”后，摆动腿放下，并向后摆，滚动前移，挺胸展体成挺身姿势，双脚落于沙坑。

（4）半程、全程助跑挺身式跳远练习。

六、跳高

跳高是一项由节奏性助跑、单脚起跳、越过横杆落地等动作组成，以越过横杆上缘的高度来计算成绩的田径比赛项目，又称“急行跳高”。跳高起源于古代人类在生活和劳动中越过垂直障碍的活动。现代跳高始于欧洲。18 世纪末苏格兰已有跳高比赛，19 世纪 60 年代开始流行于欧美国家。跳高有跨越式、剪式、俯卧式、背越式等过杆技术，现绝大多数运动员都采用背越式。男、女跳高分别于 1896 年、1928 年被列为奥运会比赛项目。

（一）背越式跳高技术

背越式跳高是指人体通过助跑、起跳、腾空转体后以背对横杆的姿势越过横杆（图 5-2-6）。

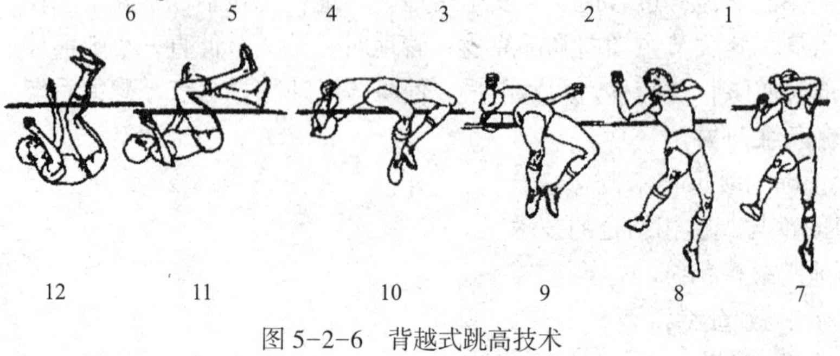

图 5-2-6　背越式跳高技术

1. 助跑的技术要点

背越式跳高是用距横杆较远的脚起跳，一般是前段跑直线，后段跑弧线，呈不等半径的抛物线形。要使全程助跑轻松、自然、快速，需要有一个准确的助跑步点。

2. 起跳的技术要点

起跳可分为起跳脚的着地、缓冲和蹬伸技术及起跳时摆动腿与双臂的协调配合技术。

（1）起跳脚的着地、缓冲和蹬伸技术。为加快起跳的速度，起跳腿应大幅度、平稳地以脚掌外侧着地，并迅速从脚跟向前脚掌滚动。这时由于迈步放脚时髋关节的积极快速前送和迅速的弧线助跑而形成了身体向后、向内的倾斜姿势。在起跳的缓冲阶段，为了提高起跳的速度，还应减小屈膝的幅度，以利于保持水平速度。在这个阶段，当身体由倾斜转为垂直至身体重心移至起跳腿的上方时，迅速有力地充分蹬直起跳腿的髋、膝、踝三个关节，躯干在离地前瞬间几乎垂直地立于起跳脚之上。这时起跳腿的蹬伸方向应在身体重心的外侧，从而产生过杆所必需的旋转冲力。

（2）起跳时摆动腿与双臂的协调配合技术。起跳时离横杆较远的一臂用力地向上摆动，并且较早地制动，另一臂不要充分摆出，这样有利于肩轴倾向横杆。摆动腿的摆动应从屈膝的起跳腿旁开始，以膝盖领先，先屈膝折叠，用跳高架的远端支柱上方用力摆出。当摆动腿摆到起跳腿前方之后应向里转，而小腿和脚要稍许外展。这样的积极动作，有助于使骨盆保持在起跳力量的作用线上，围绕纵轴产生转身动作。此时，头应补偿性地转向横杆。

3. 过杆和落地的技术要点

过杆就是充分利用起跳获得的腾空时间改变身体姿势，缩短身体重心与横杆之间的距离，并利用身体的屈伸、旋转越过横杆。过杆时，立即屈髋收腹，下颚迅速引向前胸，同时双腿补偿性地高举，两小腿积极向上甩起。应注意，落地前的收腹举腿，以背先着地或团身以肩先着地，然后再做一个后滚翻。为了控制腾越方向，头部不能后仰，要注意在落垫过程的“视力监督”，眼睛始终要注视着横杆方向。

（二）背越式跳高练习方法

1. 练习背越式过杆落地技术

（1）背对海绵包站立，然后提脚跟，挺身、向后引肩，落地。

（2）背对皮筋站立，两腿屈膝，而后蹬伸向上跳起并与皮筋后引肩，做背越式过杆的动作。开始不放横杆，“空跳”，然后跳皮筋，最后再跳过杆。

2. 练习起跳与起跳衔接过杆的技术

（1）迈步摆腿练习。起跳腿向前迈步放脚时，身体稍向起跳腿一侧倾斜，随着屈腿向前摆动，上体由倾斜转为垂直。同时提肩，拔腰，摆臂，并蹬伸起跳腿。

（2）沿直径为 15~20 米的圆圈走动，每隔一步做一次摆腿和摆臂练习。

（3）自然跑 2~4 步起跳后做背越式过杆动作。

3. 练习助跑与起跳相结合的技术

（1）沿直径 15 米左右的圆圈加速跑，改进弯道跑的技术。

（2）5~7 步弧线助跑起跳反手触高物。

（3）在圈上跑进时，每跑 3~5 步做一次起跳动作。

（4）在海绵包前，面对横杆做弧线助跑起跳练习，此练习在跳高架前进行。

4. 练习完整的背越式跳高技术

（1）丈量全程助跑步点。

（2）全程助跑背越式跳高练习。

七、推铅球

（一）推铅球技术

目前主要采用背向滑步推铅球和旋转式推铅球技术，这里主要分析背向滑步推铅球技术。完整的背向滑步推铅球技术分为握持球、滑步、蹬转、最后用力、维持身体平衡 5 个部分（图 5-2-7）。

1 2 3 4 5 6 7 8

9 10 11 12 13 14 15 16 17

图 5-2-7 完整的背向滑步推铅球技术

1. 握持球的技术要点

握球手五指自然分开，将球放在食指、中指、无名指的指根处，拇指和小指贴在球的两侧，掌心空出，手腕伸。握好球后，把铅球放在持球手同侧肩上方锁骨窝处，紧贴颈部。

2. 滑步的技术要点

完整的滑步技术包括预备姿势、团身和滑步三个部分（以右侧为例）。

（1）预备姿势。背对投掷方向，两脚前后站立，身体重心落在右腿上，左脚置于右脚跟后 20~30 厘米处，以脚尖或前脚掌着地，上体与头部正直，集中注意做准备滑步。

（2）团身的技术要点。向前屈体，屈膝下蹲，同时左腿和头部向右腿靠拢，完成团身动作。

（3）滑步。当团身臀部后移时，左大腿带髋，以左脚跟为前导快速向抵趾板中间略偏左方向摆出；右腿积极蹬伸，使摆蹬动作协调配合，以摆动腿的力量带动支撑腿，同时以蹬地的力量推送摆动腿，做到摆腿与蹬地互相结合，推动身体向投掷方向移动。

3. 蹬转的技术要点

蹬转是动力传递的关键动作。滑步结束时，右脚比左脚先着地。右脚着地后，右腿积极蹬伸，推动右髋向投掷方向转动。上体在转动中逐渐抬起，同时，躯干的肌群积极收缩，铅球尽可能保持较低位置，体重仍大部分压在弯曲而压紧的右腿上。

4. 最后用力的技术要点

最后用力是推铅球技术的主要环节，直接影响出手速度、出手角度。最后用力分为准备和加速两个部分。右腿蹬伸，进一步将右髋向投掷方向送出，右臂迅速而有力地将铅球推出。铅球快出手时，手腕稍向内转同时屈腕，快速而有力地拨球，使铅球从手指离开。

5. 维持身体平衡的技术要点

推铅球出手时，由于身体充分伸展，重心较高并移向左脚，再加向前的冲力较大，铅球出手后，为防止犯规，这时应迅速交换两腿，以全脚掌着地，屈膝降低身体重心来减缓冲力，以维持身体平衡。

（二）推铅球练习方法

1. 练习原地推铅球技术

（1）练习握球、持球、推球的方法。

（2）原地向上推铅球，两脚左右开立与肩同宽，下蹲时右肩下沉，然后迅速蹬起将球向上推出，体会推球用力顺序。

（3）原地侧向推铅球。

（4）原地背向推铅球。

2. 练习滑步技术

（1）徒手团身模仿练习。

（2）摆动腿的后摆与右腿的蹬伸练习。

（3）收拉右腿结合左脚主动快落地练习。

（4）徒手滑步练习。

（5）持轻球进行完整滑步练习。

3. 练习背向滑步推铅球完整技术

（1）徒手模仿背向滑步推铅球技术。

（2）背向滑步推轻铅球。

（3）圈内背向滑步推轻铅球或标准重量的铅球，注意滑步与最后用力的连贯性，完成动作的加速节奏。

八、掷标枪

（一）掷标枪技术

1. 出枪的技术要点

最后用力是学习的重点。因为掷标枪成绩的好坏，主要取决于最后用力技术的好坏。

以右手掷标枪为例。出枪时，投掷臂处于身后，约与肩高，与躯干几乎成直角。弯曲的左腿做迅速有弹性的蹬伸，同时胸部尽量前送，并带动小臂向前做爆发性“鞭打”动作，使全身的力量通过手臂和手指作用于标枪纵轴。枪离手一刹那，手腕和手指的积极鞭打动作，能使标枪沿着纵轴按顺时针方向自转，这可以保持标枪在空中飞行的稳定性，提高标枪的滑翔效果（图 5-2-8）。

图 5-2-8　掷标枪完整动作

2. 助跑的技术要点

正确的投掷步技术，特别是交叉步技术，是助跑技术的主要环节，它起着承上启下的作用，是助跑和最后用力结合的关键。助跑教学，应注意引枪和下肢动作协调配合，各步的步长和动作节奏都要稳定。

（二）掷标枪练习方法

（1）练习掷标枪前的姿势。身体左侧对着投掷方向，两脚左右开立，右腿弯曲，重心落于右腿，右臂伸直持标枪手右肩后方，手稍高于肩，左臂前伸稍内旋，左肩稍高于右肩，标枪位于眉和额之间，并贴近面部，眼看投掷方向。

（2）练习“满弓”动作。呈掷标枪前姿势，在左腿稳固支撑的情况下，完成右腿前转送肩、转肩、挺胸、翻肘成“满弓”姿势。

（3）练习最后用力动作。从掷标枪前姿势到标枪离手刹那间的身体姿势。

第三节　田径竞赛规则简介

田径竞赛一般分为径赛项目和田赛项目。

一、径赛项目

所有400米及400米以下的径赛项目，必须采用蹲踞式起跑并使用起跑器。在“各就位”“预备”口令之后，参赛者应马上完成有关动作，不能在合理时间内完成有关动作，则属起跑犯规。除此以外，在“各就位”后，以声音或动作扰乱他人，应判其起跑犯规。400米以上的径赛项目，口令只有“各就位”，当所有参赛者均准备完成及静止后，便可鸣枪开始比赛。

在划分线道进行的径赛项目中，参赛者不得越出指定分道，否则取消参赛资格。在任何径赛项目中，若冲撞、突然切入或阻碍其他参赛者，将取消参赛资格。

跨栏项目参赛者必须在自己的分道内完成比赛，而且当参赛者跨越栏架时，若其腿或足从低于栏架项的水平线跨越或跨越并非自己分道上的栏架，均应被取消参赛资格。若裁判员认为参赛者故意以手或足撞倒任何栏架，亦应取消其参赛资格。

4×100米接力跑是分道进行，在30米接力区内完成交接棒。在4×400米接力跑中，第一棒全程和第二棒的第一弯道是分道跑，第二棒运动员要跑至抢道线后方可自由抢道。第一棒的传接必须在参赛者指定的线道内进行，其余各棒的传接，裁判员会根据第二及第三棒运动员通过200米起点处之先后，按次序让其第三及第四棒的队友在接棒范围内，由内至外排列等候接棒。所有接棒者均不可以在接棒区外起跑。接力棒必须拿在手中，直到比赛结束为止。

二、田赛项目

田赛项目又可分为掷类和跳类。除跳高外，若参赛人数超过8名，每人应有3次试掷（跳）机会，试掷（跳）成绩最好的8名参赛者可获得另外3次试掷（跳）的机会。若超过一名参赛者同时获得同于第八名的成绩，则每位成绩同于第八名的参赛者，均可再获 3 次试掷（跳）的机会。若参赛的总人数是 8 人或以下，则每位参赛者应给予 6 次试掷（跳）的机会。若参赛者同时参加了田赛和径赛项目或一项以上的田赛项目，而在比赛时间上有所冲突时，田赛项目裁判可让参赛者在每一轮中更改赛前预定的试掷（跳）次序，但每一位参赛者在任何一轮的比赛中，不得有多于一次试掷（跳）的机会（跳高除外）。用距离决定胜负的田赛项目，以参赛者全部试掷（跳）中最佳成绩计算名次。遇上最佳成绩相同时，应以次佳成绩定胜负，依此类推。若仍无法定出胜负而又涉及竞逐第一名时，则成绩相同者需依原来顺序进行比赛，直至分出胜负为止。用高度决定胜负的田赛项目，遇上最佳成绩相同时，以最少试跳次数成功越过最后高度的参赛者应获排较前的位置。如仍未分胜负，则全场比赛中试跳失败次数最少（包括最后跳过的高度）的参赛者应获排较前的位置。若仍无法分别胜负而涉及竞逐第一名，虽然有关的参赛者有可能曾经在不同高度作试跳而相继失败，裁判应以其中最低的高度上，再给予一次试跳机会。如仍无法分别高下，则每次升高或降低 2 厘米让有关参赛者加跳一次，直至能定出胜负为止，而且在此情况下，有关参赛者必须试跳，以便判定名次。

铅球参赛者必须在推掷圈内，由静止状态开始，将铅球以单手由肩上推出。在整个推铅球的过程中，铅球应接触或接近参赛者的下颌，并且不得低于此位置，也不得移至肩线之后。推掷时，参赛者可以触碰推掷圈及抵趾板的内缘，但身体的任何部位若触到推掷圈或抵趾板上缘或推掷圈外面的地面，均视作试推失败。铅球未着地前，参赛者不得离开推掷圈。离开推掷圈时，亦必须从其后半圆离开。在推掷的过程中，参赛者可以中途停顿，甚至把铅球放下以及离开推掷圈（但仍要合乎上述规定），然后重新由静止位置开始推掷。铅球必须完全落在扇形着地区角度线范围以内方为有效。丈量时应从铅球着地痕迹之最近端拉向推掷圈的圆心，以推掷圈内缘至铅球着地痕迹近缘的距离计算成绩。距离的计算须以 0.01 米为最小单位，不足 0.01 米者应以较低的读数计算成绩。

铁饼除了投掷方式上的不同外，所有推铅球的规则通用于掷铁饼项目，丈量时应以 0.02 米为最小单位，不足 0.02 米者应以较低的读数计算成绩。

标枪参赛者应握着标枪的握把处，自肩上或投掷手臂上方将枪掷出，投掷时不得将枪抛出或甩出。参赛者不得转身完全背向投掷弧。标枪着地前，参赛者不得离开助跑道，离开时也要在助跑道两边平行线的直角方向及投掷弧的两端延长线后面走出。标枪着地时，枪尖必须先着地，并落在扇形着地区的内方算有效。丈量时应由枪尖着地的最近点，通过投掷弧线的圆心，量至投掷弧线的内缘作为该掷的成绩。距离的计算须以 0.02 米为最小单位，不足 0.02 米者应以较低的读数计算成绩。

跳高比赛开始前，裁判员必须向参赛者宣布起跳的高度及每次晋升的高度，直至只剩下一位参赛者为止。除非只余下冠军参赛者，否则横杆的升幅不得少于 2 厘米，而且横杆的升幅不得增加。在只剩下冠军参赛者的情况下，横杆的升幅可按其意愿而做出决定。参赛者必须单脚起跳。若起跳后，横杆不停留在支架上或在尚未越过横杆前，身体的任何部位触及两支架间或两支架外的地面（包括其着地区），则以试跳失败论。如果参赛者在试跳时，其脚部触及着地区，而裁判员认为并未因此而获得利益，则该跳仍算有效。参赛者可以在任何一个高度开始起跳，往后亦可以自由选择高度试跳，但不管高度为何，连续 3 次试跳失败，便会丧失继续比赛的资格。若参赛者曾放弃某一高度的第一次试跳，其后便不得在同一高度上再次要求试跳机会（成绩相同时的额外试跳除外）。

跳远参赛者触犯以下任何情况，均以试跳失败论：不论起跳与否，身体的任何部位触及起跳线前方的地面。着地时，身体的任何部分触及着地区以外的地面，而该点较其落在着地区的位置近。完成试跳后，在着地区向后行。使用任何翻腾动作试跳。

丈量试跳成绩时，距离的计算须以 0.01 米为最小单位，不足 0.01 米者应以较低的读数计算成绩。三级跳远顺序必须由单足跳、跨步跳及跳跃三个部分组成。第一步起跳后，须以同足着地进行第二次起跳；第二步起跳后，则要以另一足着地，然后再做第三次（最后一次）起跳。除场地外，跳远的所有规则，均适用于跳远项目。

第六章 篮球

第一节 篮球概述

一、篮球的起源与发展

篮球是由美国马萨诸塞州斯普林菲尔德市体育教师詹姆斯·奈史密斯于1891年发明的。他从工人和儿童用球向桃子筐内做投准的游戏中受到启发，故将这项运动称为“篮球”。在最初的篮球比赛中，场地面积、上场人数和比赛的时间均无严格的限制，比赛规则也比较简单。1892年，奈史密斯制定出最原始的13条篮球竞赛规则。1893年，在比赛器材上，形成了近似现代的篮板、篮筐和篮网。此后，篮球以其独特的吸引力迅速向欧洲、亚洲、非洲、大洋洲四大洲传播，篮球技战术水平不断提高，竞赛规则不断完善。在1936年第11届奥运会上，男子篮球被列为正式比赛项目。1950年和1953年，分别在阿根廷和智利举行了首届世界男子、女子篮球锦标赛。在1976年第21届奥运会篮球比赛上，女子篮球被列为奥运会正式比赛项目。

随着场上队员身高的不断增长和高空技术的不断发展，世界篮球比赛呈现出高技巧、高速度、高强度、多变化、高比分、高空优势突出、高空技术出众等特点。各种打法、技战术特点不断交织融合以及规则的不断修改极大地推动了世界篮球向更高的水平迈进。

二、我国篮球发展概况

篮球于1895年传入我国天津，最初在一些大城市的学校中开展，发展十分缓慢。1910年，在南京举行的第一届全国运动会上，男子篮球被列为表演项目。1913年，在由中国、日本、菲律宾三个国家组织的远东运动会上，篮球被列为正式比赛项目，这也是我国篮球队首次参加国际性篮球比赛。1921年，我国在第5届远东运动会上获得男子篮球比赛冠军。在1930年第4届全国运动会上，女子篮球被列为正式比赛项目。

新中国成立后，篮球运动技术水平在普及的基础上得到了迅速提高。“积极、主动、快速、灵活、准确”是各专业队训练的指导思想。到了20世纪60年代中期，我国的篮球运动水平接近世界先进水平。进入20世纪90年代，随着我国篮球与世界交往的进一步加强，我国的篮球运动水平有了新的提高。国家男篮在1994年第12届世锦赛和1996年第26届奥运会上获得第8名；国家女篮在1992年第25届奥运会和1994年第12届世锦赛上夺得亚军。1995年，我国举行了首届中国男子篮球甲级联赛（CBA）。1998年，以“发展高校篮球，培养篮球人才”为目标的首届中国大学生篮球联赛（CUBA）也如期举行。随着我国篮球与世界篮球的进一步接轨，以及越来越多的青少年投身于篮球，我国篮球事业必将得到更加快速和健康的发展。

三、篮球的特点和作用

篮球是一项身体对抗十分激烈的运动，场上双方各 5 名队员，按照一定的规则，利用各种技战术，在 28 米 ×15 米的场地上围绕着把球投进对方球篮和阻止对方把球投进本方球篮而展开一系列攻守对抗与激烈争夺。每名队员在场上不仅需要通过大量的奔跑、移动、跳跃、投掷等身体运动来完成各种攻防技术动作，还要按照教练员的指挥与部署，对场上瞬息万变的复杂情况做出及时合理的分析判断，与同伴进行有效的攻防战术配合，从而使全队的整体战斗力达到最佳化。因此，篮球具有集体性、对抗性、多变性、游戏性、趣味性和观赏性等特点，集健身、益智、娱乐、教育等作用于一体，是最适合在高校开展的体育项目之一。

第二节 篮球技术与练习方法

篮球技术分为进攻技术和防守技术两大部分，常用的技术有移动、传接球、运球、投篮、持球突破、防守和抢篮板球等。

一、移动

（一）移动技术

1. 基本站立姿势

两脚前后或左右开立，重心落于两脚间，两膝微屈，上体稍前倾，脚跟稍提起，两臂微屈于体侧，两眼注视场上情况。

2. 起动、跑

起动时，迅速以上体前倾或侧转，向跑动方向移动重心，同时用后脚或异侧脚的前脚掌短促有力地蹬地，并迅速向跑动方向迈出。起动后的两三步要积极、短促而迅速，使之能在最短的距离内把速度充分发挥出来。

跑主要有侧身跑、变方向跑、后退跑、变速跑等。

3. 急停

急停包括跨步急停和跳步急停两种方法。

（1）跨步急停。在快速跑动急停时，先向前跨出一大步，用脚跟先着地过渡到前脚掌着地，屈膝，上体稍后仰，身体重心下降，减缓向前的冲力。第二步落地的同时，脚尖稍内扣，用脚前掌内侧蹬地，两膝深屈，腰胯用力，身体稍侧转，两臂屈肘张开，帮助控制身体平衡（图 6-2-1）。

（2）跳步急停。急停时，用单脚或双脚起跳（一般离地不高），上体稍后仰，两脚同时平行落地，略比肩宽。两膝深屈，身体重心下降，两臂屈肘微张，以利于保持身体平衡（图 6-2-2）。

图 6-2-1 跨步急停

1 2 3 4 5

图 6-2-2 跳步急停

4. 转身

转身前，两膝微屈，上体稍前倾，身体重心投影在两脚之间。转身时，以中枢脚的前脚掌为轴，移动脚的前掌内侧用力蹬地跨出，上体随着移动脚转动以改变身体的方向。移动脚向中枢脚脚尖方向跨过称“前转身”，向中枢脚脚跟方向跨过称“后转身”。

5. 跳

跳有单脚起跳和双脚起跳两种。

6. 滑步

滑步是队员防守时运用的主要移动技术之一，可分为侧滑步、前滑步和后滑步三种。

侧滑步的动作过程为：在基本站立姿势的基础上，两臂左右张开，并不停地上下挥动。在向左侧滑步时，右脚前脚掌内侧蹬地，左脚向左跨出，在落地的同时，右脚紧随滑动靠近左脚，左脚又继续跨出连续进行。向右侧滑步时方向相反（图 6-2-3）。

前滑步、后滑步的动作要领与侧滑步相同，只是分别向前、向后移动。

1 2 3 4

图 6-2-3 侧滑步

7. 攻击步

攻击步常用来抢球、打球或造成对手传接球投篮的困难。利用后脚蹬地，前脚迅速向前跨出，逼近对手身前，前脚落地，后脚的前掌碾地跟进，后腿屈膝，前脚同侧手臂伸出打球或干扰。

8. 后撤步

撤步时，前脚用脚掌内侧蹬地，同时向撤步方向扭转腰髋，前脚后撤，同侧臂后摆，后脚前掌用力蹬地，前脚撤回后紧接着滑步，身体重心要稳定，后撤角度不宜过大。

（二）移动练习方法

（1）由基本站立姿势开始，按信号做迅速起动练习。

（2）原地徒手或持球做转身跨步练习。

（3）利用标志杆做徒手起动、急停、转身、变向跑练习。

（4）原地背向站立，听信号后做转身起动、急停、转身综合练习，或按要求做变速变向跑练习。

（5）利用篮球场上的罚球圈、中圈和三分线，做变向跑、变速跑、侧身跑练习。

（6）原地双脚起跳，向前、左、右跨一步或向后撤一步做双脚起跳练习。

（7）跑动中做单脚起跳摸篮板、篮圈练习。

（8）全场一对一做徒手攻防脚步动作练习。

二、传接球

（一）传接球技术

1. 双手胸前传球

双手持球，两拇指位于球后侧成“八”字形，其余四指分开置于球侧，掌心不要触球。传球时，迅速向传球方向伸臂，重心前移、翻腕、拨指（图 6-2-4）。

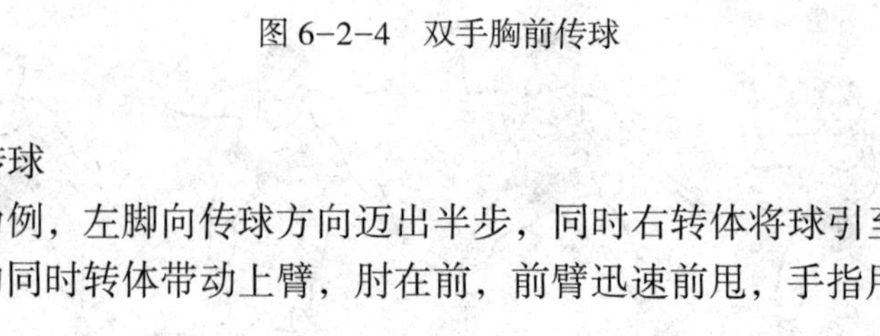

图 6-2-4 双手胸前传球

2. 单手肩上传球

以右手传球为例，左脚向传球方向迈出半步，同时右转体将球引至右肩侧上方。出球时，右脚蹬地的同时转体带动上臂，肘在前，前臂迅速前甩，手指用力下压将球传出（图 6-2-5）。

3. 双手反弹传球

这种传球方法与双手胸前传球基本相似，不同点在于用力方向是向前下方击地反弹，击地点在距接球者 1/3 的地方。接球时，迎球跨步，上体前倾，两臂向前下方伸出迎球，

图 6-2-5　单手肩上传球

五指自然张开，手触球后，两手握球顺势将球移至胸腹间。

4. 单手体侧传球

队员在向左侧跨出半步的同时，右手将球移至右侧，向前做弧线摆动。当球摆过身体右前方时，迅速收前臂，借手腕的力量将球传出。

5. 接球

手指自然分开，手心空出，双臂向前伸出。在手触球时，双臂顺势随球后引缓冲来球的力量（图 6-2-6）。

图 6-2-6　接球

（二）传接球练习方法

（1）徒手做双手传接球模仿性练习。

（2）两人一球原地体会持球和传球的手腕动作，两人相互纠错，轮流练习。

（3）两人直线跑动传接球。

（4）半场四角跑动传接球。

（5）两三人行进间做全场传接球练习。

（6）两人一组一球，做单手肩上传接球快攻练习。

三、运球

（一）运球技术

运球是控制支配球，组成战术配合及突破防守的重要手段，主要包括高运球、低运球、体前变向换手运球、背后运球、胯下运球、运球后转身等技术。

1. 高运球

抬头，目视前方，上体稍前倾，以肘关节为轴，拍按球的后上方，球的落点在身体前侧方，球的反弹高度在腰腹之间。主要用于行进间运球（图 6–2–7）。

2. 低运球

抬头，目视前方，两膝深屈，用身体保护球，同时用手短促拍按球，球的反弹高度在膝部。主要用于遇到防守急停时的运球（图 6–2–8）。

图 6–2–7 高运球

图 6–2–8 低运球

3. 体前变向换手运球

运球者从右手低运球开始，向防守队员左侧后方快速推进，同时左臂自然抬起侧身保护球。当防守队员重心左移时，运球变向，右手拍按球的右侧上方，同时上右腿，左转侧肩保护球，换至左手运球（图 6–2–9）。

图 6–2–9 体前变向换手运球

4. 背后运球

以右手运球，向对手左侧运球为例，当防守队员身体重心左移，右腿在前突然用右手拍球的外侧，左脚上步的同时使球从身后反弹至左前方，左腿迅速向左前方跨步，以臂、腿保护球，换至左手运球。

5. 胯下运球

当防守队员迎面堵截时，右手运球，用右手拍按球的右侧上方，将球从右拍至胯下，反弹至左侧，用左手继续运球。

6. 运球后转身

当防守队员堵截运球线路时，运球队员持球控制在身体右侧，左脚向前跨出一步作为中枢脚置于对手两脚之间，然后右脚用力蹬地后撤，顺势做后转身动作的同时，右手拍按球的右侧前方，将球拉引向身体的侧后方落地，转身后换手用左手继续运球。

（二）运球练习方法

（1）原地运球练习。每人一球，听信号做高低运球、横向运球、拉球、推球、体侧前拉后推球、体前左右换手运球等练习。

（2）看信号行进间做高、低、变速、急起急停运球练习。

（3）沿球场内中圈和罚球圈做曲线运球和变向运球练习。

（4）绕障碍做变向换手和运球后转身练习。

（5）全场进行传、运、投技术综合练习。

四、投篮

（一）投篮技术

投篮是篮球中最主要的进攻技术，主要包括原地双手胸前投篮、原地单手肩上投篮、行进间单手肩上投篮、跳起单手肩上投篮等技术。

1. 原地双手胸前投篮

两脚前后或左右开立，两膝微屈，双手持球于胸前，肘关节自然下垂。投篮时，眼睛瞄准篮筐，下肢蹬地发力，腰腹伸展，两臂向前上方伸出，前臂内旋，拇指下压，手腕前屈，食指、中指用力拨球通过指端将球投出。

2. 原地单手肩上投篮

以右手投篮为例，右手投篮时，右脚在前，脚尖正对球篮，屈膝，身体重心在两腿之间，上体保持正直，右手指自然分开托球于肩上，手腕后翻，掌心空出，左手扶球的侧下部。投篮时，两脚蹬地发力，伸展腰腹向前上方，抬肘伸臂，手腕前屈，食指最后用力，并使球向后旋转把球投向篮圈（图 6-2-10）。

图 6-2-10　原地单手肩上投篮

3. 行进间单手肩上投篮

以右手投篮为例，当球在空中运行时，右脚向来球方向或投篮方向跨出一大步，同时接球，左脚向前跨出一小步，脚跟先着地，上体稍后仰，然后迅速过渡到前脚掌着地，并用力蹬地起跳，右腿屈膝上抬，左脚蹬离地面。同时双手向前上方举球，腾空后，右臂向前上方伸展。球出手后，两脚同时落地，两腿弯曲，以缓冲落地的力量（图 6-2-11）。

4. 跳起单手肩上投篮

屈膝，重心在两脚之间，两脚用力蹬地垂直起跳，同时将球举至右肩上，左手扶球左侧下方，当身体接近最高点时，右臂向前上方伸直，手腕前屈，手指拨球将球投出。在空中要保持身体平衡，球出手后，身体自然下落（图 6-2-12）。

图 6-2-11　行进间单手肩上投篮

图 6-2-12　跳起单手肩上投篮

（二）投篮练习方法

（1）徒手做各种投篮的模仿练习。

（2）两人一组一球，相距 4~5 米相对站立，原地做单、双手投篮模仿练习。

（3）各种角度、距离的投篮练习。

（4）在移动中接球后做各种投篮练习。

（5）5 点连续投篮练习。

（6）运球行进间投篮练习。

五、持球突破

（一）持球突破技术

持球突破是持球队员运用脚步动作和运球技术快速超越对手的一种攻击性很强的技术。持球突破由蹬跨、转体探肩、推放球和加速几个环节组成。

1. 交叉步持球突破

以右脚作中枢脚为例：两脚左右开立，两膝微屈，身体重心降低，持球于胸腹之间。突破前，先做瞄篮动作或向左虚晃动作，以吸引防守队员，造成防守队员的重心不稳定。突破时，左脚内侧迅速蹬地并向右前方迈出一大步，上体右转，左肩前探下压，右手放球于迈脚的侧方，同时右脚蹬地向前跨出，右手运球超越对手（图 6-2-13）。

图 6-2-13　交叉步持球突破

2. 同侧步持球突破

以左脚作中枢脚为例，动作方法与交叉步持球突破基本相同。不同之处在于，右脚向右前方跨步，左脚蹬地向前方跨出。

（二）持球突破练习方法

（1）原地持球做瞄篮动作后做交叉步、同侧步持球突破的蹬地、侧肩、放球加速动作。

（2）自抛自接急停后做交叉步、同侧步持球突破练习，主要明确中枢脚和放球的时机。

（3）接球急停突破投篮练习。

六、防守

（一）防守技术

防守包括防守无球队员和防守持球队员两种。

1. 基本防守姿势

两脚平行或前后开立，略宽于肩。两膝弯曲，身体重心投影置于两脚之间。上体稍前倾，两眼平视，两臂左右或前后张开以扩大防守面积，随时准备移动抢位。

2. 防守无球队员

防守离球近的对手时，防守者应采用面向对手、侧向球的斜前站立姿势。靠近对手的异侧脚在前，堵截对手摆脱移动的接球路线，伸前脚一侧手臂封锁接球路线。防距离远的对手时，可采用两脚平行站立、侧向对手面向球的姿势，以便协防或断球反击。

3. 防守持球队员

首先应占据球篮与进攻队员之间的有利位置，并根据对手特点和意图调整位置。平步防守面积大，便于横向滑动，两臂侧举对防运球和突破有利；斜步防守，一臂前上举，可以干扰对方投篮，另一臂斜下伸阻挠运球突破。

4. 抢球

抢球时，手部动作有拉抢和转抢两种。抢球时，用双手抓住球向后突然猛拉，或者采用前臂、手腕及上体扭动的力量将球夺走。

5. 打球

当对手接到球的瞬间，可突然上步打球，若对手持球较高，可采用由下而上的方法打球，用手指和指根击球的下部。若持球部位较低，可采用由上而下的方法打球，用手指和手指外侧击球的上部。此外，还有跳起投篮时的封盖球。

6. 断球

断球前，身体重心下降，做好起动的准备。当持球者传球给同伴离手的瞬间，突然起动，用快速短促助跑，单脚或双脚蹬地起跳，侧身跃出，充分伸展两臂和身体，用单手或双手将球截获。断球有横断球、纵断球和封断球三种。

（二）防守练习方法

（1）两人一组，一人持球，原地做打、抢球的手法练习。

（2）断球练习。三人一组，一人防守，另两人相距 5~6 米传球，防守者做断球练习。三人轮换练习。

（3）全场一对一防无球队员练习。两人相距一米，一攻一守。攻方做变速变向突破等，摆脱防守者。守方练习撤步堵截，然后交换练习。

（4）全场一对一防有球队员练习。一人运球突破，另一人练习防守，然后交换练习。

（5）三对三半场防守练习。进攻者在外围做原地传球练习，防守队员采用人盯人防守，随球转移及时调整防守位置，尽量做到以盯人为主，人球兼顾。

七、抢篮板球

（一）抢篮板球技术

抢篮板球由抢位、起跳、空中抢球和抢到球后的动作组成。

1. 抢进攻篮板球

当同伴或自己投篮时，处在靠近球篮位置的进攻队员应及时判断球的反弹方向，快速起动摆脱防守，同时抢占有利位置起跳，跳至最高点补篮或抢篮板球。落地时屈膝，重心落于两脚之间，将球持于胸腹之间，肘外展（图 6-2-14）。

图 6-2-14 抢进攻篮板球

2. 抢防守篮板球

防守队员屈膝上体前倾，重心在两脚之间。当进攻方投篮时，注意对手的动向，运用上步、撤步和转身占据有利位置，把进攻队员挡在身后，同时判断球的落点。起跳至最高点时，用双手抢球或将球点拨给同伴。如果在空中未传球，落地时保护好球并迅速完成第一传（图 6-2-15）。

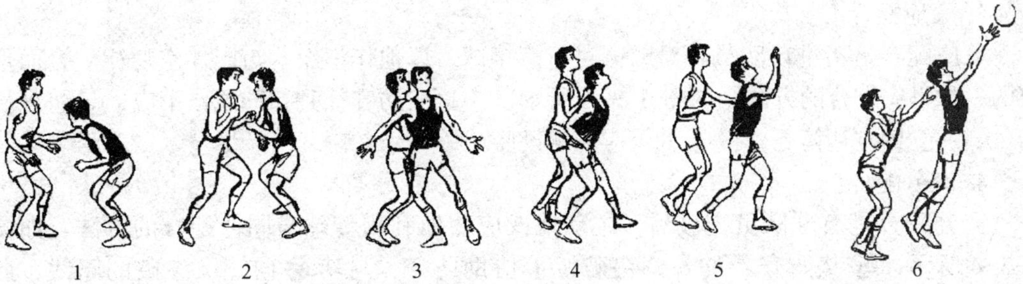

图 6-2-15　抢防守篮板球

（二）抢篮板球练习方法

（1）自抛自抢篮板球练习。

（2）抢占位置练习。

（3）全队连续助跑起跳托球碰板练习。

（4）抢篮板球结合一传练习。

第三节　篮球战术

一、进攻战术基础配合

1. 传切配合

传切配合是指进攻队员之间用传球和切入技术组成的简单配合。如图 6-3-1 所示：⑤传球给④时，⑤乘对手不备，突然横切或从底线切入篮下接④的传球后投篮。

2. 掩护配合

掩护配合是掩护队员采用合理的行动，以自己身体挡住同伴的防守者的移动线路，使同伴借以摆脱防守的一种配合方法。根据掩护队员的掩护位置可分为前掩护、侧掩护、后掩护。如图 6-3-2 所示，⑤传球给④后跑到④的侧面做掩护，④接球后做投篮或突破的动作，吸引❹的防守，当掩护到位时，④持球从防守的左侧突破投篮。⑤掩护后及时移动到有利的位置去接球或抢篮板球。

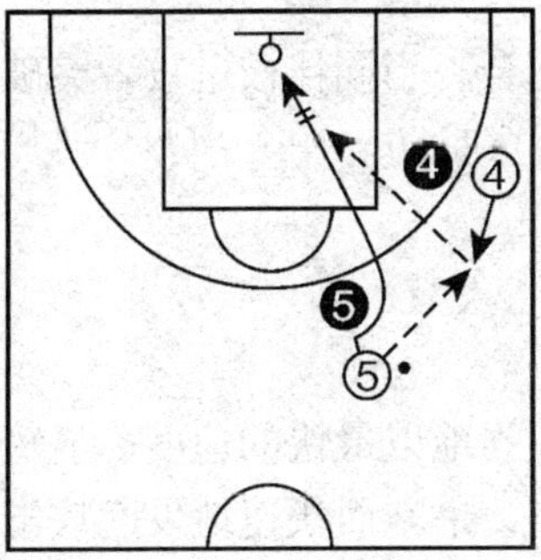

图 6-3-1　传切配合

图 6-3-2　掩护配合

3. 策应配合

策应配合是指进攻队员背对或侧对篮筐接球，以他作枢纽，与同伴空切相配合而形成的一种里应外合的方法。如图 6-3-3 所示：④摆脱防守插到罚球线作策应，⑤将球传给④，并立即空切篮下，接④的策应传球投篮。

4. 突分配合

突分配合是有球队员突破后，主动地或应变地利用传球与同伴配合的方法。如图 6-3-4 所示，⑤从防守者的左侧突破，④协助防守，封堵❺向篮下突破的路线，此时④及时跑到有利的进攻位置，接⑤的球投篮，或做其他进攻配合。

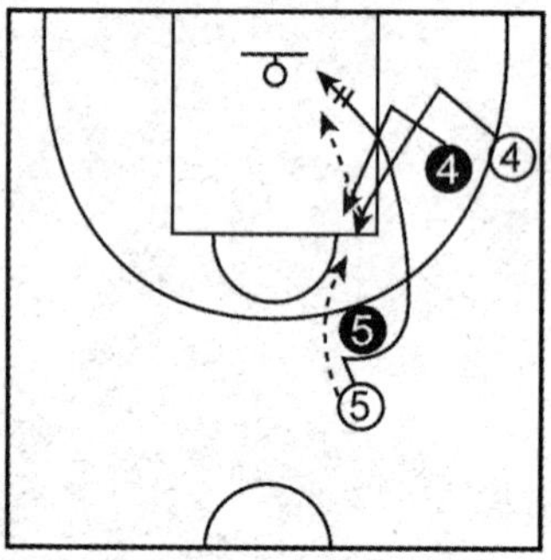

图 6-3-3 策应配合

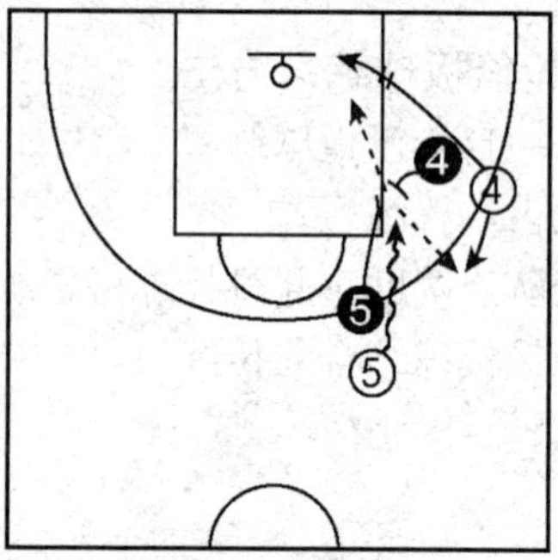

图 6-3-4 突分配合

二、防守战术基础配合

1. 交换防守

交换防守是为了破坏进攻队员的掩护配合，防守队员之间彼此及时交换自己所防守的对手的配合方法。当对方队员进行掩护时，防守队员相互呼应，并紧跟自己的对手，当进攻队员摆脱切入时，及时换防。

2. 关门防守

关门防守是临近的两个防守队员协同防守突破的配合方法。当进攻队员运球向篮下突破时，防守突破的队员应挡住其通往篮下的路线，这时临近突破一侧的防守队员，应及时向防守突破的队员靠拢，像两扇门一样关起来，堵住突破者的路线。

3. 夹击防守

夹击防守是两个防守队员积极防守一个进攻队员的配合方法。它要求夹击时行动要积极、果断、突然，出其不意，攻其不备。

4. 补防

补防是两三个防守队员之间的一种协同防守的配合。当同伴被进攻者突破而有直接得分的可能时，临近的防守队员要立即放弃自己的对手去补防。

三、快攻与防守快攻

1. 快攻

快攻是由防守转入进攻时，积极、主动、勇猛顽强地以最快的速度、最短的时间造成人数上以多打少的优势，在对方尚未部署好防守之前，果断而快速地发起攻击的一种速决战。抢到防守篮板球、断球、掷界外球和跳球等都是发动快攻的有利时机。

快攻战术是由发动、推进、结束三个阶段组成的。快攻的形式主要有长传快攻、短传快攻和结合运球突破的快攻等。

2. 防守快攻

防守快攻是防守战术的重要组成部分，它的目的在于制约进攻速度，为本队积极防守争取时间。防守快攻方法有：提高进攻成功率、积极拼抢篮板球、攻防变换时头脑冷静，速度快，减少对方发动快攻的机会，堵截快攻第一传，尽量控制对方的推进，卡住快下队员，切断对方长传快攻的路线，同时提高以少防多的能力。

四、半场人盯人防守与进攻半场人盯人防守

1. 半场人盯人防守

半场人盯人防守是由攻转守时，全队迅速退回后场，每个队员在盯住自己对手的同时，采取集体防守的战术。其特点是分工明确、针对性强、机动灵活、能有效控制对方进攻重点，但它容易被进攻队员局部击破。

2. 进攻半场人盯人防守

进攻半场人盯人防守是由各种掩护、策应、传切和突破分球等基础配合组成的全队战术。要求合理组织进攻队形，充分利用基础配合组成全队战术，有目的地穿插换位，内外线结合，正面与侧面进攻相结合，扩大攻击面，注重速度，讲究节奏、快慢、动静结合，注意攻守平衡。

五、区域联防与进攻区域联防

1. 区域联防

区域联防是一种半场防守的全队战术，由防守队员退回半场后，每人负责一定的区域，严密防守进入该区的球和队员，并与同伴协同防守而构成的一种集体防守战术。

区域联防的站位队形有 2–1–2 联防、2–3 联防、3–2 联防和 1–3–1 联防几种。2–1–2 联防是区域联防的基本形式，这种站位队形队员分布均匀，易于联系协作，同时也便于控制后场篮板球发动快攻。但这种防守的薄弱环节是队员的防区衔接处，即图 6–3–5 的阴影区。

2. 进攻区域联防

进攻区域联防，应根据联防的特点和规律，针对其薄弱环节，占据有利的进攻位置，并结合本队的具体情况，确定进攻重点，组织有针对性的进攻战术。

进攻队 1–3–1 站位（图 6–3–6）是 2–1–2 联防的基本阵式。这种阵型，队员分布面广、攻击点多、便于内外联系、左右配合，有利于组织抢篮板球和保持攻守平衡。

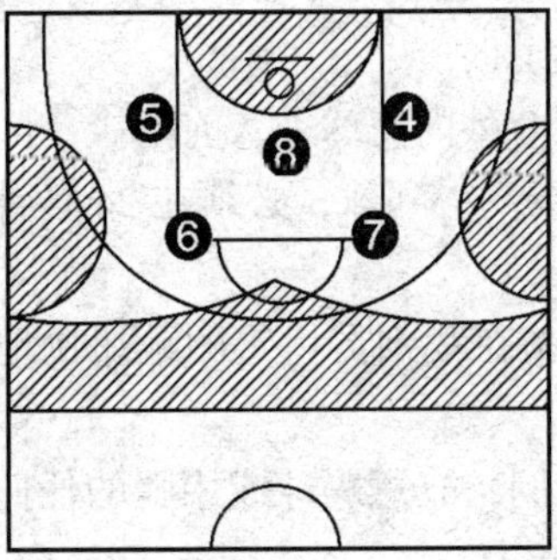

图 6–3–5　2–1–2 联防

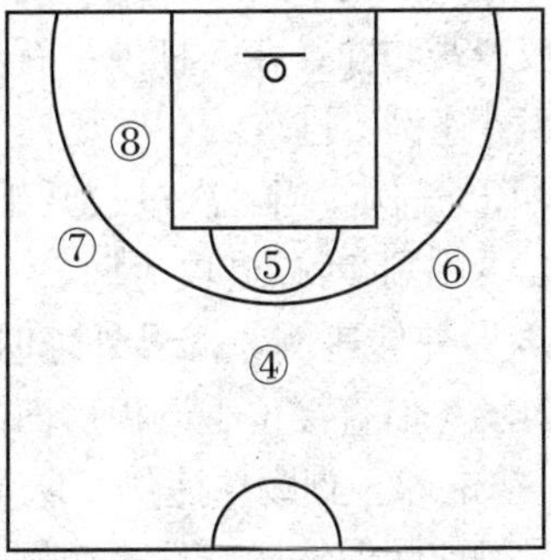

图 6–3–6　进攻队 1–3–1 站位

第四节 篮球竞赛规则简介

一、场地与设备

（一）场地

标准篮球场是长 28 米、宽 15 米的长方形，球场各线的宽度为 5 厘米。球场的大小从端线和边线的内沿算起。球场内有三分投篮区、限制区和罚球区。

（二）设备

在篮球场纵轴延长线上，端线外至少 2 米的地方各安置一篮球架，架上安装篮板，篮板的投影垂直于地面，平行于端线，并距离端线 1.2 米。它的下沿离地面 2.90 米。篮板中安装牢固的篮圈，篮圈距离地面 3.05 米，平行于地面。

二、违例、犯规及其罚则

1. 违例及其罚则

违反规则而未构成犯规的行为统称违例。其罚则是违例队失去控制球权，由对方在最靠近发生违例的地点掷界外球。

（1）跳球违例。跳球时，两名跳球队员的脚要站在靠近本队球篮一边的半圆，一只脚靠近两人之间的线的中心，球达到最高点后必须被一名双方跳球队员合法地拍击。超出以上规定为跳球违例。

（2）队员出界和球出界。当队员身体的任何部分与界线或界线外的地面接触时，即为队员出界；当球触及界外队员或任何其他人员、界线上或界线外的地面或任何物体、篮板的支柱或背面时即为球出界。

（3）非法运球。队员第一次运球结束后，不得再次运球，否则为非法运球。

（4）带球走。不按规则规定的持球移动叫带球走。持球时，球未离手而中枢脚已离开地面再运球或中枢脚提起又落地后再传球、投篮等，均判违例。

（5）3 秒违例。某队前场控制球时，持球队员或其同伴在对方限制区内停留时间不得超过 3 秒，否则为违例。

（6）5 秒违例。有三种情况：罚球队员在裁判员递交球后 5 秒没有投篮出手；掷界外球的队员在裁判员递交球后或已将球放在他可处理球的地点后 5 秒，没有将球掷入场内；持球队员被严密防守，在 5 秒内没有传、投、滚或运球时。

（7）8 秒违例。进攻队在后场控制球后，未能在 8 秒内使球进入前场。

（8）24 秒违例。当一次进攻开始的时候，从后场一得到球，必须在 24 秒钟之内尝试投篮一次，否则判 24 秒进攻违例。

（9）掷界外球违例。掷界外球时，掷球队员未站在裁判员指定的距违例地点最近的界外掷球入场（但直接位于篮板后面的地方除外）。

（10）拳击球、脚踢球违例。队员用拳击球为违例，故意踢球或用腿的任何部分拦阻球为违例，脚或腿偶然碰球不算违例。

（11）球回后场违例。某队控制前场活球，该队的队员不得使球非法地回他的后场（中线属于后场），否则为违例。某队一名队员在他的前场最后触及球，并且随后该队最先触及回到后场的球为违例。

（12）干扰球违例。在投篮的时候，当球在飞行中下落，并完全在篮圈水平面上时，进攻或防守的队员都不能触球，但球触及篮圈后或明显不会触及篮圈时除外。

2. 犯规及其罚则

犯规是违反规则的行为，含有与对方队员的身体接触和违反体育道德的行为。对犯规队员应予以登记，并按照规则的有关条款予以处罚。

（1）侵人犯规。侵人犯规是一种违反规则而造成与对方发生不合理的身体接触，如队员通过伸展臂、肩、髋、膝或过分地弯曲身体成不正常姿势以阻挡、推拉、撞绊来阻碍对方行进或使用粗野动作以及用手触及对方等。

（2）技术犯规。有意的、不道德的或有投机取巧性质的行为，虽未发生身体接触，但应判技术犯规。技术犯规在比赛期间包括临场队员、替补队员、教练员、助理教练员和随从人员。

（3）双方犯规。两名互为对方的队员几乎同时相互发生侵人犯规的情况。

（4）违反体育道德的犯规。裁判员认为队员不是在规则的精神和意图的范围内合法地直接地试图抢球，造成的侵人犯规是违反体育道德的犯规。

（5）取消比赛资格的犯规。任何技术犯规、侵人犯规都是十分恶劣的不道德行为，均为取消比赛资格的犯规，并令其离开球场附近。

（6）打架。在打架或可能导致打架的任何情况下，任何座席人员离开球队席区域的界限应被取消比赛资格，并令其离开球场附近，包括球队席区域和球场附近，并不得以任何方式再和他的球队联系。

三、一般规定

（1）队员5次犯规。一名队员已发生5次侵人犯规或技术犯规，他必须在30秒内被替换。

（2）全队犯规。在一节中某队已累计发生了4次队员犯规时，该队处于全队犯规处罚状态。所有随后发生的对未做投篮动作的队员的侵人犯规应被判2次罚球，代替掷球入界。

（3）可纠正的失误。如果裁判员无意地忽略了某条规则，并仅仅是导致了以下4种情况时，允许裁判员纠正这个失误：没有判给应得的罚球；判给不应得的罚球；允许不该罚球的队员执行罚球；不正确地判给了得分或取消得分。

四、比赛通则

（1）比赛时间。比赛时间分为4节，每节10分钟。在第1、2节（第一半时）和第3、4节（第二半时）之间以及每一决胜期的前面有2分钟的比赛休息时间。两个半场之间的休息时间为15分钟。

（2）比赛开始。比赛由中圈内跳球开始。

（3）暂停。每队第一半时有2次暂停，第二半时有3次暂停，决胜期有1次暂停。暂停机会可以不用，但不准挪到第二半时或决胜期内使用。每次暂停时间为1分钟。

（4）替换。替换队员必须亲自到记录台前报告被替换队员号码，然后坐在替换席上，经临场裁判准许后，方可进入场地替换。只有在替换机会期间，球队才可以替换队员。

（5）比赛结束。当结束比赛时间的比赛计时钟信号响时，一节、决胜期比赛应结束。

（6）比分相等和决胜期。如果在第 4 节比赛时间终了时两队比分相等，为打破平局，需要一个或多个 5 分钟的决胜期来继续比赛，直到分出胜负为止。

第七章 排球

第一节　排球概述

一、排球的起源和发展

1895 年，美国人威廉·摩根为了选择一种较为和缓、活动量适当的运动方式来满足所有人的需要，设计了一种把网球网升到一定高度，让人们隔网用手来回拍打篮球内胆，不让球落在自己场区的击打性游戏。由于这种游戏是让球在空中飞来飞去，故取名为“volleyball”，意为“空中飞球”。1896 年，美国开始有了排球比赛，并制定了第一部排球规则。随着排球的不断发展，排球设备和比赛规则不断改进和完善，使得这项运动具有独特的魅力，并吸引了广大群众。

1947 年，国际排球联合会（简称国际排联）成立。1949 年和 1952 年，分别举行了首届世界男子排球锦标赛和首届世界女子排球锦标赛。在 1964 年第 18 届奥运会上，男子、女子排球被列为奥运会正式比赛项目。1965 年和 1973 年，分别举行了首届男子世界杯排球赛和女子世界杯排球赛。此后，排球在世界各地蓬勃地发展起来，并成为世界上会员最多的运动项目之一。

1905 年，排球传入我国，先后经历了十六人制、十二人制、九人制、六人制的演变过程。新中国成立后，排球得到了前所未有的发展。1953 年，中国排球协会成立，并于次年成为国际排联的会员。1979 年，中国男、女排双双获得亚洲锦标赛冠军，取得了参加奥运会的资格。中国女排从 1981 年的世界杯到 1986 年的世界锦标赛，创造了世界女子排球“五连冠”的骄人成绩。如今，排球已成为我国学校体育的主要内容，在高等学校有着广泛的群众基础。

二、排球的特点

排球比赛是两队各出 6 人，在由球网分开的场地上进行集体比赛的项目。比赛是由后排右边的队员发球开始的，各队遵照规则，运用发球、垫球、传球、扣球、拦网等技术进行攻防对抗，将球击过球网，以落在对方场区的地面上，防止落在本方场区地面上为目的。每回合每队可击球三次（拦网触球除外），将球击回对方场区。一个队员不得连续击球两次（拦网触球除外）。比赛连续进行，直到球落地、出界或某一队不能合法地将球击回对方场区。

1. 形式的多样性和广泛的群众性

排球的场地设备比较简单，室内室外均可进行。其活动形式多种多样，地板上、沙地上、草地上、雪地上，甚至水中都可以进行，比赛规则容易掌握且可灵活变化。可根据实际情况调整参加人数和运动负荷，适合不同年龄、性别、体质和训练程度的人在不同环境条件下进行活动，具有广泛的群众基础。

2. 技术的全面性和高度的技巧性

在排球比赛中，任何位置上的队员都要参与防守和进攻，因此每个队员都须全面地掌握各项攻防技术。排球比赛具有球不能落地、不能持球、同一名队员不得连续击球、每队击球次数又有限制等特点，从而决定了排球技术的高度技巧性。

3. 激烈的对抗性和严密的集体性

在排球比赛中，双方的攻防转换始终是在激烈的对抗中进行的，其对抗的焦点主要集中在网上的扣与拦之间。水平越高的比赛，对抗争夺越激烈。比赛双方都在利用规则允许的三次击球机会，通过严谨的战术安排和巧妙的团队配合，完成激烈的攻防转换，体现了严密的集体性。

4. 轻松的娱乐性和高雅的休闲性

排球不拘于形式，可隔网对抗，亦可围圈嬉戏。只要有一块空间，就可以尽情享受这项运动的乐趣。排球比赛没有身体接触，双方比拼技战术，安全性高又十分优雅，是人们欢悦、休闲的理想方式。

第二节 排球技术与练习方法

排球技术是在规则允许的条件下所采用的各种合理的击球动作的总称，主要由步法和手法两部分组成。排球技术可分为准备姿势与移动、发球、垫球、传球、扣球、拦网 6 大基本技术。

一、准备姿势与移动

（一）准备姿势与移动技术

准备姿势与移动是完成发球、垫球、传球、扣球和拦网等各项有球技术的前提和基础，对各项有球技术的运用起着串联和纽带的作用。准备姿势的作用是为及时地移动和完成击球动作做好准备。移动的作用是为了及时接近球，调整人与球的位置关系，便于完成击球动作。

1. 准备姿势

按照身体重心的高低，准备姿势可分为半蹲准备姿势、稍蹲准备姿势和低蹲准备姿势三种。其中半蹲准备姿势运用较多。

（1）半蹲准备姿势。两脚左右开立，稍比肩宽，一脚稍前，两脚尖内收，脚跟稍提起；膝关节保持一定的弯曲，其投影点在脚尖的前面；上体前倾，重心靠前；两臂放松，自然弯曲，双手置于腹前；两眼注视来球，两腿始终保持微动（图 7-2-1）。一般多用于接发球、拦网和各种传球。

（2）稍蹲准备姿势。稍蹲准备姿势比半蹲准备姿势重心稍高，动作方法相同（图 7-2-2）。一般用于扣球助跑之前、不需要快速反应起动的时候。

（3）低蹲准备姿势。低蹲准备姿势比半蹲准备姿势的身体重心更低（图 7–2–3）。一般在防守和做各种保护动作时使用。

图 7–2–1 半蹲准备姿势

图 7–2–2 稍蹲准备姿势

图 7–2–3 低蹲准备姿势

2. 移动

移动的目的主要是及时接近球，保持好人与球的位置关系，以便击球。常用的移动步法有以下几种：

（1）并步与滑步。并步时，前脚向来球方向跨出一步，后腿迅速跟上做好击球准备。连续并步就是滑步。并步主要用于传球、垫球和拦网。

（2）跨步。如向前跨步，则后腿用力蹬地，前脚向来球方向跨出一大步，膝部弯曲，上体前倾，身体重心移至前腿上（图 7–2–4）。跨步适用于来球较低、离身体 1 米左右垫击时使用。

图 7–2–4 跨步

（3）交叉步。以向右交叉步为例，上体稍向右转，左脚从右脚前面向右交叉迈出一步，然后右脚再向右跨出一大步，同时身体转向来球方向，保持击球前的姿势。当来球距离 3 米左右时，可采用交叉步，主要用于二传、拦网和防守。

（4）跑步。跑步时，应随时注意球的飞行方向，两臂要配合摆动。如球在侧方或后方时应边转身边跑。跑步一般在当球距离身体更远时采用。

（二）准备姿势与移动练习方法

（1）两人一组，一人做准备姿势，另一人纠正其错误动作，交换进行。

（2）两人一组相对站立，一人做同方向的移动，另一人跟随。

（3）两人一组，相距 6 米，各持一球，两人同时把球滚向对方体侧 3 米左右处，移动接住后再滚给对方，如此反复进行。

（4）结合其他技术的练习。

二、发球

（一）发球技术

发球是排球比赛中一项重要的进攻技术。发球是比赛的开始。准确而有攻击性的发球可以直接得分或破坏对方的战术组成，减轻本方的防守压力，为反击创造有利的条件，同时能振奋精神、鼓舞士气，在心理上给对方造成压力。常用的发球技术有正面下手发球、侧面下手发球、正面上手发球、正面上手飘球、勾手发球和跳发球等。

1. 正面下手发球

面对球网，左脚在前，右脚在后，两膝微屈，上体前倾，左手持球于腹前，右臂自然下垂，两眼注视球。左手将球在体前右侧抛起，高于手 20~30 厘米，在抛球的同时，右臂后摆。右脚蹬地，身体重心前移，右臂伸直。以肩为轴，右手向前摆到腹前，用虎口、掌根或手掌击球的后下部，随着击球动作身体重心前移，顺势进场（图 7-2-5）。

图 7-2-5　正面下手发球

2. 侧面下手发球

左肩对网，两脚左右开立，约与肩同宽，两膝稍屈，上体稍前倾，重心落在两脚之间，左手于腹前将球平稳上抛，距离身体约一臂远，球离手高度约一个半球。抛球同时，右臂后摆至右侧后下方。利用右脚蹬地向左转体的力量，带动右臂向前上方摆动，用虎口、掌根或手掌击球的后下方。击球后，身体转向球网，顺势进场（图 7-2-6）。

侧面下手发球

图 7-2-6　侧面下手发球

3. 正面上手发球

面对球网，左脚在前，左手于体前将球平稳地抛于右肩的前上方，同时右臂抬起，屈肘后引，肘与肩平，上体稍向右侧转动，抬头、挺胸、展腹，手掌自然张开。利用蹬地，使上体向左转动，同时收腹，带动手臂向前上方快速挥动。在右肩前上方伸直手臂的最高点，用全掌击球的后中下部。击球时，手指（掌）张开与球吻合，手腕迅速做推压动作，使击出的球呈上旋飞行。击球后，随着重心前移，顺势入场（图 7-2-7）。

正面上手发球

图 7-2-7　正面上手发球

发球技术要点

1. 抛球稳。抛球稳定与否是影响发球准确性的主要原因。

2. 击球准。要以正确的手形击准球的相应部位，才能使发出的球与预期相一致。

3. 手法正确。击球的手法不同，发出球的性能也不同。只有采用正确的手法击球，才能发出相应性能的球。

4. 用力适当。用力大小与发球站位的远近、击球弧度的高低、发出球的性能和落点密切相关。

（二）发球练习方法

（1）近距离对墙发球练习，将抛球、挥臂、击球、用力等环节有机地衔接起来。

（2）两人一组间距 9 米左右相对发球。

（3）近距离进行隔网发球练习。

（4）站在端线向对方区域发球。

（5）站在端线左、中、右三个不同的位置向对方区域发球。

（6）向指定区域内发球。

三、垫球

（一）垫球技术

垫球主要用于接发球、接扣球和接拦回球，是组织进攻的基础。垫球是比赛中多得分、少失分、由被动转主动的重要技术，是稳定队员情绪、鼓舞队员士气的重要手段。垫球还可在无法运用传球技术进行二传时用来组织进攻或处理球。常用的垫球技术有正面双手垫球、体侧垫球、背向垫球、跨步垫球、单手垫球、鱼跃垫球等。

1. 正面双手垫球

正面双手垫球是各种垫球技术的基础，是最基本的垫球方法。

两脚开立，稍比肩宽。两脚适当提起脚跟，双膝弯曲，上体自然前倾，全身放松，随时准备移动（图 7-2-8）。两手掌根紧靠，两手手指重叠合掌互握，两拇指平行，手腕稍下压，两臂外翻形成一个平面（图 7-2-9）。对准来球，两臂夹紧前伸，插到球下，用前臂腕关节上方两臂桡骨内侧约 10 厘米处形成的一个近似的平面，击球的下部（图 7-2-10）。向前上方蹬地抬臂，迎击来球。

图 7-2-8 正面双手垫球动作

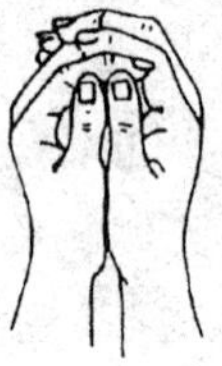

图 7-2-9 正面双手垫球手形

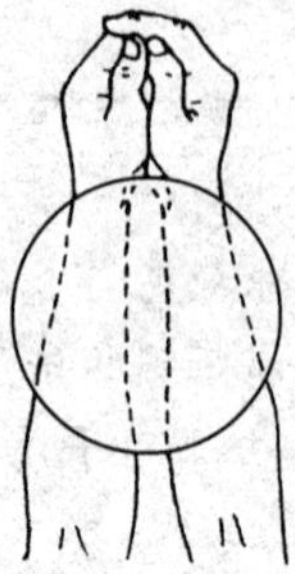

图 7-2-10 正面双手垫球击球部位

2. 体侧垫球

体侧垫球的特点是控制面宽，但较难把握垫击的方向、弧度和落点。

以左侧垫球为例，右脚前脚掌内侧蹬地，左脚向左跨出一步，身体重心随即移至左脚，并保持左膝弯曲，两臂夹紧向侧伸出，左臂高于右臂，右肩向下倾斜，再用向右转腰和收腹的力量，配合两臂在体侧截击球的后下部。切忌随球摆臂。

3. 背向垫球

背向垫球大多用于接应同伴垫飞的球或背对球网的球。

背向垫球时，首先判断来球的落点、方向和离网的距离，然后迅速移动到球的落点处，背对出球方向，两臂夹紧伸直，插到球下。击球时，蹬地、抬头挺胸、展腹，直臂向后上方摆击球。在垫低球时，也可利用屈肘、翘腕动作，以虎口处将球向后上方垫起。

垫球技术要点

由于各种发球的性能不同，垫球的方法也有所不同。但不管采用何种方法，都要全神贯注，全身保持放松状态，根据击球人的动作特点，做好判断和准备。垫球时，要做到：判断准确，移动快速，对正来球，协调用力；保持好手臂与地面的适度夹角。

（二）垫球练习方法

（1）两人一组，相距 4~5 米，一抛一垫。

（2）两人一组，相距 4~5 米，连续对垫。

（3）2~4 人一组，一人发球，其余人轮流接发球。

（4）半场接发球练习：三人一组，一人发、两人垫，将球垫到 2 号位、3 号位之间。

（5）结合场上位置练习：站好接发球位置，加强配合，接好各种发球。

四、传球

（一）传球技术

传球是排球的基本技术之一。传球技术主要用于二传，为进攻创造条件，在比赛中起着组织进攻的作用。传球技术也可用来接发球，接对方的处理球、吊球和被拦回的高球。还可用来吊球和处理球，起着进攻的作用。常用的传球技术可分为正面传球、背向传球、侧传球和跳传球等。

1. 正面传球

正面传球是最基本的传球方法，是其他一切传球技术的基础。

稍蹲姿势，上体稍挺起，仰头看球，两手自然抬起，屈肘，放松置于脸前。当来球接近额前时，开始蹬地、伸膝、伸臂，手指微张，从脸前向前上方迎出。当手和球即将接触前，手腕和手指要有前屈迎球的动作，在脸额前上方约一球距离处将手与球接触，十指自然张开使两手成半球状，手腕稍后仰，以拇指内侧、食指全部、中指的二、三指节触球的后下部，无名指和小指在球两侧辅助控制球的方向。两拇指相对，近呈“一”字形。触球后各关节继续伸展，用手指、手腕的弹力将球击出。全身各部位动作应协调一致（图 7-2-11）。

正面传球

图 7-2-11　正面传球

2. 背向传球

上体比正面传球时稍后仰，双手自然抬起置于脸前。抬上臂、挺胸、上体后屈。击球点在头上方，比正面传球略偏后。手形与正面传球相同，但触球时手腕要稍向后仰，掌心向上，拇指托在球下，击球的下部。利用蹬腿、展体、抬臂、伸肘和指腕的弹力，把球向后上方传出。

背向传球

传球技术的运用

二传时，二传队员应该做到取位恰当，善于观察，动作隐蔽，调整节奏，手法熟练。顺网正面二传是最简单最常用的二传技术。其传球动作与正面传球相似，其区别在于顺网正面传球时，身体不宜面对来球，要适当转向传球方向，尽可能保持正面传球，使球顺网飞行。

（二）传球练习方法

（1）连续自传，传球高度不低于 50 厘米。

（2）距墙 50 厘米，对墙连续传球。

（3）两人一组，相距 3~4 米，传对方抛到额前的球。

（4）两人一组，相距 3~4 米，对传。

（5）在 3 号位向 4 号位、2 号位传顺网球。

五、扣球

（一）扣球技术

扣球是排球的基本技术之一。扣球在比赛中占有重要的地位，是得分的主要手段、是进攻中最积极有效的武器，也是一个队摆脱被动、争取主动的主要途径，体现一个队的进攻实力。强有力的扣球可以鼓舞士气、振奋精神、挫伤对方的锐气，给对方造成强大的心理压力。常用的扣球技术有正面扣球、单脚起跳扣球和勾手扣球等。

1. 正面扣球

采取稍蹲的姿势，距离球网约 3 米处，面对来球方向，观察来球。助跑时，左脚先向前迈出一步，紧接着右脚再快速跨出一大步，左脚及时并上，踏在右脚之前，两脚尖稍向右转。同时，两臂自后积极向前摆动，随着双腿蹬地向上起跳，两臂配合起跳有力地向上摆动。

起跳后，挺胸展腹，上体稍向右转，右臂向后上方抬起，身体成反弓形。挥臂时，迅速转体、收腹发力，依次带动肩、肘、腕各部位关节向前上方成鞭甩动作挥动。击球时，五指微张，以掌心为主，全掌包满球，在手臂伸直的最高点的前上方击球的后中部，同时主动用力屈腕屈指向前推压，使扣出的球呈上旋。落地时，以两脚前脚掌先着地再迅速过渡到全脚掌着地，同时顺势屈膝、收腹，随即做好下一个动作的准备（图 7-2-12）。

正面扣球

图 7-2-12 正面扣球

2. 勾手扣球

扣球时，助跑最后一步两脚和左肩侧对球网，或起跳后在空中使左肩转向球网。跳起后，整个挥臂击球动作与勾手发球相似。击球后，身体面向球网落地。

扣球技术的运用

扣近网球的特点是击球点高、路线变化多、威力大，但易被拦网。扣球时，要向上垂直起跳，以免前冲力过大，造成触网或过中线犯规。跳起后，主要利用收胸动作发力，以肩为轴，向前上方挥臂，以全手掌击球的后中上部。击球后，手臂要顺势回收，以防止手触网。

扣远网球的特点是力量大、角度较平、对方不易拦网。跳起后，击球点要保持在右肩前上方最高点，用全手掌击球的后中部，击球瞬间手腕要有明显的推压动作，使球呈上旋飞出。

（二）扣球练习方法

（1）两人一组，一人手持球高举做固定球，另一人扣该固定球。

（2）距墙 3~4 米，连续对墙扣反弹球。

（3）在 4 号位助跑起跳，把由 3 号位抛来的球在高点轻拍过网。

（4）在 4 号位、2 号位助跑起跳，扣顺网传来的球。

（5）在 4 号位、2 号位助跑起跳，扣调整传来的球。

六、拦网

（一）拦网技术

拦网是排球的基本技术之一。拦网是防守的第一道防线，是反攻的重要环节。拦网具有强烈的攻击性，可以直接拦死、拦回对方的扣球，能够削弱对方的锐气，动摇对方的信心，给对方造成心理压力。拦网也可以将对方有力的扣球拦起，减轻后排防守的压力。常用的拦网技术有单人拦网、双人拦网和三人拦网。

1. 单人拦网

面对球网，两脚左右开立，约与肩同宽，距网 30~40 厘米。两膝微屈，两臂屈肘置于胸前。注视来球，迅速移动。起跳时，两腿屈膝，重心降低，随即用力蹬地，两臂以肩发力，在体侧近身处，做划弧前后摆动，帮助身体迅速跳起。两手从额前沿球网向上方伸出，两臂伸直并保持平行，两肩上提。两臂应尽力伸过网去接近球。两手自然张开，屈指屈腕成半球状。当手触球时，两手要突然紧张，手腕下压盖在球的前上方。拦球后，要做含胸动作，以保持身体平衡，手臂要先后摆或上提，从网上收回至本方上空，再屈肘向下收臂，以免触网。与此同时屈膝缓冲，双脚落地，随即转身面向后场，准备下一个动作（图 7−2−13）。

2. 双人拦网

双人拦网是排球比赛中最常见的一种拦网方式。主要在对方大力扣球时采用。

双人拦网时，应以一人为主拦队员，另一人为配合队员。但主拦队员不是固定的，一般情况下距对方扣球点近的队员应为主拦队员。主拦队员必须抢先移动到对正扣球点的位置，并做好起跳准备，配合队员则迅速移动靠近主拦队员准备同时起跳。两队员之间的距离一定要合适。双人拦网起跳时，两人的手臂在体前划小弧向上摆伸，都要尽量垂直向上

图 7-2-13 单人拦网

起跳，要防止互相碰撞或干扰。手臂在空中既不能重叠，造成拦击面缩小，又不能间隔太宽，造成中间漏球。扣球靠近边线时，靠边线近的拦网队员外侧的手应适当内转，以防打手出界。

拦网技术要点

拦网时，要人球兼顾，重点要判断出扣球队员的助跑路线和起跳时机，根据扣球队员的助跑方向和扣球线路起跳和伸臂堵住其主要线路。拦强攻球时，要尽量组成两人或三人拦网，晚跳、高跳；拦快球时，根据扣球的特点，起跳、伸臂要快，手尽量伸过网去接近来球，将球封住；拦各种掩护球时，要随时对对方队员的各种动作做出预判，及早移动对正扣球队员，做好起跳准备，动作节奏与扣球队员要保持一致。

（二）拦网练习方法

（1）原地做拦网的徒手动作练习。

（2）由 3 号位向 2 号位、4 号位移动拦网徒手练习。

（3）两人一组，一人站在高台上持球，另一人跳起拦固定球。

（4）低网扣拦练习，两人一组，原地一扣一拦。

（5）结合扣球练习拦网。

第三节 排球战术

排球战术指在比赛中根据排球的规律、双方的具体情况和临场的变化，合理地运用技术以及采取的有组织、有目的和有预见的一种配合行动。排球战术可分为个人战术和集体战术两大类。

一、阵容配备

阵容配备的目的是合理地把全队的力量搭配好，更有效地发挥每一个队员的特长和作用。在排球比赛中，常用的阵容配备有以下三种形式：

1.“三三”配备

“三三”配备即 3 名进攻队员和 3 名二传队员，两两搭配，进攻队员和二传队员间隔站位。这种配备方法战术形式简单，适合初学队采用，但进攻能力较差。

2.“四二”配备

“四二”配备即 4 个进攻队员和 2 个二传队员相互配备。4 个进攻队员中有 2 个是主攻队员，2 个是副攻队员，他们都站在对角位置上。这种配备方法可以组织多种战术形式，在一般水平的队中采用较多。

3.“五一”配备

“五一”配备即 5 个进攻队员和 1 个二传队员相互配备。为了弥补在主要二传队员来不及传球时所出现的被动局面，可以在二传队员的位置上，配备一名有进攻能力的接应二传队员。这种配备方法攻击力较强，能组织多种战术体系，目前在水平较高的队中被普遍采用。

二、交换位置

为了最大限度地发挥队员的特长，调动一切积极因素，加强攻防力量，以弥补由于队员身体、技术发展不平衡所带来的阵容配备上的缺陷，比赛中在规则允许的条件下，可以采取交换位置的方法，即在发球队员击球后，双方队员可以在本场区内任意交换位置。

交换位置的目的是为了充分发挥每个队员的专长，以取得扬长避短的效果。前排队员之间的换位，主要是为了便于进攻战术的实施和拦网的调整。前、后排队员之间的换位，主要是为了保持前排三点进攻。后排队员之间的换位，是为了加强防守后排的重点部位。

三、进攻

（一）进攻战术

进攻战术是指接对方来球后，全队所组成的有目的、有组织的配合。进攻战术是由一传、二传、扣球三个环节组成的，主要分为进攻阵型和进攻打法两种。

1. 进攻阵型

（1）“中一二”进攻阵型。“中一二”进攻阵型是进攻战术中最简单、最基本的战术形式，是指由 3 号位队员作二传，将球传给 4 号位、2 号位队员进攻的组织形式（图 7-3-1）。这种进攻阵型一传向网中间 3 号位垫球比较容易，二传向 2 号位、4 号位传球的距离较短，容易传准，有利于组成进攻，适合初学者采用。其缺点是战术变化少，只能两点进攻，战术意图容易被对方识破。

（2）“边一二”进攻阵型。“边一二”进攻阵型是指由 2 号位队员作二传，将球传给 3 号位、4 号位队员进攻的组织形式（图 7-3-2）。其优点是两相邻进攻队员相互掩护，可以组织更多战术。其缺点是对一传要求较高，尤其 5 号位队员向 2 号位垫球时，由于距离远，角度大，控制球难度较大。

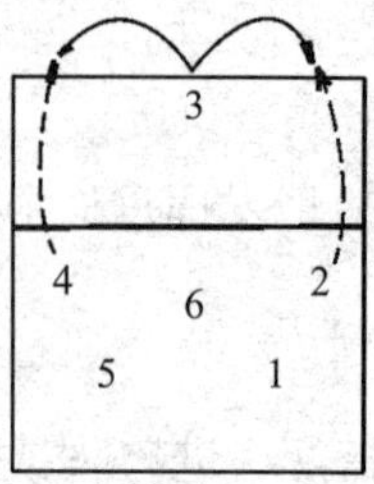

图 7-3-1 “中一二”进攻阵型

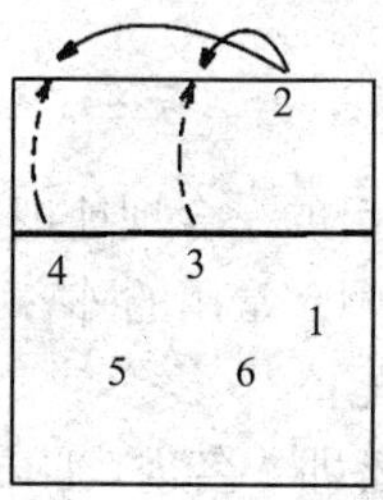

图 7-3-2 “边一二”进攻阵型

（3）“后排插上”进攻阵型。“后排插上”进攻阵型是指由后排队员插上做二传，前排 4 号位、3 号位、2 号位队员进攻的组织形式。“后排插上”进攻阵型是现代排球先进战术的主要形式，它是在“中一二、边一二”进攻阵型的基础上发展起来的。“中一二、边一二”进攻阵型的各种战术都可以在此阵型加以运用。这种阵型进攻点多，战术配合更加复杂多变，适合技术水平较高的队使用，但对一传及队员间的配合要求较高。

2. 进攻打法

进攻打法是指在排球比赛中，一传、二传和扣球队员之间实施各种进攻战术配合的方法。其目的是为避开对方的拦网，突破对方的防线，争取主动，扩大战果。

（1）强攻。强攻就是在没有快球掩护的情况下，凭借队员个人的身高和弹跳力，利用扣球的力量和个人扣球战术，强行突破对方的防御。

（2）快攻。快攻是在一传到位的基础上，通过扣球人的快速跑动，互相配合组成各种进攻战术。快攻战术隐蔽性强、变化多，能分散对方的防守，但需要全队协调统一及高水平的二传。

（二）进攻练习方法

（1）通过教学示范，明确各个位置的作用。

（2）徒手轮转位置，转 6 轮。

（3）接抛球组织进攻。

（4）接发球组织进攻。

四、防守

（一）防守战术

1. 接发球防守战术

常用的接发球阵型是“5 人接发球阵型”，即除 1 名二传队员外（前排或后排），其余 5 名队员均参加接发球。这是一种最基本的接发球阵型，常在“中一二”和“边一二”进攻战术中运用，初级水平的球队多采用此阵型。“5 人接发球阵型”包括“W”站位阵型、“M”站位阵型和“一”字站位阵型。

2. 接扣球防守战术

接扣球防守战术可分为前排拦网和保护球，以及后排防守等几个环节。

常用的接发球防守战术主要是双人拦网跟进保护防守。双人拦网防守阵型有“边跟进”防守阵型和“心跟进”防守阵型两种。

（1）“边跟进”防守阵型。“边跟进”防守阵型也称“马蹄形”或“1 号位、5 号位跟进”防守阵型。目前，国内外强队广泛采用这种防守阵型。

以对方4号位扣球为例，由2号位和3号位队员拦网，1号位队员跟进到拦网队员身后防吊球及前区球。6号位队员向右移位补防扣向1号区的直线球。5号位队员防后场6号区，4号位队员后撤防斜线球（图7-3-3）。

这种阵型主要在对方进攻力量比较强、战术变化较多、吊球较少时采用。这种防守阵型对于防御对方重扣球较为有利，同时也便于组织反攻。但球场中间空隙较大，容易形成“心空”。

（2）“心跟进”防守阵型。“心跟进”防守阵型也称“6号位跟进”防守阵型，多在对方扣球能力较强、对方采取打吊结合时使用。

以对方4号位扣球为例，由2号位和3号位队员拦网，封住中区，4号位队员后撤4米左右防守，6号位队员跟至拦网队员身后3米附近，1号位和5号位队员防守后场，每人负责一个防区（图7-3-4）。

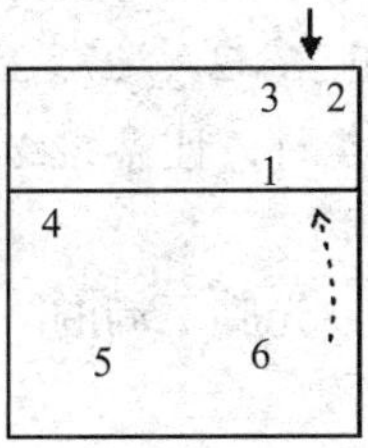

图7-3-3 “边跟进”防守阵型

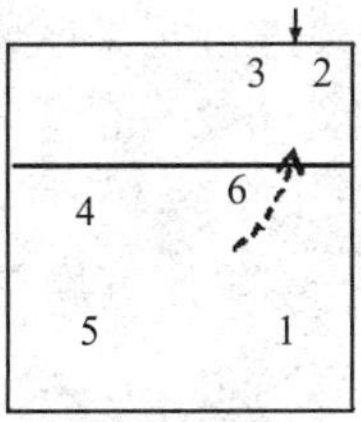

图7-3-4 “心跟进”防守阵型

当对方扣球队员经常采用打吊结合，而本方拦网能力较强时，就可采用这种防守阵型。采用这种防守阵型，可以加强前区的防守能力，有利于防吊球和拦网弹起的球，也便于接应和组织进攻。其缺点是后场后排防守队员之间的空隙较大，后场中央和两腰容易形成空当。

（二）防守练习方法

（1）徒手站位，轮转6轮，明确轮转到各个位置的防守站位方法。

（2）在对方进攻点（2号位、4号位）抛球，本方练习防反。

（3）在对方进攻点（2号位、4号位）扣球，本方练习防反。

（4）攻防结合练习防反。

第四节 排球竞赛规则简介

一、场地器材

排球比赛场区为长18米、宽9米的长方形。场地的地面必须平坦、水平。

比赛场地界线的长线称边线，短线称端线。在网下连接两条边线中点的线称中线。中线将场地分为长9米、宽9米的两个相等的场区，每个场区各有一条离中心线3米、长12.5米的平行线称进攻线。进攻线前为前场区，进攻线后为后场区。两条边线有两条长

15 厘米的短线延长线，置于距端线外 20 厘米处，与端线构成了 9 米宽的地区为发球区。

球网为黑色，长 9.5 米、宽 1 米。在 9 米处球网的两边各有两条标志带和两根标志杆，杆长 1.8 米。球网高度成年男子为 2.43 米，成年女子为 2.24 米。

正式排球比赛的用球，是用柔软的皮革制成外壳，内装橡皮或类似质料制成的球胆。球应是一色的浅色或国际排球联合会批准的多色球。在一次比赛中所用的球的圆周、重量、气压等都必须是统一的。

二、胜一分、胜一局和胜一场

胜一分：比赛采用每球得分制，胜一球即得一分。如果是发球方则得一分并继续发球；如果是接发球方则得一分同时获得发球权；如果双方犯规，则判“双方犯规”，不得分，由原发球方重新发球。

胜一局：比赛的前四局以先得 25 分，并同时超出对方 2 分的队为胜一局。当比分为 24 : 24 时，比赛继续进行至某队领先 2 分为胜一局（如 26 : 24，27 : 25）。决胜局以先得 15 分，并同时超出对方 2 分的队获胜。当比分为 14 : 14 时，比赛继续进行至某队领先 2 分为止（如 16 : 14，17 : 15）。

胜一场：正式比赛采用五局三胜制。最多比赛五局，先胜三局的队为胜一场。

三、比赛方法

（1）双方上场队员各 6 名，自左向右排列，前排为 4 号位、3 号位、2 号位，后排为 5 号位、6 号位、1 号位。比赛开始前，教练员将上场队员号码站位表交记录台登记，由第二裁判员检查站位次序，当第一裁判员鸣笛后，不得更改。

（2）比赛开始，由发球方 1 号位队员在发球区内发球，发出的球通过有效过网区直接落于对方场地上或对方接发球失误或发球方进攻有效，发球方得一分，并继续发球。如果发球失误、违例、犯规或对方进攻有效，对方得一分并获得发球权，由 2 号位队员发球。

（3）在比赛过程中，队员可以用身体任何部分触球，每队允许击球三次（拦网除外），将球通过网的有效区域击入对方场区，每人不能连续触球两次（拦网除外）。比赛应不间断地进行，直至球落地、触击障碍物或某一队员犯规。决胜局重新挑边，比赛中任何一方先得到 8 分时双方应交换场地，位置不变，比赛继续进行，直至决出胜负。

四、暂停

成死球（球着地）时，教练员或场上队长可向裁判员请求暂停，每局每队可有两次暂停机会，每次暂停时间为 30 秒，教练员可在场外指导。请求暂停的队可以要求提前恢复比赛。除教练员请求暂停外，每局中任何一方得分达到 8 分和 16 分时，规定技术暂停，时间为 60 秒。

五、换人

只有在死球时，由教练员或场上队长请求，经裁判员允许才准予换人。每局比赛中，每队最多可替换 6 人次，可同时换，也可分开换。每局开始上场的队员只能退出比赛一次，在同一局中，若他再次上场比赛，只能替换替他上场的那个队员。替补队员每局只能上场比赛一次，他可以替换任何一位队员，在同一局中，他只能被他换下的队员来替换。

六、持球、连击、借助击球

持球是队员没有将球清晰地击出，或触球时有较长的停留造成的犯规。

连击是指一名队员明显地连续两次触球（拦网除外）所造成的犯规。

借助击球是指队员在比赛场地内借助同伴或任何物体的支持进行击球。

七、界内外球

球触及比赛场区的地面（包括界线）为界内球。

球接触地面的部分完全在界线以外，触及场外物体、天花板或非比赛人员，触及标志杆、网绳、网柱或球网标志杆以外部分，球的整体或部分从过网区以外过网等均为界外球。

八、在球网附近犯规

在比赛过程中，任何队员都不得触及球网。

队员的一只（两只）脚或一只（两只）手越过中线触及对方场区的同时，其余部分还接触中线或置于中线上空是允许的，不判为犯规。队员身体的任何其他部分都不允许接触对方场区。在不妨碍对方比赛的情况下，允许队员在网下穿越进入对方空间。

九、自由人（后排自由防守队员）

规则规定每队有一名身穿不同颜色比赛服的后排自由防守队员。他可以不经过裁判同意，替换后排任何一名队员，但不得在前场区传球组织进攻，不得发球、拦网和进攻。

十、后排队员进攻性击球犯规

后排队员在前场区或踏及进攻线，击高于球网上沿的球，并使球的整体由过网区通过球网垂直面进入对方场区或触及对方队员，则为后排队员进攻性击球犯规。

第八章 足球

第一节 足球概述

足球是以脚支配球为主，两队互相进行攻守对抗的体育项目。足球是世界上开展得最广泛、影响力最大的体育运动，被誉为“世界第一运动”。

一、足球发展史

（一）古代足球起源于中国

古代足球起源于中国。据《史记》和《战国策》记载，早在战国时期，齐国都城临淄就出现了蹴鞠，当时称为“踏鞠”或“缆鞠”，且已发展成一种成熟的游乐方式，在民间广为盛行。“蹴”是踢的意思，“鞠”是球的意思，这是足球最早的雏形。2004 年 7 月 15 日，国际足联主席布拉特宣布：中国是足球的故乡，足球最早起源于中国山东省淄博市的临淄。2005 年 5 月 21 日，布拉特在国际足联总部向中国的临淄颁发了足球起源地认定证书。

（二）现代足球起源于英国

19 世纪下半叶，随着工业革命的推进，足球在英国有了新的发展。不过当时还没有统一规定场地、比赛方法、参赛人数和时间长短等。1857 年，英国成立了第一个足球俱乐部。1863 年 10 月 26 日，英国成立了第一个足球组织——英格兰足球协会。这被认为是现代足球的开端。

1904 年 5 月 21 日，法国、比利时、丹麦、荷兰、西班牙、瑞典和瑞士 7 个国家在巴黎发起成立了国际性的足球组织——国际足球联合会（简称国际足联）。到目前为止，国际足联已发展成为由 200 多个会员国（地区）组成的世界最大的单项体育组织。

二、足球的特点

（1）足球是一项富有战斗性的激烈对抗的体育项目。在比赛中，双方为了把球踢进对方的球门，而又不让球进入本方的球门，展开短兵相接的争斗，在两个罚球区中的争夺尤为激烈。

（2）足球是一项技战术复杂的非周期性运动项目。其技战术受到对手的干扰和限制，比赛中需要灵活地运用。足球比赛的参加人数较多，行动不易协调和统一，所以攻守战术的配合较困难。

（3）足球比赛场地大、时间长、体能消耗大。正式比赛为 90 分钟，有时还要进行加时赛（30 分钟）。在一场高水平的足球比赛中，运动员往往要跑动 10 000 米以上，而且还要做上百个技术动作，体能消耗非常大。一场比赛结束后，有些队员的能量消耗在

2 000 卡左右，体重甚至会下降 3~5 千克。

（4）足球规则简单易懂，场地器材要求不高，易于开展。

三、重大足球赛事简介

（一）世界重大足球赛事

1. 世界男子足球锦标赛

4 年一届的世界男子足球锦标赛（又称世界杯足球赛）是全世界最高水平的足球赛事，全世界 200 多个成员国（地区）都在为争夺决赛阶段的 32 个名额而奋斗。1930 年，第一届世界杯足球赛在乌拉圭成功举行，至今已举办了 21 届。第 21 届世界杯足球赛于 2018 年在俄罗斯举行，法国、克罗地亚、比利时获前三名。

2. 世界女子足球锦标赛

1991 年，国际足联正式举办第一届世界女子足球锦标赛。此后，每 4 年举办一届。2007 年，在中国举行了第 5 届世界女子足球锦标赛，共有 16 个国家的女子足球队来华参赛。

3. 奥运会足球比赛

奥运会足球比赛共有 16 支男子足球队和 12 支女子足球队参加。奥运会男子足球比赛规定，23 岁以下球员才能参加比赛，每队最多有 3 名超龄球员。

另外，在世界范围内每两年还举行一届 19 岁以下和 17 岁以下的青少年足球锦标赛；世界大学生运动会也有男子、女子足球比赛。

（二）亚洲重大足球赛事

（1）亚洲杯男子、女子足球锦标赛。

（2）亚运会足球赛。

（3）世界杯、奥运会和世界青年锦标赛等各项赛事的亚洲区选拔赛。

（4）亚洲俱乐部冠军联赛。

（三）欧洲重大足球赛事

1. 欧洲杯赛

每 4 年举行一届，共有 24 支足球队进入决赛阶段的比赛。

2. 欧洲俱乐部冠军联赛

3. 欧洲五大联赛

意大利足球甲级联赛、英格兰足球超级联赛、西班牙足球甲级联赛、德国足球甲级联赛、法国足球甲级联赛。

（四）中国国内主要足球赛事

1. 中超、中甲联赛

参加队为在中国足协注册的职业足球俱乐部。每队场上可以有 4 名外援参赛。

2. 中国足协举行的青少年足球比赛

以球员的年龄分组进行，有 U-19、U-17、U-15 三个年龄组。

3. 全国运动会的足球比赛

以各省、自治区、直辖市为单位，前 12 名球队参加，每 4 年举行一届。

4. 全国大学生足球比赛

（1）大学生超级联赛。以高校为参赛单位，先进行各省、自治区、直辖市的选拔赛，最后进行总决赛。每年举行一届。

（2）全国大学生运动会足球比赛。由各省、自治区、直辖市组织最高水平的混合队，先通过预选赛，最后16强参加决赛阶段的比赛，每4年举行一届。

第二节 足球技术与练习方法

一、颠球

（一）颠球技术

颠球是熟悉球性的一种练习手段。

1. 双脚脚背颠球

脚向前上方摆动，用脚背击球。击球时，踝关节固定，击球的下部。两脚可交替击球，也可一只脚支撑，另一只脚连续击球。击球时，用力均匀，使球始终控制在身体周围。

2. 双脚内侧、外侧颠球

抬腿屈膝，用脚的内侧或外侧向上摆动，击球的下部，两脚内侧或外侧交替击球。

3. 大腿颠球

抬腿屈膝，用大腿的中前部位向上击球的下部。两腿可交替击球，也可一只脚做支撑，用另一侧的大腿连续击球。

4. 各部位连续颠球

根据上述单一颠球技术动作要领，用各部位配合连续颠球，配合的部位越多，难度越大。颠球的部位有脚背、脚内侧、脚外侧、大腿、头部、胸部、肩部等。

（二）颠球练习方法

1. 一人一球颠球练习

体会触球的时间、触球的部位、触球的力量和整个动作的协调配合。

2. 两人一球颠球练习

用脚背、大腿、头部以及身体各部位触球，掌握好触球的力量，尽量不让球落地。每人可触球一次颠给对方，也可触球多次互颠。

二、运球

运球是运动员在跑动中用脚的推、拉、扣、拨，使球保持在自己控制范围内的连续触球动作。它是个人控球能力和进攻能力的体现，也是集体战术配合的基础之一。常见的运球方法有脚背内侧运球、脚背外侧运球、脚背正面运球和脚内侧运球等。

（一）运球技术

1. 脚背内侧运球

特点：运球动作幅度大，控球稳，虽不能加快速度，但是左右转换方向很容易。主要适用于掩护性运球或运球变向，它是比赛中使用得最多的运球方法。

技术要点：跑动时，身体自然放松，步幅要小些，上体前倾稍向运球方向侧转，运球脚提起时，膝关节微屈，脚跟提起，脚尖外展，用脚背内侧推拨球，使球随身体前进（图8-2-1）。

图 8-2-1　脚背内侧运球

脚背内侧运球

2. 脚背外侧运球

特点：易于变化运球方向和发挥奔跑速度，还具有掩护球的作用。运用时灵活性、可变性强。按运球形式可分为直线运球、弧线运球和转换方向运球。

技术要点：跑动时身体自然放松，上体稍前倾，两臂自然摆动，步幅小些，运球腿提起，膝关节微屈，脚跟提起，脚尖稍内转，在迈步前伸着地前，用脚背外侧拨动球的后中部（图 8-2-2）。

图 8-2-2　脚背外侧运球

脚背外侧运球

3. 脚背正面运球

特点：直线推拨，速度快，但路线单一。多在前方纵深距离较长的情况下运用。

技术要点：运球跑动时身体自然放松，上体稍前倾，步幅稍小，两臂屈肘自然摆动。在运球脚提起时，膝关节微屈，脚跟提起，脚背绷紧，脚尖向下，在迈步前伸着地前，用脚背正面推拨球前进（图 8-2-3）。

图 8-2-3　脚背正面运球

脚背正面运球

4. 脚内侧运球

特点：与其他运球技术相比，速度最慢，容易控制，多用于掩护性运球或运球变向。

技术要点：运球时，支撑脚稍向前跨，踏在球的前侧方，膝关节稍弯曲，上体前倾向里转。随着身体向前移动，运球脚提起，用脚内侧推球的侧后中部（图 8-2-4）。

▶ 脚内侧运球

图 8-2-4 脚内侧运球

（二）运球过人

1. 利用速度强行过人

持球者以突然的快速推拨球（力量较大）并与快速的奔跑相结合越过对手的阻拦。

2. 利用身体的掩护强行过人

当持球者接近对手时双方速度减慢，持球者侧身用身体靠住对手以另一侧脚将球拨出，同时转身将对手倚在身后并随球越过对手。

3. 利用变速运球过人

对手在持球者侧面，持球者用另一侧脚运球，利用运球速度的变化达到甩掉对手或越过对手的目的。

4. 运球假动作过人

运球者利用腿部、上体的晃动使对手产生错觉，在对手做抢球动作时，使其重心产生错误的移动，运球者则抓住时机从另一方向越过对手。

（三）运球时常用的动作

▶ 拨球过人

（1）拨球。用脚踝的扭拨动作，以脚背内侧或脚背外侧触球，使球向侧方或侧前方运动。用脚背内侧拨球的动作称“里拨”，用脚背外侧拨球的动作称“外拨”。

（2）扣球。扣球指用突然的转身和脚踝急转扣压动作以脚背内侧或脚背外侧触球，使球向侧后方停下或改变方向运行。用脚背内侧扣球的动作称“里扣”，用脚背外侧扣球的动作称“外扣”。

▶ 扣球过人

（3）拉球。拉球指用脚掌将球由前向后或由左（右）向右（左）拖拉球的动作。

（4）挑球。挑球指用脚背与脚尖翘起上挑的动作或用脚背上撩的动作，使球向前上方改变方向。

（四）运球练习方法

▶ 拉球过人

（1）在走与慢跑中做无球模仿练习。

（2）在走与慢跑中进行先单脚后双脚、先直线后曲线运球练习。

（3）在人群中运球和小间距绕杆运球。

（4）运球过人练习。

（五）运球练习提示

（1）运球时，推拨球而不是踢球，要使球始终在自己的控制范围内。

（2）运球时，步幅要小，身体要放松，重心移动要快。

（3）运球时，要养成抬头观察的好习惯，不要低头运球。

三、踢球

踢球是足球最基本的技术，主要用于传球和射门。踢球的脚法很多，一般均由助跑、支撑脚站位、踢球摆动、脚触球和踢球后的随前动作 5 个环节组成。

（一）踢球技术

1. 脚内侧踢球（又称脚弓踢球）

特点：脚内侧踢球触球面积比脚的其他部位都大，更容易控制球。因此，脚内侧踢球是进行短距离准确传球和射门的理想方法。

技术要点：以右脚踢球为例，脚触球的部位是由跖趾关节、舟骨和跟骨所构成的三角部位。直线助跑，支撑脚踏在球侧 15 厘米左右处，脚尖对准出球方向，膝关节微屈。在支撑脚着地的同时，踢球腿以髋关节为轴由后向前摆动，屈膝外展约 90°，小腿加速前摆，脚尖稍翘起，踝关节紧张用力，用脚内侧部位击球后中部（图 8–2–5）。

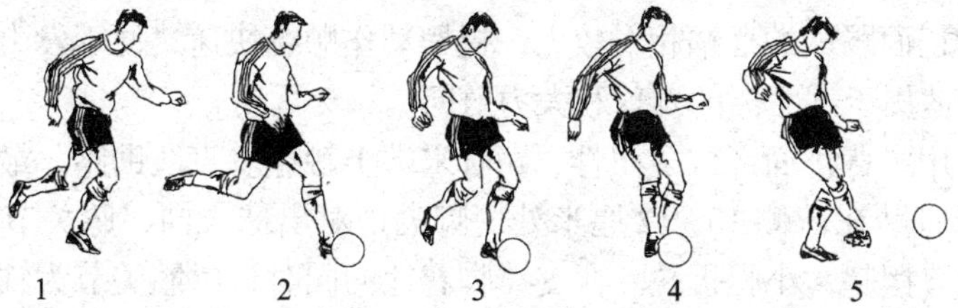

图 8–2–5　脚内侧踢球

▶ 脚内侧踢球

2. 脚背内侧踢球

特点：摆踢动作顺畅、幅度大、脚触球面积大、出球平稳有力，而且性能和路线富于变化，适用于中远距离传球和射门。

技术要点：触球部位是第一跖骨体及跖趾关节部位。斜线助跑，与出球方向约成 45°，最后一步稍大，支撑脚踏在球侧后 20~25 厘米处，脚尖指向出球方向，膝关节微屈，身体稍向支撑脚一侧倾斜。踢球腿以髋关节为轴，大腿带动小腿由后向前摆，当大腿摆至接近垂直地面时，小腿加速前摆，膝关节稍向内旋，脚面绷直，脚尖指向斜下方，以脚背内侧踢球的后中部（图 8–2–6）。

图 8–2–6　脚背内侧踢球

▶ 脚背内侧踢球

3. 脚背外侧踢球（又称外脚背踢球）

特点：踢球时脚踝灵活性较大，摆腿方向变化较多，且助跑时又是正常的跑动姿势，故其出球隐蔽性较强，在足球比赛中踢各种距离的弧线球及非弧线球均可使用这种踢法。

技术要点：踢定位球时，助跑、支撑脚的位置和踢球腿的摆动基本上与脚背正面踢球相同。但是在踢球腿的膝盖摆到接近球的垂直上方的一刹那，小腿加速前摆，脚尖内转，脚背外侧与地面垂直，脚面绷直，脚趾扣紧，以脚背外侧部位击球的后中部。踢球后，踢球腿随球继续前摆（图 8-2-7）。

脚背外侧踢球

1　2　3　4　5

图 8-2-7　脚背外侧踢球

4. 脚背正面踢球

特点：脚背正面踢球的摆幅相对较大，提摆动作顺畅快速，便于发力，但出球路线或性能缺乏变化，适用于远距离的发球和大力射门。

技术要点：用脚背正面部位（楔骨、跖骨末端）触球。直线助跑，最后一步稍大并要积极着地，支撑脚踏在球侧 10~12 厘米处，脚尖正对出球方向，膝关节微屈，踢球腿在支撑脚着地前顺势摆起，小腿折叠。在支撑脚着地的同时，以髋关节为轴，大腿带动小腿向前摆动，在膝盖摆至接近球正上方的瞬间，小腿加速前摆发力，脚背绷直，脚趾紧扣，用脚背正面击球后中部，踢后脚随出球方向继续前摆（图 8-2-8）。

脚背正面踢球

1　2　3　4　5

图 8-2-8　脚背正面踢球

（二）踢球练习方法

（1）进行各种踢球技术动作的模仿练习。

（2）一人用脚底挡球，另一人上步做踢球练习。

（3）各种脚法的两人练习。两人相距 15 米左右，用脚的各个部位相互练习踢定位球，然后过渡到踢移动中的球或空中球。

（4）利用足球墙和标杆做踢旋转球的练习。可将标杆插在踢球者与墙之间，标杆与人及墙的距离视需要而定，开始可大些，当技术掌握后再逐步缩小。

（5）一人传球，一人射门练习。一人从侧前方、侧方、侧后方传地滚球或抛高球，另一人迎球踢地滚球、反弹球或凌空球射门。

（6）两人一组进行对抗性的传射练习。

（三）踢球练习提示

（1）支撑脚要对准出球方向，位置要选好。

（2）助跑最后一步稍大，大腿带动小腿摆动，小腿摆速要快。

（3）脚型要控制好，触球部位要准确，否则会影响踢球的力量和准确性，且容易受伤。

四、接球

接球是指运动员有目的地用身体的合理部位把运行中的球接停在所需要的控制范围内的技术动作。

（一）接球技术

1. 脚内侧接球

特点：脚内侧接球由于脚触球面积大，动作简单，较易掌握，在比赛中经常使用这种技术接各种地滚球、反弹球、空中球等。

技术要点：脚内侧接地滚球时，支撑脚脚尖正对来球，接球腿提膝大腿外展，脚尖微翘，脚底基本与地面平行，脚内侧正对来球并前迎，当脚内侧与球接触的一刹那迅速后撤，把球接在衔接下一个动作需要的位置上（图 8-2-9）。脚内侧接反弹球时，应根据来球的落点，及时移动到位，支撑脚与球落点的相对位置在球的侧前方，接球腿提起小腿且放松，脚尖微翘，脚内侧对着接球后球运行的方向并与地面成一锐角，当球落地反弹刚离地面时，大腿向接球后球运行的方向摆动，用脚内侧部位轻推球的中上部。

图 8-2-9　脚内侧接地滚球

脚内侧接地滚球

2. 脚底接球

特点：脚底接球动作简单，技术便于掌握，易于将球接到位置，常被用来接各种地面球和反弹球。

技术要点：脚底接地滚球时，身体正对来球方向，移动前迎，支撑脚稳固支撑，脚尖正对来球方向，同时接球腿提起，膝关节微屈，脚尖翘起，使脚底与地面形成一定夹角。在触球瞬间，接球脚前脚掌挡压球的中上部（图 8-2-10）。脚底接反弹球时，应根据来球落点，及时前移迎球，支撑脚站在落点侧后方，脚尖正对来球方向，球落地瞬间，用前脚掌去触球的中上部，用前脚掌将球接在体前。

▶ 脚底接地滚球

图 8-2-10 脚底接地滚球

3. 大腿接球

特点：大腿接球由于触球部位面积大且肌肉丰富有弹性，一般用来接抛物线较大的高空球和略高于膝的低平球。

技术要点：大腿接抛物线较大的下落球时，面对来球方向，根据球的落点迅速移动到位，接球腿的大腿抬起，当球与大腿接触的瞬间，大腿下撤将球接到需要的位置上。大腿接低平球时，应面对来球方向，根据来球高度，接球腿的大腿微屈，送髋前迎来球，当球与大腿接触瞬间，收撤大腿，使球落在所需要的位置上（图 8-2-11）。

▶ 大腿接球

图 8-2-11 大腿接球

4. 胸部接球

特点：接球点高，触球面积大，持球相对平稳，适用于接胸部以上高度的球。

技术要点：胸部接球包括挺胸式接球和收胸式接球两种方式。挺胸式接球时，面对来球站立（两脚左右或前后开立），两膝微屈，上体后仰，下颌微收，两臂自然张开，触球瞬间两脚蹬地，膝关节伸直，用胸部轻托球的下部，使球微微弹起于胸前上方（图 8-2-12）。收胸式接球时，面对来球，两脚左右或前后开立，挺胸迎球，触球瞬间收胸、收腹、臀部后移，将球接在体前（图 8-2-13）。

▶ 挺胸式接球

▶ 收胸式接球

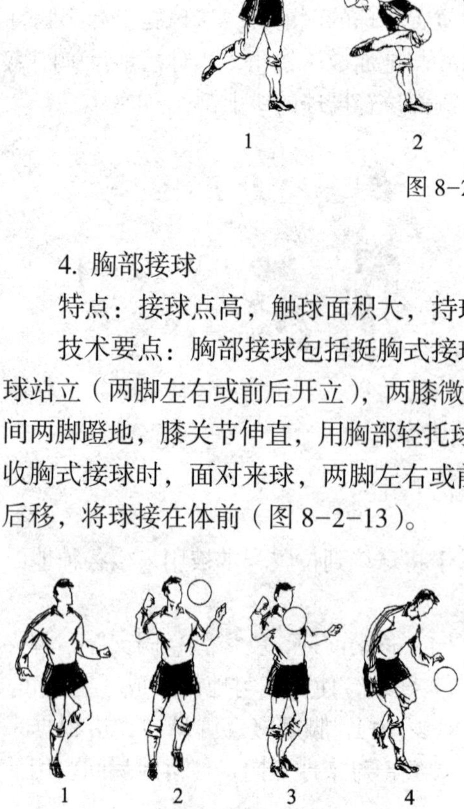

图 8-2-12 挺胸式接球

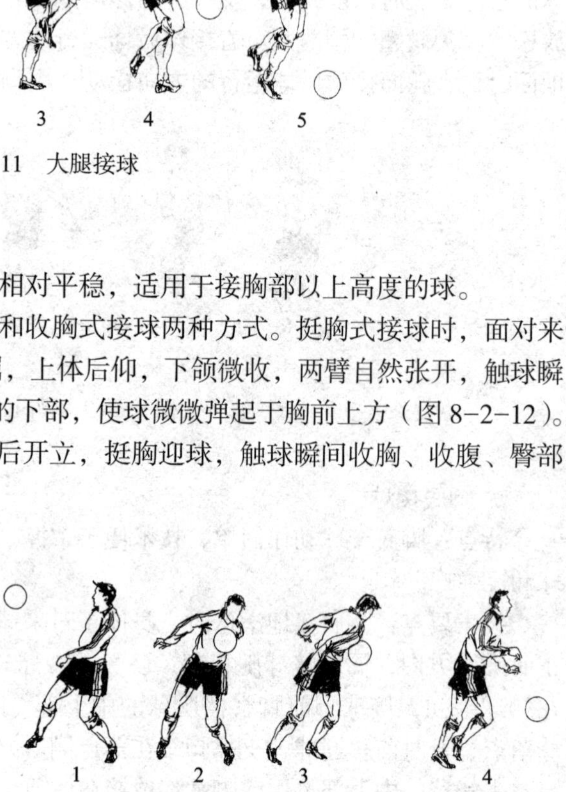

图 8-2-13 收胸式接球

（二）接球练习方法

1. 停地滚球练习

（1）两人距离约 10 米，一人用手抛地滚球，另一人迎球用脚内侧把球停在体前或向左、右侧停球，停球后将球拾起再用手抛球给对方。两人依次反复练习。

（2）两人相距 10~15 米，甲向乙两侧传球，乙停球后再回传给甲。

（3）三人站成一条直线，每人相距约 10 米，甲传球给乙，乙用脚内侧向两侧或转身停球，然后传给丙，丙再回传给乙。三人可互换位置。

2. 停反弹球练习

（1）自己向空中抛（踢）球，练习停反弹球。

（2）两人相距约 10 米，一人踢或抛有一定弧度的下落球，一人停反弹球。

3. 停空中球练习

（1）用各种停空中球的方法自抛自停空中球。

（2）两人互抛互停空中球，逐渐改变球的飞行弧度和落点进行停球。

（3）两人相互传高球，练习停空中球。

（三）接球练习提示

（1）准确判断球的性能、落点和速度是各种接球的前提。

（2）缓冲动作是接球的关键，迎接、推压、切挡和改变球的运行路线是各种接球的基本方法。

（3）接球后身体要及时跟上并与下个动作紧密衔接。

五、抢截球

抢截球是比赛中由防守转为进攻的重要手段，是指在规则允许的条件下，把对方控制的球抢夺过来或破坏掉。在对抗日趋激烈的足球比赛中，进攻与防守转换快速、合理有效的防守技术对提高球队的竞技能力十分重要。

抢截球包含抢球和断球两种技术，但从其动作过程分析，都是由判断选位、上步抢断和衔接动作三个技术环节构成的。

（一）抢截球技术

1. 正面跨步抢截球

技术要点：两脚前后开立，两膝微屈，身体重心下降。当对手运球脚触球后还未着地的瞬间，一脚用力蹬地，另一脚跨步伸出，上体前倾，身体重心迅速移至抢球脚上。如双方的脚同时触球，则可抢先顺势向上提拉，使球从对方脚背滚过（图 8-2-14）。

图 8-2-14　正面跨步抢截球

2. 侧面合理冲撞抢截球

技术要点：当与对手肩并肩跑动追球时，身体重心下降，靠近对手一侧的手臂要贴紧身体。在对手以远离自己一侧的脚支撑时，用肘关节以上部位使其失去平衡而离开球，乘机控制住球（图 8–2–15）。

图 8–2–15 侧面合理冲撞抢截球

（二）抢截球练习方法

（1）无球模仿练习。

（2）两人一球，原地做跨步练习。

（3）模拟对抗抢球。一人慢运球，另一人做正面抢截球。

（4）两人在同向慢跑或快跑中进行冲撞练习。

（三）抢截球练习提示

（1）掌握好抢球的时机和动作准确性，否则易失误和犯规。

（2）抢球动作要迅速、果断。

六、头顶球

头顶球是比赛中为了争取时间和取得空中优势的一项重要技术，它是传球、射门和抢截球的有效手段。头顶球触球部位平坦，动作发力顺畅，容易控制出球方向，准确性强，触球平稳有力。

（一）头顶球技术

1. 前额正面头顶球

特点：前额正面头顶球是头顶球技术中最常见的方式，其特点是触球部位平坦，动作发力顺畅，容易控制出球方向，准确性强，出球平稳有力。

技术要点：原地前额正面头顶球时，身体正对来球，两脚前后站立或平行站立，膝关节微屈，两眼注视来球，上体稍后仰，两臂自然张开，挺胸展腹，下颌收紧。头顶球时，蹬地、收腹、摆体、顶送发力，当头摆至身体垂直部位时，用前额正面顶击球的后中部，顶击球瞬间，颈部肌肉保持紧张，头顶球后继续前送，以便于控制出球的方向（图 8–2–16）。跳起前额正面头顶球时，要选好起跳位置，两脚前后站立，维持身体平衡，掌握好起跳时机，起跳脚积极蹬跳发力，手臂协调向上提摆，以加强跳起力量。起跳后，挺胸展腹，形成背弓，两眼始终注视来球。当跳至最高点时，迅速收腹摆体，下颌收紧，前额积极迎球顶送发力。当头顶球后屈膝缓冲落地时，看清球的飞行路线，以便进行下一步动作。

图 8-2-16　前额正面头顶球

2. 前额侧面头顶球

特点：在实际比赛中，运用该技术对球门的威胁很大。因为其特点是击球动作快捷，变换方向突然，顶出球的运行线路难以预测。但该动作难度较大，侧摆发力和出球方向较难控制，适用于应急时破坏球和门前的头球攻门。

技术要点：原地前额侧面头顶球时，选择好击球的方向，身体稍侧对来球，两脚自然前后站立，击球一侧的支撑腿在前，身体稍向侧后微屈，重心落在后腿上，两臂自然张开，眼睛注视来球。顶击球时，后脚向击球方向猛力蹬伸，身体随之向出球方向转动侧摆，同时颈部侧甩发力，用额侧部将球击出（图 8-2-17）。跳起前额侧面头顶球时，动作类似跳起前额正面头顶球，但在起跳上升阶段，上体应向出球的相反方向侧屈转体。跳至最高点时，上体向出球一侧加速转动，摆体侧甩，可利用脚的侧下方蹬地，加快侧摆速度，用额侧部将球顶出。

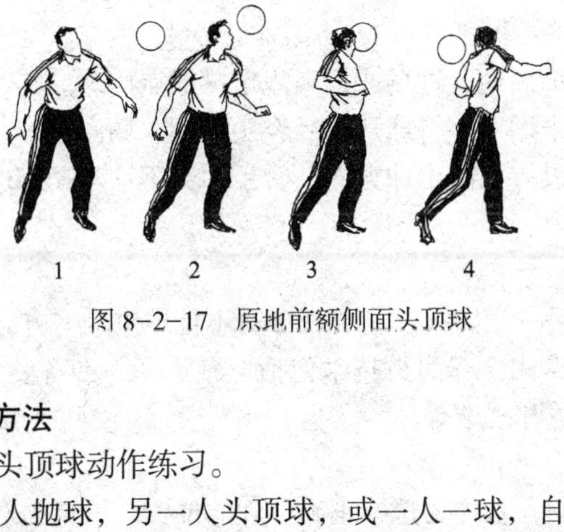

图 8-2-17　原地前额侧面头顶球

（二）头顶球练习方法

（1）进行徒手模仿头顶球动作练习。

（2）两人一球，一人抛球，另一人头顶球，或一人一球，自抛自顶，或用吊球做练习，体会头顶球的部位和动作。

（3）两人一球，相距 5 米，自抛自顶给对方，或一人一球对墙练习。

（4）两人一球，一抛一顶，连续对顶或一进一退头顶球。

（5）三人一球，进行三角头顶球练习。也可在规定时间内进行头顶球比赛，连续头顶球次数多者为胜者。

（三）头顶球练习提示

（1）初学者首先要克服紧张心理，绝不可闭眼、缩颈做头顶球动作，要主动迎击球。

（2）跳起头顶球时，首先要准确判断球的落点和起跳时间，起跳过早或过晚则会导致顶球无力或顶不到球。

（3）无论用哪种头顶球方法，都必须使所有参加运动的关节和肌肉都能协调一致地用力。

七、掷界外球

掷界外球是在球出边线时使用的技术。掷界外球时没有“越位”的约束，因为掷球一方可以充分利用这一规则发动有效进攻。掷界外球技术如运用得当，比角球的威胁还大。掷界外球分为原地掷界外球和助跑掷界外球。

（一）掷界外球技术

原地掷界外球时，掷球队员必须面向球场，脚可以踩在边线上，但是不得越过边线。掷球时，两脚用力蹬地，收腹、摆体、挥臂、甩腕，双手用力将球从头后经头顶掷入场内。

助跑掷界外球在助跑时两手持球于胸前，在最后一步迈出的同时，将球举至头后，同时身体后仰成背弓，两脚前后开立，其他掷球动作与原地掷相同。

（二）掷界外球练习方法

（1）根据规则和动作要点，进行徒手模仿练习。

（2）两人互掷球，距离由近至远，要求在练习中球不落地或结合其他技战术进行练习。如要增加臂力，可以用实心球代替。

（3）界外球掷准、掷远比赛。

（三）掷界外球练习提示

掷界外球技术并不复杂，但却是规则性较强的技术动作，一定要按规则的要求进行。下列情况为掷界外球违例：

（1）掷界外球时，脚离地、进场或远离规定掷球点掷球。

（2）掷界外球时，未用双手将球从头后经头顶掷入场内。

（3）掷界外球时，没有面向出球方向，两手用力不均匀，掷球动作不连贯。

八、守门员技术

守门员是全队的最后一道防线，主要任务是不让球进入本方球门，同时还要起到协调指挥全队防守和进攻的作用。守门员技术包括位置选择、准备姿势、移动、选位、接球、扑球、击球、托球、掷球和踢球等。

（一）位置选择

守门员为了守住球门，首先要选择正确合理的位置。位置的选择应根据对方的射门地点和射门角度而定。在一般情况下，守门员应站在两球门柱与射门时球所处位置所形成的分角线上。

（二）准备姿势

两脚左右开立，约与肩同宽，两膝自然弯曲并稍内扣，脚跟稍提起，身体重心落在前脚掌上，上体稍前倾，两臂于体前自然屈肘，手指自然张开，掌心向下，眼睛注视来球。

（三）接球

1. 接地滚球

接地滚球有直腿式接球和单腿跪撑式接球两种。

（1）直腿式接球。两腿自然并立，脚尖正对来球，上体前屈，两臂并肘前迎，两手小指靠近，手掌对球。在手触球的刹那，随球后引并屈肘、屈腕，两臂靠近将球抱于胸前（图 8-2-18）。

图 8-2-18　直腿式接球

直腿式接球

（2）单腿跪撑式接球。身体正对来球，两腿左右开立，一腿弯曲支撑身体重心，另一腿内转跪撑，膝盖接近地面并靠近前脚脚踵，上体前屈，手臂下垂，两手小指相对，手掌对准来球，稍向前迎，在手触球的刹那，随球后引并屈肘、屈腕，两臂靠近将球抱于胸前，然后起立（图 8-2-19）。

图 8-2-19　单腿跪撑式接球

单腿跪撑式接球

2. 接高球

当确定接球点后，迅速移动并跳起，两臂上伸迎球，两手拇指呈“八”字，手指微屈，手掌对球。在手触球时，手腕和手指适当用力将球接住，顺势屈肘、回缩下引，并转腕将球抱于胸前（图 8-2-20）。

图 8-2-20　接高球

接高球

（四）扑球

倒地扑侧面的低球。如扑左侧低球时，左腿屈膝向左跨出一步，身体作倒。右脚着地后，随着以小腿、大腿、臀部、上体和手臂的外侧依次着地。同时两臂向球伸出，左手掌心对来球，右手在左手前上方，两手腕稍向内屈。触球后把球收回胸前，然后站起。

（五）守门员技术练习方法

（1）守门员按教练员的手势做左、右、前、后的移动练习。在进行移动练习时，要保持随时出击的准备姿势，身体重心不能有较大起伏。

（2）接同伴抛来或踢来的地滚球、平直球或高空球。

（3）守门员接自己对墙掷出或踢出的各种反弹回来的球。

第三节 足球战术

一、比赛阵型

比赛阵型是指比赛场上队员基本位置排列，是本队攻守力量搭配和分工的形式。根据队员的职责和排列的层次分为后卫线、前卫线和前锋线。阵型的人数排列次序是从后卫数向前锋的，守门员的人数、职责固定，一般不予计算。目前，世界上普遍采用的阵型有“4–3–3”阵型（图 8–3–1）、“4–4–2”阵型（图 8–3–2）、“4–1–2–3”阵型和“3–5–2”阵型（图 8–3–3）等。除“4–4–2”阵型以防守为主、反击为辅外，其他阵型均以进攻为主，尤以“3–5–2”阵型更为突出。“3–5–2”阵型从后至前分为 3 条线，由后卫线 3 名队员、前卫线 5 名队员、前锋线 2 名队员组成。

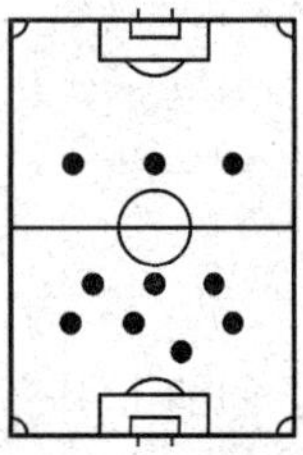

图 8–3–1 “4–3–3”阵型

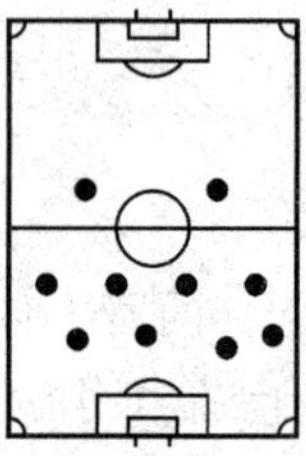

图 8–3–2 “4–4–2”阵型

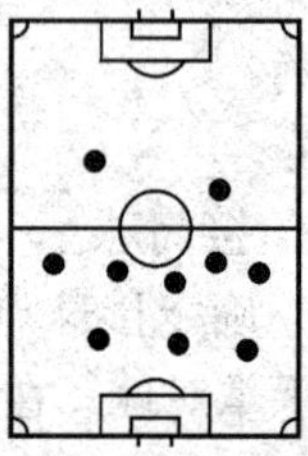

图 8–3–3 “3–5–2”阵型

比赛阵型在比赛中不是一成不变的，它只是队员在场上活动的大体安排，可根据临场情况不断变化，场上每个队员都应在明确基本位置和职责的前提下，进行创造性的活动。

二、进攻战术

（一）个人进攻战术

1. 摆脱与跑位

摆脱就是甩掉对手对自己的防守，跑动到有利于进攻的位置上去，达到有利于控制球和将进攻推向对方球门的目的，争取射门得分。

2. 接应

接应是对运控球同伴的支持与帮助。接应必须遵循以下几个原则：一是要拉开；二是接应要及时，到位要快，保持能够接到球的角度，并起到转移进攻点的作用；三是几个队员同时接应时，应保持纵深和角度。

3. 传球

传球是集体配合的基础，是完成战术配合，创造射门的主要手段。

（1）传球目标。分为向脚下传和向空位传两种。

（2）传球时机。一种是跑位引导传球，即先跑位后传球；另一种是传球引导跑位，即先传球后跑位。

（3）传球力量。应有利于接球者处理来球，并且要准确。

4. 运球突破

运球突破是进攻战术中极为重要的个人战术，当控球队员在无人接应或不利于传球时，控球队员冲破对方的紧逼盯人，从而为形成局部以多打少，获取传球空当和为射门创造机会。

（二）局部进攻战术

比赛中经常采用的二人配合进攻方法有传切配合二过一、踢墙式配合二过一和回传反切二过一。二过一是足球比赛中最常用、最有效、最简捷的进攻配合方法。无论在球场任何一个区域、任何两名同队队员都可以采用这种方法。

1. 传切配合二过一

传切配合二过一是两名进攻队员通过一传一切配合越过一名防守队员的配合方法。

斜传直插二过一（图 8–3–4）和直传斜插二过一（图 8–3–5）都是只通过一次传球和穿插就越过一名防守队员，配合十分简捷和实用。在进行配合时，两名进攻队员要保持适当的距离。控球队员可采用运球或其他动作，诱使防守者上前阻截，插入的队员必须突然、快速起动，但应避免越位。

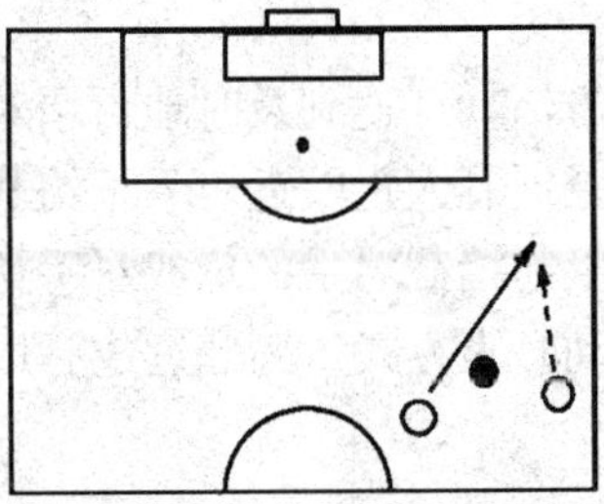

图 8–3–4　斜传直插二过一

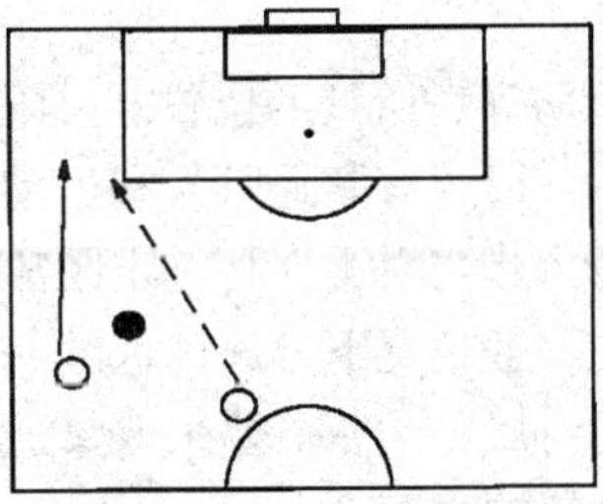

图 8–3–5　直传斜插二过一

2. 踢墙式二过一

踢墙式二过一是两名进攻队员通过两次传球越过一名防守队员的配合方法（图 8–3–6）。在进行踢墙式二过一配合时，持球队员最好传地滚球，因为地滚球力量适度，方向准确；接应队员要求当控球同伴带球逼近防守队员时，要突然摆脱防守者与持球同伴形成三角形位置接应，并一次触球将球传到队友脚下。

3. 回传反切二过一

回传反切二过一是当接应队员与控球队员有一定纵深距离，并且防守者身后有较大空隙时采用的二过一配合。它是通过三次传球组成的配合方法（图 8–3–7）。

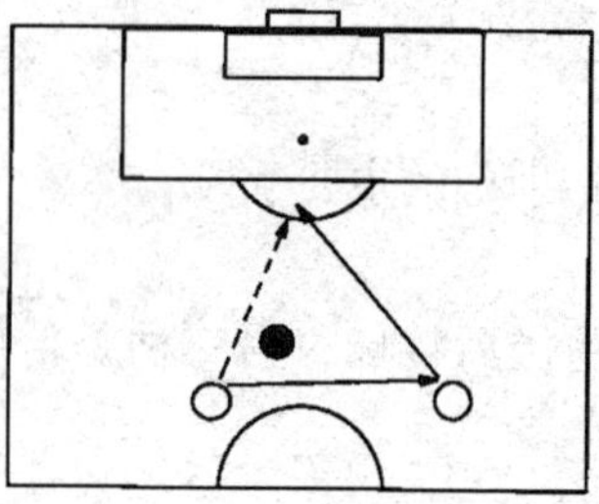

图 8-3-6 踢墙式二过一

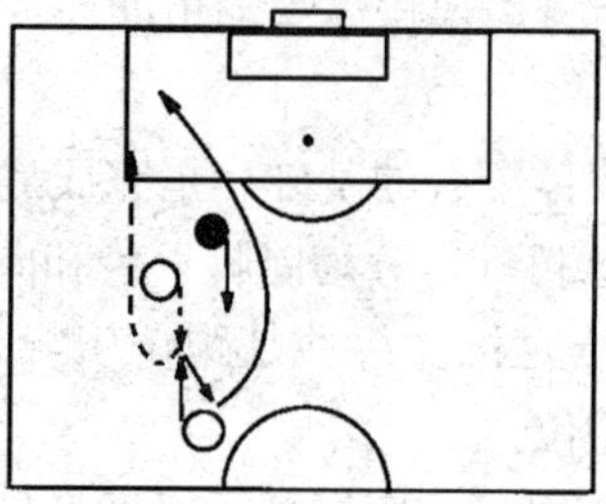

图 8-3-7 回传反切二过一

（三）边路进攻

边路进攻是指在对方半场两侧地区发展的进攻。边路进攻包括边锋或其他到边锋位置上的队员运球突破下底或里切、边锋与边锋运用二过一突破、由边后卫边线插上配合、斜线传中等进攻方法。

（四）中路进攻

中路进攻是指从比赛场地中间地带发起的进攻。它包括回传反切、前卫插上、短传配合等方式。

三、防守战术

（一）个人防守战术

1. 选位

防守队员的选位，原则上是站在对手与本方球门中心所构成的一条直线上，与对手的距离要根据场区和球所处的位置来决定。

2. 盯人

盯人是指防守者所处的位置能够限制、看守对方活动，达到及时地封堵对手接球或传球路线的目的。盯人有紧逼盯人和松动盯人两种。紧逼盯人指贴近对手不给其从容活动的机会；松动盯人指与对手保持一定距离，以便随时上前抢截对手的球或对手得球后能立即逼近对手。在一般情况下，离球远的一侧可采用松动盯人方式，离球近或有可能接球的队员以及对球门有威胁的队员要采取紧逼盯人方式。

（二）局部防守配合

1. 保护与补位

保护是指位于抢球队员（第一防守者）身后的保护队员（也称第二防守者）直接提供增援的防守方法。补位是指防守队员弥补同伴在防守中出现漏洞或进攻留下空当时所采取的互相协助的战术配合。保护与补位是局部地区集体防守的基础。保护是补位的前提，没有保护也不可能有效地补位。补位有两种，一种是队员去补空缺，另一种是临近队员相互补位。

2. 围抢

围抢是指在特定场区，2~3 名防守队员快速多方位夹击对方控球队员，夺取球权或破坏球的战术配合。围抢是一种主动防守战术行为。

（三）全局防守战术

全局防守战术包括盯人防守、区域防守、混合防守。严密封堵球门前 30 米范围是全队集体防守的关键。

四、定位球战术

定位球战术是指比赛成死球时所采用的攻守战术，包括球门球战术、中圈开球战术、掷界外球战术、角球战术、任意球战术、点球战术等。

（一）角球战术

1. 角球进攻战术

随着技战术的发展，角球也是破门得分的重要手段之一。其主要进攻配合方式有短传角球和长传角球两种。

（1）短传角球。这种角球的优点是快，缩短传中距离，提高传球的准确性和增大传球角度，丰富战术打法，增加防守难度，对球门威胁大。队员身材不高、争夺空中球能力较弱的队用此方法较多。

（2）长传角球。用内弧线球直接射球门的前、后上角，运用者较少。多数长传角球是将球传至门前区域，由同伴头顶或配合射门。

在踢角球时，一般由擅长右脚者罚左侧的角球，擅长左脚者罚右侧的角球，这有利于踢出球速快、旋转强、落点好的内弧线球，从而为本队队员的争顶创造机会。

2. 角球防守战术

对方踢角球时，前锋、前卫队员要快速回防，迅速组织防守。所有队员的注意力应高度集中，分工明确，各司其职，人球兼顾，切忌盯人不看球或看球不盯人。一般以头球好的队员守在门前危险区域，重点防守头顶球好的对方队员。守门员选位在球门中部，斜向站立，这样，既能看到罚球者，又能看到罚球区内的攻方队员，保护球门及控制球门区。两边后卫分别防近、远门柱区域的射门和高球，守门员出击时他俩应退至球门线补门。当球解围时，全体防守队员应快速同步向罚球区线上压上，以造成对方越位。

（二）任意球战术

1. 任意球进攻战术

前场任意球，特别是在对方禁区附近的任意球进攻是一次极好的破门得分机会，各队都十分重视该区域的任意球战术配合。

（1）直接射门。罚直接任意球时，如果距球门比较近，守方未布好防线、“人墙”有漏洞或守门员站位不佳时可采用直接射门。如果守方已布好防线，可由善于踢弧线球的队员直接射门，同时其他进攻队员要采用穿插跑位等行动干扰守方主防队员和守门员。

（2）传球配合射门。传球配合射门方法很多，一般多采用长传门前由同伴头顶射门或先短传后中长传配合射门。

2. 任意球防守战术

无论是直接任意球还是间接任意球，守方的所有队员都应迅速退守，积极干扰对手罚球，争取时间迅速组织人墙，根据不同罚球区域来排“人墙”，射门角度大则“人墙”人数多，反之则少。排人墙时，最高的队员在外侧，依次向内；最出色的防守队员不参加排墙，而是和其他队员一道去控制和封锁要害空间，防止进攻队员的穿插。在球罚出时，人墙应迅速向球移动，有效地封堵和缩小射门角度，人墙不能过早散开。

第四节 足球竞赛规则简介

一、比赛场地

1. 球场

球场边线长度不得多于 120 米或少于 90 米，球门线的长度不得多于 90 米或少于 45 米。在任何情况下，球场边线的长度必须大于球门线的长度，场地各线宽度不超过 12 厘米。

2. 罚球区

在比赛场地两端距球门柱内侧 16.50 米处的球门线上，向场内各画一条长 16.50 米与球门线垂直的线，一端与球门线相接，另一端画一条连接线与球门线平行，这三条线与球门线范围内的区域叫罚球区。在本方罚球区内，守门员可以用手触球。

3. 球门

球门由两根内沿相距 7.32 米与两边角旗点相等距离的直立门柱以及一根下沿离地面 2.44 米的水平横木连接组成。门柱及横梁的宽度、厚度与球门线均应对称相等，不得超过 12 厘米。

4. 角球弧

以边线和球门线外沿交点为圆心，1 米为半径，向场内各画一段 1/4 的弧，这个弧内地区叫角球区。

5. 罚球点

在两球门线中点垂直向场内量 11 米处各做一个清晰的标记，叫罚球点。

二、队员人数与装备

一场比赛每队上场队员不得多于 11 名或不得少于 7 名，其中必须有一名守门员。同队队员的服装（包括上衣、短裤和护袜）颜色必须一致，并与对方队有明显区别。守门员的服装颜色必须与双方其他队员和裁判员有明显区别。并且队员不能佩戴任何可能伤害到自己或别人的佩饰。

三、比赛时间

正式比赛每场为 90 分钟，分上下两个半场，每半场为 45 分钟。除经裁判员同意外，两个半场之间的休息不得超过 15 分钟。如比赛须决出胜负，90 分钟内战平，双方须打加时赛。加时赛共计 30 分钟，分为上下两个半场，每半场为 15 分钟，中间不休息。如加时赛后仍未分出胜负，则进行点球决胜。

四、计胜方法

凡球的整体从门柱间及横梁下越过球门线外沿的垂直面，而此前未违反竞赛规则，均为攻方胜一球。

五、越位

越位

1. 构成越位的条件

（1）进攻队员处在对方半场。

（2）进攻队员处在球的前面。

（3）进攻队员与对方球门线之间，对方队员不足两人。

（4）接同伴的球或干扰比赛，获得利益。

上述 4 条缺一不可，若缺少任何一条，队员均不处于越位位置。

2. 判断越位的时间

判断队员是否处于越位位置的时间是同队队员踢或触及球的一瞬间，而不是该队员接获球时。

3. 越位的判罚

当同队队员踢或触及球的一瞬间，队员处在越位位置，并且裁判员认为该队员有干扰比赛或干扰对方队员的行为才判罚越位犯规。

4. 不应判罚越位的情况

裁判员认为，队员只是仅仅处在越位位置。如果队员处在越位位置直接接得球门球、角球、界外球和裁判坠球时，也不判该队员越位。

六、犯规与不正当行为

直接任意球

1. 直接任意球

队员违反下列 10 条中任何一条者应判罚直接任意球：

（1）踢或企图踢对方队员。

（2）绊摔或企图绊摔对方队员。

（3）跳向对方队员。

（4）冲撞对方队员。

（5）打或企图打对方队员。

（6）推对方队员。

（7）在抢截对方队员控制的球时，于触球前触及对方队员。

（8）拉扯对方队员。

（9）向对方队员吐唾沫。

（10）故意手球。

2. 间接任意球

队员违反下列 7 条中任何一条者应判罚间接任意球：

（1）危险动作。

（2）阻挡对方队员。

（3）阻挡对方守门员发球。

（4）守门员用手控球在发出球之前持球超过 6 秒、2 次持球、接回传球、接队员直接掷入的球。

（5）擅自进、退场。

（6）连踢犯规（角球、开球、点球、球门球、任意球、掷界外球时连踢）。

（7）越位犯规。

3. 警告与罚令出场

凡队员犯有下列 7 条中任何一条者将被出示黄牌警告：

（1）犯非体育道德行为。

（2）以语言或行动表示异议。

（3）持续违反规则。

（4）延误比赛重新开始。

（5）当以角球或任意球重新开始比赛时，不退出规定的距离。

（6）未得到裁判员许可进入或重新进入比赛场地。

（7）未得到裁判员许可故意离开比赛场地。

队员违反下列 7 条中任何一条者将被出示红牌罚令出场：

（1）严重犯规。

（2）暴力行为。

（3）向对方或其他任何人吐唾沫。

（4）用故意手球破坏对方的进球或明显的进球得分机会。

（5）用犯规破坏对方明显的进球得分机会。

（6）使用无礼、侮辱或辱骂性的语言及动作。

（7）在同一场比赛中受到第二次黄牌警告。

七、任意球

任意球分为直接任意球和间接任意球两种。

（1）直接任意球可以直接踢入对方球门得分。

（2）间接任意球不可直接踢入对方球门得分，除非踢入的球触及了场上的其他队员。

（3）踢任意球时，所有对方队员距球至少 9.15 米直到比赛恢复，如果球距球门线不足 9.15 米时，允许对方队员站在球门线上。

八、罚球点球

在比赛进行中，如果防守队员在本方罚球区内出现可判直接任意球的犯规应被判罚球点球。

九、掷界外球

（1）比赛中，当球的整体在地面或空中越过边线时即为球出界，应由出界前最后触球的对方队员在离球出界处的边线外一米范围内，用合法的动作将球掷入场内。

（2）如队员不在球出界处掷界外球或掷球违例，裁判员应判由对方在原球出界处掷界外球。

十、球门球

（1）球由地面或空中踢或触出对方球门线时，由对方在球门区内任何地点踢球门球恢复比赛。踢球门球可以直接得分。

（2）踢球门球时，当球直接踢出罚球区进入场内时，比赛方为恢复。

（3）踢球门球后，如球未被直接踢出罚球区或任何队员在罚球区内触及球，即未进入比赛，应令重踢。

十一、角球

（1）当队员踢或触球的整体在空中或地面从球门外超出本方球门线时，由对方队员将球的整体放定在离球出界处较近的角球弧内踢角球。

（2）踢角球时，在比赛恢复前，对方队员至少距球 9.15 米。

（3）队员踢出的角球，如果球击中门柱或处于场内的裁判员而弹回时，该队员补射，应判连踢犯规，进球无效。

第九章 五人制足球

第一节　五人制足球概述

一、五人制足球的起源与发展

五人制足球最早起源于南美的乌拉圭。1930 年的一天，乌拉圭人胡安·卡洛斯·切里安尼在首都蒙得维的亚的一个社区内带领自己的球队训练，适逢大雨，训练因此受到影响。这名教练便领着队员来到附近一座空旷的大房子内摆上小门，踢起了室内足球，五人制足球由此诞生。1932 年，另一名乌拉圭人在当时室内足球的基础上，制定了第一个在室内踢球的比赛规则。

自诞生之日起，五人制足球在整个南美洲，尤其是巴西受到普遍的欢迎，专业的地区性社团如雨后春笋般涌现出来。后来，这项运动逐渐从南美洲流传到北美洲、欧洲、大洋洲。但直到 1989 年，国际足联才将室内足球确定为正式比赛项目。

1989 年，国际足联在荷兰举办了第一届五人制足球世界杯赛，巴西队夺得冠军。此后，在 1992 年、1996 年、2000 年、2004 年、2008 年、2012 年又连续举办了 6 届世界杯赛。在总共举办的 7 届世界杯赛上，巴西队获得 5 次冠军，西班牙队获得两次冠军。五人制足球发展至今，已成为世界上普及最快的体育项目之一。目前有 100 多个国家高达 3 000 多万人从事这项运动。2005 年，国家体育总局正式批准五人制足球为我国正式体育比赛项目。目前，教育部和中国足球协会在全国中小学范围内联合开展的“校园足球”，也将五人制足球列为重点普及的内容。

二、五人制足球的特点

（1）参赛队员接触球的机会多。

（2）射门多，比分高。

（3）攻守转换的节奏快。

（4）对队员的实战能力要求高。

三、五人制足球与十一人制足球的区别

1. 控球时间

与十一人制足球相比，五人制足球场地不大，参与人数较少，队员有更多的机会接触到球，控球、运球、踢球的时间明显增多。

2. 技战术运用

由于场地较小、踢球空间受到一定限制，五人制足球需要一些特别的小场地技术。在

五人制足球比赛中，很少看到长传冲吊和高空作业，取而代之的是短传配合和两三人之间的配合。另外，在五人制足球比赛中，一对一突破和防守或撞墙式二过一的运用，要远远多于十一人制足球比赛。在防守类型上，五人制足球的防守基本上采用人盯人式防守，而区域防守运用较少（但五人制足球也有一套专门的区域防守体系）。在防守方面，五人制足球要求场上队员都要参与防守，防守中所有队员都必须位于球的后面，占据并控制球与本方球门之间的区域，即使前锋也不能例外，否则会形成以少防多的局面，极易造成不必要的失球，这一点跟十一人制足球也有所不同。

3. 基本规则区别

五人制足球与十一人制足球在规则方面也有着较大的差异，五人制足球的部分规则参照了篮球规则。例如，一支球队在 6 次犯规后要被判罚第二球点球；换人和球出界不计入比赛时间；比赛中每支球队上、下半场各有一次暂停比赛的权利；除非特殊情况，裁判员一般不在场内执法；第二裁判员也可鸣哨进行判罚；界外球不用手掷而是以脚踢等。

第二节　五人制足球技术与练习方法

五人制足球技术分为进攻技术和防守技术两大类。进攻技术有移动、传接球、射门、运球；防守技术有移动、抢球、断球、封堵、铲球。为了便于教学，本章将五人制足球技术分为移动、传接球、射门、运球和突破。

一、移动

（一）移动的作用

五人制足球比赛是在长 40 米、宽 20 米的场地上进行的，双方队员攻防交替，力争更多地把球踢进对方的球门，而不让对方把球攻入本方球门。为达到这一目的，双方队员必须在场上不停地移动，寻找射门得分的机会，或通过及时的移动阻止对手完成射门。因此，移动在五人制足球中具有十分重要的作用。

（二）移动分析

移动包括各种直线、斜线、曲线、折线的跑、滑步和转身、侧滑步等技术动作。移动分为以下技术环节：

1. 基本姿势

两脚前后（或左右）开立，两脚间距与肩同宽，脚掌着地，两膝弯曲（大、小腿之间的角度在 135° 左右），上体微向前倾，眼睛注视场上情况，随时准备接球。

2. 身体协调用力

脚步动作是通过脚前掌的蹬地或脚跟先着地的制动等动作使力作用于地面和地面产生的支撑反作用力实现的。各种脚步动作虽然主要是下肢膝、踝关节肌肉合理的动作过程，但也离不开其他部位动作的协调配合，它对带动上体、使动作协调配合、调整或转移身体重心、保证人体诸力集中到力点与地面的反作用力很好地结合都起着很重要的作用。同时，上肢应协同动作以保证各种脚步动作的协调性、快速性和实效性。

（三）移动动作方法

1. 起动

从基本站立姿势开始，起动时，身体重心向跑动方向移动，后脚（向前起动）或异侧脚（向侧起动）的前掌突然有力地蹬地，同时上体迅速前倾或侧转，手臂协调地摆动，充分利用蹬地的反作用力，迅速向跑动方向迈出。起动后的两三步要短促而快速蹬地，并与快速摆臂相配合，从而在最短的距离内把速度有效地发挥出来。

2. 急停

急停是队员在跑动中突然制动速度的一种动作方法，它也是各种脚步动作衔接和变化的过渡动作。在比赛中，急停一般与其他技术结合在一起运用。

3. 变向跑

变向跑是队员在跑动中突然改变方向以摆脱防守或堵截进攻的一种方法。变向跑时（以从右向左变向为例），最后一步右脚着地，脚尖稍内扣，用脚前掌内侧用力蹬地，腰部随之左转，快速移动重心，左脚迅速向左前方跨出，右脚随即跨出，继续加速跑动向前。

4. 侧身跑

侧身跑是队员在向前跑动中为了观察球场上的情况，侧转上体所采用的攻守行动的一种跑动方法。其动作方法是在跑动中头部与上体侧转向球的方向，而脚尖朝着前进方向，侧身跑时，既要保持跑速或加速，又要完成攻守的动作。

5. 转身

转身是队员一脚踩球向前或向后跨出的同时，另一脚做中枢脚，脚步旋转而改变身体方向的一种动作方法。转身时，重心移向中枢脚，另一只脚的前脚掌蹬地，同时中枢脚以脚前掌为轴用力碾地，上体随着移动脚转动，以肩带腰向前向后改变身体方向。在身体移动过程中，要保持身体重心平稳，不要起伏。转身后，重心应转移到两脚之间。转身可分为前转身和后转身（背转身）。背转身在比赛中运用比较广泛，经常与其他技术动作组合使用。

6. 后撤步

后撤步是变前脚为后脚的一种步法。队员为了保持有利位置，特别是当进攻队员从自己前脚外侧运球突破或摆脱时，常用后撤步移动，并与滑步、跑等结合运用。

撤步时，用前脚掌内侧蹬地，腰部用力转体，前脚后撤，同时后脚的脚前掌碾地，当前脚后撤着地后，紧接滑步，保持身体平衡与防守姿势。后撤角度不宜过大，动作要迅速，身体不要起伏。

7. 侧滑步

两脚平行站立，两膝较深弯曲，上体微向前倾，两臂侧伸。向左侧滑步时，右脚前脚掌内侧蹬地，左脚向左跨出，在落地的同时，右脚紧随滑动，两脚保持一定距离，左脚继续跨出。向右侧滑步时脚步动作相反。滑步时，要保持屈膝低重心的姿势，身体不要上下起伏，重心保持在两脚之间，眼要注视对手。

（四）移动练习方法

（1）跑的综合练习。看信号向前起动快跑后做急停（一步或两步），再起动加速后变侧身跑，进而做急停—后退跑—变向、变速跑练习。该练习要求掌握与运用不同的蹬地方法来改变跑的方向、路线、速度以达到所需要的变化。练习中，动作之间的衔接要合理，应注意身体重心的控制与转移（图 9-2-1）。

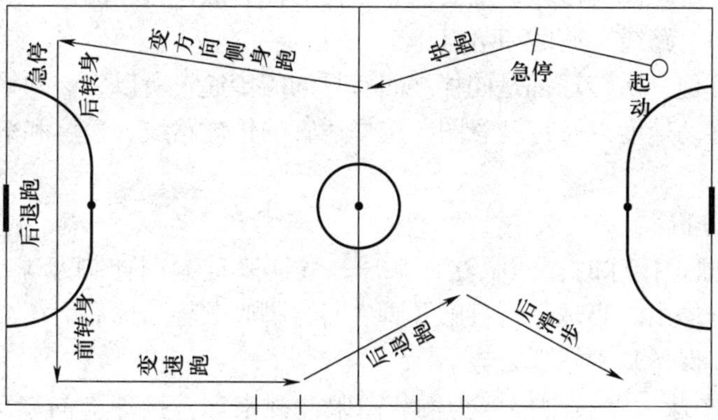

图 9-2-1　跑的综合练习

（2）转身与滑步的综合练习。队员成基本站立姿势，按教练要求做如下脚步练习：① 原地前后转身练习；② 前滑步、侧滑步、后滑步滑步练习；③ 撤步接滑步练习；④ 转身接滑步练习。

（3）半场摆脱攻守练习。

（4）攻、守转换练习（图 9-2-2）。

以上练习要求动作连贯、突然、衔接性强，变换动作后要有速度。

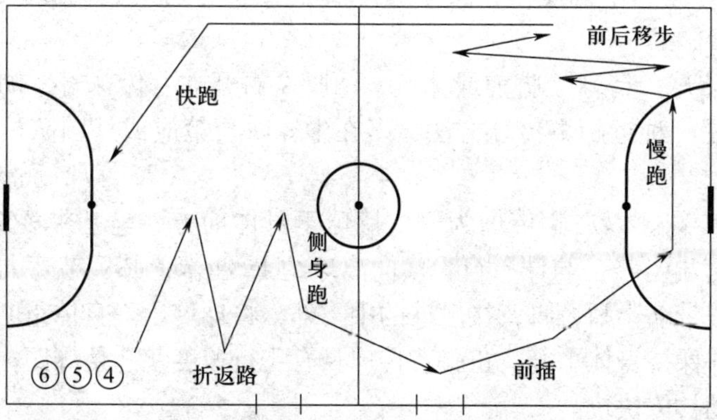

图 9-2-2　攻、守转换练习

二、传接球

（一）传接球技术分析

1. 传球技术分析

传球由运球脚法和传球动作组成。

（1）运球脚法。无论是脚内侧运球或脚外侧运球，都是从脚底停球开始的，所以，脚底停球是最基本的技术动作。脚底停球时，双脚自然分开，脚底迎球的方向自然向前，踩球的中部正上方，两腿弯曲，持球于脚前。

（2）传球动作。传球动作分原地和移动两大类，不管是向何种方向传球，也不管采用何种传球方式，都需要全身协调用力，主要通过大腿、小腿和脚踝的用力作用于球来完成传球动作。中、近距离的传球，主要依靠小腿的伸、摆，脚踝的内、外侧的摆动，这决定了球飞行的方向、路线、速度和落点。

由于比赛中任何一次传球都是同伴之间有目的的传递，所以，必须根据攻守队员所站的位置、距离、移动速度以及行动意图，选择适宜的传球路线、速度和落点，这样才能保证传球的效果。

2. 接球技术分析

（1）脚底接球。接球时，两眼注视来球，并向来球方向伸脚迎球，两腿自然分开，脚尖向球的正上方伸出。当球飞行将触及脚底时，脚底顺势随球后引缓冲球的力量，脚底停球于两腿之间，保持基本站立姿势。

（2）脚内侧接球。以右脚接球为例。两眼注视来球，接球脚向来球方向伸出迎球，左脚弯曲。当球刚接触迎球脚时，脚内侧顺势将球后引，准备衔接下一个动作。

（二）传接球动作方法

传球动作很多，常见的传球动作有脚内侧传球、脚外侧传球、正脚背传球和挑传球。这些传球动作可在原地进行，也可在跑动中进行。

1. 传球动作方法

（1）脚内侧传球。脚内侧持球于两腿之间，身体按基本姿势站立。传球时，迅速向前伸摆腿，通过小腿摆动用力踢球将球传出。在传球的同时，脚蹬地，身体重心前移，上下肢要协调配合。脚内侧传球是一种最基本、最常用的传球方法，这种传球方法适合于不同方向、不同距离，便于控制，也便于与射门、突破、运球等动作结合运用。

（2）脚外侧传球。持球于脚前或体侧，两脚左右开立。传球时，侧轻拨球，将球传出。脚外侧传球是一种近距离传球方法，多在中锋队员策应或外围队员交叉跑动掩护时运用。

（3）正脚背传球。以右脚传球为例。持球于身体前方，呈基本姿势站立。传球时，左脚向传球方向迈出半步，与球平行，横向离球约15厘米，膝关节弯曲，同时右脚立起脚背，摆动大腿，带动小腿，脚背接触球的中下部，将球传出。身体重心移至左脚，右脚随之向前跨步，并保持身体平衡。正脚背传球具有飞行速度快、传球距离远的特点，常用于抢断到球后发动长传快攻。

（4）挑传球。持球于身体前方，呈基本姿势站立，脚尖接触球的最底部，大腿带动小腿向前方摆动，将球传出。

2. 接球动作方法

接球动作有脚底接球、脚内侧接球。

（1）脚底接球。接球时，两眼注视来球，并向来球方向伸脚迎球，两腿自然分开，脚尖向球前上方伸出。当球飞行将触及脚底时，脚底顺势随球后引缓冲来球的力量，脚底接球置于两腿前方，保持基本站立姿势。

（2）脚内侧接球。以右脚接球为例。两眼注视来球，接球脚向来球方向伸出迎球，左脚弯曲。当球刚接触迎球脚时，脚内侧顺势将球向后下引，准备衔接下一个动作。

（三）传接球的运用

比赛中，传接球经常是在严密的防守下运用的。传接球时，应注意以下几点：

（1）传球应力求做到及时、准确、快速，便于同伴顺利完成下一个进攻动作。因此，应根据同伴和防守队员的位置、移动速度决定传球用力的大小，选择合理的传球路线和方式，把球传到远离防守队员一侧的位置上，既要避免对方的抢断，又要便于同伴接球。

（2）传球队员视野要开阔，全面观察场上情况，不失时机地把球传给处于有利进攻位置的同伴。

（3）传球时，要善于运用假动作迷惑对方，摆脱防守的干扰，及时捕捉传球时机，准确地把球传给同伴，做到人到球到。要尽量避免远距离横传球或挑传球，减少传球失误。

（4）接球时，要观察、了解场上的情况，积极移动上前迎球，不要等球。摆脱接球时，要根据球的位置和对手的情况灵活应变，真假动作虚实结合。要充分利用身体和下肢脚步移动抢占有利的空间位置，保证接球的安全。

（5）跑动接球要和下一个进攻动作衔接好，球不要长时间停留在脚下，要及时转入传球、运球、突破或射门。

（四）传接球练习方法

1. 移动传接球练习

练习者分三路纵队，各相距 4~6 米，④持球传给⑤，然后跑到⑤排尾；⑤传球给⑥后，跑到⑥的排尾；⑥传球给④后，跑到④的排尾，依次进行练习（图 9-2-3）。

要求：传接球动作连贯，上下肢配合协调。

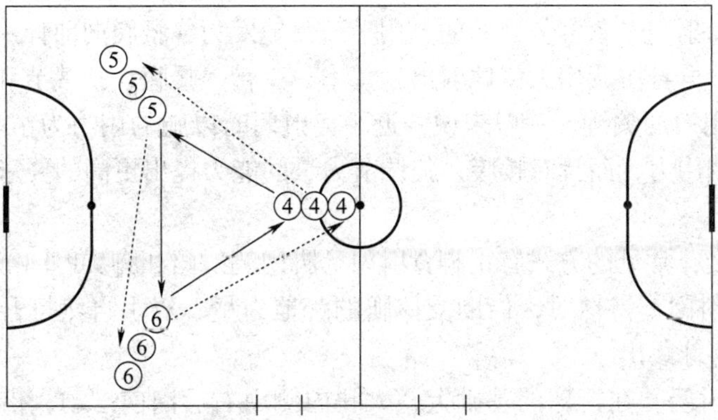

图 9-2-3　移动传接球练习

2. 连续跑动传接球练习

“8”字形传接球切入练习。练习者分两组各成纵队，站在边线与端线之间。开始④持球传给从底角上移的⑤。④传球后，立即向球门弧形切入，然后跑至⑤原队伍的排尾。⑤接球后传给上移的⑥，并向另一侧作弧形切入后至原⑥队伍排尾。依次练习（图 9-2-4）。

要求：迎上移动接球要快速及时，传球后切入要侧身注意球的动向。

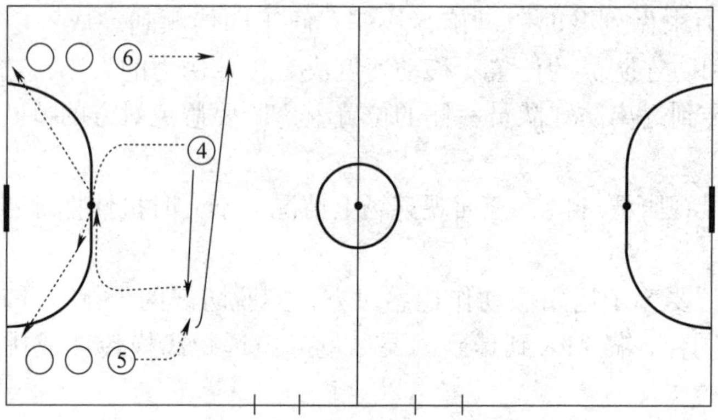

图 9-2-4 连续跑动传接球练习

三、射门

（一）射门技术分析

射门包括持球脚法、射门动作、射门脚法、瞄准点等。

1. 持球脚法

正确的持球脚法是掌握射门技术的前提，也是合理运用射门技术最基本、最重要的条件之一。射门时，应使球尽可能在脚下保持稳定，便于与其他攻击技术结合，有利于出球时动作合理、准确用力。

2. 射门动作

射门动作是从射门准备姿势开始的，用下肢蹬地发力，腰腹向前伸展，腿部向前上方摆动，脚背击球，全身协调用力将球射出。其中，手臂、腰腹、膝关节和踝关节是控制与调节身体各部位用力的关键。一般来说，近距离射门时以腿的用力为主。远距离射门时，不仅要求全身协调用力，而且对腰腹、腿调节力量的能力提出更高的要求。

3. 射门脚法

射门脚法很多，常见的方式有正脚背射门、脚内侧射门和脚尖射门等。

（1）正脚背射门。持球时，借助支撑腿的蹬地力量，双手自然打开，摆动大腿带动小腿，通过脚背将球踢出。

（2）脚内侧射门。在持球的基础上，大腿内侧由右后向前摆动，借助支撑腿的蹬地力量，通过脚内侧将球踢出。

（3）脚尖射门。在持球的基础上，脚踝成 90° 绷紧，小腿快速摆动，通过脚尖将球踢出（图 9-2-5）。

图 9-2-5 脚尖射门

4. 瞄准点

瞄准点是指射门时眼睛注视球门的那一点。设定瞄准点的目的是精确地目测射门的方向和距离，从而决定射门出脚的角度、用力程度、速度和球飞行的弧度。

（二）射门动作方法

射门动作方法很多，按照射门时队员的运动状态可分为原地射门、行进间射门和补射。

1. 原地射门

原地射门可在门前和距球门中距离时运用，其优点是完成技术动作的时间短，突然性强，对手不容易防范；缺点是接触球的面积小，稳定性不够。

动作方法：持球在原地，通过观察，找准瞄准点，突然快速摆动，用脚尖击球，将球踢出。

2. 行进间射门

行进间射门是射门最基本的动作方法，其优点是射门力度大，球速快，守门员难以迅速作出反应；缺点是完成技术动作时间长，容易被防守队员封堵。

动作方法：在运球过程中，身体重心向前，眼睛注视瞄准点，射门时，支撑腿用力蹬地，大腿带动小腿绷直脚背将球踢出。将球踢出时，身体随球踢出方向自然伸展前行。

（三）射门的运用

为了在比赛中提高射门命中率，队员除了要掌握正确的技术动作外，在协同配合下捕捉射门良机也是十分重要的。比赛中，射门应注意以下几点：

（1）队员要熟悉本队的战术，通过观察、判断，寻找射门良机。当防守者距自己较远或没有防射门的准备时，或当自己在射门较有把握的位置上得到球时，进攻队员要果断地射门。在特定的战略、战术需要时，可强行射门。

（2）利用个人技术摆脱防守，创造射门机会。一般来说，进攻队员很难找到完全无人防守的射门机会，因此，进攻队员要利用假动作，结合其他组合技术摆脱防守，创造出时间差、位置差进行射门。

（3）当射门队员和防守者发生身体接触时，一定要保持身体的平衡，身体接触的部分要紧张用力，保持射门的准确性。

（四）射门练习方法

练习一：④传球给⑥后，变向跑接⑥的回传球射门。⑥接球后到⑤的队尾，④射门后到⑦的队尾（图9-2-6）。

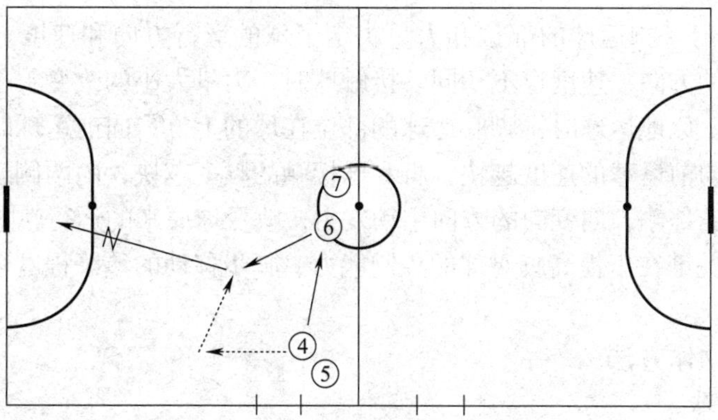

图9-2-6　射门练习一

要求：练习时要有节奏的变化，有假动作，射门连贯协调。

练习二：全班同学分成两组，④传球给⑦后，然后突然变向跑切入，接⑦的传球做行进间射门。⑦传球后跟进补门，然后排到④的队尾，④射门后排到⑦的队尾（图9-2-7）。

要求：传球及时到位，做到人到球到，摆脱假动作要逼真，切入要迅速。

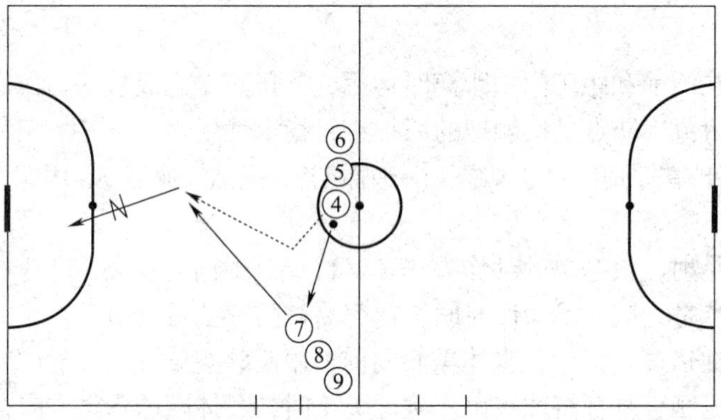

图 9-2-7 射门练习二

四、运球

（一）运球技术分析

运球是由身体姿势、脚接触球的部位、脚接触球的动作和球的运行构成的。其中，脚接触球的动作是主要部分，它决定了球的运行方向和速度。

（1）身体姿势。原地运球时，两脚前后（或平行）开立，两膝微屈，上体稍前倾，头抬起，目平视。行进间运球时，脚步动作和下肢各个关节的屈伸随运球速度和方向的不同有所变化，随速度的加快，动作幅度逐渐加大。

（2）脚接触球的部位。运球时，运球脚用脚底、脚内侧或脚外侧接触球，使脚充分地和球面接触，以利于控制球。

（3）脚接触球的动作。脚接触球的动作是构成运球技术的关键。运球都是用脚部的某一个部分在球的下半部分进行一系列踢、推、拉、扣、拨动作的组合，从而使球向前运行。

（4）球的运行。脚运球的部位和力量决定了球的运行方向和速度。脚运球的部位不同，球在地板上的方向、速度也不相同。接触球时，力量大小的改变，球运行的方向、速度也会产生改变。原地运球时，脚底运球的部位在球的上方；向前运球时，脚运球的部位在球的正后方，向前运球的速度越快，脚和球接触的频率越快；向两侧运球变向时，脚运球的部位应在球的外侧，向变向的方向主动发力，改变球原来的运行轨迹。

熟练运球的关键在于提高脚对球的控制能力、脚步移动的熟练程度以及上下肢的协调配合能力。

（二）运球动作方法

1. 脚内侧运球

运球时，两腿微屈，保持身体前倾，眼睛不仅要看球，还要看场上变化，球在身体的前方。脚内侧运球身体重心低，速度快慢转变灵活，便于观察场上情况，常在防守队员阻挠时变向、变速起动时使用。

2. 脚外侧运球

运球时，两腿屈膝，上体前倾，用脚外侧频繁地接触球，使球的运行速度变快。脚外侧运球常在快速推进和反击时使用。

3. 变向运球

变向时（以右侧向左侧变向为例），右脚接触球的右侧，把球从自己的右侧运到左侧前方，同时右脚向左前方跨出，上体左移，用肩保护球，换成左脚运球并加速前进。变向运球常在遇到对手的堵截而需要改变运球的方向时使用。

4. 脚底运球转身

变向时（以左脚运球为例），以左脚在后为轴，做后转身的同时，右脚将球拉至身体的左侧前方，然后运球并加速前进，常在对手紧逼而又不能运用体前变向时使用（图 9-2-8）。

图 9-2-8　脚底运球转身

（三）运球的运用

比赛中，合理地运用运球可创造有利的攻击机会。运球时，应注意以下几点：

（1）运球队员视野要开阔，全面观察场上的情况。

（2）要灵活地运用各种运球动作，以摆脱防守的阻挠，把运球与传球和射门结合起来。

（3）熟悉本队战术，了解战术中的每一个进攻机会，便于掌握运球时机。

（四）运球练习方法

1. 原地各种运球练习

学生每人一球，根据教师的手势在原地完成各种形式的运球。

（1）原地做脚内侧、脚外侧运球练习。

（2）原地做左右脚交替运球练习。

（3）原地做单脚左右拉运球练习。

（4）原地做前后拉运球练习。

（5）原地做转身运球练习。

要求：保持正确的身体姿势，抬头运球，脚法正确。运球时注意频率、节奏和幅度的不断变换。左右脚都要练习。

2. 两端线间直线运球练习

学生于两端线间运球。先做慢速运球练习，再过渡到中等速度和快速运球练习。为了加大难度，可规定学生在两端线间运球的次数。

要求：两眼始终平视，跑动自然，上下肢配合协调，注意体会跑动速度与接触部位和力量的关系。

3. 行进间前后运球练习

学生成三路纵队于端线站立，看到教师的信号后开始向对面端线运球。要求根据教师信号的改变，不断改变运球的方向，做向前或后退运球练习。

要求：在运球过程中两眼始终要盯住教师的脚，保持正确的身体姿势，一旦信号改变，要立即改变运球的方向。

五、突破

（一）突破技术分析

突破包括变向、急停急转、推拨球和加速 4 个环节。

1. 变向

变向时，屈膝降重心，上体前倾，使身体重心前移，并配合积极有力的蹬地，以达到迅速起动的效果。突破时，拨球的第一步要大，尽可能靠近或超越对手，以获取有利的位置和第二步的加速蹬地。

2. 急停急转

在蹬地的同时，上体前移与急停急转同步进行，紧贴防守者的侧面，以利于迅速占据有利的空间位置，达到突破对手和保护球的目的。

3. 推拨球

突破前，持球于两脚之间，突破的同时，将球移至远离防守者一侧的身体前方，并在支撑脚离开地面前迅速地向跨出脚的侧前方推拨球，做到以球领人，并用远离防守者一侧的脚运球。

4. 加速

完成上述动作后，支撑脚要积极蹬地，使身体获得更大的加速度，以便超越对手。

运用突破技术时，这 4 个环节是环环相扣、紧密衔接的，不能将它们独立分开。只有熟练地掌握好这几个环节，并能连贯地加以运用，才能较好地掌握突破。

（二）突破动作方法

1. 正面变向突破

突破前（以右脚做中枢脚为例），两脚左右开立，两膝微屈，身体重心降低，持球于两腿之间。突破时，左脚前脚掌内侧迅速蹬地，右脚以前脚掌为轴碾地，上体前倾并稍向右转，左肩向前下压，重心在向右前方移动的同时，左脚向右前方跨出，将球引于右侧并用右脚向前下方推放球，右脚用力蹬地，加速运球，超越防守。

2. 侧面变向突破

准备姿势和突破前的动作方法与正面变向突破相同（以左脚做中枢脚为例）。突破时，右脚向右前方跨出一步，向右急停急转，重心前移，右脚运球，左脚前脚掌迅速蹬地，向右前方跨出，迅速突破对手（图 9–2–9）。

图 9-2-9　侧面变向突破

第三节　五人制足球战术

随着五人制足球的发展，五人制足球的战术体系有了新的变化，运动员在球场上的位置和分工也随之趋向全面、机动，通常还会有中锋位置球员。合理地组织战术配合，充分发挥每位队员的技术特点，有效地组合集体力量完成攻守任务，对于取得比赛胜利有着重要的意义。

五人制足球的特点之一，是战术位置的分工既要强调相对稳定，又要重视战术运用的机动、灵活和实效，从而使得战术的位置分工和前锋、后卫位置的职责趋于模糊，这已成为一种发展趋势。

根据五人制足球的对抗性特征，可将五人制足球战术分为进攻战术和防守战术两大类。

一、进攻战术基础配合

进攻战术基础配合是指两三名进攻队员为了创造进攻机会，有组织地相互协同行动，合理运用技术而组成的配合方法。进攻战术基础配合包括传切配合、挡拆配合、中锋策应配合等。

（一）传切配合

传切配合是指进攻队员之间利用传球和切入技术组成的简单配合。它包括二打一配合和变向跑配合。

示例一：⑤传球给④后，立刻摆脱对手△5向门前切入，接同伴④的回传球射门（图 9-3-1）。

示例二：④传球给⑤时，⑥乘其对手不备之机，突然回接再前插向门前接⑤的传球射门（图 9-3-2）。

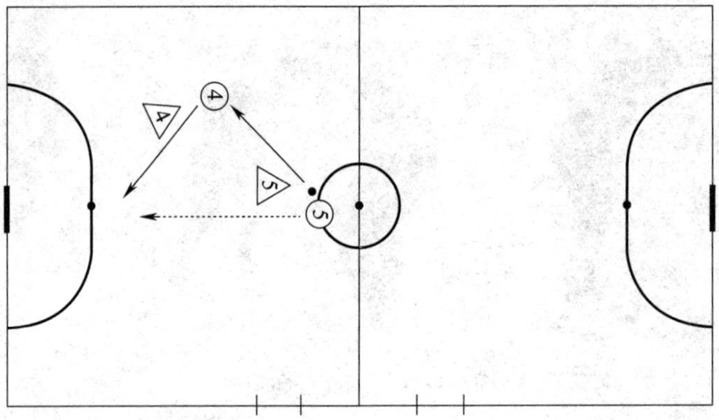

图 9-3-1　传切配合示例一

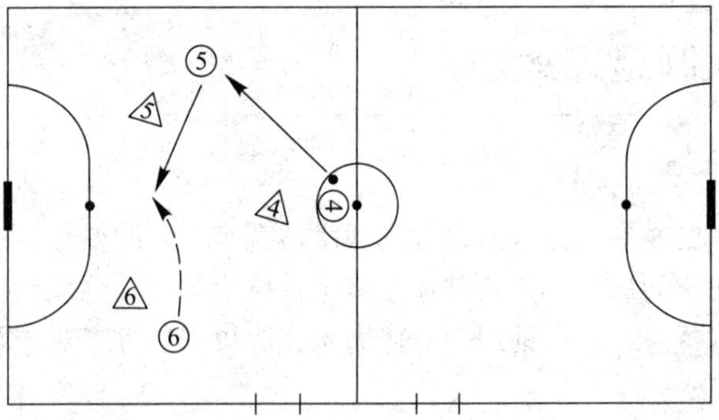

图 9-3-2　传切配合示例二

（二）挡拆配合

挡拆配合是指挡拆队员采用合理的行动，用自己的身体挡住同伴防守队员的移动路线，使同伴借以摆脱防守的一种配合方法。挡拆配合有很多种形式和方法，根据挡拆者和被挡拆者身体位置的不同，可分为前挡拆、侧挡拆和后挡拆三种形式。

示例一：⑤提上前给④做挡拆，④持球突破射门（图 9-3-3）。

示例二：⑤传球给④，⑥向远边拉开，⑤传球后跑去给④挡拆，④突破传球给⑥（图 9-3-4）。

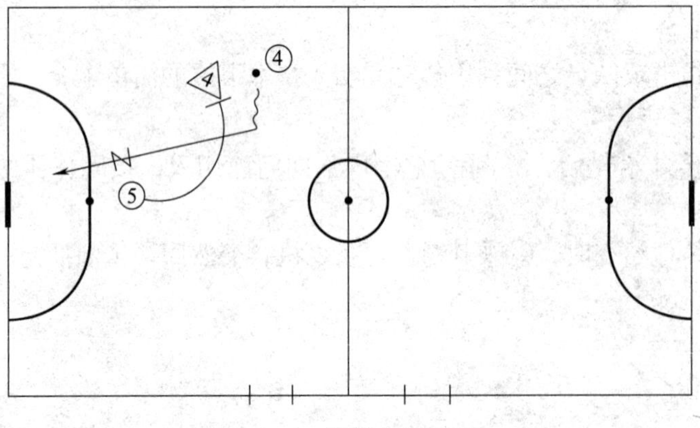

图 9-3-3　挡拆配合示例一

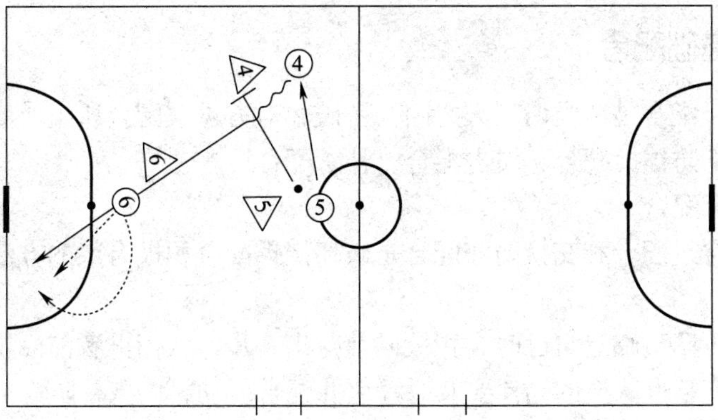

图 9-3-4　挡拆配合示例二

（三）中锋策应配合

中锋策应配合是指进攻队员背对或侧对对方球门接球，以他为枢纽，与同伴配合而形成的一种里应外合的配合方法。

示例一：④摆脱防守，压到对手身前做接应，⑤将球传给④，并立即前插，接④的回传球射门（图 9-3-5）。

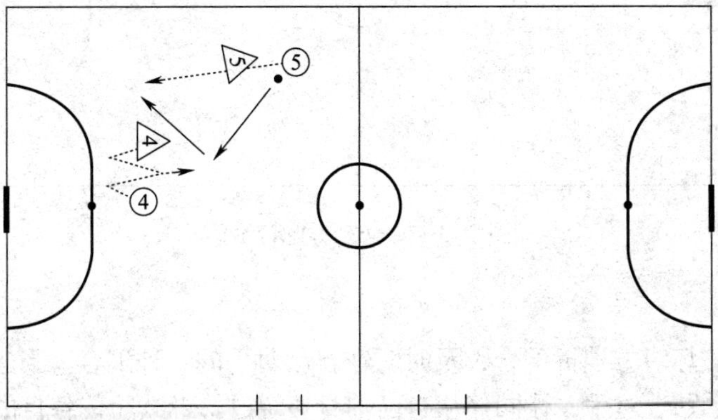

图 9-3-5　中锋策应配合示例一

示例二：④通过摆脱防守，在对手身后做接应，⑤将球传给④并立即前插，接④的回传球射门（图 9-3-6）。

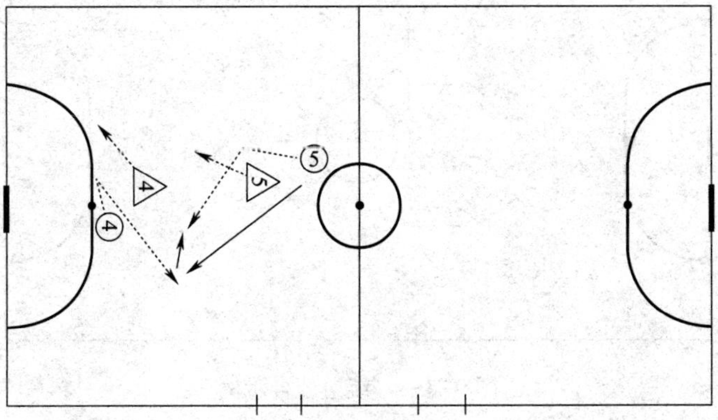

图 9-3-6　中锋策应配合示例二

二、防守战术基础配合

防守战术基础配合是队员两三人之间为了破坏对方进攻配合所组成的简单配合。防守战术基础配合包括防挡拆配合、夹击配合、补防配合等。

（一）防挡拆配合

挤过配合、绕过配合和交换防守配合是破坏挡拆配合积极有效的方法。

1. 挤过配合

防守者在挡拆队员临近自己时，积极向前跨出一步，从挡拆者前面挤过去，继续防住自己的对手。防守挡拆队员的同伴要及时呼应并配合行动，以备补防。

示例：⑤传球给④后，给④做挡拆，△4在⑤靠近自己的一瞬间，迅速抢前一步贴近④（图 9–3–7）。

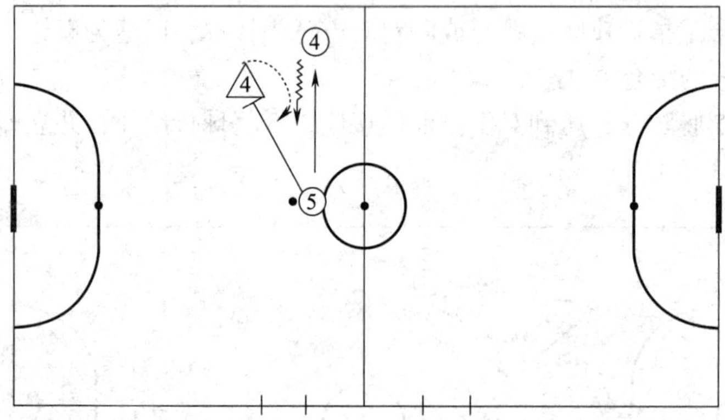

图 9–3–7　防挡拆配合示例

2. 绕过配合

绕过配合是破坏对方挡拆配合，及时防守自己对手的一种配合。当进攻队员进行挡拆时，防守队员主动贴近对手，让同伴从自己的身旁绕过，继续防住各自的对手。

示例：⑥传球给⑤并去给他挡拆，⑤持球突破，△5从⑥的身后绕过继续防守⑤（图 9–3–8）。

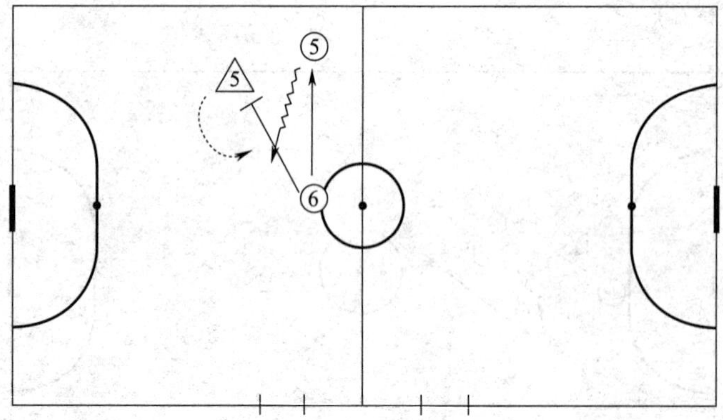

图 9–3–8　绕过配合示例

3. 交换防守配合

交换防守配合是为了破坏进攻队员的挡拆配合，防守队员之间及时地呼应交换自己所防守对手的一种配合方法。

示例：⑤去给④做挡拆，△4要主动给同伴发出换人的信号，及时堵截④向门前突破的路线。此时△5应及时调整自己的防守位置，防止⑤向门前前插（图 9-3-9）。

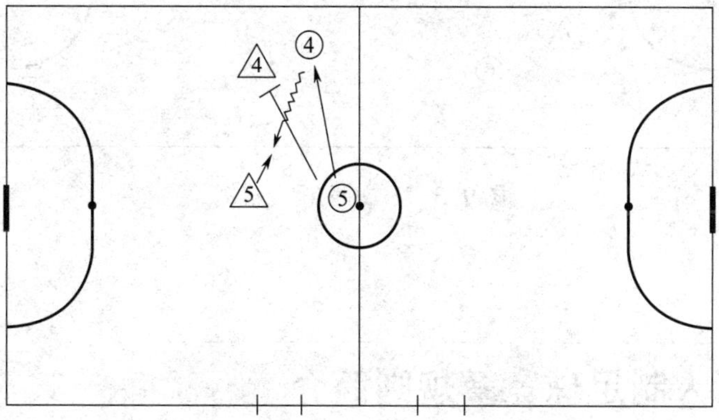

图 9-3-9　交换防守配合示例

（二）夹击配合

夹击配合是指两名防守队员有目的地同时采取突然的行动，封堵和围夹持球者的一种配合方法。夹击配合是一种攻击性和破坏性极强的防守配合，它能有效地控制持球队员的活动，给对手造成巨大的心理压力，使得对方传球失误，从而为本方抢断球制造机会。

示例：④从边线突破，△4封堵内线，迫使④边路运球，△5同时迅速向边线跑去与△4协同夹击④，封堵其传球线路，迫使其失误或断球（图 9-3-10）。

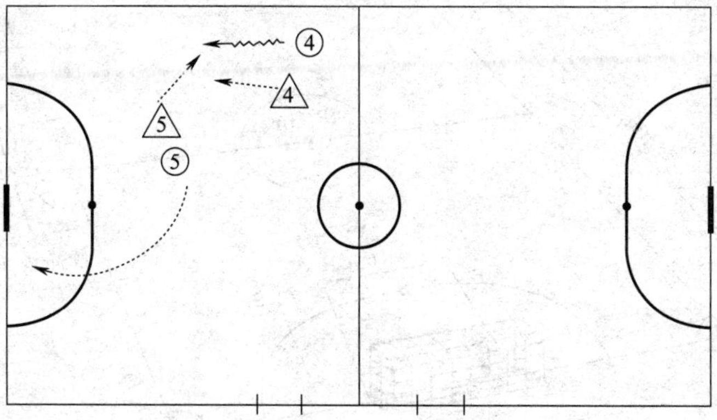

图 9-3-10　夹击配合示例

（三）补防配合

补防配合是指防守队员在同伴漏防时，立即放弃自己的对手去补防那个威胁最大的进攻者，而漏人的防守队员及时换防的一种协同防守配合方法。

示例：⑤传球给④后，突然摆脱△5的防守直插门前，此时，△6放弃对⑥的防守而补防⑤，△5去补防⑥（图 9-3-11）。

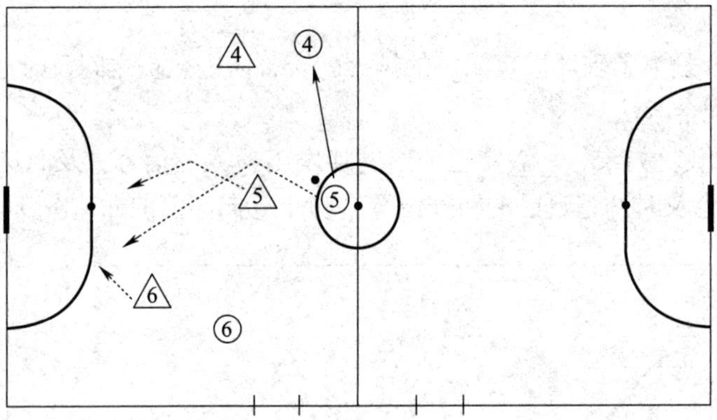

图 9-3-11 补防配合示例

第四节 五人制足球竞赛规则简介

一、比赛场地、设备与队员

（一）比赛场地（图 9-4-1）

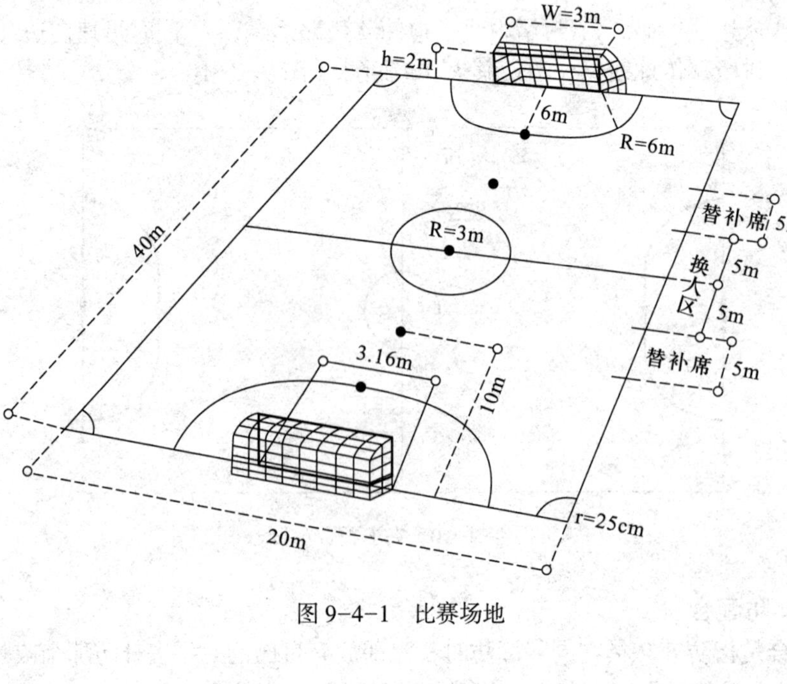

图 9-4-1 比赛场地

（二）球

（1）球为 4 号球，直径为 20 厘米，重 400~440 克，气压为 0.4~0.6 个标准大气压。球在 2 米处坠下，弹起高度为 50~65 厘米。

（2）球的更换。须经裁判员许可，比赛中或死球时分别处置。在比赛过程中，球破损应停止比赛，原地点坠球；在开球、掷球门球、角球、任意球、罚球点球、踢界外球时破损，则重新恢复比赛。

（三）队员人数

上场队员不得多于 5 人，其中必须有 1 名守门员。各队替补队员不超过 7 人，换人次数不限。队员换下后可重新上场替补。比赛中或死球时随时都可替换，但要遵守以下规则：离场队员须在本方换人区离场；上场队员也须在己方换人区上场，且必须先下后上（即离场队员完全跨出边线后，替补队员才能上场）。守门员可以与场上任何队员互换位置，但须有服装颜色区别。停止比赛或黄牌警告，由对方罚间接任意球。因队员罚下场而场上队员少于三人，须终止比赛。

（四）队员装备

队员只允许穿胶鞋。守门员服装颜色须有别于其他队员和裁判员。换装队员重新入场，须向裁判员报告，死球时才能入场。

二、裁判员

正式比赛应委派一名裁判员、一名第二裁判员、一名第三裁判员、一名计时员。

（一）计时员

第三裁判员和计时员坐在换人区同侧靠近中线的场外记录台上。记录台应配备控制电子计时或计时钟的控制板及秒表，由计时员操控，同时可以显示累计犯规次数的设备，如篮球或乒乓球记分牌，比赛上下半场各 20 分钟（净比赛时间），中场休息不超过 15 分钟。比赛开始、重新开始及中圈开球时，所有队员应在本方半场，开球队的对方队员踢球，当球被踢并向前移动时比赛即为开始，计时员开表。开球队员在球未经其他队员触及前不得再触球，如再次触球，应判连踢，由对方在违规地点罚间接任意球。开球可直接射门得分。

当罚任意球、界外球、角球时，球被踢并移动时，比赛即为开始，应开始计时；当罚球点球或第二点球时，球被踢并向前移动时，即为比赛开始，应开始计时；当坠球时，球触及地面即为比赛开始，应开始计时。

当比赛暂停时（听到裁判哨音）应停止计时，当球的整体从空中或地面越过边线、球门线（底线）或碰到天花板时应停止计时。如球意外碰到天花板，则由最后触球队员的对方踢界外球，应在距球触天花板垂直下方最近的边线处发球。若球从场内的裁判身上弹回内场，比赛继续进行。

控制并记录分钟暂停（用秒表计时），每队中场可暂停一次，如果有一队上半场没有暂停，下半场也只有一次暂停，下半场可随时要求暂停。只有球队教练员有权向记录台要求暂停，并且只有在本方有开球权时，才可以暂停，加时赛没有暂停。

计时员使用不同于裁判的哨音或其他声音信号（电铃声、三音哨），示意上半场、全场、加时赛及暂停时间结束。

（二）第三裁判员

第三裁判员协助计时员工作，记录各队上、下半场裁判员登记的前五次犯规。当某队第五次犯规时，用信号通知该队。

记录红、黄牌，当场上出现某个队员得到本场比赛第二张黄牌时，若裁判员并未将其罚令出场，在比赛恢复前要通知裁判员。

管理替补席，记录进球队员号码及时间，提供其他有关比赛情况。如果场上裁判员出现受伤，第三裁判员可替补裁判员或第二裁判员。

三、比赛时间

上、下半场各 20 分钟，每队教练在上、下半场可各申请一次 1 分钟的暂停（队员应留在场内）。

四、比赛开始和重新开始

掷币赢方选进攻方向，由对方球队开球。队员在本方半场内，距球应至少 3 米，球放定在中点上。连踢犯规可判间接任意球，球在场内的暂停可以坠球重新开始。开球可直接进球得分。

五、比赛进行及死球

“死球”有三种情形：① 球整体越过边界线（边线、球门线）时；② 裁判员停止比赛时；③ 球击打到天花板或顶棚时。除此之外，比赛均在进行中。

六、计胜方法

球整体从球门柱间及横梁下越过球门线，而非攻方队员（包括守门员）以手掷入、带入或故意以手或手臂挡入，即为进球得分。

七、犯规与不正当行为

下列情况将被判罚犯规与不正当行为：踢或企图踢对方队员；绊摔或企图绊摔对方队员；跳向对方队员；冲撞对方队员，即使用肩部冲撞也不允许；打或企图打对方队员；推对方队员。拉扯对方队员、向对方队员吐唾沫、铲球（铲球拦击）、故意手球均属累计犯规之列，判由对方在犯规地点踢直接任意球。

比赛进行中，无论球在什么位置，如队员在本方罚球区内违反了上述犯规中任何一种，应被判罚球点球。

以下犯规，判由对方踢间接任意球：守门员接回传球；将球发出后，未经对方队员踢或触及再接得同队队员的回传；以手触及或控制同队队员故意踢给他的球；用手触及或控制同队队员直接踢给他的界外球；在场内任何区域（对方半场除外），以手或脚去触及或控制球超过 4 秒。

若违反了规则中未提及的任何其他犯规，如动作具有危险性，队员不去踢球而故意阻挡对方，阻止对方守门员将球从手中发出等，裁判员应暂停比赛，对犯规队员进行警告或罚令出场。

被罚犯规是技术处罚，如果队员出现下列犯规行为中的任何一种，将被出示黄牌警告：

（1）犯有非体育道德行为。

（2）用语言或行动表示异议。

（3）持续违反规则。

（4）延误比赛重新开始。

（5）当以角球、踢界外球、任意球或掷球门球恢复比赛时，不退出规定距离。

（6）未经裁判员许可而擅自入场或重新入场，或违反其他换人规定。

（7）未经裁判员许可而擅自离场。

队员出现上述犯规时，判由对方在犯规地点踢间接任意球。如果犯规地点在罚球区内，则在距犯规地点最近的罚球区线上踢出。如没有更严重的犯规，该队员只被黄牌警告。

7项罚令出场的犯规：

如果队员出现下列犯规中的任何一种，将被出示红牌罚令出场：

（1）严重犯规。

（2）暴力行为。

（3）向对方或其他人吐唾沫。

（4）用故意手球破坏对方的进球或明显的进球得分（不包括守门员在本方罚球区内）。

（5）用犯规破坏对方向本方球门进攻的明显进球得分机会，这种犯规可判为任意球或球点球。

（6）使用无礼的、侮辱性的或辱骂性的语言。

（7）在同一场比赛中得到第二次警告。

如队员出现（6）或（7）犯规而没有出现其他犯规行为，裁判员需停止比赛，并判由对方在犯规地点踢间接任意球。如犯规地点在罚球区内，则在距犯规地点最近的罚球区线上踢出。

八、任意球

任意球分直接任意球和间接任意球两种。无论是哪种任意球，踢球时都必须将球放定，且在4秒内踢出。踢球队员在球未经其他队员触及前，不得再次触球。直接任意球可直接踢入对方球门，可判得分。间接任意球只有当球进门前触及另一名队员才可得分。

任意球的位置：踢任意球时，所有对方队员须距球至少5米直到比赛进行。当球被踢或触动时，比赛即为进行。

九、累计犯规

累计犯规是应判罚直接任意球的犯规。每个队在上、下半场累计前五次犯规应被记录在比赛总结报告中。前五次可排人墙，至少距球5米，可以直接得分。任一队从每半场的第六次累计犯规起，不可排人墙，明确主罚队员，守方队守门员须在本方罚球区内，且至少距球5米。

十、罚球点球

在本方罚球区内违反了可判为直接任意球的犯规条例，应由对方踢罚球点球。罚球点球可以直接进球得分。球须放定在罚球点上，明确主罚队员，防守方守门员应在两门柱间球门线上，其他队员应在场内、罚球区外、罚球点后和两侧，距罚球点至少5米。主罚队员向前踢出球点球，且在其他队员触及前不得再次触球。

违规和判罚：

（1）守方球员违规。如果球未进入球门，重踢罚球点球；如果球进入球门，算进球，不重踢罚球点球。

（2）主罚球员的同队球员违规。如果球进入球门，不算进球，须重踢罚球点球；如果球未进入球门，不重踢罚球点球。

（3）踢罚球点球的球员，在球进入比赛开始之后违规：应判由对方在违规发生地点罚间接任意球。如果违规地点在罚球区内，则在罚球区线上最接近违规发生位置的地点罚间接任意球。

因守门员提前离开球门线，裁判员令重罚球点球，罚球方可以换另一名队员来主罚。主罚球点球的队员可以在罚球前做假动作。

在踢球点球决胜期间，守门员被红牌罚下，他可以被符合本场比赛资格的其他队员代替。

十一、踢界外球

踢界外球是重新开始比赛的一种方法。踢界外球不能直接进球得分。当球的整体越过边线或击中天花板，或从球越出边线处踢界外球，判由最后触球队员的对方开球。从球越出边线处踢界外球，须放定在边线上，可踢向场内任何方向。主踢队员控制球后须在 4 秒内将球踢出，在球未触及其他队员前，该队员不能再次触球。防守方队员在球踢出前，至少距球 5 米。主踢队员再次触球，判间接任意球。

十二、掷球门球累计犯规

掷球门球是重新开始比赛的一种方法。掷球门球不能直接进球得分，如守门员将球直接掷入对方球门。由防守方守门员从罚球区内的任何一点将球掷出，守门员在其他队员触球前不得再次触球。

守门员将球掷出后，守门员在其他队员触球前再次触球，判由对方在守门员触球处踢间接任意球；如守门员在罚球区内再次触球，判由对方在距球位置最近的罚球线上踢间接任意球。

十三、角球

角球是重新比赛的一种方法。角球可以直接射入对方球门而得分。

球在近端角球弧内，对方距球至少 5 米，踢角球队员不得在其他队员触球前再次触球。

再次触球：判对方在犯规点踢间接任意球；控球后，未能在 4 秒内将球踢出，则由对方在角球弧踢间接任意球。

其他犯规应重踢角球。

第十章 乒乓球

第一节 乒乓球概述

一、乒乓球的起源与发展

（一）乒乓球的起源

乒乓球起源于19世纪末的英国，由网球派生而来。相传19世纪后半叶的一天，在英国伦敦有两位青年网球迷去一家高级餐厅就餐，因为天气炎热，在等待侍者上菜时，他们就信手拿起桌上大号雪茄烟的硬纸盒盖子用来扇风降温。当两人在闲聊中为网球战术而争论得不可开交时，他们便从酒瓶上拔下一个软木塞，以餐桌为场地，用烟盒盖作球拍，现场模拟起实战网球来。他们将软木塞打来打去，越打越起劲，竟引来了许多人围观。餐厅的女主人完全被这种别开生面的游戏吸引住了，情不自禁地脱口而出："table tennis（桌上网球）！"不经意间，就给这项运动命了名。很快，这项餐桌上的游戏就在欧洲各国流传开来。但在那个时候，这项运动仅是限于欧洲的王公贵族们闲来无事消磨时间的一种娱乐活动。

1890年，名叫詹姆斯·吉布（James Gibb）的英国著名越野跑运动员到美国旅行时，偶然发现了一种用赛璐珞制成的空心玩具球，弹力很强。于是，他就将这种球带回英国，这种球稍加改进后逐步在世界各地推广开来，最终演变为今天的乒乓球。也许是因为乒乓球在桌上发出"乒乒乓乓"的声音，英国一家体育用品公司率先用"乒乓"（Ping Pong）一词做了广告中的商品名称。1891年，英格兰人查尔斯·巴克斯特把"乒乓"（Ping Pong）作为商业专利权来申请许可证。

（二）乒乓球的发展

1900年，英国成立了乒乓球协会。1900年12月，在伦敦举行了英国第一次大型乒乓球比赛，开创了乒乓球正式比赛的历史。1926年12月，国际乒乓球联合会在英国伦敦成立，并将随后举行的欧洲乒乓球锦标赛确定为第一届世界乒乓球锦标赛。当时的比赛设男子团体、男子单打、女子单打、男子双打和男女混合双打5个项目。自2003年第47届世界乒乓球锦标赛开始，单项比赛于单数年举行，团体比赛在双数年举行。国际重大的乒乓球比赛还有世界杯乒乓球赛和奥运会乒乓球赛。国际乒乓球联合会从1980年起每年举办一届乒乓球世界杯赛（埃文斯杯），1996年又增设了世界杯女子单打项目。1983年10月1日，国际奥林匹克委员会在德国巴登举行的第84次会议上决定，自1988年汉城奥运会开始，乒乓球被列为奥运会正式比赛项目，比赛设男子单打、女子单打、男子双打、女子双打4个项目。在2008年北京奥运会上，乒乓球比赛项目有所改变，团体项目取代了双打项目。2000年10月1日起，乒乓球进入"大球"时代，球体直径从38毫米增至40毫米，球的重量由 2.5 克增加到 2.7 克。这种变化使得击球的速度和旋转相对减弱，回合增加，从而使比赛更激烈、更精彩。2002 年 9 月 1 日，国际乒乓球联合会又对乒乓球竞赛规则进行了重大修改，实行了“11 分制”和“无遮挡发球”，使乒乓球比赛增加了偶然性和悬念，世界乒乓球竞技水平更加均衡，比赛也更具观赏性。

二、乒乓球的特点

（1）球体小、球体轻、速度快、旋转变化多，富有技巧性和很强的趣味性。

（2）乒乓球速度快、变化多，要求运动者在瞬间对球作出判断和反应。

（3）运动量可大可小，不受年龄、性别和身体条件的限制。

（4）器材设备比较简单，室内室外均可以进行，易于开展。

三、乒乓球的锻炼价值

经常参加乒乓球锻炼，可以发展人的灵敏性和协调性，提高动作的速度和上下肢活动的能力，改善心血管系统的机能，促进新陈代谢，增强体质，培养参与者勇敢顽强、机智果断等品质。此外，乒乓球对场地设备、气候条件和练习者身体素质的要求也相对简单，是一项男女老幼皆宜、健身效果非常好的运动。因而，乒乓球深受人们的喜爱，更是很多大、中、小学生首选的一项运动。

第二节 乒乓球技术与练习方法

一、乒乓球基本理论

（一）常用术语

1. 球台左、右半台

球台左、右半台又称 1/2 台。其左右方向是对击球者而言的。

2. 站位

站位是指运动员开始击球前的基本位置（图 10-2-1）。站位分为近台、中近台、中远台和远台。

近台：站位离球台端线 50 厘米以内的范围。

中近台：站于球台端线 50~70 厘米的范围。

中远台：站于球台端线 70~100 厘米的范围。

远台：站于离球台端线 1 米以外的范围。

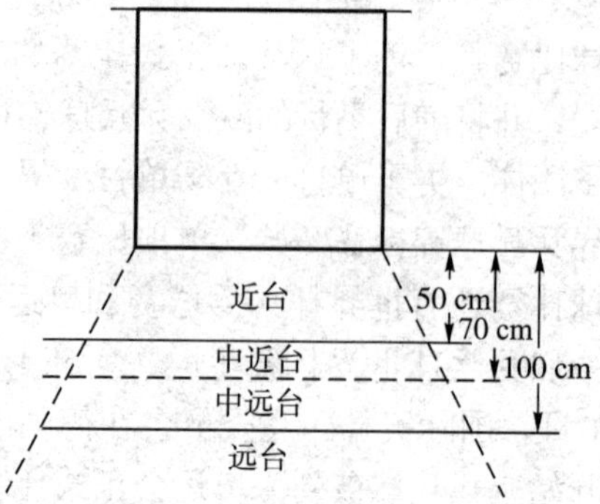

图 10-2-1 乒乓球站位

（二）击球路线

击球路线是球在球台上空飞行弧线的投影线，有右方斜线、右方直线、左方斜线、左方直线和中路直线 5 条基本线路。

（三）击球时间

击球时间是指对方击来球到本方台面弹起后，在经上升至下降这段时间中，拍触球时球正处在空间的那一段时间。击球时间一般分为上升前期、上升后期、高点期、下降前期和下降后期 5 个时期（图 10-2-2）。

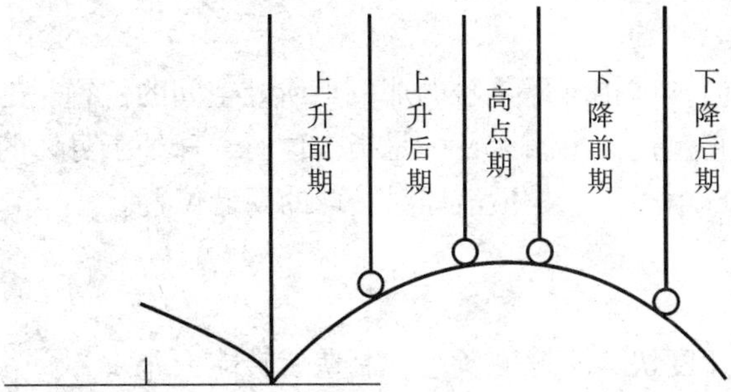

图 10-2-2　击球时间

上升前期：球从台面反弹刚上升的阶段。

上升后期：球从台面弹起上升前期后至接近最高点的阶段。

高点期：球从上升后期到达最高点的阶段。

下降前期：球从高点期开始下降的最初阶段。

下降后期：球经过下降前期到球下降到接近地面之前的阶段。

（四）击球部位

击球部位是球拍触及球的部位（图 10-2-3）。

上部：球拍触球 12—1 点的部位。

中上部：球拍触球 1—2 点的部位。

中部：球拍触球 3 点的部位。

中下部：球拍触球 4—5 点的部位。

下部：球拍触球接近 6 点的部位。

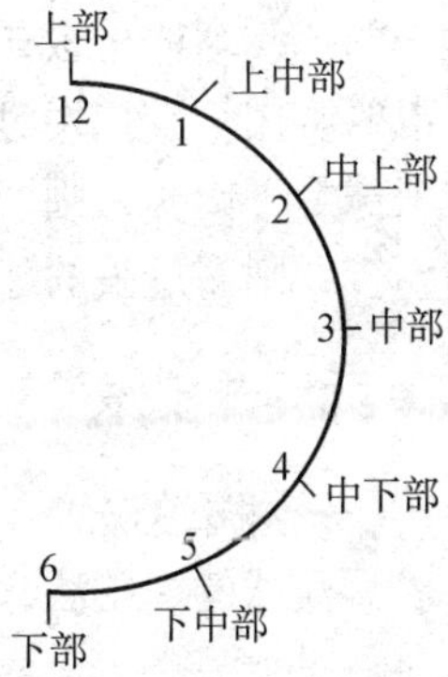

图 10-2-3　击球部位

（五）拍面角度和拍面方向

拍面角度是指拍面与球台所形成的角度（图 10-2-4）。

拍面前倾：拍面触球 1 点时的角度。

拍面稍前倾：拍面触球接近 2 点时的角度。

拍面垂直：拍面触球接近 3 点时的角度。

拍面稍后仰：拍面触球接近 4 点时的角度。

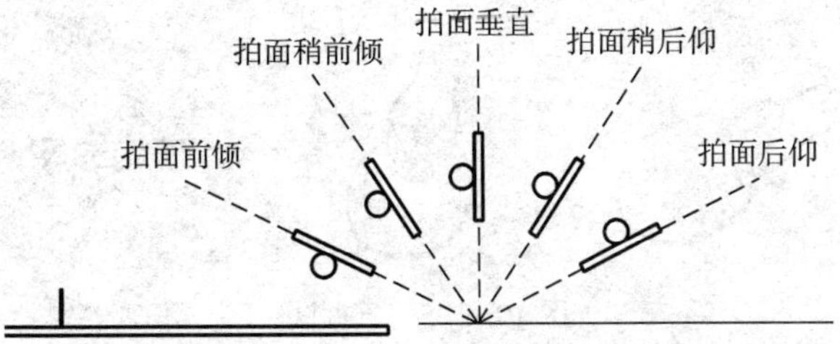

图 10-2-4　拍面角度

拍面后仰：拍面触球接近 5 点时的角度。

拍面向上：拍面触球接近 6 点时的角度。

拍面向下：拍面触球接近 12 点时的角度。

拍面向左：击球右侧所对的方向。

拍面向右：击球左侧所对的方向。

（六）击球点

击球点是指击球时，球拍与球接触的那一点所处空间的位置。击球点是对击球者所处的相对位置而言的。它包括三个因素：一是指击球时，球处于身体的前后位置；二是指击球时，球和身体的远近距离；三是指击球时，球的高低位置。

（七）球拍性能

1. 正胶海绵拍

反弹力强，回球速度快，摩擦力较小，制造旋转能力差。

2. 反胶海绵拍

胶皮表面平整，有较大的黏性，摩擦系数大，能击出强烈的旋转球。但反弹力稍差，回球速度比正胶海绵拍慢。

3. 生胶海绵拍

反弹力强，回球速度快，摩擦力较小，制造旋转能力差。

4. 长胶拍

长胶的胶粒高度为 1.6~2.0 毫米，由于胶粒长而柔软，打出的球产生的旋转变化比普通球拍要多。长胶主要依靠来球的旋转或冲力来增加回球的旋转强度。用削球回击对方拉过来的弧圈球或重板扣杀球时，回球则更加旋转。如果来球旋转弱或冲力小，则回球的旋转也弱。用长胶拍发过去的球不是很转。用长胶拍在近台挡过去的球有三种情况：一是对方来球是下旋时，则回过去的球是上旋；对方来球是上旋，则回过去的球是下旋；对方来球不转，则回过去的球也不转。长胶拍比普通胶皮更难控制，球速度不快。

二、乒乓球技术

（一）握拍法

乒乓球的握拍法，有直握法和横握法两种。不同的握法有不同的特点和打法。

1. 直握法

用拇指和食指握住球拍柄与拍面的结合部位。拍柄右侧贴在食指的第二关节内侧，食指的第二关节压住球拍的右肩，其第一关节自然向内弯曲，拇指的第一关节压住球拍的左肩，其他三指自然弯曲，斜形重叠，以中指、无名指的手指前部顶住球拍背面上端处（图 10-2-5）。

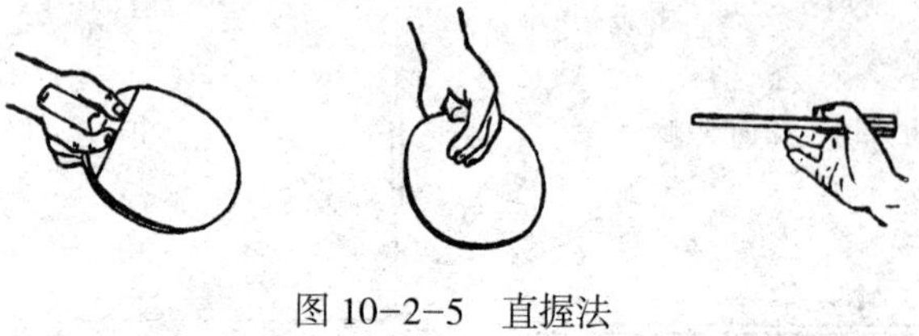

图 10-2-5　直握法

2. 横握法

用中指、无名指和小指自然握住拍柄，拇指在球拍正面，食指自然伸直斜放于球拍的反手面，虎口正中贴拍柄正侧面（图 10–2–6）。

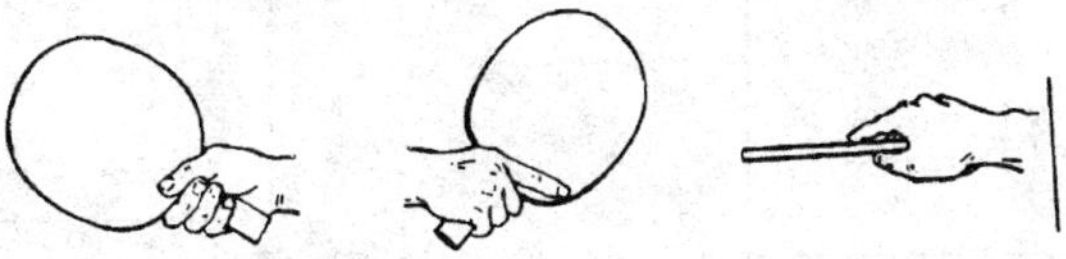

图 10–2–6　横握法

（二）基本站位和基本姿势

基本站位应根据不同类型打法及个人打法特点来确定。采用左推右攻打法的运动员的基本站位在近台中间偏左，采用两面攻打法的运动员在近台中间，采用弧圈球打法的运动员在中台偏左，采用横板攻削结合打法的运动员基本站位在中台附近，以削球为主打法的运动员在中远台附近。

正确的基本姿势应该是两脚平行站立，略比肩宽，提踵，前脚掌内侧用力着地，两膝微屈、上体略前倾；重心置于两脚之间，下颌稍内收，两眼注视来球。以右手握拍为例，将持拍手臂自然弯曲置于身体右侧，手腕放松，持拍手置于右腹前，离身体 20~30 厘米。

（三）基本步法

乒乓球的步法是乒乓球的“灵魂和生命”。

1. 单步

单步一般在来球离身体较近时使用，其特点是移动简单，范围小，重心移动平稳。方法是以远离来球的一只脚的前脚掌为轴，另一脚向前、侧、后移动半步或一步，重心随之跟上（图 10–2–7）。

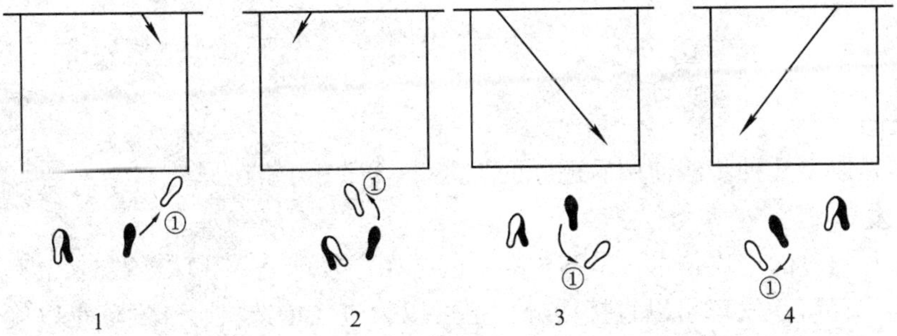

单步

图 10–2–7　单步

2. 滑步

滑步在来球离身体稍远时使用，其特点是移动范围较大，重心转换迅速。方法是两脚几乎同时向来球方向蹬地，几乎同时离地，来球异方向脚先落地，同方向脚紧随着地（图 10–2–8）。

3. 交叉步

交叉步在来球离身体远时使用，其特点是移动范围大、容易发力、速度快、稳健性好，多用于正手左右移动攻球或侧身攻球。方法是来球同方向脚蹬地，异方向脚向来球方向跨出一大步。此时，与身体成交叉状，然后蹬地脚迅速跟上结束交叉状态（图 10-2-9）。

▶ 交叉步

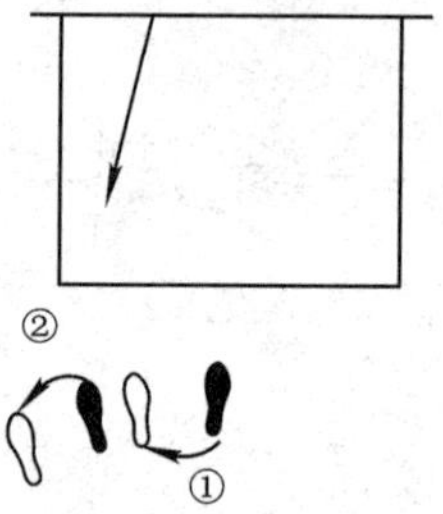

图 10-2-8 滑步

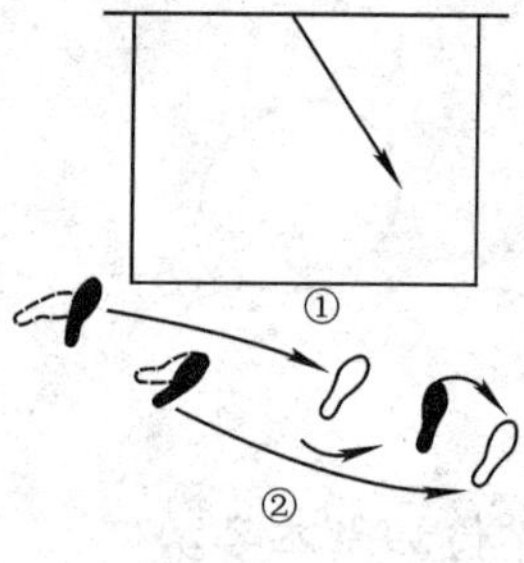

图 10-2-9 交叉步

4. 跨步

跨步在来球离身体较远时使用，其特点是移动速度快、移动范围比单步大。由于一脚移动幅度大，降低了重心，不宜连续使用。方法是来球异侧方向的脚蹬地，另一只脚向来球方向跨出一大步，身体重心迅速移至该脚，蹬地脚随即跟上（图 10-2-10）。

▶ 跨步

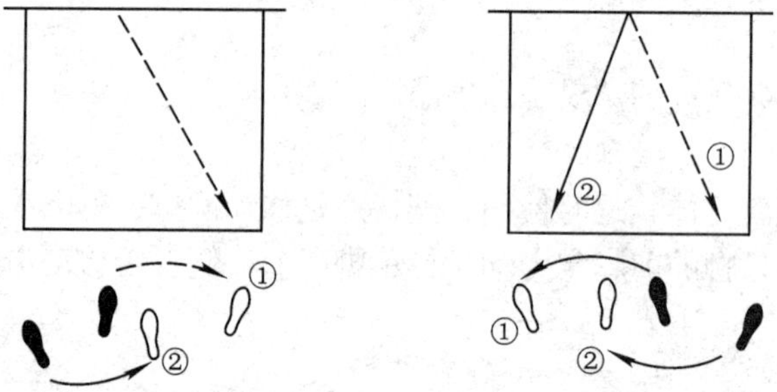

图 10-2-10 跨步

5. 还原步

还原步是以上几种步法使用后还原的步法。一般用滑步还原。

（四）发球

发球是乒乓球的进攻技术，是各种战术的起始。发球是乒乓球比赛时，力争主动、先发制人的第一环节。发球可以直接得分，也可以为进攻创造机会。发球是以旋转、速度、落点来调动、控制对方，实现自己的战术意图。发球的种类很多，主要有发上旋球、下旋球、侧上旋球、侧下旋球、长球、短球、高抛球、低抛球和下蹲式发球等。

1. 正手平击发球

特点：一般不带旋转，是学习其他发球技术的基础。

方法：以右手持拍为例。右脚稍后，身体稍向右转，左手掌心托球，置于身体右前方。抛球时，右臂内旋，使拍面稍前倾，向身体右后方引拍，在球下降至稍高于球网时，向前挥拍击球的中上部。

2. 正手发转与不转球

特点：球速较慢，旋转变化大，发转球与不转球时的手法相似，易造成对方接球失误或为自己抢攻创造机会。

方法：正手发转球时，前臂向后上方引拍，拍面略后仰。抛球后，待球下落时，前臂迅速向前下方挥动并略外旋，手腕用力转动使拍面后仰角度大些，约与网同高时击球，摩擦球的中下部（图 10–2–11）。正手发不转球时，手臂向前下方挥摆，前臂外旋与手腕的转动要慢，或外旋后在触球瞬间略有内旋，使球拍面后仰角度小些，用球拍下部偏右处向前撞击球，减小向下的摩擦力（图 10–2–12）。

图 10–2–11　正手发转球

正手发转球

图 10–2–12　正手发不转球

正手发不转球

3. 正手发左侧上（下）旋球

特点：发左侧上（下）旋球时，手法较为相似，并能充分发挥手臂和手腕的作用，旋转力较强。对方挡球后，向其右侧上（下）方反弹。

正手发左侧上旋球

方法：正手发左侧上旋球时，右脚在后。抛球时，持拍手向右上方引拍，手腕略向外展。当球下落时，手臂迅速向左下方挥动。在与网同高时触球，触球瞬间手腕快速向左上方转动，使球拍从球的中部偏下向左上方摩擦。正手发左侧下旋球时，手腕快速向左下方转动，使球拍从球的中下部向左下方摩擦（图 10–2–13）。

正手发左侧下旋球

图 10–2–13　正手发左侧上（下）旋球

4. 反手发右侧上（下）旋球

特点：能充分运用转体动作，旋转力较强，对方挡球后，向其左侧上（下）方反弹。

▶ 反手发右侧上旋球

方法：反手发右侧上旋球时，右脚稍靠前，持拍手向左上方引拍，拍柄在下。抛球后，当球下落时，前臂和手腕同时发力，向右下方挥拍。在与网同高时击球，触球瞬间手腕向右上方转动，使拍从球的中部略偏下向右上方摩擦。发右侧下旋球时，手腕向右下转动，使拍从球的中下部向下方摩擦（图 10–2–14）。

▶ 反手发右侧下旋球

图 10–2–14 反手发右侧上（下）旋球

（五）接发球

接发球要根据对方发球的方法与来球的性能决定自己的接球方法。技术环节包括站位与判断、移动步法与接球手法三大部分。

接发球的站位应根据自己的打法和对方的发球位置来确定，接发球的方法必须根据对方来球状况确定。当对方球拍与球接触的一瞬间，根据球拍移动的方向和触球的部位来判断球的旋转方向及旋转程度；根据对方用力的大小，判断来球的速度和落点。看清并判断来球后，采用点、拨、带、拉、攻、推、搓、削、摆短、撇等技术动作接球。

接急球：接急球时，可利用推挡或攻球回击。如回斜线球应尽可能使角度大些，注意使手腕外旋，用拍触球的侧面，将球推或攻到对方球台的一侧，使对方难以侧身抢攻或本方快速变直线。

接短球：接短球时，可“以短回短”把球回到对方近网处，使其不易发动进攻。球拍触球时，如接上旋球，板形可前倾一些；接下旋球，板形则稍后仰，减力将球接回。

（六）推挡球

推挡球是左推右攻型运动员的一项主要技术。推挡球具有站位近、动作小、速度快、变化多的特点。在对攻中常用快速推压，结合力量、落点和旋转变化牵制对方，为正手攻和侧身攻创造有利条件。在被动时，还可以起到积极防御的作用。

1. 挡球

特点：球速慢、力量轻、动作简单、容易掌握，是初学者的入门技术。

方法：两脚平行站立，身体靠近球台。击球前，两膝微屈，含胸收腹。击球时，球拍由后向前，球拍触球，拍面与台面近乎垂直，在上升期击球的中部，借助对方来球的反弹力将球挡回。击球后，迅速还原，准备下次击球（图 10–2–15，图 10–2–16）。

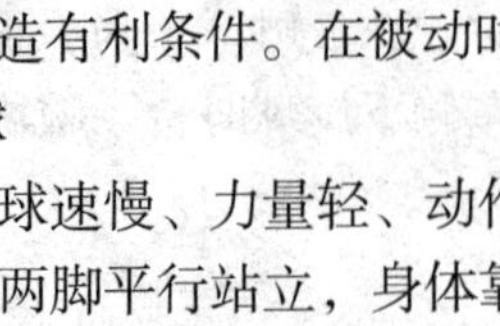

图 10–2–15 反手挡球

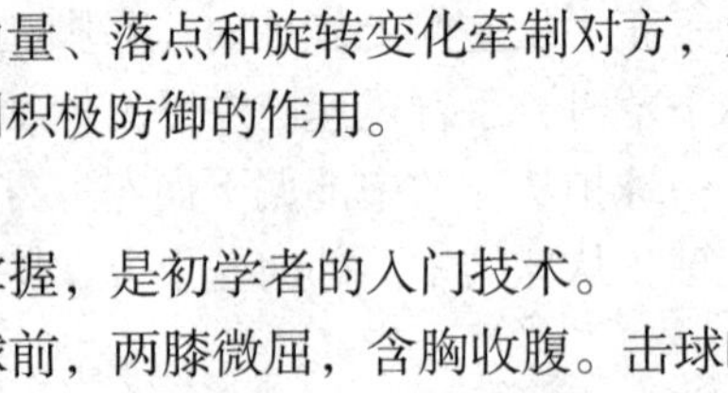

图 10–2–16 正手挡球

2. 快推

特点：站位近、动作小、速度快、变化多，既利于防守，又可以辅助进攻，是推挡球时最常用的一种技术。

方法：站位近台，右脚稍后或两脚平行开立，上臂和肘关节靠近右侧身旁。击球时，前臂向前推出，食指压拍，拇指放松，球拍前倾，在来球上升前期击球的中上部。击球后，手臂随势前送（图 10–2–17）。

图 10–2–17　快推

快推

（七）攻球

攻球是乒乓球比赛中争取主动和获得胜利的重要技术。它具有速度快、击球力量大、落点变化多、杀伤力强等特点，是主要的得分手段。

1. 正手近台攻球

特点：站位近、动作小、球速快，能借来球反弹力还击。

方法：直拍正手近台攻球时，身体靠近球台，右脚稍后，两膝微屈，上体略前倾。击球前，引拍于身体右侧成半横状，上臂与身体约成 35°，与前臂约成 120°。当球从台面弹起时，手臂由右侧向左前上方迅速挥动，以前臂发力为主。击球时，食指放松，拇指压拍，使拍面前倾并结合手腕内转动作，在来球上升期击球的中上部（图 10–2–18）。

图 10–2–18　直拍正手近台攻球

直拍正手近台攻球

横拍正手近台攻球时，前臂与手腕成直线并与台面接近平行，拍柄略朝下。击球的时间、部位，拍面角度及手臂挥动方向基本上与直拍相似（图 10–2–19）。

图 10–2–19　横拍正手近台攻球

横拍正手近台攻球

2. 正手拉球

特点：速度快、动作小、线路活，是还击下旋球的有效方法。

方法：站位近台，右脚稍后，重心放在右脚上。击球前，引拍至身体右侧下方成半横状，拍面近乎垂直。当球从最高点开始下降时，上臂和前臂由后下方向前上方挥动，前臂迅速内收，结合手腕转动的力量摩擦球的中部或中下部。击球后，重心移至左脚，球拍随势挥至头部（图 10-2-20）。

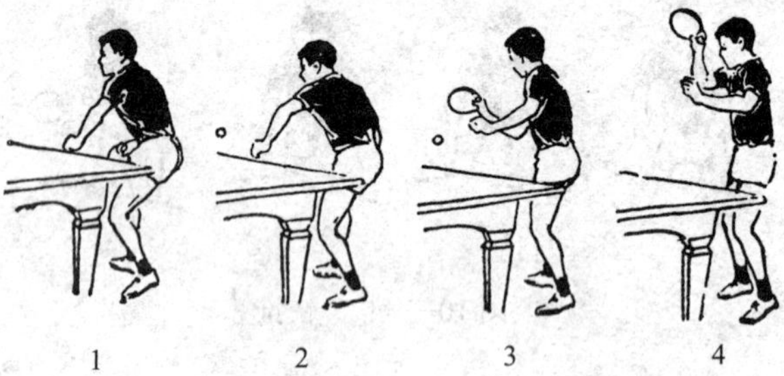

图 10-2-20 正手拉球

3. 反手近台攻球

特点：站位近、动作小、速度快、进攻性强，是直、横两面攻常用的一项重要技术。

方法：直拍反手近台攻球，身体靠近球台，两脚平行开立。击球前，引拍至腹前左侧，肘关节略前出，上臂和前臂约成 100°，拍柄稍向下。击球时，上臂贴近身体，前臂外旋向右前上方挥动，配合转腕动作，使拍柄略前倾，在球的上升期击球的中上部。击球后，随势将拍挥至右肩前（图 10-2-21）。

图 10-2-21 反手近台攻球

横拍反手近台攻球时，两脚平行开立，上体稍前倾，肘关节自然弯曲，上臂与前臂约成 100°，前臂与手腕几乎成直线，拍柄稍向下，球拍置于腹部左前方。击球时，前臂向右前上方挥动，在球的上升期击球中上部。触球时，手腕向外转动。

4. 反手快拨

特点：站位近、动作小、落点变化多，有一定速度和力量，借来球反弹力量还击，是横拍反手近台的基本技术。

方法：两脚平行开立，肘关节自然弯曲，引拍至腹部左前侧，拍柄稍向下，肘部稍前出。击球时，前臂带动手腕向右前方挥动，拍面稍前倾，在球的上升期击球中上部，借来球反弹力将球拨回。击球后，球拍随势挥至右肩前（图 10-2-22）。

横拍反手快拨

图 10-2-22　反手快拨

（八）搓球

搓球是一项过渡性技术，用它来应对下旋球比较稳健，也是初学削球者必须掌握的技术。它通过旋转、落点和速度的变化，给对方回球制造一定的困难，为自己抢攻或抢拉创造机会。

1. 慢搓

特点：慢搓动作幅度较大，回球速度慢，一般在下降期击球。在对搓中如能运用旋转变化，可以直接得分或为进攻创造条件。

（1）反手慢搓。两脚开立，身体离台较远，手臂自然弯曲，向左上方引拍。击球时，前臂内旋配合转腕动作，向前下方用力，拍面后仰，在来球下降期摩擦球中下部（图 10-2-23）。

直拍反手慢搓

图 10-2-23　反手慢搓

（2）正手慢搓。两脚开立，右脚稍后，两膝微屈，身体稍向右转，离台稍远。击球前，向右上方引拍，拍面后仰。击球时，前臂和手腕向左前下方挥动，在来球下降期摩擦球的中下部（图 10-2-24）。

直拍正手慢搓

图 10-2-24　正手慢搓

2. 快搓

特点：动作幅度小，回球速度快，借来球的力量将球搓回。

（1）正手快搓。两脚开立，两膝微屈，身体靠近球台。击球时，拍面稍后仰，前臂配合手腕转动动作向前下方切动，在来球上升期摩擦球的中下部，将球快速搓出。

（2）反手快搓。两脚平行或右脚稍前，两膝微屈，身体靠近球台。击球前，右手向右上方引拍，拍面稍后仰。击球时，前臂和手腕向左前下方切动，在来球上升期摩擦球的中下部，将球搓出。

（九）削球

削球是一种防守技术，削球可以造成对方失误直接得分，也可以在稳健削球的基础上，利用削转与不转球的变化，快速结合落点变化来调动对方，为反攻创造机会。

特点：击球动作较大，球速较慢，弧线较长，比较稳健，利于制造旋转变化，防守对方的扣杀。

1. 正手远削

左脚稍前，身体离球台 1 米以外。上体稍右转，重心放于右脚上。击球前手臂自然弯曲，将拍引向右上方与肩同高。击球时，手臂向左前下方挥动，在下降期击球中下部。触球刹那前臂加速削击球，同时手腕向下辅助用力。击球后，球拍随势前送，重心移至左脚（图 10–2–25，图 10–2–26）。

图 10–2–25 正手远削（直拍）

图 10–2–26 正手远削（横拍）

2. 反手远削

右脚稍前，身体左转，手臂弯曲，球拍向左上方引至与肩同高，拍柄向下，重心放在左脚上。击球时，手臂向右前下方挥动，手臂与手腕加速用力削击来球。在下降期，击球中下部。击球后，上体向右转动，将球拍顺势挥至身体右侧，重心移至右脚（图 10–2–27，图 10–2–28）。

3. 正手近削

左脚稍前，站位距球台 50 厘米左右，上体稍向右转。击球时手臂弯曲，把球引至与肩同高，拍形稍后仰。触球时，前臂由右或左向前下方挥动，手腕配合下压，在球的上升后期或高点期，击球的中部或中下部。

图 10-2-27　反手远削（直拍）

图 10-2-28　反手远削（横拍）

4. 反手近削

右脚稍前，手臂弯曲向左或右上方引拍。击球时，前臂向前下方挥动，手腕配合用力下压，在球的上升后期或高点期，击球的中部或中下部。

第三节　乒乓球战术

一、发球抢攻战术

发球抢攻战术是我国乒乓球运动员的重要战术之一。近年来，世界各种类型打法的运动员都越来越重视这一战术，并使之有了很大的发展。

（一）发球抢攻战术的注意事项

（1）注意发球与抢攻的配合。发球时，应明确对方可能怎样接、接到什么位置、自己怎样抢攻等。

（2）注意发球抢攻战术与其他战术的配合。有时接过来的球很难抢攻。此时，可先控制一板，争取下一板抢攻。不能一心只想发球后就抢攻，一旦无机会，或盲目抢攻，或无计可施，都会形成相持球的被动。

（3）注意提高发球的质量，将速度、旋转和落点的变化结合起来。同时，应特别强调发球技术的创新，为抢攻制造更多的机会。

（4）抢攻应大胆果断，不论对方用搓拉（包括弧圈球）等技术接发球，自己都应调整位置伺机抢攻。抢攻的技术好，可以增加发球的威力。

（5）每个运动员应有两套特别突出的发球的抢攻。

（二）发球抢攻战术类型

1. 正手发转与不转球后抢攻

一般以发至对方中路或右方短球为主，配合左方长球。开始先发短的下旋球为好，以控制对方不能抢攻或抢拉，然后再发不转球抢攻。不转球，一般也先发短的，或发至对方攻势较弱的一面；如果对方拉，还可以适当发些长的球到其正手。若能发到似出台又未出台的落点，则效果更好。

2. 侧身用正手发高、低抛左侧上、下旋球后抢攻

侧身用正手发高、低抛左侧上、下旋球的落点为：发至对方中左短、左大角、中左长、中右（向侧拐弯飞行正好至对方怀中）和右短，配合一个直线奔球。

3. 反手右侧旋后抢攻

此战术尤其适合擅长反手进攻的选手运用。一般可发至对方中右近网或半出台落点，然后用正、反手抢攻对方反手。

4. 反手发急球后抢推、抢攻

5. 反手发高抛右侧上、下旋球后抢攻

一般以发至对方正手位或中右近网为主，配合发两大角长球，伺机抢攻。

二、对攻战术

对攻战术是两名进攻型选手相遇，形成攻对攻的局面时，常采用下列战术：

（1）压对方反手，伺机正手攻或侧身攻。一般用于对付反手较弱或进攻能力不强的对手。压反手时，可用推挡、反手攻或弧圈球。

（2）压左调右（亦称压反手变正手）。适用范围：① 自己反手不如对方反手时，主动变线，避实就虚；② 对方侧身攻的意识极强，用变其正手的方法，既可偷袭空当，又可牵制对方的侧身攻；③ 对付正手位攻力不强的选手；④ 自己正手好，主动变对方正手后伺机正手攻；⑤ 自己反手攻击力很强，可在变对方正手位时直接得分或取得主动；⑥ 左手持拍的选手用此战术较多。因变线的角度大，右手持拍的选手往往被动。

（3）压左等右（紧压对方反手，等着对方变线，自己用正手抢攻）。多在对方采用压左调右的战术时使用。运用此战术时，压对方反手要凶些，否则对方变线较狠，自己往往被动。

（4）调右压左先打对方正手，将其调到正手位并被迫离台后，再打其反手位。

（5）用加减力量压对方反手、中路后，迅速抢攻用于对付站位中台的两面拉（攻）选手。一般先用加力推（攻）将对方压下去，再用减力挡将其诱上来，然后伺机加力扣杀。

三、拉攻战术

拉攻战术是进攻型选手对付削球打法的主要战术，即用拉球找机会，然后伺机突击。主要有以下几种方法：

（1）拉一角为主，伺机突击自己的特长线路追身。

（2）拉中路杀两角或拉两角杀中路。

（3）拉左杀右或拉右杀左。

（4）拉直杀斜线或拉斜杀直。

（5）拉长球配合拉将出台的球，伺机突击。

（6）变化拉球的旋转，伺机突击。

（7）拉搓、拉吊结合，伺机突击。

（8）拉、搓、攻结合，伺机突击。

（9）以稳拉为主，伺机突击。

四、搓攻战术

搓攻战术是进攻型打法的辅助手段之一，又是削球打法相互交锋时的主要战术。

（1）先搓反手大角，再变直线，伺机进攻。主要用来对付反手不擅长进攻的选手。逼住对方反手大角，视其准备侧身攻或将注意力都放到了反手后，将球拉起攻其正手，伺机抢攻。

（2）搓转与不转后，伺机反攻。

（3）以快搓短球为主，配合劈两大角长球，伺机进攻。

（4）搓右转快攻。

五、接发球战术

（1）接发球抢攻，这是最积极主动的接发球方法。

（2）用拉（包括小上旋和弧圈球）、拨或推的方法将球接至对方弱点处。

（3）以摆短为主，结合劈两大角长球，争取下一板主动，先上手或抢攻。

（4）稳健控制法。一般在攻对削、削对攻或削对削时采用。

（5）接发球战术的指导思想：① 力争积极主动，克服单纯求稳的思想，能攻的要攻，能撇的要撇，尽量少用搓球，应增加用正手侧身接发球的意识；② 最大限度地控制对方的发球抢攻，在此基础上，争取为下一板球的进攻制造机会；③ 接发球后，要有防御的准备，一旦被对方抢攻，应具备从被动转主动的意识和能力。

第四节　乒乓球竞赛规则简介

标准乒乓球比赛场地长 14 米、宽 7 米、高至少 4 米，四周用 75 厘米高的暗色挡板围住。球台总长 2.74 米，宽 1.525 米，台面离地面高度 76 厘米。球网长 183 厘米，高 15.25 厘米。

乒乓球由赛璐珞或塑料制成，多为不反光的白色、橙色，圆形，球的直径为 40 毫米，重量为 2.7~2.75 克。

一、一局比赛、一场比赛

在一局比赛中，先得 11 分的为胜方。若到 10 平后，先多得 2 分者为胜方。在大型国际乒乓球团体赛中，每场比赛，均采用五局三胜制；单打或双打比赛则采用七局四胜制。

二、交换发球次序、交换方位

开赛前，用抽签等公平选择方式决定某一方先发球和双方方位。开赛产生 2 分后换另一方发球，以此类推，直到一局结束。如果双方的比分都达到 10 分时，开始按每得一分就换发球方一次的方法，直到该局分出胜负为止。

一局中，站在某一方位的单打或双打运动员，在下一局应与对方交换方位，在决胜局中，当一方先得到 5 分时，即应与对方交换方位。

三、合法发球

发球时，球应放在不执拍手的手掌上，手掌应静止、朝上、伸平。发球时，不执拍手应始终在台面以上、端线以外，把球向上抛起 16 厘米以上，不能使其旋转，抛出的球倾斜不能超过 30°，当抛起的球从高点下降后才能击球，击球后，球应先落在本方台面，然后弹起落到对方台面上。发球时，发球者有责任让对方、裁判清楚地看见发球的技术合理性，不能有遮挡现象出现。

四、合法还击

（1）对方发球或还击后，本方运动员必须击球，使球直接越过或绕过球网装置，或触及球网装置后，再触及对方台区。

（2）在单打中，首先由发球员合法发球，再由接发球员合法还击，然后两者交替合法还击。

（3）在双打中，首先由发球员合法发球，再由接发球员合法还击，然后由发球员的同伴合法还击，再由接发球员的同伴合法还击，此后，运动员按此次序轮流合法还击。

五、重发球

回合出现下列情况应判重发球：

（1）如果发球员发出的球，在越过或绕过球网装置时，触及球网装置，此后触及对方台区。

（2）如果接发球员或其同伴未准备好时，球已发出，而且接发球员或其同伴均没有企图击球。

（3）由于发生了运动员无法控制的干扰，而使运动员未能合法发球。

（4）裁判员或副裁判员宣布暂停比赛。

（5）在双打时，运动员错发，错接。

六、得一分

除被判重发球的回合，下列情况运动员得一分：

（1）对方运动员未能合法发球。

（2）对方运动员未能合法还击。

（3）运动员在发球或还击后，对方队员在击球前，球触及了除球网装置以外的任何东西。

（4）对方击球后，该球越过本方端线而没有触及本方台区。

（5）对方阻挡。

（6）对方连击。

（7）对方用不符合条款的拍面击球。

（8）对方运动员或他穿戴的任何东西使球台移动。

（9）对方运动员或他穿戴的任何东西触及球网装置。

（10）对方运动员不执拍手触及比赛台面。

（11）双打时，对方运动员击球次序错误。

（12）执行轮换发球法时，接发球运动员或其双打同伴，包括接发球一击，完成了13次合法还击，接发球方得一分。

七、发球、接发球和方位的次序

（1）选择发球、接发球和这一方位、那一方位的权力应由抽签来决定，中签者可以选择先发球或先接发球，或选择先在某一方位。

（2）当一方运动员选择了先发球或先接发球，或选择先在某一方位后，另一方运动员应有另一种选择的权力。

（3）在产生每2分之后，接发球方即成为发球方，以此类推，直至该局比赛结束，或者直至双方比分都达到10分或实行轮换发球法，这时，发球和接发球次序仍然不变，但每人只轮发一分球。

（4）在双打的第一局比赛中，先发球方确定第一发球员，再由先接发球方确定第一接发球员。在以后的各局比赛中，第一发球员被确定后，第一接发球员应是前一局发球给他的运动员。

（5）在双打中，每次换发球时，前面的接发球员应成为发球员，前面的发球员的同伴应成为接发球员。

（6）一局中首先发球的一方，在该场下一局应首先接发球。在双打决胜局中，当一方先得5分时，接发球方应交换接发球次序。

（7）一局中，在某一方位比赛的一方，在该场下一局应换到另一方位。在决胜局中，一方先得5分时，双方应交换方位。

八、发球、接发球次序和方位的错误

（1）裁判员一旦发现发球、接发球次序错误，应立即暂停比赛，并按该场比赛开始时确立的次序，按场上比分由应该发球或接发球的运动员发球或接发球；在双打中，则按发现错误时那一局中首先有发球权的一方所确立的次序予以纠正，继续比赛。

（2）裁判员一旦发现运动员应交换方位而未交换时，应立即暂停比赛，并按该场比赛开始时确立的次序按场上比分运动员应站的正确方位予以纠正，再继续比赛。

（3）在任何情况下，发现错误之前的所有得分均有效。

九、轮换发球法

（1）如果一局比赛进行到10分钟仍未结束（双方都已获得至少9分时除外），或者在此之前任何时间应双方运动员要求，可实行轮换发球法。

（2）当时限到时，球仍处于比赛状态，裁判员应立即暂停比赛。由被暂停回合的发球员发球，继续比赛。

（3）当时限到时，球未处于比赛状态，应由前一回合的接发球员发球，继续比赛。

（4）此后，每个运动员都轮发一个球，直至该局结束。如果接发球方给予 13 次合法还击，则判发球方失一分。

（5）轮换发球法一经实行，该场比赛的剩余部分必须继续实行，直至该场比赛结束。

第十一章 羽毛球

第一节　羽毛球概述

羽毛球起源于英国。1873 年，在英国格拉斯哥附近的鲍弗特公爵的伯明顿庄园内举办了一次别开生面、妙趣横生的羽毛球比赛，这场比赛给众人留下了深刻的印象。从此以后，人们便用这个地名来命名这项运动“badminton”。1877 年，第一次成文的羽毛球规则在英国出版。1934 年，国际羽毛球联合会（简称国际羽联）成立，总部设在伦敦。1939 年，国际羽联制定了会员共同遵守的羽毛球规则。1992 年，羽毛球被列为奥运会正式比赛项目，这给世界羽毛球的发展带来了很大的影响。

羽毛球于 1910 年前后传入我国。1952 年，毛泽东提出了“发展体育运动，增强人民体质”的号召后，越来越多的人参加羽毛球运动。此后，我国羽毛球运动水平几经周折，不断向上发展，我国羽毛球队的整体实力已位居世界前列。随着参与和研究羽毛球的人越来越多，我国的羽毛球训练积累了丰富的经验，如以快为主，以攻为主，走自己发展的道路；在技术全面的基础上发挥特长；创新步法和手法，保证快速特点的充分发挥；注重反应速度、灵活性、爆发力和耐力为主的身体素质训练；实行多周期训练，适应日益频繁的比赛任务等。

第二节　羽毛球技术与练习方法

羽毛球技术主要有手法和步法。每一项基本技术都有很多的技术动作，各个技术动作之间相互联系，构成了羽毛球的基本技术系统。常用的羽毛球技术有握拍、发球、击球和各种步法。

一、握拍

（一）基本握拍法

1. 正手握拍法

左手拿住拍杆，使拍面与地面垂直，这时直视下方，从左向右拍柄可见四条斜棱，自然张开右手，用握手的方法握住球拍，虎口对准拍柄的内侧斜棱，小指、无名指和中指并拢握住拍柄，力度得当（感觉握着鸡蛋，松到不至于把鸡蛋掉地的力度为最佳）。手心能够放两个手指。单打拍柄握持的位置一般是拍柄远端靠在小鱼际肌上较佳。双打时，在前封网的选手可将手握位置偏上些，便于快速击球。后场扣杀的选手可以握后一些（图 11–2–1）。

2. 反手握拍法

在正手握拍法的基础上，稍微将拍外旋，大拇指往上提，内侧顶贴着第一斜棱旁的球拍宽面，食指往下扣，其余三指与正手握拍相似；掌心、拍柄与小鱼际肌间留有空隙。发力时，后三指紧握拍柄，拇指前顶发力（图 11–2–2）。

图 11–2–1 正手握拍法

图 11–2–2 反手握拍法

（二）握拍练习方法

（1）通过看技术录像，观摩优秀运动员的比赛、技术示范，进行模仿练习。

（2）体会握拍的部位是否准确。正手握拍法如同与人的握手方式。常见错误是虎口不是对着拍柄窄面内侧斜棱上，而是对着拍柄宽面上；拇指掌面过于紧贴在拍柄内侧宽面上；拳式握拍，各手指相互紧靠并与拍柄棱呈垂直状态。

（3）体验握拍的松紧度。握拍太紧动作必然僵硬，握拍太松击球无力，且动作可能变形。

（4）反复进行正手握拍和反手握拍的练习。

二、发球

（一）发球技术

发球是羽毛球的一项重要的基本技术。发球的方式有许多种，如正手发球、反手发球。发球的种类有后场高远球、平高球、平射球和网前小球等。

1. 正手发后场高远球

正手发后场高远球指把球发得又高又远，使球接近垂直地落在对方后发球线附近的发球区里，最好是落在 4 个角里。这样球由于离网远，对手很难击出攻击性较大的回球，从而可以给自己的得分创造条件。

准备发球时，两脚与肩同宽，自然分开，左脚在前，脚尖正对网；右脚在后，与左脚大约成 45°，重心位于右脚；左手三指（拇指、食指、中指）拿住球中部，自然上抬到与左肩齐平，正对球网；右手握拍，自然屈肘，举到身体右后侧；两眼注视前方，观察对方准备接球的动向。左手放松羽毛球，使球自然下落，右手大臂外旋，并带动小臂沿半弧形做回环引拍动作。击球时前臂内旋，带动手腕从伸腕到展腕闪动发力，击球最佳点位于身体的右前下方。击球完毕，手腕呈展腕状态，身体重心移至左脚，持拍手随击球动作的惯性，自然向左上方挥动（图 11-2-3）。

图 11-2-3　正手发后场高远球

2. 正手发网前小球

发球击球后，球擦网而过，正好落于对方前发球线附近的区域内，称为发网前球。

准备动作与正手发后场高远球相同，只是大臂挥动的幅度和手腕后伸的角度要比发高球稍小。球拍触击球时，拍面从右后向左斜切推送击球，使球刚好越网而过，落在对方前发球线附近（图 11-2-4）。

图 11-2-4　正手发网前小球

发球质量的关键

1. 能否合理掌握球拍面的击球点。
2. 能否正确运用手腕、手指的爆发力。

（二）发球练习方法

（1）原地挥拍做模仿练习。

（2）对墙发球练习。

（3）定点定位，多球发球练习。

（4）发球、接发球对抗性练习。

三、击球

后场击球包括高远球、平高球、吊球、杀球；中场击球包括接杀球、平推球、平挡；前场击球包括放网前球、搓球、推球、钩球、扑球等。

（一）高远球

1. 高远球技术

（1）正手后场击高远球。

准备姿势：击球前右脚在后，左脚在前，重心位于右脚，侧身左肩对网，右手正握球拍，拍面正对球网屈肘位于体侧（90° 为佳）；左手自然往上，手心向外，保持身体平衡。

引拍动作：当球下落到一定高度时，手肘上抬，手臂后倒引拍（球拍与后背垂直），以肩为轴做回环动作。

击球动作：前臂急速内旋，带动手腕加速向前上方挥动，手腕屈收，手指屈指发力，用正拍面将球击出。击球点位于右肩的前上方。

击球后动作：右手随击球后的惯性，向左前下方挥动，然后顺势收回到体前，呈接球前的准备姿势（图 11-2-5）。

图 11-2-5 正手后场击高远球

（2）头顶后场击高远球。头顶后场击高远球是将飞往左后场区的球用正手握拍击球的正面，将球击到对方后场区的击球技术。准备动作与正手后场击高远球基本相同，只是在引拍时身体略朝左后倾斜；击球时将球拍绕过头顶，在头顶左肩上方击球。

2. 高远球练习方法

（1）原地做击高远球挥拍动作练习。

（2）用细绳把球悬挂在适当的高度上做击球练习。

（3）一人发球，一人击高远球练习。

（4）定点定位进行多球击球练习。

（二）吊球

1. 吊球技术

吊球是将后场球压击至近网两点的进攻性较强的技术。吊球飞行速度快、线路短，是一项调动对方前后奔跑的主要技术。

（1）正手后场吊球。吊球的准备动作、引拍动作和击球后的回收动作与高球的技巧相同，只是其击球点比高球更靠前些。击球时，用手指捻动发力，使球拍外旋，稍屈外，拍面向前下方切球托的右侧部位，挥拍始终放松（图 11–2–6）。

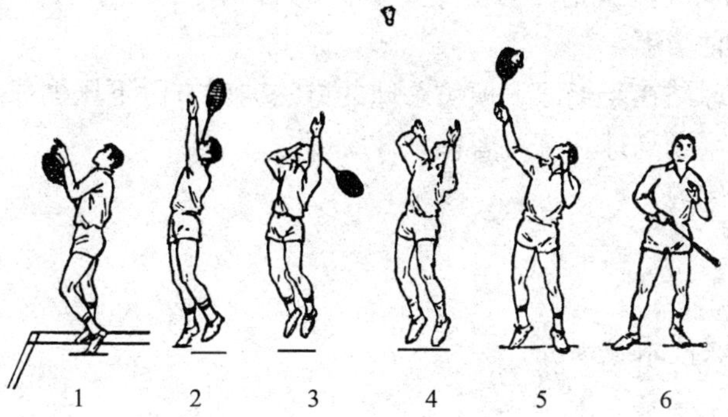

图 11–2–6　正手后场吊球

（2）头顶吊球。起动、引拍和击球后的回收动作均与头顶击后场高远球相似，不同之处为：① 击球力量较小；② 拍面的仰角较小，一般在 90° 左右；③ 吊球时，前臂应内旋带动球拍自左向右挥动，手腕放松，手指控制好拍面。

2. 吊球练习方法

（1）挥拍练习吊球动作。

（2）一人发高球，一人连续吊对角练习。

（3）一人挑高球，一人连续吊球练习。

（4）吊球熟练后可做高、吊、杀的综合练习。

（三）杀球

1. 杀球技术

杀球击球力量最大，速度也最快，进攻威力也最强，是后场进攻和争取得分的主要手段。

（1）正手杀球。准备姿势及击球动作与正手后场高远球基本一致。因为杀球力量大，引拍动作比后场高远球动作要大。大臂带动小臂充分地后倒回环，上身要后仰，形成一定的背弓，击球前准备要充分。击球点位于右肩的前上方，位置比高远球和吊球的位置都要偏前。在击球瞬间，将上下肢全身的力量通过手腕由伸到屈快速闪动发力，以正拍面向前下方全力压击球（图 11–2–7）。

图 11–2–7　正手杀球

（2）头顶杀球。准备姿势、引拍及击球后动作均与后场头顶击高远球一致。击球动作和后场正手杀球也是一样。不同点是：① 击球的力量比击高远球大，发力的方向是向下的；② 击球点稍向前些，拍面的角度要小。

2. 杀球练习方法

（1）手持羽毛球站在半场区，模仿杀球的方法向对方区下压掷球。

（2）陪练者发半场高球，练习者做杀球练习。

（3）一攻一防练习。

四、网前击球

（一）网前击球技术

1. 放网前球

（1）正手放网前球。

准备动作：运用正手上网步法向来球方向移动。当右脚向前蹬跨的同时，持拍手于胸前向来球方向伸出，争取高的击球位置。左手于身后拉举至右手对称的反方向，保持身体平衡。

引拍动作：在伸拍的同时，右前臂外旋，手腕后伸外展，做半弧形引拍动作。

击球动作：击球时小臂稍内旋，手腕由后伸至内收闪动，食指和拇指夹住拍柄轻击球托底部。

随势动作：击球后，右脚掌触地后立即蹬地收回，击球手臂收回至胸前，准备下一次击球（图 11-2-8）。

图 11-2-8 正手放网前球

（2）反手放网前球。反手放网前球其方法与正手放网前球相似。不同之处在于：应向左前场转体，向球的方向跨步，并及时转换成反手握拍法，用反手击球。

2. 搓球

（1）正手网前搓球。正手握拍，将飞至右前场区的球用斜拍面切削球托，使球向上旋转漂浮过网。正手网前搓球的准备动作、引拍动作与击球后的随势动作与正手网前放网技术相同，只是在击球时必须用斜拍面切削球托的右侧。

（2）反手网前搓球。反手握拍，将飞至左前场区的球用斜拍面切削球托，使球向上旋转漂浮过网。反手网前搓球的准备动作、引拍动作与击球后的随势动作与反手网前放网技术相同，只是在击球时必须用斜拍面切削球托的左侧。

3. 钩球

钩球就是在网前把球击到对方网前斜对角的小球。钩对角有两种情况：一种是位置比较高；还有一种是位置比较被动，即位置较低的时候。

（1）正手网前钩对角线小球。基本动作与正手网前放网相同。以手肘一定的回拉动作带动上臂内旋手腕，由伸腕向收腕发力切击球托的右侧下部，击球力量不宜太大，并根据不同来球的位置调整好击球的拍面角度。如离球网距离较近，球拍向下切击的成分要多点；如球位置较低，且离球网距离较远，推送的力量可较大些（图 11-2-9）。

图 11-2-9　正手网前钩对角线小球

（2）反手网前钩对角线小球。基本动作与反手放网前球相同。上臂外旋带动手腕伸腕发力向网前对角的斜前方向切击球托的左后侧。击球力量的大小、位置的高低和出球角度的调整均与正手网前钩对角线小球相仿。

4. 挑球

（1）挑直斜线球。基本动作均与正手放网前球相同。伸腕在身体的右前下方沿半弧形向前上方做回环动作，球拍击球瞬间，前臂内旋，屈腕发力，击直线球或是斜线球可由调整球拍的拍面和击球方向来决定。击球后，球拍自然收回胸前，脚步迅速回位（图 11-2-10）。注意不必抡大臂。

图 11-2-10　挑直斜线球

（2）反手网前挑直斜线球。运用反手上网步法，当右脚向前蹬跨步的同时，反手握拍向前上方的来球方向伸手。以肩和肘为轴心，前臂内旋在身体的左前下方带动手腕，由展腕沿半弧形，前臂外旋带动手腕发力，并充分利用大拇指的力量将球击出。击直线球或是斜线球由调整球拍的拍面和击球方向来决定。

（二）网前击球练习方法

（1）原地或跨一步做模仿练习（不用球）。

（2）原地或跨一步做多球练习。

（3）从场区中心位置开始，做上网步法并结合击球练习。

（4）从场区中心位置开始，做定点、定动作的上网击球动作练习。

（5）“吊上网”练习。

五、步法

（一）基本步法

在羽毛球比赛中，我们常常会被运动员精妙的小球、迅猛的跳杀所折服，而这一切与羽毛球的基本步法是离不开的。羽毛球场地大约80平方米，要在如此小的范围内打赢对手，需要前后左右调动对手，使对手处于被动局面而露出空当，这样才能“一招致命”。这就需要有快速灵活的步法作保证，这样才能准确、有效地发挥手法。

1. 后场步法

后场步法一般采用后场正手后退步法。

（1）一步后退步法。由接球准备姿势起动，以左脚前掌为轴心，右脚向右侧后场区蹬地，在后转的同时，右脚后退一步，击球时，右脚蹬地向前交叉起跳。左脚右摆，击球后回中心。

（2）两步后退步法。起动后，右脚向来球方向后退一小步，左脚紧接着蹬地向右脚并一步，重心放在右脚上起跳接球。

（3）三步后退步法。起动后，右脚向来球方向后退一小步，左脚紧接往后交叉迈一步，重心放在右脚上起跳接球。

2. 前场步法

（1）前场正手上网步法。

① 一步步法。左脚往前蹬地，右脚前迈。

② 两步步法。两脚掌接触地起动后，左脚向身体右侧前方来球方向迈出一小步，紧接着左脚用力蹬地，同时右脚经左脚又向前跨出一大步接球。接球后，左脚稍向右脚跟进靠拢，右脚立即往中心位置蹬地退回一步，左脚紧跟其后。注意：一 右手击球时，手要保持平衡（左手要拉开）；二 起动以后迈出一步，迈第二步时左脚要蹬地（尽量往前蹬），右脚要向前跨，步子越大越好，这样便于接球，右脚要脚跟着地，脚尖外展一点，否则难以站稳。右脚前跨后，左脚脚掌内侧面划地，以阻止向前的冲力，也便于回到原位。

③ 三步步法。起动后，右脚迅速向身体右侧前方迈出一小步，左脚紧接着向前垫一小步并至右脚后跟出，同时左前脚掌用力蹬地，右脚又向前跨出一大步接球，右脚触地、回动。

（2）前场反手上网步法。

① 一步步法。右脚往前蹬地，左脚往前迈。

② 两步步法。两脚掌接触地起动后，右脚蹬地，左脚向身体左侧前方来球方向迈出一小步，同时右脚向前跨出一大步接球。接球后，左脚稍向右脚跟进靠拢，右脚立即往中

心位置蹬地退回一步，左脚紧跟其后。

③ 三步步法。起动后，右脚迅速向身体左侧前方迈出一小步，左脚紧接着向前垫一小步并至右脚后跟出，同时左前脚掌用力蹬地，右脚又向前跨出一大步接球，右脚触地、回动。

3. 中场步法

中场步法主要用于接杀球。

（1）正手中场步法。

① 一步步法。判断来球后，脚前掌触地起动，左脚向身体右前侧右场区边线方向蹬地，右脚向来球方向转动。

② 两步步法。起动后，左脚可向来球方向小垫一步，右脚紧接其后又跨一大步接球。

（2）反手中场步法。

① 一步步法。起动后，右脚用力向来球方向蹬地，左脚向左侧转髋的同时向来球方向跨一大步接球。左脚后跟着地，脚尖注意外展。

② 两步步法。起动后，左脚向来球方向垫一小步，并向前方用力蹬地，同时身体向左侧转体，右脚紧随，用反手接球。

（二）步法练习方法

（1）做好准备姿势，看手势信号做起动练习。

（2）按不同的步法逐个进行练习。

（3）多球练习。

（4）一对一比赛。

第三节　羽毛球战术

一、单打战术

（一）常用单打战术

1. 逼反手

（1）调开对方位置。使对方反手区露出空当，然后把球打到反手区，迫使对方使用反拍击球。

（2）针对反手较差的对手。重复攻击对方的反手区，使其身体位置远离中心。这样就会使对方优点的正手区出现大片空当，成了被攻击的目标。

2. 平高球压底线

用快速、准确的平高球打到对方后场两角，在对方不能拦截的前提下尽量降低球的飞行弧线，把对方紧压在底线，当对方回击半场高球时，就可以扣杀进攻。使用平高球压底线时，如配合劈吊和劈杀可增加平高球的战术效果。一般情况下，平高球的落点和杀、吊的落点拉得越开，效果越好。

3. 拉、吊结合杀球

此战术是把球准确地打到对方场区的四个角上，使对方每次击球都要在场上来回奔跑。使用这种战术时，对不同特点的对手要采用不同的拉、吊方法。对后退步法慢的对手可以多打前、后场；对盲目跑动满场飞的对手可使用重复球和假动作；对灵活性差的对手应多打对角线，尽量使对方多转身；对后场反手差的对手可以通过拉开后攻反手；对体力不好的对手可用多拍拉、吊来消耗其体力，然后战胜之。

4. 吊、杀上网

先在后场以轻杀、点杀、劈杀配合吊球把球下压，落点要选择在场地两边，使对方被动回球。对方还击网前球时，迅速上网以贴网的搓球，或钩对角，或快速平推创造半场扣杀机会；若对方在网前挑高球，可在其向后退的过程中把球直接杀向他的身上。

（二）单打战术练习方法

（1）发球、接发球练习。

（2）做规定球路练习。

（3）“吊上网”“杀上网”练习。

（4）攻守练习。

（5）两点打一点、一点打两点、一点打多点练习。

（6）单打计分的战术练习。

二、双打战术

（一）常用双打战术

1. 攻人

这是双打中常用的一种战术，即以人为攻击目标。对付两名技术水平高低不一的对手时，一般都采用这种战术。对付两名实力相当的队员时，也可采用这一战术。这种战术集中几种攻势于对方一名队员，常能起到“集中优势兵力打歼灭战”的作用；在另一队员过来协助时，又会暴露出空当，可在其仓促接应、立足不稳时偷袭他。

2. 攻中路

（1）守方左右站位时把球打在两人的中间。这种战术可以造成守方两人抢接一球或同时让球，彼此难以协调；可以限制对手在接杀球时挑大角度高球调动攻方；有利于攻方的封网，由于打对方中路，对方回球的角度也小，网前队员封网的难度就小了。

（2）守方前后站位时把球下压或轻推在边线半场处。这种战术多半是在接发网前球和守中反攻抢网时运用。这种球守方前场队员拦截不到，后场队员又只能以下手击球放网或挑高球，后场两角便会露出很大空当，因而有隙可乘，可攻击他的空当或身体位。

3. 攻后场

这种战术常用来对付后场扣杀能力较差的对手，把对方弱者调动到后场后也可以使用这种战术。此战术多采用平高球、平推球、挑底线把对方一人紧逼在底线，使其在底线两角移动击球，在其还击出半场高球或网前高球时即可大力扣杀，取得该球的胜利或主动。如在逼底线两角时，对方同伴要后退支援，则可攻击网前空当或打后退者的追身球。

4. 后攻前封

后场队员积极大力扣杀创造机会，在对方接杀放网、挑高球或企图反击抽球时，前场队员以扑、搓、钩、推控制网前，或拦截吊、点封住前半场，使整个进攻连贯而又有节奏变化，使对方防不胜防。

（二）双打战术练习方法

（1）加强双打技术的练习。

（2）“压网”练习。

（3）跑位配合练习。

（4）双打比赛。

第四节　羽毛球竞赛规则简介

一、比赛场地

羽毛球场地呈长方形，长 13.40 米，单打场地宽 5.18 米，双打场地宽 6.10 米。球场外面两条边线是双打场地边线，里面的两条线是单打场地边线，双打边线与单打边线相距 0.46 米。靠近球网 1.98 米与网平行的两条线为前发球线，离端线 0.76 米与底线相平行的线为双打后发球线。球场上各条线宽均为 4 厘米，用白色、黄色或其他易于识别的颜色画出（图 11-4-1）。

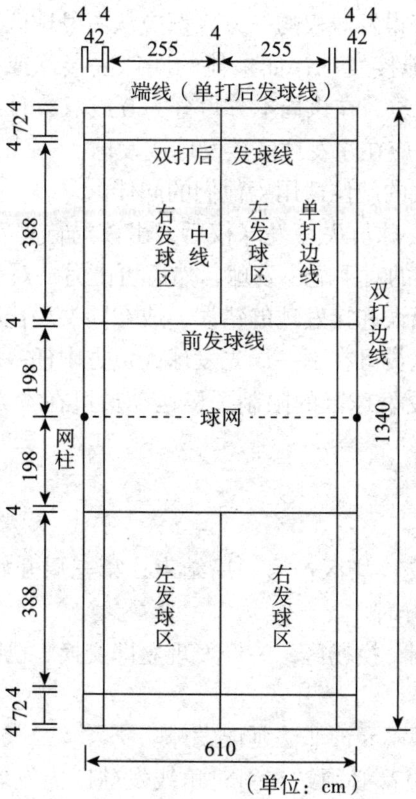

图 11-4-1　羽毛球场地

二、比赛方法和主要规则

（一）比赛的项目

羽毛球比赛项目分为单项赛和团体赛两大类。单项赛包括男子单打、女子单打、男子双打、女子双打、混合双打 5 个项目；团体赛包括男子团体、女子团体、男女混合团体 3 个项目。

（二）比赛的计分方法及其规则

（1）比赛采用每球得分、21 分制，即双方分数先达 21 分者胜，三局两胜。每局双方打到 20 平后，一方领先 2 分即算该局获胜；若双方打成 29 平后，一方领先 1 分，即算该局取胜。

（2）得分者方有发球权，如果本方得单数分，从左边发球；得双数分，从右边发球。单打后发球线是底线。在第三局或只进行一局的比赛中，当一方分数首先达到 11 分时，双方交换场区。

（三）比赛中的站位

1. 单打

（1）发球员的分数为 0 或双数时，双方运动员均应在各自的右发球区发球或接发球。

（2）发球员的分数为单数时，双方运动员均应在各自的左发球区发球或接发球。

（3）球发出后，双方运动员就不再受发球区的限制而可以自由击到对方场区的任何位置，运动员的站位也可以在自己这方场区的界内或界外。

2. 双打

（1）一局比赛开始和获得发球权的一方，都应从右发球区开始发球。

（2）只有接发球员才能接发球；如果他的同伴去接球或被球触及，发球方得一分。每局开始首先接发球的运动员，在该局本方得分为 0 或双数时，都必须在右发球区接发球或发球；得分为单数时，则应在左发球区接发球或发球。

（3）上述两条相反形式的站位适用于他们的同伴。

（4）任何一局的本方发球员失去发球权后，由该局首先发球员发球，然后首先发球员的同伴发球，接着由他们的对手之一发球，然后再由另一对手发球，如此传递发球权。

（5）队员不得有发球错误和接发球的错误，或在同一局比赛中有两次发球。

（6）一局胜方的任一队员可在下一局先发球，负方中任一队员可先接发球。

（7）球发出后就不再受发球区的限制了，运动员可在本方场区自由站位和将球击到对方场区的任何位置。

（四）比赛主要规则

1. 交换场区

（1）以下情况队员应交换场区：第一局结束；第三局开始；第三局中或只进行一局的比赛进行至一方达到 11 分时。

（2）队员未按以上规则交换场区，一经发现立即交换，已得分数有效。

2. 合法发球

（1）发球时任何一方都不允许非法延误发球。

（2）发球员和接发球员都必须站在斜对角线发球区内发球和接发球，脚不能触及发球区的界限；两脚必须都有一部分与地面接触，不得移动，直至将球发出。

（3）发球员的球拍必须先击中球托，与此同时整个球必须低于发球员的腰部。

（4）击球瞬间球杆应指向下方，从而使整个拍头明显低于发球员的整个握拍手部。

（5）发球开始后，发球员的球拍必须连续向前挥动，直至将球发出。

（6）发出的球必须向上飞行过网，如果不受拦截，应落入接发球员的发球区。

3. 羽毛球的违例

（1）发球不合法违例，包括发球员踩线或移动等。

（2）发球员发球时未击中球或过腰发球。

（3）发球时，球过网后挂在网上或停在网顶。

（4）比赛时：① 球落在球场边线外；② 球从网孔或从网下穿过；③ 球不过网；④ 球碰屋顶、天花板或四周墙壁；⑤ 球碰到队员的身体或衣服；⑥ 球碰到场地外其他人或物体；⑦ 球拍或球的最初接触点不在击球者网的这一方（击球者击球后，球拍可以随球过网）。

（5）比赛进行中：① 队员球拍、身体或衣服触及网或网的支持物；② 队员的球拍或身体，以任何程度侵入对方场区；③ 妨碍对手，如阻挡对方紧靠球网的合法击球。

（6）比赛时，队员有故意分散对方注意力的任何举动，如喊叫、故作姿态等。

（7）比赛时：① 击球时，球夹在或停滞在拍上紧接着又被拖带；② 同一队员两次挥拍连续击中球两次；③ 同一方两名队员连续各击中球一次；④ 球碰球拍继续向后场飞行。

（8）队员违反比赛连续性的规定。

（9）队员行为不端。

4. 重发球

（1）遇到不能预见或意外的情况，应重发球。

（2）除发球外，球挂在网上或停在网顶，应重发球。

（3）发球时，发球员和接发球员同时违例，应重发球。

（4）发球员在接发球员未做好准备时发球，应重发球。

（5）比赛进行中，球托与球的其他部分完全分离，应重发球。

（6）司线员未看清球的落点，裁判员也不能做出决定时，应重发球。

（7）重发球时，最后一次发球无效，原发球员重发球。

5. 死球

（1）球撞网并挂在网上，或停在网顶上。

（2）球撞网或网柱后开始在击球这一方落向地面。

（3）球触及地面。

（4）违例或重发球。

6. 发球区错误

（1）发球顺序错误。

（2）从错误的发球区发球。

（3）在错误的发球区准备接发球，且对方球已发出。

第十二章 网球

第一节 网球概述

一、网球的起源及演变

网球的由来和发展可以用四句话来概括：孕育在法国，诞生在英国，开始普及和形成高潮在美国，如今盛行于全世界。

现代网球的历史是从1873年开始的。这一年，英国少校温菲尔德在古代网球游戏的启发下，改进了早期网球的打法，将场地移向草坪，并于同年出版了《草地网球》，创造了一套接近于现代网球的打法。1874年，在规定了球网的大小和高低后，英国创办了简易的草地网球比赛。1875年，英国的迈瑞伯尼板球俱乐部制定了一个新的标准化网球比赛规则，该规则规定单打比赛场地长为78英尺（23.77米），宽为27英尺（8.23米）；双打比赛场地长为78英尺（23.77米），宽为36英尺（10.97米）；球网中央的高度为3英尺（0.91米）。该规则还确定了每局采用15、30、40的记分方法。至此，现代网球正式形成，并很快在欧美盛行起来，成为一项深受大众欢迎的球类运动。

二、网球的发展

1913年3月1日，澳大利亚、比利时、法国等12个国家的网球协会代表在巴黎成立了国际网球联合会（International Tennis Federation，ITF），简称国际网联。国际网联的成立，标志着网球由游戏、娱乐阶段开始过渡到竞技、职业阶段。1972年，60名男子职业网球运动员组成了国际男子职业网球协会（Association Tennis Professional，ATP）。协会的会员是名列世界前200名的男子运动员，该协会的目的是维护职业网球运动员的利益，为他们提供职业比赛的机会和高额的奖金，并发行《国际网球周刊》。1973年，国际女子职业网球协会宣布成立（Women's Tennis Association，WTA）。其宗旨也是为女子网球运动员提供职业比赛机会和奖金，帮助她们获得健康保险和伤残保险。在奥林匹克大家庭中，网球占有一席之地，早在1896年雅典举行的第一届奥运会上，网球的男子单打和双打就是正式比赛项目，后来由于国际奥委会和国际网球联合会在"业余运动员"的定义上有分歧，已连续7届奥运会都进行的网球比赛被迫取消，直至1988年汉城奥运会，网球才重新被列为正式比赛项目。

三、我国网球概况

19世纪后期，英、美、法等国商人、传教士和士兵将网球带入我国。随后，网球在上海、广州、北京等大城市中开展起来，后来在教会学校中也开始出现。

1980年，中国网球协会被接纳为国际网球联合会正式会员。随着我国网球运动水平的进一步提高，我国有多位运动员进入过世界排名前50位，如李娜、郑洁、晏紫、易景茜、李芳和彭帅等。虽然我国网球整体水平与欧美国家相比还有一定的差距，但中国选手的每一次进步和突破都具有历史意义，并极大地推动了我国网球的发展。

第二节　网球技术与练习方法

网球技术是指在网球规则允许的条件下，运动员采用的各种合理的击球动作和为完成击球动作必不可少的其他配合动作的总称。合理的击球动作是指各种直接触球的动作，如发球、接发球、挑高球、高压球和截击球等技术，这些技术称为有球技术。而准备姿势、移动、跑动和握拍等没有直接触及球的配合动作，称为无球技术。

一、握拍

如果把拍柄底端平面比作一个时钟的钟面，那么，就可以按照顺时针的方向，将钟面上端12点对应的平面称为第一平面，下面依次为第二至第八平面（图12-2-1）。

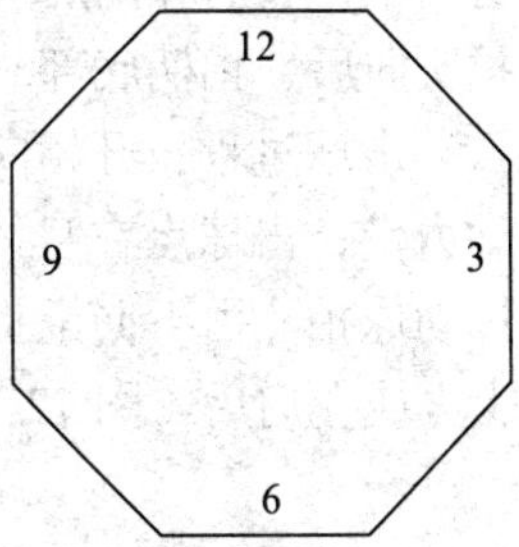

图12-2-1　网球拍柄底端平面

（一）单手正手握柏

（1）大陆式握拍。食指远端指尖关节按在第二面上。

（2）东方式握拍。食指远端指尖关节按在第三面上。

（3）半西方式握拍。食指远端指尖关节按在第三、第四面上。

（4）西方式握拍。食指远端指尖关节按在第四面上。

（二）单手反手握拍

（1）东方式握拍。食指远端指尖关节按在第一、第二面上。

（2）半西方式握拍。食指远端指尖关节按在第一面上。

（3）西方式握拍。食指远端指尖关节按在第一、第六面之间（图12-2-2）。

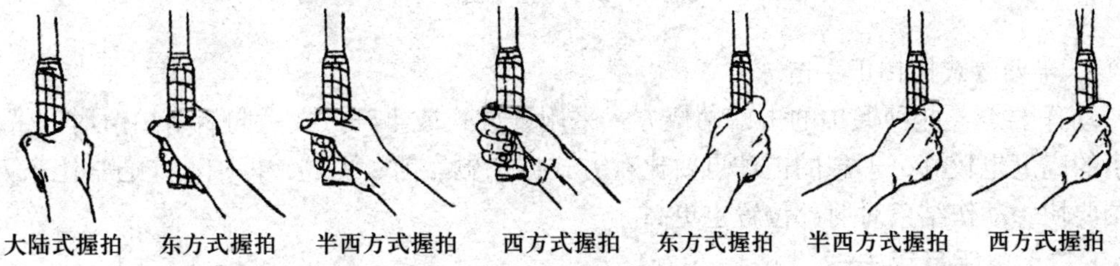

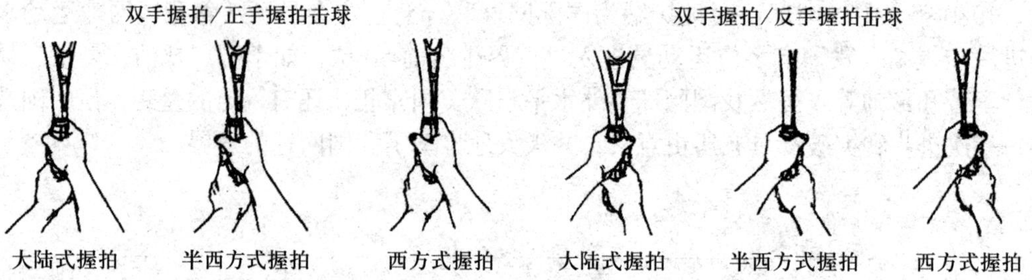

图 12-2-2 握拍法

二、基本技术

（一）正手击球

初学者一般采用东方式握拍，也可采用半西方式握拍。

1. 东方式握拍正手击球

准备姿势：将球拍放在身体的正前方，左手握住拍颈，膝关节微屈，两脚分开与肩同宽，身体重心在两脚之间；身体前倾，重心落在前脚掌，全身保持放松，并注视来球，侧身引拍；转肩并向后引拍，使身体侧对球网，左肩在前，脚也变换成侧站位（左脚前跨）；拍头向后，拍柄底部对着来球，膝关节弯曲，做好由下向前上方移动的准备。

击球过程：开始向前挥拍时，运动员左脚应向击球方向迈步，并利用身体和肩部的转动力量；击球点在身体的右前侧（前脚的侧前方），高度在腰部与膝部之间；击球后继续挥动球拍（由下向上提拉）；挥拍结束时，肘关节应大致与肩同高，拍头挥至身体的左侧上方或左肩后（图 12-2-3）。

图 12-2-3 正手击球

2. 半西方式握拍正手击球

动作要点：此种握拍的击球站位方式采用开放式或半开放式；向后引拍由肘部带动，后引的高度也较高，理想的击球点要比东方式握拍更靠前、更高，挥拍动作通常比东方式握拍要快，动作结束时肘部位置也更高。

（二）单手反手击球

握拍：在准备动作中，一般用正手握拍。在做反手后摆时，再变为东方式反手握拍。东方式反手握拍需要从东方式正手握拍向左转动 1/4 周，将食指关节末端转到球拍上部。

准备姿势：同正手准备姿势一样，但初学者在开始学习时，可采用东方式反手握拍作为准备姿势的握拍方法。

侧身后引拍：将肩和胯转向侧对球网，双脚成侧站位（关闭式），身体重心移至左脚；左手握拍颈并将球拍向后引，球拍后摆并低于来球的高度，球拍底部正对来球；屈膝，为身体向前上方移动做准备，所有步法的调整都应在此阶段完成。

击球：向前挥拍开始前，右脚向击球方向迈步，击球点在右脚前，高度在膝部和腰部之间；击球时，拍面垂直于地面，挥拍轨迹由下向上朝目标方向挥动。

随挥动作：击球后，球拍应沿目标方向继续挥出（由下向上），握拍手挥至肩上结束，左脚跟向上提，并保持身体平衡。

完整的单手反手击球动作如图 12-2-4 所示。

图 12-2-4　单手反手击球

（三）双手反手击球

握拍：右手为主的反拍，变化握拍，右手用东方式反手握拍或大陆式握拍，左手用东方式正手握拍。左手为主的反拍，双手都用东方式握拍（不变化的握拍）。运动员开始时通常采用双手正手握拍，随着经验的增加，可将握拍变为大陆式或东方式反手握拍。

准备姿势：与单手击球相同，双手可在拍柄上靠在一起。

侧身引拍：转肩并向后引拍，当肩转动时，变化握拍，胯部也要随着转，身体重心转移到左脚上，双手靠紧；球拍引向后方并低于来球的高度，拍柄底部正对来球，屈膝，降低重心并做好向前上方移动的准备。

击球：在向前挥击之前，运动员向来球方向迈步，击球点比单手略靠后和靠向侧面，击球时右臂伸直，击球点在右胯前面；击球时拍面垂直于地面，球拍挥出轨迹是由下向上朝目标方向挥动。

随挥动作：击球后，球拍应沿目标方向继续挥出，动作完成时双手高于肩，左足跟向上提，重心保持平稳；手臂可在体前伸直或屈肘，随球拍送到肩后。

完整的双手反手击球动作如图 12-2-5 所示。

图 12-2-5 双手反手击球

（四）截击球

截击球是指运动员在球第一次落地之前击球。运动员通常在球网和中场之间做截击动作。

1. 正手截击球

握拍：大陆式握拍。

引拍准备动作：肩部稍做转动，球拍与肩平行对准来球线路。向后引拍要稳定，球拍要适当握紧，引拍动作不可过大、过后。

击球与随挥动作：向前挥拍前左脚朝击球方向迈步，保持手腕稳固并在身体前方击球，球拍面应稍开放，但击高球除外；随挥动作应稳定，动作要短，以便快速回到接下一个球的位置（图 12-2-6）。

图 12-2-6 正手截击球

2. 反手截击球

握拍：大陆式握拍。

引拍准备动作：肩部稍做转动，球拍与肩平行，并对准来球的路线；向后引拍要稳定，手腕紧握球拍，后引拍动作不可过于靠后。

击球与随挥动作：向前挥拍前，右脚朝击球方向跨步，保持手腕稳定，并在身体前方击球；球拍面稍开放，但击高球除外；随挥动作应稳定、短促，以便快速回到下一个准备动作（图 12-2-7）。

图 12-2-7　反手截击球

（五）发球

在网球比赛中，发球是比赛的开始，也是得分和占据主动的重要手段，因此，现代网球技术对发球越来越重视。发好球的技术要求是动作连贯、动作简单、良好的平衡和准确的抛球、合理正确的握拍。

握拍：初学者可用东方式正手握拍。有些基础的初学者可采用大陆式握拍，即半东方式正手和半东方式反手握拍。

准备动作和站位：双脚与肩同宽，在端线后侧站立。右脚与底线基本平行，左脚正对右网柱；手腕和手臂放松，握拍于体前。左手在拍颈处托住拍，两脚尖的切线对着目标（图 12-2-8）。

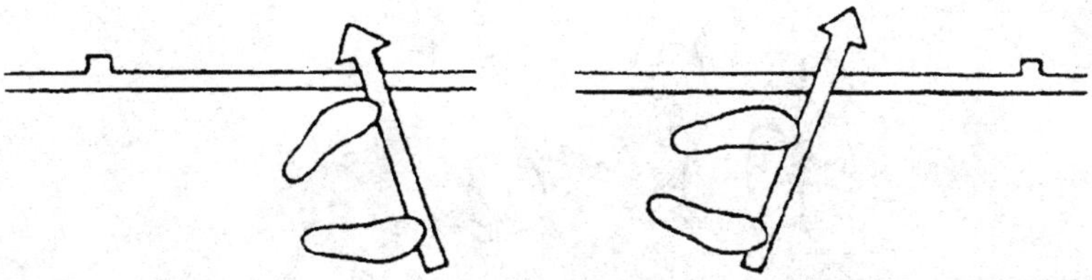

图 12-2-8　准备动作和站位

向后引拍和抛球：两手臂同时向下和向上运动，球从伸展的左手中向上垂直抛，握拍手掌在向后引拍时朝下，身体重心平稳地向前脚移动，抛球的高度应能满足击球手臂的充分伸展，并使击球感到舒适。

击球和击球点：抛球后身体开始向前上转动，球拍在身后向后下摆动，并最后加速向前上方挥动击球，尽力伸展身体，在最高点击球，击球点应在身体右前上方，大致位于右肩充分伸直的位置。击球时，手臂和球拍充分伸展，身体重心向前转动，右脚跟向上提，脚跟正对后挡网，理想的状态是从球拍的顶部到左脚跟与身体成一条线。

随挥动作：球拍成弧形下摆，并在身体左侧结束挥动，身体重心完全落在前脚上，右脚跟上提。

注意：发球熟练后，可在击球后右脚跟进到场地里，但初学者在击球时右脚应在底线后，这样可以发展平衡并可提高控球和抛球的稳定性。

完整的发球动作如图 12-2-9 所示。

图 12–2–9 发球

（六）高压球

运动员用头顶高压球回击落地前或落地的挑高球。高压球与发球动作相似，但后摆准备动作较小。学习高压球技术，要把握以下技术要点：① 侧身；② 球拍及时上举；③ 用小步移动来调整位置；④ 目视来球直到完成动作；⑤ 击打时用发球握拍（初学者用东方式正手握拍）；⑥ 击球时身体向上伸展；⑦ 打完高压球后，要立即还原到准备动作。

完整的高压球技术如图 12–2–10 所示。

图 12–2–10 高压球

（七）挑高球

挑高球通常被用在防守中，底线队员将球挑过在网前的对手。虽然同一般的底线击球方法近似，但挑高球时拍面略开放，后摆准备动作较小，向前挥击时，向上用力较多，向前用力较少。

握拍：挑高球的握拍方法与击打底线球的握拍方法相同。

击球：尽早移动到位，后摆准备动作要小；打开拍面，将拍向前上方挥击。

当水平提高后，可练习进攻或挑高球，挑高球的弧度要小，上旋的力度应加大，提高隐蔽性。

（八）其他技术

1. 放小球

放小球的目的是把球击到对方球场的近网处。使用放小球技术时，应遵循以下原则：① 尽量调动对手；② 把对方引到网前；③ 当对方站位不佳或向前移动比较慢时，用放小球取胜。

完整的放小球技术如图 12-2-11 所示。

图 12-2-11　放小球

2. 随球上网

随球上网是在中场采用的一种进攻性击球法，可使击球者击球后快速上网。随球上网是连接底线击球和截击球的桥梁。在一般的底线对打中，球员用此击球方法来寻找对方的空当（如击深和击大角度，以便使对方回击浅球）。一旦出现空当，球员应设法打死对方或击球后随球上网。

随球上网的最初目的不是一拍打死对方，而是通过随球上网的击球，获得截击和高压球的有利位置，然后趁势得分。可以用一般击打底线球的方法完成随球上网动作（如侧旋、上旋、平击和下旋）。

3. 破网（穿越球）

打穿越球应做到以下几点：

（1）早准备。可使击球动作和意图更加隐蔽（如斜线、直线或挑高球）。

（2）准确性。过网要低，并靠近边线。

（3）上旋。使球过网后快速向下。

（4）角度。角度刁钻古怪，使对手难以封堵。

4. 反弹球

在球刚弹起时立即击球的方法称为反弹球。这种击球方法常被随球上网者在球落在脚下时使用。反弹球应向上击出，通常是一种防守型的击球方式。

三、基本技术的练习方法

（一）原地练习

1. 挥拍练习

挥拍练习非常重要，应贯穿在整个练习过程中。如学员不能挥好拍，则不能完成好击球。

2. 底线击球（原地）

开始练习时，可由学员相互用手抛球，以便学员能注意自己的技术，做出合理的击球动作。

原地教学时，可把击球动作分解为几部分：准备动作—向后引拍—迈步/重心移动—击球—随挥动作。

首先模仿标准的动作，然后开始击打不同难度的来球，可按以下步骤练习：近距离下手送球—加长距离下手送球—用球拍送球—中场或底线送球（近似对打）—截击送球—底线对打送球—练习比赛。

（二）移动练习

1. 移动/对打练习

训练的目的是培养练习者的判断力、控制力和反应能力。在该练习中可以让学员对打，以此来提高其移动和跑位的能力。在移动练习过程中，练习的难度可逐渐增加，如在练习阶段，通常用简单的后引拍，并开始轻轻地把球击过想象中的球网（无网练习）或从近网处对打。随着技术水平的提高，逐渐从网前向后底线移动，并增加后引拍的幅度和随挥动作。

在初学者刚开始接触网球阶段，使用移动击球练习的最适宜的方法是小场地练习，随着各种能力的提高，可逐渐加长练习的距离，直到在底线之间练习。

2. 原地和移动结合练习

原地练习能帮助学员清晰地了解动作过程和体会击球动作的感觉（如进攻技术）。移动练习可使学员发展判断力和移动、取位的能力。

3. 底线击球、发球和截击球练习

（1）底线击球练习。

① 用正确的握拍方法，把球打到目标位置。

② 和同伴轮流把球打到同一个目标位置。

③ 和同伴把球打过假设的球网或小障碍后落到目标位置。

④ 和同伴把球打过网击到目标位置，学员可两次击球，第一次为自我控球，第二次是把球击给同伴（无网练习）。

⑤ 和同伴打把球过网并落在各自目标位置（双方的发球线内）。

⑥ 击球时逐渐向底线移动，并增加随挥动作——仍将目标定在对面的同伴前。

（2）发球练习。

① 保持抛球平稳。学员将球抛向目标或某个高度，并保持身体的平稳。

② 做发球挥拍练习。

③ 练习抛球。垂直抛起球后并让球落回到抛球者手里。

④ 站在球网附近，做一次发球挥拍练习，然后做一次实际发球练习，将徒手挥拍动作与实际发球动作进行比较。

⑤ 在半场将球发到发球区内，当连续 5 次都能动作正确地将球发进区域内时，学员可向后退三步，然后再发球，逐渐退到底线后。

（3）截击球练习。

① 握住球拍颈（握短拍）并设法用球拍拍面截击球。迈步方向要与击球方向一致，逐步握向球拍拍柄处。击球者可背靠挡网或围墙处进行后引拍练习，以防止过度后引拍。

② 一人为截击球练习者，另一人为送球者和接球者，做一抛一击的正手和反手截击球练习（距离 5~6 米）。

③ 两人在网前练习正手截击球：开始时拍面要相对，做力量较轻的拦截练习（对打）。

④ 同③一样，进行反手截击球练习。

⑤ 送球者可随意送球（正手、反手均可），击球者设法将球拦击到送球者的手中。击球者设法在送球者接住球前还原到准备动作。

⑥ 提高截击球能力的控球练习。和同伴分别站在球网和发球线之间，设法用正手截击球和反手截击球的技术来保持球的回合，学员应尽量在对方接触球前还原到准备状态。

第三节 网球战术

网球战术是运动员在比赛中，根据网球竞赛规则和网球的规律、比赛双方的具体情况和临场变化，合理运用个人技术及采取的有意识、有组织的行动。根据网球的规则和基本特点，网球战术可分为单打战术和双打战术两大类。其中单打战术主要有发球战术、接发球战术和底线战术等。

一、单打战术

（一）发球战术

网球中最具有攻击性的技术就是发球。发球不受对方任何影响，只需根据自己的情况去击球。要想在比赛中取胜，首先要控制住发球这一回合的主动权。

运动员在发球时选择的击球方式不同，其站位及瞄准的目标也有细微的变化。单打发球站的位置一般在中线附近。

1. 发平击球

发球要领：抛球的位置及击球点在身体的右前方，用力蹬地，身体充分伸展，利用手腕力量在最高点用力击球。

（1）平分发球区（右区）（以右手持拍者为例，下同）。站在靠近中线处，所瞄准的目标也是对方中心线。从这个位置上发球，球飞行的距离最短，球可以从球网最低处通过，发球的成功率较高。有效地打到对方发球区后，可迫使对手后撤。

（2）占先发球区（左区）。取位于中心线附近，瞄准的目标也是对方中心线。球可以从球网最低的位置上通过，此时球虽然是发到对手的正手，但是从中心方向接回的球很难打出角度，因此，发这种球有利于自己防守（图 12-3-1）。

2. 发切削球

发球要领：抛球的位置及击球点比发平击球时稍靠右。击球时，好像是从球的右侧向左侧沿水平轴横切球一样，使之产生旋转。

（1）平分发球区（右区）。站在离中心线标志向右边线方向横跨一步的位置上发球，瞄准的目标是对方边线。所发的切削球落地弹起后则飞向场外（从发球者看是向左侧飞），对手被迫追出场地外去接球。这样的发球能创造出较好的进攻机会（图 12-3-2）。

图 12-3-1 发平击球

图 12-3-2 发切削球

（2）占先发球区（左区）。同样站在靠近中心线的位置上，瞄准对方边线发球。球弹起后向后飞，对方接发球时难度较大。

3. 发旋转球

发球要领：抛球位置比发平击球时稍靠左，击球位置也稍向左侧移动。此时在稍低一些的位置上触球，击球时好像是从左下方向右上方摩擦似的将球击出去，使球产生旋转。

（1）平分发球区（右区）。站在靠近中心线的位置上，瞄准对方的中心线。旋转发球落在对方场地后弹起，向后右侧高高地飞去（从发球方看是向右），而对于接球者来说，球已弹到其反手侧。

（2）占先发球区（左区）。站在距中心线一步远靠近边线方向的位置上，瞄准的目标是对方边线。旋转球落地后弹起，直逼对手后侧，而且由于发球角度较大，可迫使对方追出场外去接球（图 12-3-3）。

（二）接发球战术

接发球与比赛一开始完全掌握主动权的发球技术相比，属于被动的技术。为了控制比赛的主动权，接好发球，除了要判断出对手所擅长的发球类型外，还要根据对手的不同打法采取有效的接发球策略。

1. 接平击球的战术

对于没有横向变化的快速平击球，可站在稍靠后的位置上接球（图 12-3-4）。接发球时，首先要考虑设法将对手逼到底线附近，而不是一心想打出力量大、速度快的球。

图 12-3-3 发旋转球

图 12-3-4 接平击球的战术

2. 接切削球的战术

对于接落地弹起后向右拐弯的切削球，站位的方法是：当对方从一区（右区）发来球时，防守应靠向边线（图 12-3-5）；当对方在二区（左区）发球时，应稍靠中线站位。最理想的击球路线是打对角线球，只有打大斜角才能有时间调整身体的姿势。

3. 接旋转球的战术

对于落地后弹得又高又远的旋转球，在球弹起时如果不能及时接球，给对方造成攻击机会的可能性较高。接旋转球的对策是稍稍站在靠前的位置上，注意在球弹起前踏进击球点（图 12-3-6）。接球时身体姿势的平衡容易遭到破坏，应抓住高点击球。

图 12-3-5　接切削球的战术

图 12-3-6　接旋转球的战术

（三）底线战术

单打与双打不同，双打以网前积极进攻的打法为主，而单打上网的机会相对少些，以底线打法为基础。底线打法所取基本位置是底线中心位置。因为处于中心位置对于去追赶正手球和反手球都是最短的距离。

1. 针对底线型选手

作为一名底线型选手，在面临同样是底线型选手的时候，不要企图一板将对方置于死地，要在对拉过程中寻求得分的机会。这就要先于对手找到突破口，创造机会球。“三球攻击战术”是寻找突破口、创造机会的方法之一。“三球攻击战术”是指底线型选手在比赛中处于持续对拉的情况下，由三次击球组成的战术。其主要有以下几种：

（1）“I”攻击战术。

要领：对手为了防守自己的空当必定要跑回中点处，这时可以趁其向中心处返回时，再向其反方向攻击（图 12-3-7）。

方法：① 将对方来球打向压底线的直线球；② 对方返回一个压底线的直线球；③ 将对方返回的直线球再打回直线（此时对方正处于向中心线返回途中）。

（2）“N”攻击战术。

要领：充分调动对手，让对手从场地的一端跑到另一端追赶着击球，最终迫使对手出现击球失误。

方法：① 将对方来球打向压底线的直线球；② 对方击回一个大对角线球；③ 再将来球打出压底线的直线球（即向对方空场处击球）。

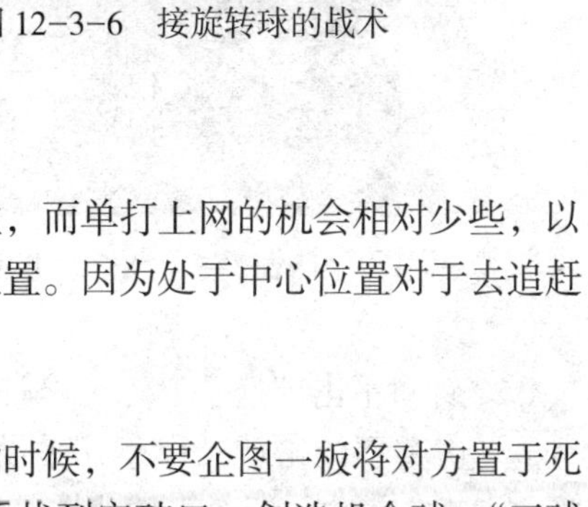

图 12-3-7　“I”攻击战术

（3）“X”攻击战术。

要领：让对手从场地的一端跑到另一端，最终迫使对方击球失误（图 12-3-8）。

方法：① 将对方来球打向大对角；② 对方击回直线球；③ 再把这个直线球向大对角打去。

（4）“E”攻击战术。

要领：当对方为防守场地空当向中心处返回的时候，突然向其反方向攻击。

方法：① 将对方来球打向大对角；② 对方击回一个大对角；③ 把回球再打向大对角。

（5）“V”攻击战术。

要领：让对手在场地两端来回奔跑，即使第三个球被对方接回，对手也是处于向边线跑动中，下一个球将是自己进攻的机会（图 12-3-9）。

方法：① 将对方来球打向直线；② 对方击回一个直线球；③ 再把击回来的球向斜对角（空当）打去。

图 12-3-8 “X”攻击战术

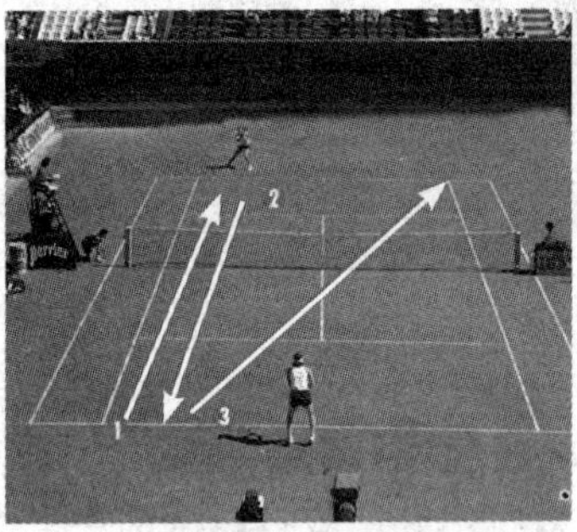

图 12-3-9 “V”攻击战术

2. 针对平击球选手

平击类型的击球，由于几乎没有旋转，球擦网而过，直线飞来，落地之后，反弹很低，快速向前冲，但由于球速快，接这种球非常不容易。接球时，需把握好拍面，避免挥拍过迟。

（1）形成相持。遇到对方打平击球时，首先要能连续接起对方来球。由于平击球大多数是从网上约 30 厘米处通过，且球速很快，所以稍有一点疏忽就会导致失误。因此，关键是要比对方更有韧性，拖住对手，形成相持。

（2）打对角线。如果对手是平击球选手，当他击来平击球时，一般回对角线比较好。如果能迫使对手到场外追球，则可以造成对方的失误或为自己创造进攻的机会。

3. 针对削球型选手

对手来球是削球时，一般情况下，以削球对付较稳妥。削球运行轨迹很低，球手必须在低位击球，要想打出有威力的上旋球很困难。对付削球要求以较低的身体姿势进行击球，同时还要具备较强的韧性。削球大部分是在两种情况下使用：一是当身体姿势被破坏时，为了使姿势恢复平衡，在打过渡拍的情况下使用；二是处理前场低浅球时使用，主要用于攻击对方的反手。

如对方为削球类型选手时，由于削球比平时击球的速度慢，因此，无论将球打到哪个区域，对方一般都有足够的时间应付。对付削球的原则就是朝对手的反手侧击球，当遇到机会时，坚决以正手抽球予以攻击。

4. 针对上旋型选手

上旋球因为是沿弧形线路飞行的，所以一般很少下网，也很少出界，可以说是准确性较高的击球方式。由于可以通过调节挥臂、旋转度的方法打出不同线路、不同旋转的上旋球，使球落地后弹得又高又远，故上旋球是最有效的一种击球手段。然而，上旋球也并非无懈可击。对付上旋球，可采用如下对策：

（1）破坏对方击球姿势。打上旋球的选手，为了加大球的旋转度，必须做到挥拍动作充分，使用全身的力量击球。因此，应尽量让对方左右不停地奔跑，迫使其不能从容击球，导致其无法完成高质量的回球，从而找到突破口。

（2）迫使对方改变打法。一般来说，旋转打法的选手，因其握拍方法的关系，大多数不擅长截击球。因此，碰到这样的选手，可以打近网低球，把对手调动到网前来，使其打并不擅长的网前球，迫使对方改变打法。

（3）截击之后立即上网。在双方对拉的持久战中，当对方掌握着主动权而频频向自己反手一侧攻击，或对方得分领先而自己处于非常被动的状况时，若来球的轨迹稍高，可果断地迎上去截击，随后快速上网。

二、双打战术

在双打训练中，应先学习怎样在双打比赛中运用已掌握的技术。如果组成一队的两个人分别按自己最擅长的方式一味地进攻，是不可能取得成功的。相互了解彼此打球的方式和习惯后，战术上的安排就会变得比较容易。另外，还要相互了解彼此的缺点，然后再考虑该怎样利用自己的技术与之配合，这是非常重要的。

（一）双打中的发球

在技术上，双打和单打并没有区别，但比赛战术却截然不同。

在单打比赛中，选手希望在第一次发球时就直接得分，而双打则应考虑如何提高一发的成功率，如何让自己的同伴感到对方的回球比较容易回击。

双打比赛中发球的要点如下：

1. 提高一发的成功率

在双打比赛中，一发的力量应限制到单打比赛发球力量的 80%，并重视对球落点的控制。若为直接得分而使出全力发球，成功率就会下降。这样到二发时，容易遭到对方接球选手的攻击而处于不利的位置。

2. 向对手反手位发球

第一次发球，应将球打到对方接球选手的反手侧，这样接球选手的移动就会受到限制，从而造成回球不到位。此时，截击空中球的同伴就可以抢到机会击球。若把球发到对方的正手位，同伴一定要注意对方回击直线球。

3. 灵活改变发球位置

若感到自己发球可能有利于对方回球或容易让对方抓住机会，可以左右稍微移动一下发球的位置，位置的变动会导致接球的选手无法及时地做动作，破坏对方回球。

（二）双打中的截击球

在双打比赛中，截击空中球是得分的重要手段。快速截击球时，除了应具备打远球的基本技术外，若要限制发球者上网，还要多打边角球。如果想控制网前球，就要采用近网低球打脚下。与单打相比，双打截击球要把握如下要领：

1. 快速截击球要远打

快速截击球的基本要点是远打。如果对手的回球较高，可用高空截击打直线球打击对方；如果球被打到边角，为了防止对手上网抢攻，就必须打边角球回击。

2. 选择有效的进攻方式

在双打比赛中，积极进攻的一方总能给接球方施加压力。在中线接球进攻时，打距离接球方最远的边角球往往最有效。若击球距离较近且球的高度较高，就有可能遭到反击。

3. 重复落点战术

截击球的另一个基本方式是把球按原来的路线打回去。在快速对攻中，回击的路线很难改变，同时也要考虑到被对方反击的可能性和截击球失败的可能性。

（三）双打的接发球

双打比赛中的接发球与单打比赛中的接发球是完全不同的。由于本身处于被动位置，加上对方又有一名队员封网，所以接发球的难度加大，还要重视落点的控制。双打的接发球技术要把握如下要领：

1. 注意紧凑收拍

双打的接发球比单打接发球要更紧凑地收拍，与其快速回击，不如控制好球，让球落在对方的脚下，这样不仅可以迫使对方移动，而且会给对方发球造成压力。

2. 接发球迅速果断

由于双打的击打范围比单打小，所以，双打中的接发球如在尽可能短的时间内回出，对方就很难改变站位，从而使比赛朝着有利于本方的方向发展。

3. 多用直线球回击

在发球方展开积极的进攻之前，在比赛的前半段，接球方可以利用回击直线球给对方截击造成压力。如果接球者正、反手都能打，则把球回击到截击者的反手方，这也是双打比赛中非常重要的战术。

（四）双打中的抽击球

抽击球是双打比赛中不可缺少的技术。为了使比赛对自己有利，也要及时变化抽击球的落点，使对方失去进攻机会。双打的抽击球技术要把握如下要领：

1. 用抽击球进攻，把对方调到网前

把球按来时的路线用适当的旋转低抽回去，把对方调到网前。这时不用太担心对方的进攻，而应耐心地反击。

2. 在抽击几个回合后，抓住时机挑高球

在打了两三个抽击回合后，可在适当的时机将球挑到对方身后，迫使对方失误。尽量不要让对方从姿势上提前预判自己的企图，即使是放高球，也要采取与抽击球一样的身体姿势。

第四节　网球竞赛规则简介

一、场地和器材

1. 网球场地

网球场地是一个平整的长方形地面，长 23.77 米，宽 10.97 米，球网（网的中央高度为 91.4 厘米，两端高度为 107 厘米）把全场隔成相等的两个半场，接近球网两边的 4 块相等的区域是发球区，双打场地的两边较单打场地宽 1.37 米。全场除端线可宽至 10 厘米，其他各线的宽度均不得超过 5 厘米，也不得少于 2.5 厘米。全场各区域的丈量，除中线外都从各线的外沿计算。网球场地分草地、土地、硬地和塑胶场地等类型。

2. 网球球拍

网球拍一般由木质、铝合金、碳素等材质制成，各种材质的球拍都有其优缺点。目前，网球爱好者选择铝合金和碳素网球拍的居多。球拍分轻型（light）、中型（mdeium）、重型（heavy），分别表示球拍的重量类型。

二、发球

1. 发球前的规定

发球员在发球前应先站在端线后、中点和边线的假定延长线之间的区域里，用手将球向空中任何方向抛起，在球接触地面以前，用球拍击球。

2. 发球时的规定

发球员在整个发球动作中，不得通过行走或跑动改变原来站的位置，两脚只准站在规定位置，不得触及其他区域。

3. 发球员的位置

（1）每局开始，先从右区端线后发球，得或失一分后，再换到左区发球。

（2）发出的球应从网上越过，落到对角的对方发球区内，或其周围的线上。

4. 发球失误

下列情况为发球失误：未击中球；发出的球，在落地前触及固定物（球网、中心带和网边白布除外）；违反发球站位规定。发球员第一次发球失误后，应在原发球位置上进行第二次发球。

5. 发球无效

发球触网后，仍然落到对方发球区内，接球员未做好接球准备，均应重发球。

6. 交换发球

第一局比赛终了，接球员成为发球员。以后每局终了，均依次互相交换，直至比赛结束。

三、比赛通则

1. 交换场地

双方应在每盘的第一、三、五等单数局结束后以及每盘结束双方局数之和为单数时，交换场地。

2. 失分

发生下列任何一种情况，均判失分：

（1）在球第二次着地前，未能还击过网。

（2）还击的球触及对方场区界线以外的地面、固定物或其他物件。

（3）还击空中球失败。

（4）故意用球拍触球超过一次。

（5）队员的身体、球拍在发球期间触及球网。

（6）过网击球。

（7）抛拍击球。

3. 压线球

落在线上的球都算界内球。

四、双打

1. 双打发球次序

每盘第一局开始时，由发球方决定由何人首先发球，对方则同样在第二局开始时，定由何人首先发球。第三局由第一局发球方的另一球员发球。第四局由第二局发球方的另一球员发球。以下各局均按此秩序发球。

2. 双打接球次序

先接球的一方，应在第一局开始时，决定何人先接发球，并在这盘单数局，继续先接发球。双方同样应在第二局开始时，决定何人接发球，并在这盘双数局继续先接发球。他们的同伴应在每局中轮流接发球。

3. 双打还击

接发球后，双方应轮流由其中任何一名队员还击。如队动员在其同队队员击球后，再以球拍触球，则判对方得分。

五、计分方法

1. 一局

（1）每胜 1 球得 1 分，先胜 4 分者胜一局。

（2）双方各得 3 分时为“平分”，平分后，净胜两分为胜一局。

- 0 分——呼报（love）
- 1 分——呼报 15（fifteen）
- 2 分——呼报 30（thirty）
- 3 分——呼报 40（forty）

如果比分为 1 比 1，呼报 15 平（fifteen all）；如果比分为 3 比 3，呼报 40 平（deuce）。

2. 一盘

（1）一方先胜 6 局为胜一盘。

（2）双方各胜 5 局时，一方净胜两局为胜一盘。

3. 决胜局计分制

在每盘的局数为 6 平时，有以下两种计分制：

（1）长盘制。一方净胜两局为胜一盘。

（2）短盘制（抢七）。决胜盘除外，除非赛前另有规定，一般按以下办法执行：

• 先得 7 分者为胜该局及该盘（若分数为 6 平时，一方须胜净两分）。

• 首先发球员发第一分球，对方发第二、三分球，然后轮流发两分球，直到比赛结束。

• 第一分球在右区发，第二分球在左区发，第三分球在右区发，以此进行。

• 每 6 分球和决胜局结束都要交换场地。

4. 短盘制的计分

（1）第一个球（0∶0），发球员 A 发 1 分球，1 分球之后换发球。

（2）第二、三个球（呼报 1∶0 或 0∶1），由 B 发球，B 连发两球后换发球，先从左区发球。

（3）第四、五个球（呼报 3∶0 或 1∶2，2∶1），由 A 发球，A 连发两球后换发球后换发球，先从左区发球。

（4）第六、七个球（呼报 3∶3 或 2∶4，4∶2 或 1∶5，5∶1 或 6∶0，0∶6），由 B 发 1 分球之后交换场地，若比赛未结束，B 继续发第七个球。

（5）比分打到 5∶5，6∶6，7∶7，8∶8…时，需连胜两分才能决定谁为胜方。但在记分表上则统一写为 7∶6。

（6）决胜局打完之后，双方队员交换场地。

第十三章 游泳

第一节 游泳概述

游泳是一项历史悠久的体育运动项目，是人类的一种生存技能。游泳是在水环境中进行活动的项目，是日光浴、空气浴和水浴的完美结合，无论男女老少都可以参加游泳，某些慢性疾病患者也可从中得到锻炼。

一、游泳的锻炼价值

1. 保障生命安全

人类生存的地球布满江、河、湖、海，生活中不可避免地要与水打交道。不论是主动下水游泳、进行水上作业，还是失足落水、乘船发生意外，不会游泳将威胁到自身的生命安全。

2. 强身健体

据报道，人体在 12 ℃的水中停留 4 分钟所散发的热量相当于人在陆地上 1 小时所散发的热量。由此可知，游泳消耗热量较大，能有效地消耗身体的脂肪。长期游泳还可以健身塑形。

经常游泳，可以提高机体对水温、气温的适应能力，从而增强体质。很多哮喘病患者就是通过游泳锻炼，增强了体质和对寒冷的抵御能力，进而减少了哮喘的发作次数。

游泳是周期性、动力性运动。长期坚持游泳锻炼，可以提高肌肉的力量、速度和耐力及关节的灵活性，使身体得到全面协调发展。

3. 预防疾病

游泳可以提高抵御寒冷的能力，尤其是冬泳，经常游泳者可以预防疾病，不易感冒。由于水的浮力作用，人体平卧水面时脊柱可以充分伸展，这对预防脊柱侧弯有良好的作用。水流和波浪可对人体产生特殊的按摩功效，所以，游泳对促进机体恢复也具有重要意义。

4. 锻炼意志，培养勇敢顽强的精神

初学者面对水环境，要克服怕水的心理，才能学好游泳，尤其是在江河等开放性水域中游泳时，更要具备勇敢顽强的精神和坚强的意志。长期游泳可以培养吃苦耐劳、不怕困难的品质。

二、游泳安全与卫生

（一）游泳的安全措施

游泳时，如果不熟悉水性，很容易呛水或者失去平衡，以致出现溺水而危及生命。因此，游泳时，必须把安全放在第一位，并要采取以下安全措施：

1. 强化安全教育

（1）树立安全意识，克服麻痹思想。

（2）加强组织纪律教育，严格遵守纪律，一切行动听指挥。

2. 选择安全的游泳场所

不管是选择人工修建的游泳馆还是天然水域，都要充分考虑安全问题。

（二）游泳的卫生要求

保证身体健康，防止疾病传染。游泳者每年都必须进行一次全面的身体检查，以便清楚地了解自己的身体状况，确定能否参加游泳锻炼。凡患有严重高血压、心脏病、精神病、传染性疾病以及有开放性创伤的病人，都不宜游泳。此外，有腹泻、伤风感冒、咳嗽、严重沙眼、急性结膜炎等疾病的人也不宜游泳。

（三）游泳的时机

1. 饱食后不宜游泳

饱食后，消化器官活动增强。此时下水游泳，血液将首先满足肌肉活动的需要，会造成消化器官供血不足，影响食物的消化和吸收。此外，由于水的刺激，胃肠的蠕动受到限制，容易引起胃痉挛，易导致腹痛或呕吐。因此，饱食后30分钟之内不要下水游泳。

2. 饥饿时不宜游泳

饥饿时，体内血糖浓度下降，此时游泳容易出现头昏、四肢无力等症状，严重时甚至发生昏厥。

3. 疲劳时不宜游泳

激烈运动或重体力劳动后，肌肉处于疲劳状态，此时游泳，容易造成疲劳积累，易引起呛水、肌肉痉挛等情况，甚至发生溺水事故。

4. 酒后不宜游泳

酒中含有乙醇，对人体的神经系统有麻醉作用，会使人体机能下降，身体的反应能力减弱，动作协调性变差。此时下水游泳，无法清醒地处理可能发生的意外情况，很容易出现溺水事故。

三、游泳救护知识

在游泳中，事故的发生大多都与安全意识的缺乏和规章制度的疏漏有直接关系。反复强调安全第一，对于发展游泳十分必要。游泳者不仅要能够自救，还要能够救人，因此，游泳者应具备扎实的水中救护知识和过硬的救生本领。

（一）间接施救

间接施救一般适用于对溺水程度较轻、神志比较清醒、还能使用救生器材的溺水者。在间接施救时，施救者在岸上或池边借助救生器材即可对溺水者施救，因而不会游泳或游泳技术较差的施救者，可以采用此法。下面介绍几种常用的救生器材和使用方法。

1. 救生圈

在救生圈上系一条绳子，当发现溺水者时，可将救生圈掷给溺水者。如在江河里，应向溺水者的上游掷去，使溺水者够到救生圈，然后将其拖至岸边。

2. 竹竿

溺水者离岸（船）较近时，施救者可在岸边或船舷上将竹竿伸向溺水者，待溺水者抓住竹竿后，将其拖到岸（船）边。

3. 绳子

将绳子的一头系在漂浮物上，把绳子盘成圆形，施救者握住绳子的一端，然后将盘起来的绳子掷在溺水者的前方，使溺水者握住绳子，拉其上岸。

4. 漂浮物

施救者将泡沫塑料块、木板、游泳使用的扶板、浮球等漂浮物，抛给溺水者，溺水者得到漂浮物后借助其游向岸边。

（二）直接施救

1. 入水和接近溺水者

救护溺水者时，要以最快的方式入水，在不熟悉水情时，以脚先入水为宜。

入水后，目视目标快速接近，从后面接触溺水者，如正面接近目标，应果断地拉住其手臂或扭转臀部使其背向施救者，迅速将其脸部拖出水面或使其仰卧，以便拖带。

2. 水中解脱

溺水者在水中挣扎时，凡能抓住的东西，不会轻易放手。救护时也容易被抓、抱，应设法解脱，以便顺利施救。

3. 水中拖带

水中拖带溺水者，多采用反蛙泳或侧泳技术。此时应时刻注意使溺水者脸部露出水面，包括仰式拖带法、侧式拖带法。

4. 出水和控水

溺水者处于昏迷状态时，全身是松弛的。出水时可采用从下往上拉的方法。控水时，使溺水者俯卧、腹高头低，并适当做推压动作，为倒清其肺、腹里的积水。也可采用仰卧肩背的方法。

5. 人工呼吸

把溺水者抬到平坦、松软和安静的地方后，松解衣裤，清除口鼻内的杂物，检查心跳和呼吸情况。人工呼吸时，可采用单人口对口或双人口对口人工呼吸。单人施救操作时，胸外按压 15 次，口对口吹气 2 次；双人施救操作时，胸外按压 5 次，口对口吹气 1 次，反复进行。也可采用举臂压胸法和俯卧压背法等。

施救时，如溺水者唇色已转红润，每做 10 次，间歇 5 秒，检查一次心跳情况，直至溺水者恢复自主心跳和自主呼吸，并及时转送医院进一步观察治疗。

第二节 熟悉水性练习

熟悉水性是学习各种游泳姿势前的一个重要的过渡性学习。这个练习是初学者入门必经的阶段，为学习和掌握各种竞技游泳技术打下基础。

在熟悉水性的学习和练习中，重点应抓好呼吸和滑行这两个动作。并且尽可能选择在齐腰深的水里练习。在学习浮体的方法时，应与站立的方法一起学习，以防止初学时因站立时失去平衡而呛水。

一、水中行走练习

目的是体会水的阻力，消除怕水心理，学会在水中行走时控制身体平衡。要求在齐腰深的水里，做各种方向的行走练习。

可采用以下练习方法：

（1）在水中手（单手或双手）扶池边向前、向后、向两侧行走。

（2）用两手保持平衡，向前、向后、向两侧行走。

（3）集体手拉手向前、向后、向两侧行走。

（4）各种方向的走、跑、跳、转身、跃起和下沉等。

（5）向上、向前、向后和向侧跳跃。

二、水中呼吸练习

目的是初步掌握游泳的呼吸方法、呼吸过程、呼吸节奏，适应头浸入水中的刺激，消除怕水心理，学会用口吸气的动作。要求吸气一定要用口，呼气一定要在水中，用鼻或口鼻一齐呼。吸—闭—呼要有节奏，连续做 30 次左右。

可采用以下练习方法：

（1）双手扶住水槽或在同伴的帮助下，用口吸气后闭气，然后慢慢下蹲把头全部浸入水中，停留片刻后起立，在水面换气。

（2）同上练习。要求把头浸入水中停留片刻后，在水中用鼻慢慢地呼气，一直呼到快完（但不能把气呼尽），然后起立在水面上用口吸气（吸气之前把最后一点气呼尽）。

（3）同上练习。要求吸气后把头浸入水中，稍闭气后立即用口鼻同时呼气，在口接近水面时用力把气吐完并立即用口在水面上吸气，吸气结束后立即把头再次浸入水中，连续做有节奏的吸、闭、呼的动作。

（4）两脚原地开立，按以上练习，要求独立完成连续吸、闭、呼的动作 30 次左右。稍休息后，重复此练习，但不同的是随头逐渐向前上抬（或向侧转）时开始加大呼气量。

呼吸是学习游泳的难点，练习呼吸应贯穿学习的始终。

三、浮体与站立练习

目的是消除怕水心理，体会水的浮力，了解人在水中是可以漂浮起来的，学会浮体后站立的本领。掌握水中闭气要领，要求练习时要尽量深吸气，在水中闭气的时间应尽可能长。站立时，两臂前伸向下按压水并抬头，以脚触池底站立。

可采用以下练习方法：

（1）抱膝浮体练习。原地站立，深吸气后，下蹲低头抱膝。双膝尽量靠近胸部，前脚掌蹬离池底，成低头抱膝团身姿势，自然漂浮于水中。站立时，两臂前伸，向下按压水并抬头，同时两腿伸直，以脚触池底站立，两臂自然放于体侧（图 13-2-1）。

（2）展体浮体练习。两脚开立，两臂放松向前伸出，深吸气后身体前倒并低头，两脚轻轻蹬离池底，成俯卧姿势漂浮于水中，两臂、两腿自然伸直。站立时，收腹、收腿，两臂向下按压水并抬头，两腿伸直，脚触池底站立。

图 13-2-1 抱膝浮体练习

四、滑行练习

目的是体会水中的平衡和身体的滑行姿势。学会蹬池壁或蹬池底和身体成流线型的动作，保持身体平衡。要求滑行时臂和腿并拢伸直，头夹于两臂之间，身体成流线型。注意要有向前滑行的动力才能滑行得好，所以必须同时学会蹬壁或蹬池底的动作。

可采用以下练习方法：

（1）蹬池底滑行练习。两脚前后开立，两臂前上举。深吸气后上体前倒并屈膝，当头、肩浸入水中时前脚掌用力蹬池底，随后两脚并拢，使身体成流线型向前滑行。

（2）蹬壁滑行练习。背向池壁，一手拉水槽，一臂前伸，同时一脚站立，一脚贴池壁；深吸气后低头，上体在水中前倾成俯卧姿势，大小腿尽量收紧，臀部靠近池壁，两脚掌贴住池壁。与此同时，拉水槽的一臂向前伸出与前伸臂并拢，头夹于两臂之间，这时两脚用力蹬离池壁，成流线型向前滑行（图 13-2-2）。

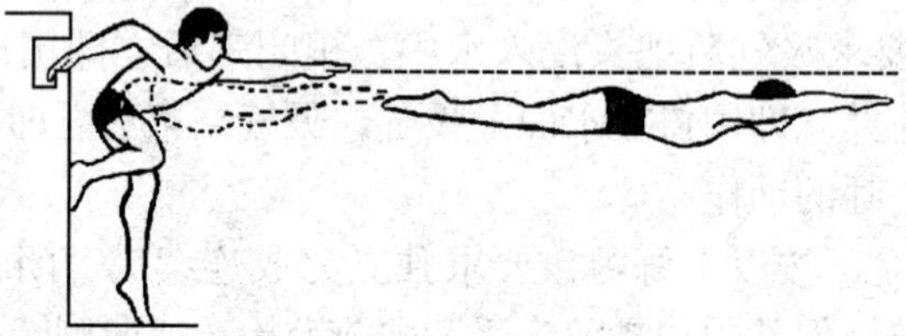

图 13-2-2 蹬壁滑行练习

第三节 游泳技术

一、蛙泳

（一）蛙泳动作介绍

蛙泳整个动作与青蛙游水十分相似，所以取名为蛙泳。

蛙泳的特点是游时省力，容易学，游动时动作全部在水下，声音较小，头部可以露出水面呼吸，视野开阔。

▶ 蛙泳身体姿势

1. 身体姿势

游蛙泳时，身体呈水平俯卧于水中，两臂向前伸直并拢，两腿自然向后伸直并拢，同时上体稍挺起，头略抬，使身体和前进方向成 5° ~10°，这种流线型的姿势，既能减少前进的阻力，又可以充分发挥手、臂、腿的作用，加快游速。

2. 腿部动作

腿部蹬水动作是蛙泳推动身体前进和加快游速的主要动力来源。腿部动作可分为滑行、收腿、翻脚和蹬夹水 4 个动作阶段。

（1）滑行。滑行是蛙泳的开始姿势，当身体借助惯性力向前滑行时，两腿并拢向后伸直，身体成水平姿势，下肢放松，只靠腿部肌肉的适当收缩，把脚跟稍稍提向水面，为收腿做好准备。

（2）收腿。收腿是蹬腿的准备动作，路线要短，阻力要小，要为蹬水创造有利条件。收腿时，两腿稍微内旋，使脚跟分开，膝关节随腿的下沉向前，边收边分。收腿结束时，大腿和躯干之间角度为 130° ~140°，小腿尽量靠近臀部（图 13–3–1），并藏于大腿的投影之中，两膝的距离约与肩同宽，两脚掌几乎是平行向前收，靠腿的内旋使脚跟分开与臀部同宽。

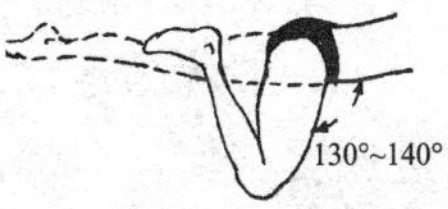

图 13–3–1 收腿

（3）翻脚。翻脚是指从收腿到蹬夹水的一个过程，是收腿的继续、蹬水的开始。蹬水效果的好坏，取决于翻脚技术是否正确。

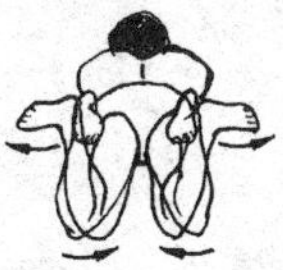

图 13–3–2 翻脚

为了增长蹬夹水的路线，随着收腿的结束，两脚应继续向臀部靠紧，大腿内旋使两膝内压的同时，小腿向外翻，接着脚尖也向两侧外翻，使脚掌内侧正对蹬水方向。整个翻脚的动作由内收腿、压膝、翻脚三个连贯动作组成（图 13–3–2）。

（4）蹬夹水。翻脚后，立即以腰腹和大腿同时发力向后蹬夹水。先伸髋，再伸膝，以大、小腿内侧和脚掌向后做急速而有力的蹬夹动作。在蹬夹水过程中，当两腿并拢时略向下压，以形成前后鞭打动作。蹬夹水是推动身体前进的重要动力来源。

为了增长有效的蹬夹动作路线，要在两腿蹬直之后再伸直踝关节，而不要过早地伸直，否则会缩短蹬夹水的有效距离。因此，踝关节的灵活性对提高蹬夹水效果特别重要。

3. 臂部动作

蛙泳的臂部动作可分为滑行、抓水、划水、收手、伸臂 5 个连续的动作。

（1）滑行。伸臂结束后，身体向前滑行，这时两臂向前伸直，手指并拢，掌心向下，两手尽量接近水面，使身体在较高的位置上保持稳定，整个身体成流线型。

（2）抓水。抓水是滑行后进入划水前的动作，如果立即开始做划水动作，其动作方向会向外下方，不仅不利于推进身体，还会造成身体过分起伏，所以从滑行到划水之间要有一个准备划水的抓水动作。抓水时，肩保持前伸，两臂内旋，使两臂和掌心转向斜外下方，屈手腕成 150° ~160°。结束抓水时，两臂和水平面及前进方向为 15° ~20°，肘关节伸直。

（3）划水。抓水后紧接着划水。划水路线是向后偏外下方，划至与前进方向约成 80°。划水时，肩部向前伸展，保持高抬肘的姿势。整个动作过程是肘高于手并前于肩，在手带动前臂和上臂向后划水的过程中，肘关节的角度为 120° ~130°。划水是用手掌加速内拨的动作，这个动作带动前臂收至超过垂直部位并开始降肘，掌心从外后转向内后急促拨水而结束划水，这也是蛙泳划水最有效的阶段。

（4）收手。划水结束即开始收手。收手就是结束划水后，手掌在向内上移动的同时，上臂外旋，向前推肘的动作过程。收手时，要尽量把两臂收在身体的投影之中，以发挥划水造成的推进惯性作用，减少水对臂前移的阻力。

（5）伸臂。收手后继续推肘伸臂。推肘不是先伸肘关节，而是伸肩关节的同时伸肘关节。两手先向前上、再向前伸。两臂伸直后即恢复成滑行姿势。伸臂时不能有停顿的动作。

4. 呼吸和完整动作配合

蛙泳的呼吸方法有两种：一种是早吸气，一种是晚吸气。早吸气在两臂抓水时抬头用力呼气，在划水过程中吸气，在收手过程小闭气低头，伸臂滑行时慢慢吐气。晚吸气是划水将要结束时才开始抬头用力呼气，在两臂结束划水和收手过程中，身体达到最高点时吸气，结束收手时闭气低头，在伸臂的后阶段直至划水过程中慢慢吐气。

一般优秀运动员多采用晚吸气的方法，因为这种方法能保持身体平衡，动作连贯，前进速度均匀，对提高成绩很有帮助。但是晚吸气动作要求严格，吸气时间比较短促。所以一般游泳爱好者和初学者，先从学习早吸气的方法开始为宜，它比较简单易学。

完整动作配合如图 13-3-3 所示。

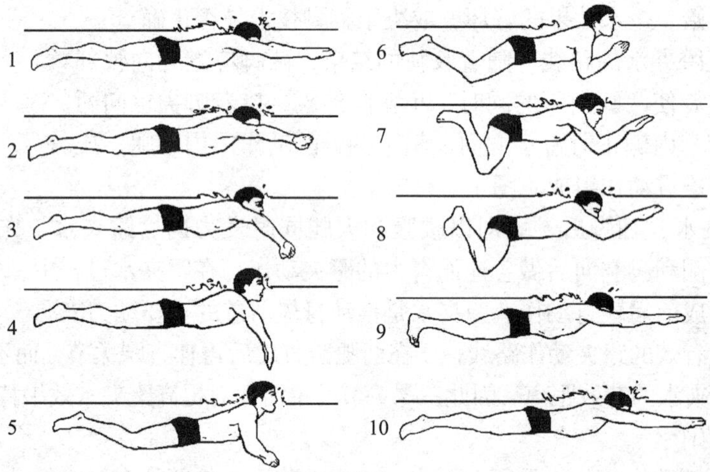

图 13-3-3　蛙泳完整动作配合

（二）蛙泳练习方法

1. 腿部动作练习

（1）陆上练习。

① 模仿蛙泳腿。坐在凳上或池边上，上体稍后仰，两手撑在体后，两腿伸直并拢，髋关节展开，做蛙泳腿的收腿、翻脚、蹬夹水和停止动作。练习时，可先分解做，再连贯做。要求收腿时，大腿带动小腿，边收边分；翻脚时，脚翻向蹬水方向，膝稍内压；蹬夹水时，应向后弧形蹬夹；停止时，两腿并拢，伸直放松。

② 俯卧在凳子上做收、翻、蹬夹、停的动作。先做分解动作，再做连贯的完整动作。要求边想边做，开始可以由同伴帮助体会和纠正动作。重点体会翻脚和蹬夹水的路线及动作的节奏。

③ 单腿练习。一脚站立，一脚收缩，然后用手搬脚上翻，做蹬夹水练习。

（2）水中练习。

① 一手抓住水槽，一手撑住池壁做收、翻、蹬夹和停等腿部动作练习。

② 扶池槽仰卧做蹬夹水动作。

③ 扶池槽俯卧做蹬夹水动作。

④ 扶池槽仰卧或俯卧由同伴帮助或纠正蹬夹水的动作。

⑤ 在水中由同伴托住腰腹后，做腿的蹬夹水动作。

⑥ 用救生圈或救生衣使身体浮起后，做蹬夹水动作。

⑦ 双手扶木板或其他浮体的前端，练习收、翻、蹬夹和停的腿部动作。

⑧ 由同伴拉着练习者前伸的手，牵引着做腿部的完整练习。

⑨ 自己蹬池壁滑行后，做蛙泳腿的练习。

2. 臂部动作练习

（1）陆上练习。

① 原地站立，做手臂的划、收、伸动作。

② 原地站立，上体前屈，两臂前伸，掌心向下，做蛙泳划水动作。

（2）水中练习。

① 在水中原地站立，上体前屈成水平姿势。然后两掌心向下前伸于水中，做划水、收手、前伸的动作。

② 在水中上体前倾，走动中做两臂划、收手和伸臂的连贯动作。

③ 由同伴托扶腰腹，使身体成水平姿势，在水中做手臂的划、收、伸动作。

④ 用救生衣或救生圈保护，在水中做划臂动作。

⑤ 自己蹬池壁，在滑行中做双臂的划水连贯动作。

3. 呼吸练习

（1）陆上练习。

① 原地站立，双臂上举，当双臂左右分开时，抬头呼吸，随之低头，双手还原。

② 原地站立，上体前屈成水平姿势，两臂前伸，掌心向下，当两臂向左右分开时，即抬头呼吸，随之划水时低头。

（2）水中练习。

① 在水中原地站立，上体前倾，头没水中，两臂在水中伸直，当两臂向左右分开时，即抬头呼吸，随之划水低头。

② 在水中练习呼吸。由保护人帮助夹抱着双腿，使身体俯卧于水面，然后听保护人的口令做吐气、吸气的呼吸练习。

4. 完整动作配合练习

（1）陆上练习。

原地站立，双臂上举，开始划臂并呼吸，继而低头继续划水，收手时单腿抬举。臂伸直，蹬夹腿。

（2）水中练习。

① 在同伴托扶下练习完整的配合技术，做划手、呼吸、低头划水、收手收腿、伸臂蹬夹的动作。

② 采用浮体物（如救生衣、救生圈等）练习完整配合技术。可以自己一边默念划手、吸气、收手、收腿、伸臂、蹬腿，一边做上述动作练习。

③ 漂浮或俯卧后做一次划臂、两次或三次蹬腿、一次呼吸的配合动作。

④ 做一次划水、一次呼吸、一次蹬腿的练习。

二、爬泳

（一）爬泳动作介绍

由于爬泳的两臂轮换划水很像爬行，所以称为爬泳。在自由泳比赛中，规则规定可以采用任何一种姿势。因为爬泳的速度最快，所以在自由泳比赛中，一般都采用爬泳这种姿势。

1. 身体姿势

▶ 爬泳身体姿势

游爬泳时，身体平直地俯卧在水中，身体的纵轴与水平面保持 3° ~5°，微微抬起，这种平直的姿势能缩小前进时的截面，有助于减少阻力。颈部自然后屈，与水平面成 20° ~30°，两眼注视前下方。两臂轮换前伸向后划水，两腿上下交替打水、身体保持平直，既不要收腹提臀，也不要挺胸塌腰，但在游进中身体可以绕身体纵轴有节奏地转动，这种转动一般为 35° ~45°。

2. 腿部动作

爬泳的打腿，主要使身体保持平衡，有利于划水，在整个爬泳的配合技术中有着重要的作用。

爬泳的打腿是两腿不停地上下交替摆动。向下时，腿自然伸直，用髋关节发力，大腿带动小腿。打水的幅度，一般两腿间差距 30~45 厘米。向下打水时，动作要快而有力，向上提腿时应放松一些。在向下打水时，由于惯性作用，此时小腿和大腿仍继续向上移动，而使膝关节有些弯曲，弯曲程度一般在 140° ~160°。在打水时，脚尖自然伸直，在向下打水时，两脚应自然向里转一些。

打水的次数，一般是一个完整的划臂动作配合 6 次打水，但也有人采用 4 次打水和 2 次打水，这要根据个人的特点来定。

3. 臂部动作

爬泳的手臂动作是产生推进力的主要动力。整个手臂动作可分为入水、抱水、划水、出水和空中移臂 5 个不可分割的部分。它们之间并没有明显的界限，而是一个完整的动作。

（1）入水。在完成空中移臂后，手应向前，自然放松地入水，入水点一般在身体纵轴和肩关节的前方延长线之间。入水时，手指自然伸直并拢，通过臂内旋使肘关节抬高，弯成 130° ~150°，使肘关节处于最高点，掌心斜向外下方。这种姿势阻力较小。

（2）抱水。臂入水后，手掌从向斜外下方转向斜内后方，并开始屈腕、屈肘，保持高抬肘姿势。抱水时，上臂和水平面约为 30°，前臂与水平面约为 60°，手掌接近垂直对水，肘关节屈成 150° 左右，整个手臂像抱个圆球似的。

（3）划水。划水是整个臂部动作产生推进力的主要环节。在抱水的基础上，划水时臂与水面成 35° ~45°。

划水时应采用屈臂划水，屈臂的程度可根据自己的身体条件而定。臂长、臂力弱的可以屈臂程度大些，反之则可以屈臂程度小些。

开始划水时，屈肘 100° ~120°。此时前臂移动快于后臂，当划至肩下垂直面时，屈肘 90° ~120°。前臂迅速向后推水至侧腿旁，结束划水。在划水过程中，手掌微凹。

（4）出水。划水结束后，臂借助推水后的速度惯性，利用肩三角肌、肩带肌的收缩及身体沿纵轴的转动，将肘部向上方提起，并迅速将臂部提出水面，这时臂部和手腕应柔和放松。

（5）空中移臂。是臂部在一个划水周期中的休息放松阶段。移臂时，肘稍屈，保持比肩和手部都要高的位置（图 13–3–4），不要直臂侧向挥摆，也不要以手来带动臂成屈肘移臂，这样动作紧张，而且也不正确，还达不到放松的目的。

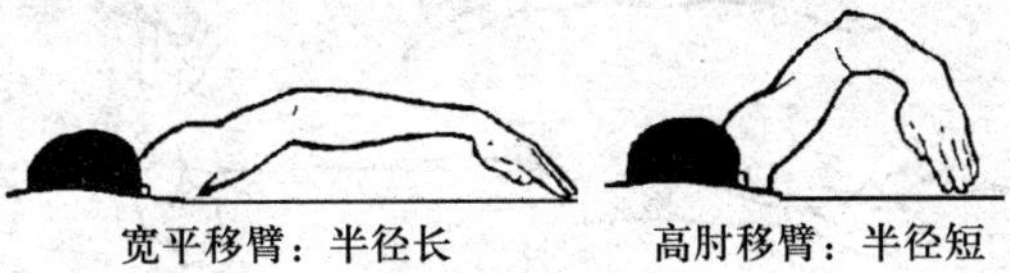

图 13–3–4　空中移臂

（6）两臂配合。爬泳两臂是否协调配合，是前进速度均匀性的重要条件。两臂配合，通常有前交叉、中交叉和后交叉三种方法。

前交叉是指一臂入水时，另一臂处在滑下阶段，这是一种带滑行阶段的技术（图 13–3–5 之 1）。

中交叉是指一臂入水时，另一臂已经进入划水阶段的中间部分（图 13–3–5 之 2）。

后交叉是指一臂入水时，另一臂已经进入划水阶段的后半部分（图 13–3–5 之 3）。

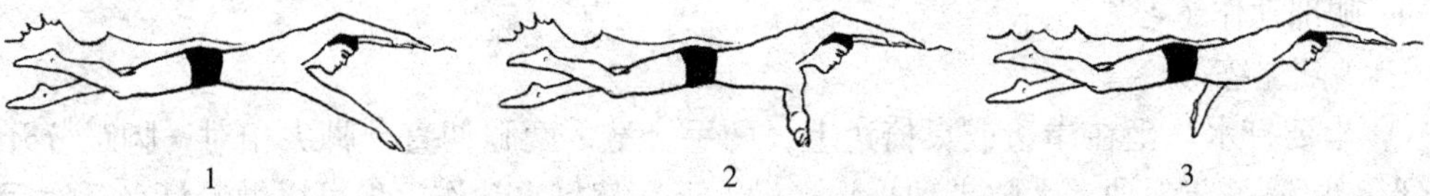

图 13–3–5　两臂配合

对一般游泳爱好者来说，以学习前交叉为宜，因为前交叉能更好地保持身体平衡，较易掌握呼吸技术，也可以节省体力，减少疲劳。

4. 呼吸与臂部动作的配合

爬泳的呼吸是利用头向左侧或右侧的转动，用嘴呼吸的。如以向右呼吸为例：右手入水以后，嘴和鼻开始慢慢地呼气，划臂划至肩下向右侧转头，呼气量开始增加，当右臂推水即将结束，呼气量进一步加大。右臂出水时，马上张嘴吸气。移臂到一半时，吸气就结束，并开始转头复原。此时，又闭气，继续转头和移臂，脸部向前下方。头部姿势稳定时，右臂又入水开始下一次呼吸。如此反复循环呼吸。

5. 呼吸和完整动作配合

爬泳腿、臂、呼吸的配合动作，一般采用两手各划水一次，呼吸一次和两腿打水 6 次的配合方法。为了充分发挥手臂作用，提高游进速度，也有采用两臂各划一次水，呼吸一次和打腿 4 次的配合方法。

完整动作配合如图 13–3–6 所示。

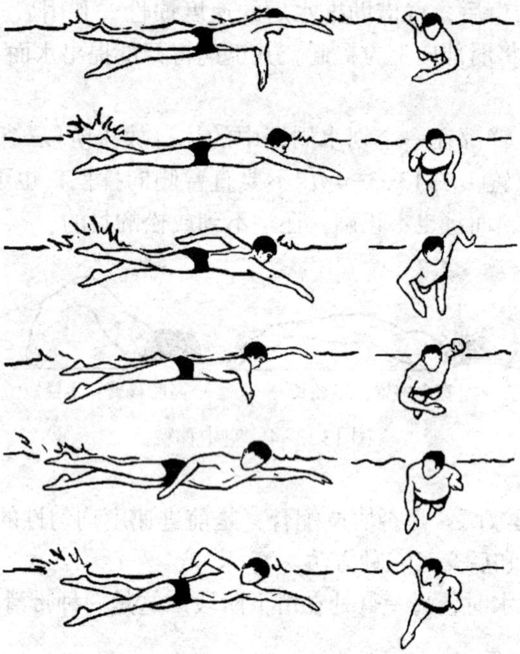

图 13-3-6 爬泳完整动作配合

（二）爬泳练习方法

1. 腿部动作练习

（1）陆上练习。

① 坐姿打水。坐在岸边或桌椅边上，两手合掌，两腿伸直，脚尖相对，脚跟分开成八字形。以髋关节为轴，大腿带动小腿，做上下交替打水动作。先可以做慢打水，然后再做快打水的练习。

② 坐在池边，两脚放入水中打水，要求同上。

③ 俯卧在池边或长凳上，两臂前伸或弯曲抱住固定物体，两腿自然并拢伸直，做上下打腿动作。

（2）水中练习。

① 扶池槽打水。

② 手扶浮板或救生圈打水。

③ 脚蹬池壁滑行打水。打水方法按腿部动作要领做。

④ 练习者由同伴拉着，做原位或后退行走的打水练习。

2. 臂部动作练习

（1）陆上练习。

① 身体站立，上体前屈，两臂伸直前平举，做单臂的抱水、划水、出水、空中移臂、入水的模仿动作。

② 双臂的配合。原地站立，上体前屈，两臂伸直前平举，做左（右）臂抱水、划水、出水、空中移臂、入水模仿练习。

（2）水上练习。

① 站立在水中，上体前倾，做手臂的划水练习。动作按臂部动作要领做。

② 上体前倾，入水做水中走动的动作练习。

③ 两腿夹板做臂的划水练习。

④ 由同伴扶住双脚，身体俯卧在水中，练习手臂划水动作。

⑤ 蹬池壁滑行后，做手臂划水的练习。

3. 呼吸动作练习

（1）陆上练习。

① 臂腿配合。体前屈站立，两臂前伸，做脚尖不离地两膝轮流前屈的踏步，并与二次划水配合。口令配合：1~3 踏步，同时左臂划水一次；4~6 踏步，同时右臂划水一次。

② 单臂与呼吸配合。体前屈站立，做抱水动作，同时慢慢呼气，并向后划水、转头、用力呼气和吸气，然后做出水、入水动作。头转正时闭气。

③ 双臂和呼吸配合。体前屈站立，口令配合：1~3 踏步，右臂划水一次，并配合吸气、闭气、吐气、还原；4~6 踏步，左臂划水一次，同时吸气、闭气、吐气、还原。

（2）水中练习。

① 体前屈，脸部入水，在水中做呼气动作。转头时，用力吐气；吸气时，下颌靠近肩部，闭气还原。

② 站定水中，上体前屈成水平姿势，头部放在水里。开始时，可以练习一臂划水与呼吸的配合，再练习两臂同时划水与呼吸的配合，也可以模仿向前游泳的姿势，两脚向前走动进行练习。

③ 练习者双脚由同伴扶住，身体俯卧在水中，做呼吸与两臂配合的动作。

4. 完整动作配合

（1）滑行打腿，一臂前伸，一臂划水。划时不要太快，但划水路线要长，以推水为主。

（2）滑行打腿，两臂分解配合。

（3）滑行打腿，两臂轮流划水，做前交叉配合。

（4）臂与呼吸配合，滑行打腿，单臂划水，向同侧转头呼吸。掌握技术后再做两侧呼吸。

（5）完整配合游。距离可以逐渐加长，在长游中改进和提高技术水平。

三、仰泳

仰泳是仰卧在水面上的一种游泳姿势。仰泳时，依靠两臂交替向后划水，两腿交替上下（向后）打水游进。它和爬泳的动作相似，只是身体仰卧，是中老年和游泳爱好者喜欢的一种游泳姿势。

1. 身体姿势

仰泳时，身体要自然伸展、仰卧在水中形成较好的流线型，头和肩稍高，腰腹和腿部保持水平，身体纵轴在水平面上成 4° ~6° ，腹部和两腿均在水面下 10~15 厘米。

仰泳的头部姿势很重要。仰泳时，头应保持相对稳定，不要左右晃动，颈部肌肉要自然放松，从整个身体姿势看上去，好像平躺在床上一样。

▶ 仰泳身体姿势

2. 腿部动作

仰泳的腿部动作与爬泳相似，主要是保持身体平衡。仰泳时，腿部动作是以髋关节为轴、以大腿带动小腿、小腿带动脚的“鞭打”形式来完成。它与爬泳不同的是，身体在水中的位置比爬泳低，腿的打水推动作用比爬泳要大。仰泳打水时，大腿动作幅度比爬泳小，但小腿的弯曲角度和打水幅度都要比爬泳大。

仰泳腿部动作可分为下压和上踢两个部分。前进时，主要靠向上踢水的动作，所以踢水时要脚背稍向内旋，并向后上方踢以加大踢水面。不要向两侧踢水，也不要使膝和脚踢出水面，降低踢水的效果。下压动作有一定的推进作用，但主要是为上踢动作做准备，起着使身体上升和保持平衡的作用。

3. 臂部动作

仰泳的臂部动作分为入水、抱水、划水、出水和空中移臂 5 个阶段。

（1）入水。入水时臂自然伸直，掌心朝外下方，手指首先入水，手稍内收，与小臂成 150° ~160° 。入水点在肩的前方延长线上。臂的入水动作要求轻松、自然，不应击水。其顺序是大臂先入水，小臂和手接着入水。

（2）抱水。手臂入水以后，躯干上部稍向入水臂一侧转动，直臂向前下方伸，同时转手腕对准水，成屈臂抱水姿势。这时大臂与前进方向构成约 40° ，手掌离水约 30 厘米。

（3）划水。仰泳的划水动作是推进身体前进的主要动力。整个动作从屈臂抱水开始，向后划水到大腿侧下方为止。划水动作由拉水和推水两个部分组成。

① 拉水。拉水时，肘关节应屈成约 150°（使手掌和小臂都达到良好的对准水的姿势）。随着划水力量的加大，屈肘角度也应逐渐减少。当划至肩部垂直平面时，手掌离水面 15 厘米左右，小臂和大臂成 90° ~110° 。

② 推水。推水时，应充分利用拉水的速度和划水面，使整个手臂同时用力向下方做推压的动作，并利用推水的惯性，使大臂带动小臂和手加速内旋推水，并以手的下压结束推水动作，这时手掌在大腿侧下方，离水面 45~50 厘米。

从仰泳的整个臂部动作可以看出，手掌因在不同部位时所处的深度不同，所以在整个划水动作中形成一个“S”形路线。

（4）出水。正确的出水动作是先压水后提肩，使肩露出水面后，由肩带动大臂、小臂和手依次出水。为了减少水的阻力，手出水时，手掌心应向内，大拇指向上。

（5）空中移臂。当臂提出水面后，应迅速沿着肩的垂直面向肩前移动。移臂时不要偏离，否则身体会左右摇摆，增加前进的阻力。当手臂移过垂直部位后，手掌即开始内旋，使掌心向外翻转，接入水动作。移臂时，臂要放松，移臂的后阶段，要注意肩关节充分伸展。仰泳时，两臂的动作始终是对角交替的。当一臂完成出水时，另一臂抱水；当一臂空中移臂时，另一臂则划水。

4. 呼吸和完整动作配合

仰泳的呼吸一般为两臂各划一次，呼吸一次，不要过于频繁地呼吸，不然会引起动作紊乱。一般一臂移臂时开始吸气，然后作短暂的闭气，另一臂再移臂时开始吐气，按此循环运行。

仰泳腿、臂、呼吸的完整配合，一般采用打腿 6 次、臂划水两次、呼吸一次的配合方法（图 13-3-7）。

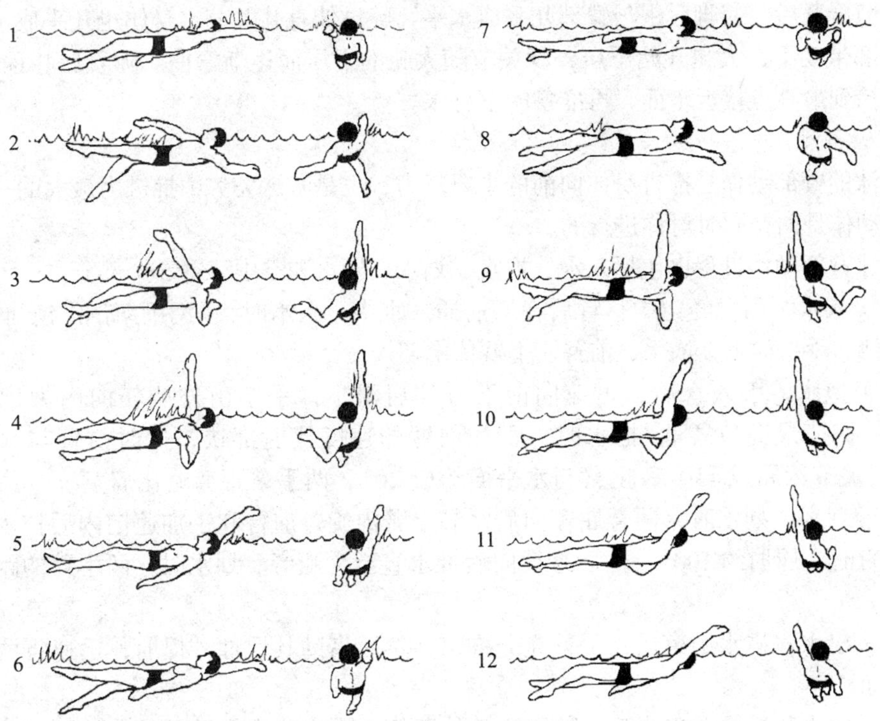

图 13-3-7　仰泳完整动作配合

四、蝶泳

蝶泳是由蛙泳演变而来的，由于双臂出水时像蝴蝶飞行，所以被称为蝶泳。后来有人模仿海豚的波浪击水动作游动，所以又被称为海豚式游泳。由于海豚式游泳速度仅次于自由泳，所以在蝶泳比赛时，一般都采用这种泳姿。

1. 身体姿势

蝶泳时，身体俯卧在水中，两臂同时向前方入水，经抱水、划水至大腿处，然后提肘出水，在空中移臂后再入水；躯干以腰部发力，带动大腿、小腿及脚进行波浪形的鞭状打水。整个动作从头、颈、躯干到脚部沿着身体纵轴做传动式的起伏，形成波浪式动作。

蝶泳身体姿势

蝶泳时要求身体姿势相对稳定，身体有节奏地起伏，以给臂和腿部动作提供有利的条件，但不要起伏太大，不然会破坏身体的水平游进和增加水对身体的阻力。

2. 躯干和腿部动作

蝶泳时，虽然身体的游进主要靠臂部动作，但是蝶泳的打水动作在游进中也起着十分重要的作用。它不但可以弥补臂部动作间断时速度下降的不足，而且还能使身体处于平衡，给臂和呼吸动作创造良好的条件。

躯干和腿部动作的开始姿势是：两腿并拢，脚掌稍加内旋，踝关节放松。在鞭打水时，从腰部发力，带动脊柱、髋、膝、踝各部位相继屈伸，形成波浪式动作。

向下打水时开始屈膝约 110°，髋关节几乎伸直，脚上抬到最高点至水面，然后向后下方打水，当小腿继续向下打水，腿部打水的反作用力使臀部升高，大腿和躯干约为 160°，脚跟距水面约 50 厘米，然后两腿伸直向上移动，由腰部发力，带动臀部下降。髋关节逐渐展开后，使脚后跟与臀部几乎成水平，经过伸直膝关节，身体也几乎成水平。这时在臀部带动下，大腿开始下压，膝关节随大腿的下压而逐渐弯曲。随着屈膝程度增加，脚向上抬到最高点接近水面，再准备向下打水。

3. 臂部动作

蝶泳的臂部动作是推进身体向前的主要动力，也是游泳姿势中推进力最大的一种。蝶泳臂部动作是两臂同时对称进行的。

蝶泳臂部动作过程也包括入水、抱水、划水、出水和空中移臂 5 个部分。

（1）入水。两臂经空中移臂后在肩前插入水中，入水时，两手距离略与肩同宽，掌心向两侧，手指向下，依手、前臂、上臂依次切入。

（2）抱水。手入水后，迅速向前下方伸肩滑下，手掌由外侧转向内做抱水动作（肘关节保持最高位置）。抱水时，手和前臂的速度比肘部快，这时前臂与水面约成 45°，肘关节约屈成 150°，上臂与水平面约成 20°，两手掌距离略比肩宽。

（3）划水。划水时，两臂屈臂向后，靠上臂内旋，前臂和手加速向内后拉水。拉至与肩平直时，屈肘约 100°，然后继续向后推水直至大腿旁。划水时，两手臂的路线呈双“S”形。

（4）出水。推水结束后，手臂充分推直，然后借助其惯性，提肘，迅速将两臂和手提出水面。

（5）空中移臂。臂出水后，两臂经身体两侧和空中快速向前移动。移臂时，整个臂部动作要自然放松。

4. 呼吸与臂部动作的配合

当臂部入水后，用鼻和嘴慢慢吐气，两臂进入划水时，下颌微抬。划水到胸腹下方时抬头，嘴露出水面用力完成吐气，然后迅速张嘴吸气。两臂出水在空中移臂时闭气，头放平。

5. 臂、腿、呼吸的完整动作配合

蝶泳的动作配合比例为 2∶1∶1，即采用打腿两次、两臂划水一次、呼吸一次的方式。臂和腿的具体配合方法是：两臂入水时，做第一次打水，抱水时腿向上，当两臂推水结束，同时打水结束。也可以采用打腿一次、两臂划水一次、呼吸一次的配合，但一般游泳爱好者宜采用 2∶1∶1 的配合方法（图 13-3-8）。

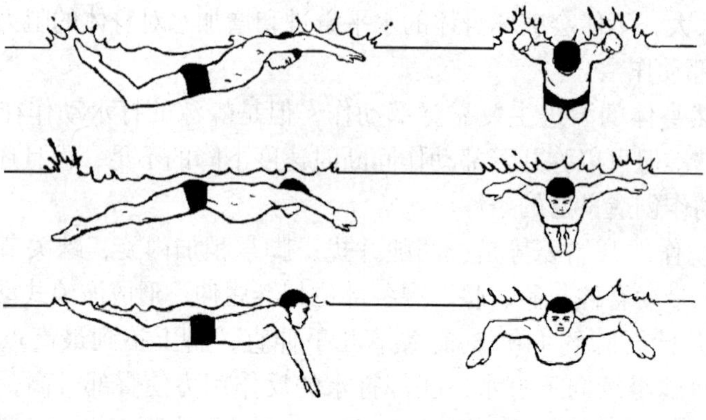

图 13-3-8　蝶泳完整动作配合

第四节　游泳竞赛规则简介

一、比赛通则

1. 出发

（1）爬泳、蛙泳、蝶泳的各项比赛都应从出发台上出发；仰泳应在水中出发。当听到发令员发出长哨声信号后，运动员应站到出发台的后半部等候；仰泳运动员下水，面对出发台，两手握住握手器或池端水槽，两脚蹬池壁，两脚和脚趾不许露出水面或蹬在水槽上，当发令员发出第二声长哨声时，仰泳运动员在水中做好出发准备。当所有运动员都做好准备时，发令员发“各就位”口令，当所有运动员身体都处于稳定静止时，发令员发“出发信号”（鸣枪、鸣哨、电笛或口令）。运动员听到出发信号后才能做出发动作。

（2）运动员如在“出发信号”发出前出发，应判抢码犯规。第一次出发抢码犯规，发令员应召回运动员并组织重新出发。第一次出发抢码犯规以后，第二次出发无论哪个运动员抢码犯规（不论该运动员是第几次犯规），均取消其比赛资格或录取资格。如果在“出发信号”发出之后发现运动员抢码犯规，应继续比赛，在该组比赛结束后取消犯规运动员的录取资格。如果在“出发信号”发出前发现运动员抢码犯规，则不再发“出发信号”，取消抢码犯规运动员的比赛资格后，再次组织出发。

（3）如因裁判员的失误或器材失灵而导致运动员抢码犯规，发令员应将运动员召回重新出发，不作为一次抢码犯规。

2. 比赛和犯规

（1）运动员必须在自己的泳道内比赛完毕，否则即算犯规。

（2）游出本泳道或以其他方式干扰、阻碍其他运动员者应取消其录取资格。

（3）由于某运动员犯规而影响了被干扰、阻碍的运动员获得优良成绩时，则应准许受干扰阻碍的运动员补测成绩，或直接参加决赛。如在决赛中发生上述情况，应令该组重新决赛（犯规运动员除外）。

（4）在比赛中，运动员转身时必须使身体某一部分触及池壁。转身必须从池壁蹬出，不得在池底跨越或行走，否则即算犯规。

（5）在比赛中，除自由泳可在池底站立外，均不得跨越或行走，否则即算犯规。

（6）在比赛中，运动员不得使用或穿戴任何有利于其速度、浮力的器具。

（7）每一个接力队应有 4 名队员，在接力比赛中，任何一名队员犯规即算该队犯规。

（8）接力比赛时，如本队的前一名运动员尚未触及池壁，而后一名运动员即离台出发，即算犯规。

二、各项泳式的比赛规定

1. 自由泳

（1）在自由泳比赛中，可采用任何泳式。

（2）转身和到达终点时，可用身体任何部位触及池壁。

2. 蛙泳

（1）身体应保持俯卧，两肩须与水面平行。

（2）两臂和两腿的所有动作应始终同时并在同一水平面上进行，不得有交替动作。

（3）每次转身和到达终点时，两手应在水面上或水面下同时触壁，两肩应保持水平位置。

（4）在蹬腿过程中，两脚必须做外翻动作，不允许做剪夹、上下交替打水或向下的海豚式打水动作。只要不做向下的海豚式打腿动作，允许两脚露出水面。

（5）在每次转身和到达终点时，两手应在水面、水上或水下同时触壁，触壁前两肩应与水面平行。在触壁前的最后一次向后划水动作结束后，头可以潜入水中，但在触壁前的一个完整或不完整的配合动作中，头应部分地露出水面。

（6）在每个以一次划臂和一次蹬腿顺序完成的完整动作周期内，运动员头的某一部分应露出水面。只有在出发和每次转身后，运动员可在全身没入水中时，做一次手臂充分的向后划至腿部的动作和一次蹬腿动作。

3. 蝶泳

（1）两臂要同时并对称地向后划水和提出水面经空中向前摆。

（2）身体应俯卧，两肩须与水面平行。

（3）两腿动作必须同时，允许做垂直上下打水，两脚或两腿可以不在同一水平面上，但不允许有交替动作。

（4）在每次转身和到达终点时，两手应在水面、水上或水下同时触壁，触壁前两肩应与水面平行。

（5）在出发和每次转身后，允许运动员在水下做一次或多次打水动作和一次划水动作，每次划水动作必须使身体升到水面。

4. 仰泳

（1）在出发入水、转身后和整个游程中，身体必须保持正常的仰卧姿势。

（2）正常仰卧姿势是指身体与水平面不超过 90°，头部位置不受此限。

（3）在整个游进过程中，运动员身体的某部分必须露出水面。在转身过程中，允许运动员完全潜入水中。但在出发和每次转身后，运动员潜泳距离不得超过 15 米，在 15 米前运动员的头必须露出水面。

（4）在转身过程中，当运动员肩的转动超过垂直面后，可进行一次连续单臂划水或双臂同时划水动作，并在该动作结束前开始滚翻。一旦改变仰卧姿势，就不允许做与连续转身动作无关的打水或划水动作。运动员必须呈仰卧姿势蹬离池壁。转身时，运动员身体的某部分必须触壁。

（5）运动员在到达终点时，必须以仰泳姿势触壁。

5. 混合泳

（1）个人混合泳须按照蝶泳、仰泳、蛙泳、自由泳（蛙泳、仰泳及蝶泳以外的任何泳式）的顺序进行比赛。

（2）混合泳接力须按照仰泳、蛙泳、蝶泳、自由泳（蛙泳、仰泳及蝶泳以外的任何泳式）的顺序进行比赛。

第十四章
武术

第一节　武术概述

一、武术的起源

武术的起源可以追溯到远古先民的生产活动。远古时期，人们为了生存不得不与兽斗，在狩猎的过程中逐渐学会了徒手和使用木棒、石头等器具击打野兽的方法。通过本能和无意识的身体动作积累，人类逐渐形成了比较合理的攻击技能与防守技能。此外，武舞也是原始社会时期人们集宗教祭祀、教育、娱乐和搏斗训练为一体的活动方式，人们通过武舞来模拟在狩猎、战争场景中搏斗的动作，幻想产生一种超自然的力量来战胜对手。武舞现象既是对搏杀技能操练的一种形式，又是宣扬武威的一种手段。

随着狩猎工具的不断创新和生产力的发展，人类迈入了私有制的门槛。为了部落或民族利益，抑或为了满足贪欲，战争频繁爆发。大量的生产工具转化为互相残杀的武器，在人与兽斗的过程中积累起来的技能也随之转变为人与人之间的搏杀格斗。这一时期，人类在踢、打、摔、拿、劈、砍、击、刺等技术上不断地加以强化，积累了丰富的经验，同时也具有了创造锋利工具的能动性和使用工具方法的主动性。这种在战争中运用格斗技术的自觉性，标志着武术的初步形成。

二、武术的发展概况

在我国夏、商、周时期，田猎和武舞是武技训练的主要手段。据《礼记·月令》载："天子乃教于田猎，以习五戎。"五戎即弓矢、殳、矛、戈、戟 5 种兵器。田猎是训练对各种武器的使用及驭马驾车，是集身体、技术、战术为一体的综合训练。这一时期的武舞由原始时期的武舞发展而来，是将用于实战的格杀经验按一定程式来训练，是古代武术由感性认识向理性认识的升华、由支离破碎向系统化演进的象征。

春秋战国时期是我国封建社会转型的剧烈变化时代。频繁的战争推动了练兵习武的空前盛行，武术开始向多样化发展，手搏、角力在民间拥有广泛的市场，可用拳打脚踢、连摔带拿和奇巧战术来战胜对方。另外，在与文化的交融中，武术逐渐与养生相结合，逐渐形成了注重整体、强调精气、平衡阴阳的保健思想，这对武术的发展产生了重要影响。

近代，武术作为一种尚武强国的重要教育手段被推向学校。一批武术家结合传统武术的内容与西方军事体操的特点，创编了《中华新武术》，为近代武术转型做了有益的尝试。

20 世纪 90 年代，随着我国体育体制改革的深化，武术呈现出新的发展趋势。1992 年全国武术工作会议，提出编写大、中、小学的武术教材，倡导将民族体育和现代体育联系起来进行教学，这些措施对于武术在学校的开展起到了较大的促进作用。更令人关注的是，为建立规范的全民武术锻炼体系，1997 年，国家体委批准颁布实施了“中国武术段位制”，该段位制将武术定为三级九段，推动了武术的发展。

通过多方的筹措与不懈努力，中国武术以奥运会非正式比赛项目的方式进入了第 29 届奥运会，这表明作为中华民族传统体育项目的武术正逐渐被世界所接纳，竞技武术在世界的传播和影响已不容忽视，武术终于初步实现了竞技武术国际化的目标。

三、武术的特点

武术作为一项历史悠久的运动项目，汇聚了不同地域、不同民族的智慧，形成了拳种丰富、器械多样的运动形式。武术不同于其他任何体育项目，它具有浓厚的中国传统文化特点。

踢、打、摔、拿、击、刺、砍、劈等多种攻防动作是组成武术套路的主要内容，也是武术搏斗项目中经常使用的技术动作；武术自身的发展规律，集中体现了武术技击性的本质；武术的习练讲究内外合一，形神兼备；在长期的历史演变中，武术又受到中国古代哲学、美学等方面的影响，形成了独具民族特色的运动形式。

四、武术的锻炼价值

长期坚持武术练习，能够加强人体肌肉韧带的伸展性，加大关节的运动幅度，提高人体的反应速度、力量、灵敏、耐力，增强人体的免疫力，对治疗多种慢性疾病和调节人体内环境平衡均有良好的医疗保健作用。同时，掌握搏斗运动的技法和规律，能促进攻防格斗的意识，既可以增强体质，又可以防身自卫。

武术在长期的发展过程中，继承和发扬了中华民族重礼仪、讲道德的优秀传统。“习武先习德”“武训”说明武术历来十分注重武德教育。“尚武”与“崇德”是武术习练过程中的两个重点，可以培养习武者尊师重道、讲礼守信、宽以待人、严于律己、坚韧不拔的良好心理素质和高尚的道德情操。

武术也具有很高的观赏价值。武术套路动迅静定的节奏美，踢、打、摔、拿、跌巧妙结合的方法美，内外合一、形神兼备的和谐美，给人们带来了强烈的视觉震撼和精神冲击，极大地丰富了人们的文化生活。

五、武术的内容与分类

武术按照形式，可分为功法、套路和搏斗。

（一）功法

功法又称基本功，是以单个动作为主的练习，以提高武术套路和武术搏斗项目中身体某方面能力为目的。从锻炼的形式与功用来分，功法又可分为内功、外功、轻功和柔功。

1. 内功

练习者通过站桩、静坐等练习方法，可达到精足、气壮、神明、内脏坚实、经络血脉通畅、内壮外强的功效。

2. 外功

练习者通过击打、跌摔等练习方法，可达到强筋骨、壮体魄的功效。

3. 轻功

练习者通过各种弹跳动作的练习，可达到蹦得高、跳得远的功效。

4. 柔功

练习者通过压肩、压腿、下腰等练习方法，可达到提高肢体关节活动幅度和肌肉伸展能力的功效。

（二）套路

套路是指以技击动作为内容，以攻守进退、动静疾徐、刚柔虚实等矛盾运动的变化规律为依据编成的整套练习。按照套路运动形式，又可分为单练、对练和集体演练。

1. 单练

单练是单人演练的套路，包括拳术和器械。

（1）拳术。拳术是徒手练习的套路运动。其主要的拳术有长拳、太极拳、南拳、形意拳、通背拳、八极拳、八卦掌、劈挂拳、翻子拳、地躺拳、少林拳、象形拳等。

（2）器械。器械是手持武术兵器练习的套路运动。器械的种类很多，可分为短器械、长器械、双器械和软器械 4 种。短器械主要有刀、剑、鞭等；长器械主要有枪、棍、大刀等；双器械主要有双刀、双剑、双钩、双枪等；软器械主要有三节棍、九节鞭、绳镖、流星锤等。

2. 对练

对练是两人或两人以上按照预定动作进行的假设性实战演练的套路形式，包括徒手对练、器械对练和徒手与器械的对练等。

3. 集体演练

集体演练是集体进行的徒手、器械和徒手与器械的演练。要求 6 人以上同时演练，队形整齐，动作协调一致，可变换队形并有音乐伴奏。

（三）搏斗

搏斗是两个人在一定条件下按照一定的规则进行斗智、较技、较力的对抗实战形式。

1. 散打

散打是以徒手的运动形式在擂台上进行的。使用踢、打、摔等方法制胜对方的竞技项目。

2. 推手

推手是以徒手的运动形式，使用掤、捋、挤、按、採、挒、肘、靠等技法，双方粘连粘随，通过肌肉感觉借劲发力将对方推出，以此决定胜负的竞技项目。

3. 短兵

短兵是两人手持一种特制的短器械，主要使用劈、砍、斩、刺等方法进行决胜负的竞技项目。

第二节　武术基本功

一、手形和步形

（一）手形

1. 拳

五指握紧，拇指压在食指、中指的第二指节上。拳面要平，腕要直（图 14–2–1）。

2. 掌

四指伸直并拢、向后伸张，拇指屈靠于虎口处或外展（图 14–2–2）。

3. 勾

五指捏拢屈腕（图 14–2–3）。

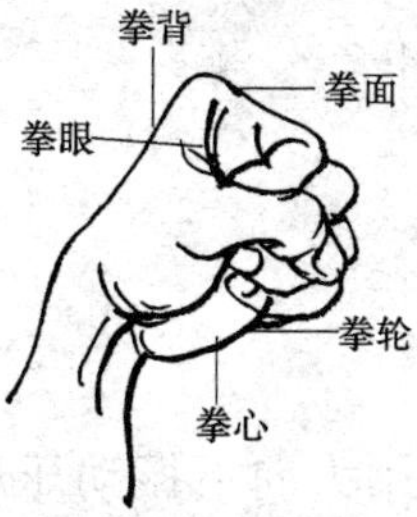

图 14–2–1　拳

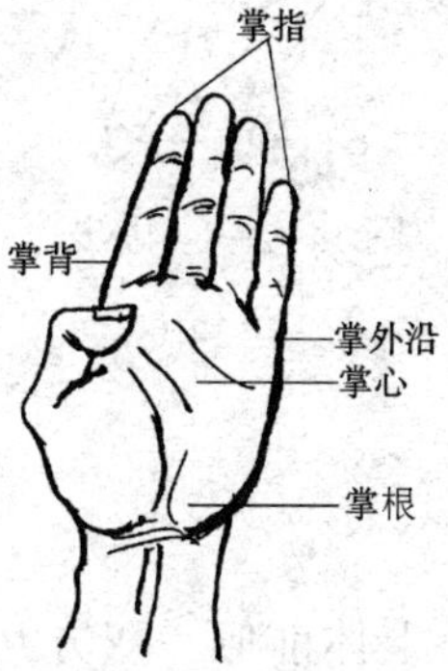

图 14–2–2　掌

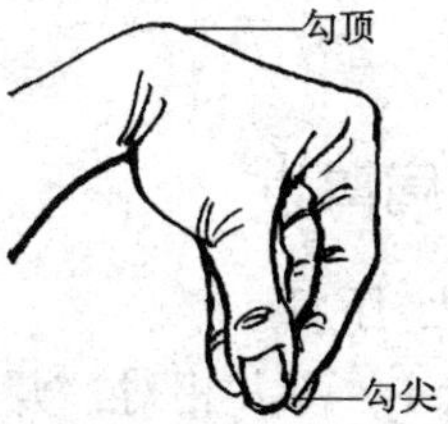

图 14–2–3　勾

（二）步形

1. 弓步

两脚前后开立一大步，为本人脚长的 4~5 倍，前腿屈膝，膝与脚尖垂直，后腿挺直，脚尖外撇约 45°，两脚全脚着地。上体正对前方，眼平视，两手抱拳于腰间（图 14–2–4）。弓右腿为右弓步，弓左腿为左弓步。

2. 马步

两脚平行开立（约为本人脚长的 3 倍），脚尖正对前方，屈膝半蹲，大腿接近水平，膝不超过脚尖，全脚着地，身体重心落于两腿之间，两手抱拳于腰间（图 14–2–5）。

图 14–2–4　弓步

图 14–2–5　马步

3. 仆步

两脚左右开立，一腿全蹲，大小腿靠紧，臀部接近脚跟，全脚掌着地，膝、脚尖外展（约 45°）；另一腿伸直平仆，脚尖内扣，全脚着地。两手抱拳于腰间，眼向仆腿方向平视（图 14−2−6）。仆左脚为左仆步，仆右脚为右仆步。

4. 虚步

两脚前后开立，后脚尖外展约 45°，屈膝半蹲，左脚跟离地，脚面绷直，脚尖稍内扣，虚点地面，重心落于后腿上，两手叉腰，眼平视（图 14−2−7）。左脚在前为左虚步，右脚在前为右虚步。

5. 歇步

两腿交叉靠拢全蹲，前脚全脚着地，脚尖外展，后脚前脚掌着地，臀部坐于后小腿接近脚跟处，两手抱拳于腰间（图 14−2−8）。左脚在前为左歇步，右脚在前为右歇步。

图 14−2−6 仆步

图 14−2−7 虚步

图 14−2−8 歇步

二、肩臂功

1. 压肩

（1）两人相对，开立步站立，上体前倾，双方互扶肩部，用力向下振动压肩（图 14−2−9）。

（2）并立步或开立步，面对肋木或一定高度的物体，两臂伸直，上体前倾，做下振压肩动作（图 14−2−10）。

图 14−2−9 压肩（双人）

图 14−2−10 压肩（单人）

2. 单臂绕环

弓步站立，一手按于膝上，另一臂伸直做向前、向后绕环动作（图 14−2−11）。

3. 双臂绕环

开立步站立，两臂同时或依次做向前、向后绕环动作（图 14−2−12）。

图 14-2-11　单臂绕环

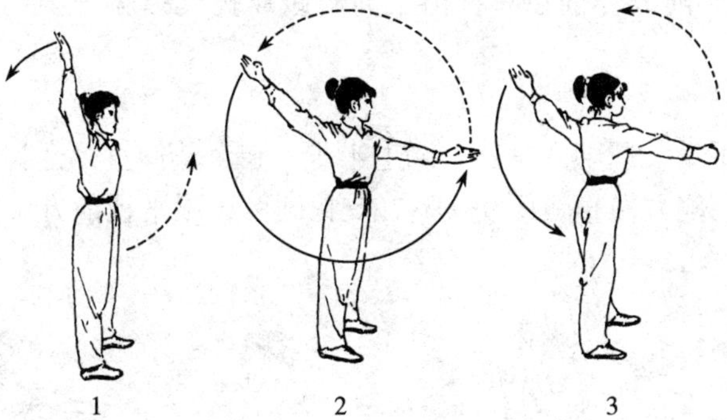

图 14-2-12　双臂绕环

三、腿功

（一）压腿

1. 正压腿

一腿前伸放于架上，脚尖勾紧，支撑腿脚跟着地，上体前俯，两手抱紧前脚掌，以下颌尽力接近脚尖。或者可利用肋木，一脚在肋木上，脚尖勾紧，两手按在膝上，两腿伸直，体前屈下压，两臂屈肘（图 14-2-13）。

2. 侧压腿

身体侧对肋木等物体，将一腿伸直，脚放于架上，脚尖勾紧；支撑腿挺直，脚内侧正对肋木，上体向被压腿侧侧屈（图 14-2-14）。

图 14-2-13　正压腿

图 14-2-14　侧压腿

（二）腿法

1. 正踢腿

并步，两臂侧平举，屈腕立掌或两手叉腰。一脚上前半步，直立支撑；另一腿脚尖勾紧并轻快有力地向前额处踢起，下落成并腿直立（图 14-2-15）。

图 14-2-15 正踢腿

2. 侧踢腿

并步，两臂侧平举，屈腕立掌。右脚向前上半步，脚尖外撇，身体微右转，左脚尖勾紧，向左侧脑后踢起。同时，右臂上举，左臂屈肘立掌于右肩前或体前按掌，落下时脚跟靠拢支撑脚（图 14-2-16）。

3. 外摆腿

并步，两手侧平举，屈腕立掌。一脚上半步，腿自然伸直，全脚着地；另一腿向异侧方踢起，经面前向同侧方做直腿摆动，落在支撑腿旁，眼平视前方（图 14-2-17）。

图 14-2-16 侧踢腿

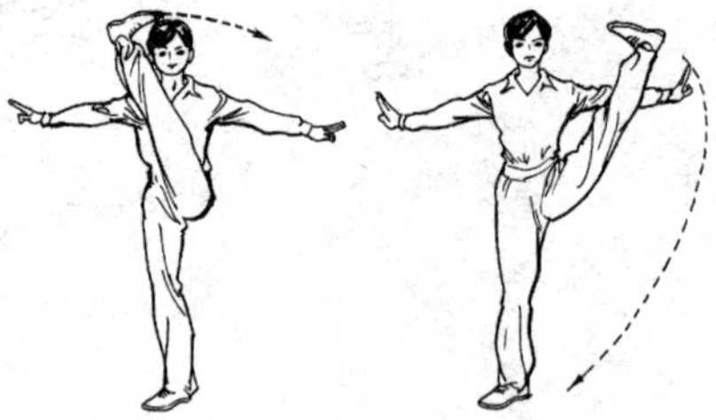

图 14-2-17 外摆腿

4. 里合腿

并步，两手侧平举，屈腕立掌。一腿上半步，自然伸直，全脚着地；另一腿向侧上方踢起，经面前向异侧方向（向内）扇面直腿摆动，落于支撑腿外侧（图 14-2-18）。

5. 弹腿

并步，两手叉腰，右腿屈膝摆起，大腿与腰平，右脚绷直。提膝接近水平时，猛力向前平踢，力达脚尖，高于腰平，左腿伸直或微屈支撑，眼视前方（图 14-2-19）。

图 14-2-18 里合腿

图 14-2-19 弹腿

6. 蹬腿

动作与弹腿相同，唯脚尖勾起，力点达于脚跟。

7. 侧踹腿

两脚左右交叉，右脚在前，微屈膝，接着右腿蹬直或稍屈支撑，左腿屈膝提起，脚尖勾起内扣，脚跟用力向左侧上方踹出，稍高于腰，上体向右侧倾，眼视左侧方（图 14−2−20）。

图 14−2−20　侧踹腿

四、腰功

1. 俯腰

并步，两手五指交叉，两臂上举，手心翻上，上体前俯，两手尽量贴地。然后两手松开，抱住两脚跟腱使胸部贴近大腿。还可以向左、右两侧俯腰，两手在脚外侧贴触地面（图 14−2−21）。

2. 甩腰

开步，两臂上举，以腰髋为轴，上体做前后屈甩动，后屈时要抬头、挺胸、挺腹（图 14−2−22）。

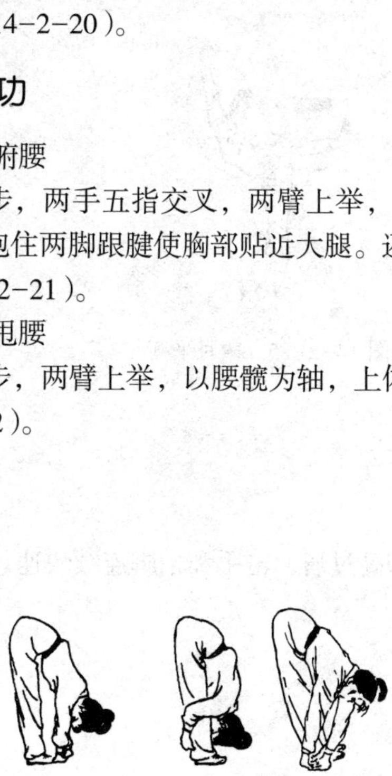

1　2　3

图 14−2−21　俯腰

1　2

图 14−2−22　甩腰

3. 涮腰

两脚开立，略宽于肩，两臂自然下垂。以腰髋为轴，上体前倾，经右侧屈、后屈、左侧屈绕环一周，两臂随之绕动（图 14−2−23）。

1　2

图 14−2−23　涮腰

五、平衡

1. 提膝平衡

支撑腿直立站稳，上体正直，另一腿在体前屈膝提近胸，小腿斜垂里扣，脚面绷平内收（图 14–2–24）。

2. 望月平衡

支撑腿直立站稳，上体侧倾拧腰向支撑腿同侧方上翻，挺胸塌腰。后举腿在身后向支撑腿的同侧方上举，小腿屈收，脚面绷平（图 14–2–25）。

图 14–2–24 提膝平衡

图 14–2–25 望月平衡

六、跳跃练习

1. 腾空飞脚

摆动腿高提，起跳腿上摆伸直，脚面绷平，脚高过肩，击手和拍脚连续快速、准确响亮（图 14–2–26）。

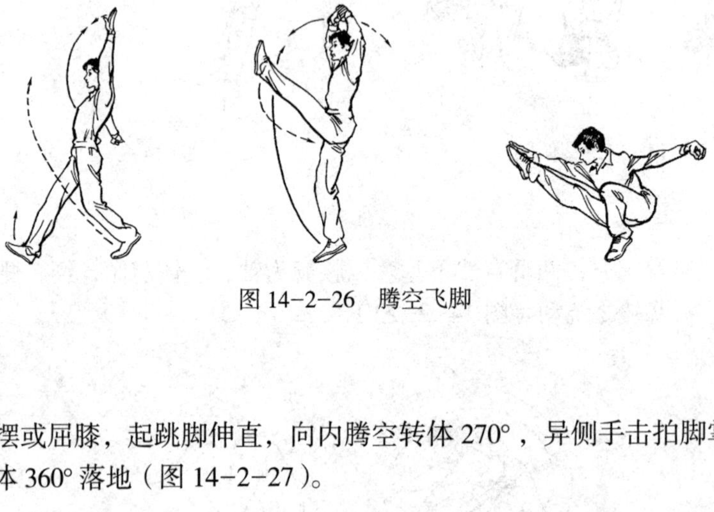

图 14–2–26 腾空飞脚

2. 旋风脚

摆动腿直摆或屈膝，起跳脚伸直，向内腾空转体 270°，异侧手击拍脚掌，脚高过肩，击拍响亮，转体 360° 落地（图 14–2–27）。

图 14–2–27 旋风腿

第三节　初级长拳三路

一、动作名称

初级长拳三路的动作名称详见表 14-3-1。

表 14-3-1　初级长拳三路的动作名称

组别	动作名称			
起势	1. 并步站立	2. 虚步亮掌	3. 并步对拳	
第一段	1. 弓步冲拳 5. 弹腿冲拳	2. 弹腿冲拳 6. 大跃步前穿	3. 马步冲拳 7. 弓步击掌	4. 弓步冲拳 8. 马步架掌
第二段	1. 虚步栽拳 5. 马步击掌	2. 提膝穿掌 6. 叉步双摆掌	3. 仆步穿掌 7. 弓步击掌	4. 虚步挑掌 8. 转身踢腿马步盘肘
第三段	1. 歇步抡砸拳 5. 马步冲拳	2. 仆步亮掌 6. 弓步下冲拳	3. 弓步劈拳 7. 叉步亮掌侧踹腿	4. 换跳步弓步冲拳 8. 虚步挑拳
第四段	1. 弓步顶肘 5. 歇步下冲拳	2. 转身左拍脚 6. 仆步抡劈拳	3. 右拍脚 7. 提膝挑掌	4. 腾空飞脚 8. 提膝劈掌弓步冲拳
收势	1. 虚步亮掌	2. 并步对拳	3. 并步站立	

二、动作说明及图解

（一）起势

1. 并步站立（图 14-3-1）

两脚并步站立，两臂垂于身体两侧，眼向前平视。

动作要点：头要端正，颌微收，挺胸、塌腰、收腹。

初级长拳三路

2. 虚步亮掌（图 14-3-2）

右脚向右后方撤步，右掌向右向上向前划弧，左臂屈肘，左掌提至腰侧，掌心向上，

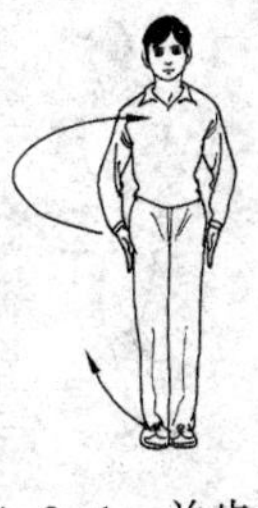

图 14-3-1　并步站立

图 14-3-2　虚步亮掌

目视右掌。

右腿微屈，重心后移，左掌经胸前从右臂上向前穿出伸直，右臂屈肘，右掌收至腰侧，掌心向上，目视左掌。

重心继续后移，左脚稍向右移成左虚步，左臂内旋向左、向后划弧成勾手，右手继续向后向右向前上划弧，屈肘抖腕，在头前上方屈腕亮掌，目视左方。

动作要点：动作必须连贯。成虚步时，重心落于右腿上，左脚尖点地。

3. 并步对拳（图 14-3-3）

右腿蹬直，左腿提膝，上体姿势不变。

左脚向前落步，重心前移。左臂屈肘，左勾手变掌经左肋前伸，右臂外旋向前下落于左掌右侧，掌心向下。

右脚向前上一步，两臂下垂后摆。

左脚向右脚并步，两臂向外向上经胸前屈肘下按停于小腹前，目视左侧。

动作要点：并步后挺胸、塌腰；对拳、并步、转头要同时完成。

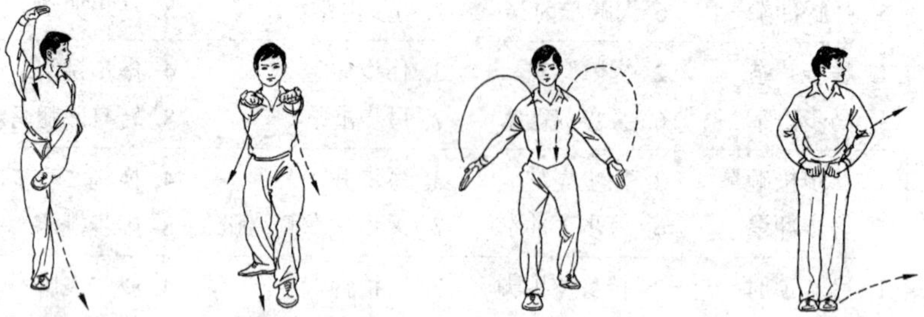

图 14-3-3 并步对拳

（二）第一段

1. 弓步冲拳（图 14-3-4）

左脚向左上一步，脚尖向斜前方，右腿微屈成半马步。左臂向上向左格打，右拳收至腰侧，拳心向上，目视左拳。右腿蹬直成左弓步，左拳收至腰侧，拳心向上，右拳向前冲出，高与肩平，目视右拳。

动作要点：成弓步时，右腿充分蹬直，脚跟不要离地；冲拳时，尽量转腰顺肩。

2. 弹腿冲拳（图 14-3-5）

重心前移至左腿，右腿屈膝提起，猛力向前弹出伸直，高与腰平。右拳收至腰侧，左拳向前冲出，目视前方。

动作要点：支撑腿可微屈，弹出的腿要用爆发力，力点达于脚尖。

图 14-3-4 弓步冲拳

图 14-3-5 弹腿冲拳

3. 马步冲拳（图 14-3-6）

右脚向前落步，脚尖里扣，上体左转。左拳收至腰侧，两腿下蹲成马步，右拳向前冲出，目视右拳。

动作要点：成马步时，大腿要平，两脚平行，脚跟外蹬，挺胸、塌腰。

4. 弓步冲拳（图 14-3-7）

上体右转 90°，右脚尖外撇向斜前方，成半马步。右臂屈肘向右格打，目视右拳。左腿蹬直成右弓步，右拳收至腰侧；左拳向前冲出，目视左拳。

动作要点：与本段的弓步冲拳相同，唯左右相反。

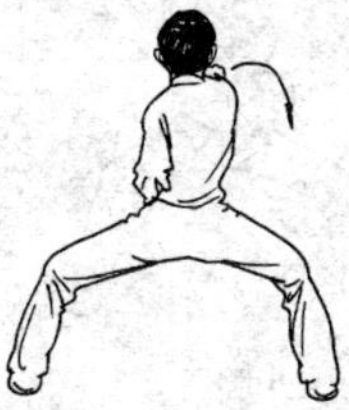

图 14-3-6 马步冲拳

图 14-3-7 弓步冲拳

5. 弹腿冲拳（图 14-3-8）

重心前移至右腿，左腿屈膝提起，猛力向前弹出伸直，高与腰平。左拳收至腰侧，右拳向前冲出，目视前方。

动作要点：与本段的弹腿冲拳相同。

6. 大跃步前穿（图 14-3-9）

左腿屈膝，右拳变掌以手背向下挂至左膝外侧，上体前倾，目视右手。

左脚向前落步，右掌继续向后挂，左拳变掌，向后向下伸直，目视左掌。

右腿屈膝向前提起，左腿立即猛力蹬地向前跃出，两掌向前向上划弧摆起，目视左掌。右腿落地全蹲，左腿随即落地向前铲出成仆步，右掌变拳抱于腰侧，左掌由上向右向下划弧成立掌，停于右胸前，目视左脚。

动作要点：跃步要远，落地要轻。

图 14-3-8 弹腿冲拳

图 14-3-9 大跃步前穿

7. 弓步击掌（图 14-3-10）

右腿猛力蹬直成左弓步。左掌经左脚面向后划弧至身后成勾手，右拳由腰侧变掌向前推出，目视右掌。

动作要点：推掌、勾手与弓步一致，左手向后上勾时不要挟上臂，不要弓腰、突臀、上体前倾。

8. 马步架掌（图 14-3-11）

重心移至两腿中间，左脚脚尖里扣成马步，右臂向左侧平摆，同时左勾手变掌由后经左腰侧从右臂内向前上穿出，目视左手。

右掌立于左胸前，左臂向左上屈肘抖腕亮掌于头部左上方，目向右转视。

动作要点：马步同前。

图 14-3-10　弓步击掌

图 14-3-11　马步架掌

（三）第二段

1. 虚步栽拳（图 14-3-12）

右脚蹬地，左腿伸直，以前脚掌为轴向右后转体 180°，右掌由左胸前向下经右腿外侧向后划弧成勾手，左臂随体转动并外旋，目视右手。

右脚向右落地，重心移至右腿上，下蹲成左虚步。左掌变拳下落于左膝上，拳心向后，右勾手变拳，屈肘向上架于头右上方，拳心向前，目视左方。

动作要点：右手勾挂要贴近右膝外侧，虚步右腿要蹲成水平。

2. 提膝穿掌（图 14-3-13）

右腿稍伸直，右拳变掌收至腰侧，左拳变掌由下向左向上划弧盖压于头上方，掌心向前。

右腿蹬直，左腿屈膝提起，右掌从腰侧经左臂内侧向右前上方穿出，左掌收至右胸前成立掌，目视右掌。

动作要点：支撑腿与右臂充分伸直。

3. 仆步穿掌（图 14-3-14）

右腿全蹲，左腿向左后方铲出成左仆步。右臂不动，左掌由右胸前向下经左腿内侧，向左脚面穿出，目随左掌转视。

动作要点：穿掌时，两臂要成一条直线，切忌右臂下垂。仆步左脚尖要向内扣紧。

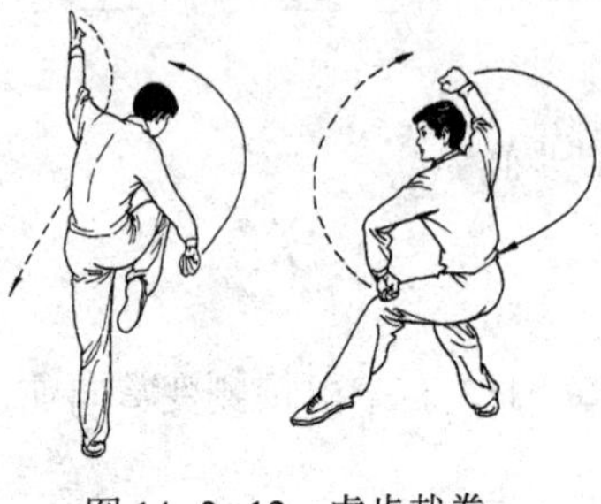

图 14-3-12　虚步栽拳

图 14-3-13　提膝穿掌

图 14-3-14　仆步穿掌

4. 虚步挑掌（图 14–3–15）

右腿蹬直，重心前移至左腿成左弓步。右掌稍下降，左掌随重心前移向前挑起。

右脚向左前方上步成右虚步，身体随上步左转 180°，同时，左掌由前向上向后划弧成立掌，右掌由后向下向前挑起成立掌，目视右掌。

动作要点：上步要快，虚步要稳。

5. 马步击掌（图 14–3–16）

右脚落地，脚尖外撇，重心稍升高并右移，左掌变拳收至腰侧，右掌俯掌向外捋手。

左脚向前上一步，以右脚为轴向右后转体 180°，两腿下蹲成马步。左掌从右臂上成立掌向左侧击出，右掌变拳收至腰侧，目视左掌。

动作要点：右手做捋手时，先使臂稍内旋，手掌向下向外转，接着臂外旋，掌心经下向上翻转，同时抓握成拳。收拳和击掌动作要同时进行。

图 14–3–15　虚步挑掌

图 14–3–16　马步击掌

6. 叉步双摆掌（图 14–3–17）

重心稍右移，两掌向下向右摆掌，目视右掌。

右脚向左腿后插步，两臂继续由右向上向左摆，停于身体左侧，均成立掌，右掌停于左肘窝处，目随双掌转视。

动作要点：两臂要划立圆，幅度要大，摆掌与后插步配合要一致。

7. 弓步击掌（图 14–3–18）

两腿不动，左掌收至腰侧，掌心向上，右掌向上向右划弧，掌心向下。

左腿后撤一步成右弓步，右掌向下向后伸直摆动成反勾手，左掌成立掌向前推出，目视左掌。

动作要点：击左掌、右勾手与后撤左步、蹬腿成弓步要完整一致。

图 14–3–17　叉步双摆掌

图 14–3–18　弓步击掌

8. 转身踢腿马步盘肘（图 14–3–19）

两脚以前脚掌为轴向左后转体 180°，左臂向上向前划半立圆，右臂向下向后划半圆。

上动不停，右臂由后向上向前划半圆，左臂由前向下向后划半立圆。

上动不停，右臂向下成反勾手，左臂向上成亮掌，右腿伸直向额前踢。

右脚向前落地，脚尖里扣。右手不动，左臂屈肘下落至胸前，目视左掌。

上体左转 90°，两腿下蹲成马步，同时左掌向前向左平掳变拳收至腰侧，右勾手变拳，由体后向右向前平摆至体前时屈肘，拳心向下，目视肘尖。

动作要点：两臂抡动时要划立圆，动作连贯。盘肘时要快速有力，右肩前顺。

图 14-3-19　转身踢腿马步盘肘

（四）第三段

1. 歇步抡砸拳（图 14-3-20）

重心稍升高，右脚尖外撇。右臂由胸前向上向右抡直，左拳向下向左，使臂抡直，目视右拳。

上动不停，两脚以前脚掌为轴向右后转体 180°。右臂向下向后抡摆，左臂向上向前随身体转动。

紧接上动，两腿全蹲成歇步。左臂随身体下蹲向下平砸，拳心向上，肘部微屈，右臂伸直向上举起，目视左拳。

动作要点：抡臂动作要连贯完成，划立圆。歇步要两腿交叉全蹲，左腿大、小腿靠紧，臀部贴于左小腿外侧，膝关节在右小腿外侧，右脚尖外撇，全脚掌着地。

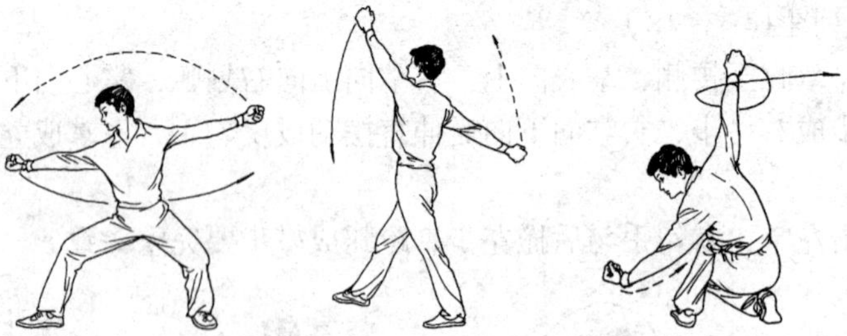

图 14-3-20　歇步抡砸拳

2. 仆步亮掌（图 14-3-21）

左脚由右腿后抽出上前一步成右弓步，左拳收至腰侧，右拳变掌向下经胸前向右横击掌，目视右掌。

右脚蹬地屈膝提起，上体右转。左拳变掌从右掌上向前穿出，右掌平收至左肘下。

右脚向右落步成左仆步，左掌向下向后划弧成反勾手，右掌向右向上划弧微屈，抖腕成亮掌，头随右手转动，亮掌时，目视左方。

动作要点：仆步时，左腿充分伸直、脚尖里扣，右腿全蹲，两脚脚掌全部着地。上体挺胸、塌腰，稍左转。

图 14-3-21 仆步亮掌

3. 弓步劈拳（图 14-3-22）

右腿蹬地立起，左腿收回并向左前方上步。右掌变拳收至腰侧，左勾手变掌由下向前上经胸前向左掳手。

右腿经左腿前方向左绕上一步，左腿蹬直成右弓步。左手向左平捋后再向前挥摆。

右拳向后平摆，然后再向前向上做抡劈拳，左掌外旋扶右前臂，目视右拳。

动作要点：左右脚上步稍带弧形。

图 14-3-22 弓步劈拳

4. 换跳步弓步冲拳（图 14-3-23）

重心后移，右脚稍向后移动，右拳变掌，臂内旋，以掌背向下划弧挂至右膝内侧，左掌背贴靠右肘外侧，目视右掌。

右腿自然上摆，上体稍向左扭转，右掌挂至体左侧，左掌伸向右腋下，目随右掌转视。

右脚以全脚掌用力向下震踩，与此同时，左脚急速离地提起。右手由左向上向前捋盖而后变拳收至腰侧，左掌伸直向下向上向前屈肘下按，目视左掌。

左脚向前落步成左弓步，右拳向前冲出，左掌藏于右腋下，目视右拳。

动作要点：换跳步动作要连贯、协调。震脚时，腿要弯曲，全脚掌着地，左脚离地不要高。

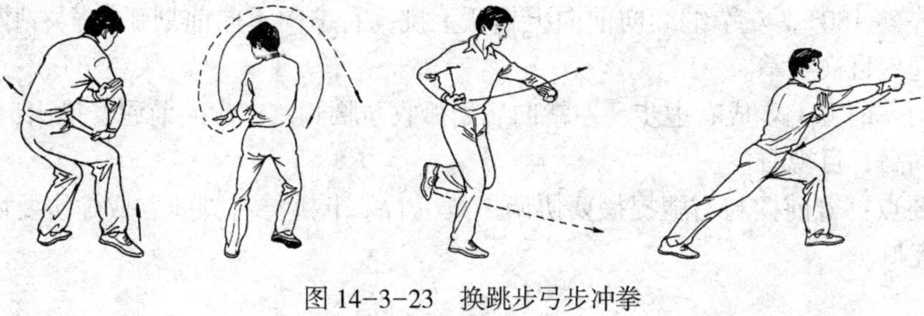

图 14-3-23 换跳步弓步冲拳

5. 马步冲拳（图 14-3-24）

上体右转 90°，重心移至两腿中间成马步。右拳收至腰侧，左掌变拳向左冲出，目视左拳。

动作要点：马步与冲拳要同时进行。

6. 弓步下冲拳（图 14-3-25）

右脚蹬直，左腿弯曲，上体稍向左转成左弓步。左拳向下经体前向上架于头左上方，右拳自腰侧向左前斜下方冲出，目视右拳。

动作要点：拧腰、转髋、蹬右脚成左弓步要与架冲拳同时完成，以求动作完整。

图 14-3-24 马步冲拳

图 14-3-25 弓步下冲拳

7. 叉步亮掌侧踹腿（图 14-3-26）

左拳变掌由头上下落于右腕上，右拳变掌，两手交叉成十字，目视双手。

右脚蹬地并向左腿后插步，左掌由体前向下向后划弧成反勾手，右掌由前向右向上划弧抖腕亮掌，目视左侧。

重心移至右腿，左腿屈膝提起，向左上方猛力蹬出，目视左侧。

动作要点：插步时上体稍向右倾斜，腿、臂的动作要一致。侧踹高度不能低于腰，大腿内旋，着力点在脚跟。

图 14-3-26 叉步亮掌侧踹腿

8. 虚步挑拳（图 14-3-27）

左脚在左侧落地，右掌变拳稍后移，左勾手变拳由体后向左上挑。

上体左转 180°，左拳继续向前向上划弧上挑，右拳向下向前划弧挂至右膝外侧，同时右膝提起，目视右拳。

右脚向左前方上步成右虚步，左拳向后划弧收至腰侧，右拳向前屈臂挑出，拳眼斜向上，与肩同高，目视右拳。

动作要点：臂前摆与右腿提摆要协调一致，右拳上挑与右脚前点成虚步要协调一致，力点达于虎口。

图 14-3-27　虚步挑拳

（五）第四段

1. 弓步顶肘（图 14-3-28）

重心升高，右脚踏实，右臂内旋向下直臂划弧以拳背下挂至右膝内侧，左拳不变，目视前下方。

左腿蹬直，右腿屈膝上抬。左拳变掌，右拳不变，两臂向前向上划弧摆起，目随右拳转视。

左脚蹬地起跳，身体腾空，两臂继续划弧至头上方。

右脚先落地，左脚向前落步，以前脚掌着地。同时两臂向右向下屈肘停于右胸前，右拳变掌，左掌变拳，右掌心贴靠左拳面。

左脚向左前上一步成左弓步，右掌推左拳，以左肘尖向左顶出，目视前方。

动作要点：交换步时不要过高，但要快。两臂抡摆时要成圆弧。

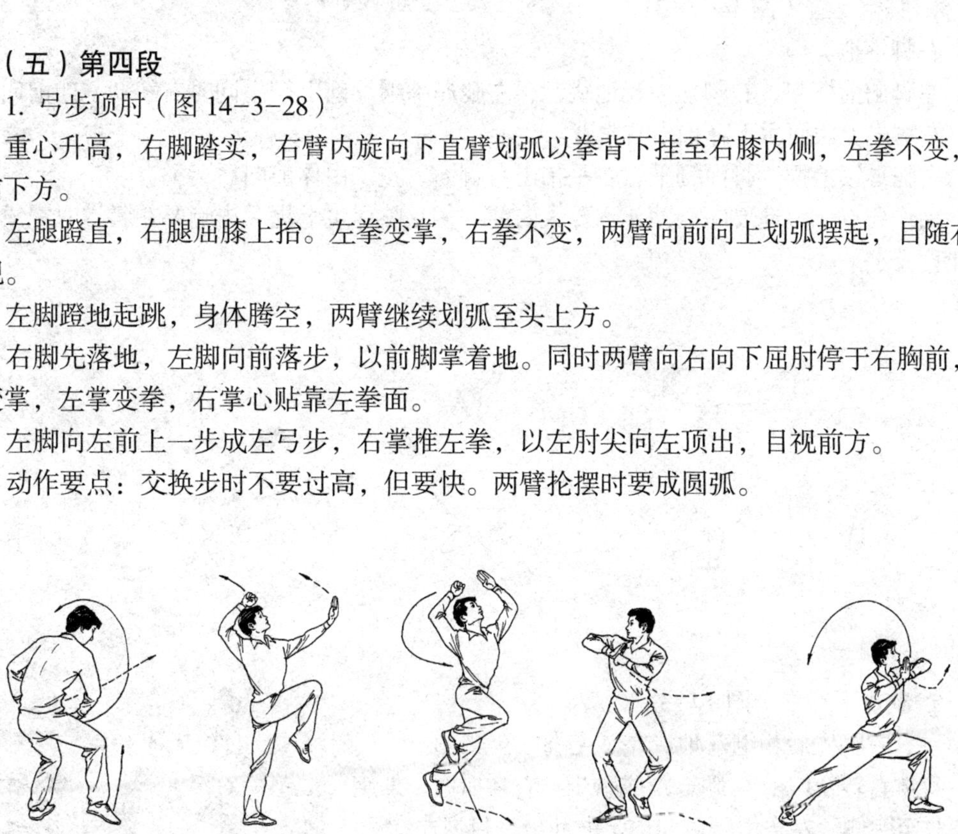

图 14-3-28　弓步顶肘

2. 转身左拍脚（图 14-3-29）

以两脚前脚掌为轴向右后转体 180°，右臂向上向右向下划弧抡摆，同时左拳变掌向下向后向前抡摆。

左腿伸直向前上踢起，左掌变拳收至腰侧，右掌由体后向上向前拍击脚面。

动作要点：右掌拍脚时手掌稍横过来，拍脚要准而响亮。

3. 右拍脚（图 14-3-30）

左脚向前落地，左拳变掌向下向后摆，右掌变拳收至腰侧。

右腿伸直向前上踢起，左拳变掌由后向上向前拍击右脚面。

动作要点：与本段的转身左拍脚相同。

图 14-3-29 转身左拍脚

图 14-3-30 右拍脚

4. 腾空飞脚（图 14-3-31）

右脚落地。

左脚向前摆起，右脚猛力蹬地跳起，左腿屈膝继续前上摆。同时右拳变掌向前向上摆起，左掌先上摆而后下降拍击右掌背。

右腿继续上摆，脚面绷平。右手拍击右脚面，左掌由体前向后上举。

动作要点：蹬地要向上冲，不要太向前冲，左膝尽量上提。击响要在腾空时完成，右臂伸直成水平。

图 14-3-31 腾空飞脚

5. 歇步下冲拳（图 14-3-32）

左、右脚先后相继落地，左掌变拳收至腰侧。

身体右转 90°，两腿全蹲成歇步。右掌抓握、外旋变拳收至腰侧，左拳由腰侧向前下方冲出，目视左拳。

动作要点：歇步要稳，冲拳要脆。

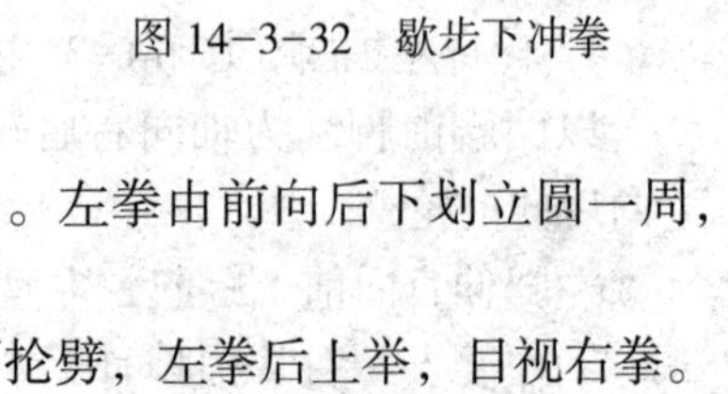

图 14-3-32 歇步下冲拳

6. 仆步抡劈拳（图 14-3-33）

重心升高，右臂由腰侧向体后伸直，左臂随身体重心升高向上摆起。

以右脚前脚掌为轴，左腿屈膝提起，上体左转 270°。左拳由前向后下划立圆一周，右拳由后向下向前上划立圆一周。

左腿向后落一步，屈膝全蹲成右仆步。右拳由上向下抡劈，左拳后上举，目视右拳。

动作要点：抡臂时一定要划立圆。

7. 提膝挑掌（图 14-3-34）

重心前移成右弓步，右拳变掌由下向上抡摆，左拳变掌稍下落，右掌心向左，左掌心向右。

左、右臂在垂直面上由前向后各划立圆一周，右臂伸直停于头上，掌心向左，左臂伸直停于身后成反勾手，同时右腿屈膝提起，目视前方。

动作要点：抡臂时要划立圆。

图 14–3–33　仆步抡劈拳

图 14–3–34　提膝挑掌

8. 提膝劈掌弓步冲拳（图 14–3–35）

右掌由上向下猛劈伸直，停于右小腿内侧，左勾手变掌，屈臂向前停于右上臂内侧，掌心向左，目视右掌。

右脚向右后落地，身体右转 90°，同时左掌变拳收至腰侧，右臂内旋向右划弧做捋手。

上动不停，左腿蹬直成右弓步，右手抓握变拳收至腰侧，左拳由腰侧向左前方冲出，目视左拳。

动作要点：提膝劈掌重心要稳，捋手冲拳劲力要足。

（六）收势

1. 虚步亮掌（图 14–3–36）

右脚扣于左膝后，两拳变掌，两臂右上左下屈肘交叉于胸前，目视右掌。

右脚向右后落步，上体稍右转，同时右掌向上向右向下划弧停于左腋下，左掌向左向上划弧停于右臂上，目视左掌。

右腿下蹲成左虚步，左臂伸直向左向后划弧成反勾手，右臂伸直向下向右向上划弧抖腕亮掌，目视左方。

动作要点：扣腿时做舞花手；右脚后落时，两臂分摆，勾手亮举与虚步同时完成。

图 14–3–35　提膝劈掌弓步冲拳

图 14–3–36　虚步亮掌

2. 并步对拳（图 14–3–37）

左腿后撤一步，同时两掌从两腰侧向前穿出伸直，掌心向上。

右腿后撤一步，同时两臂分别向体侧下摆。

左脚后退半步，向右脚并拢。两臂由后向上经体前屈臂下按，两掌变拳，停于腹前，拳心向下，拳面相对。目视左方。

动作要点：同起势动作 3。

3. 并步站立（图 14-3-38）

两臂自然下垂，目视正前方。

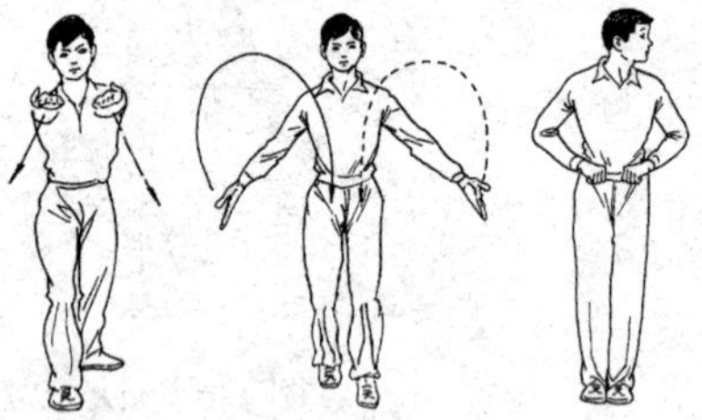

图 14-3-37 并步对拳

图 14-3-38 并步站立

第四节 简化太极拳

一、简化太极拳概述

简化太极拳是在 1956 年由国家体委运动司整理编定的套路。它取材于我国流传面和适应性最广泛的传统杨氏太极拳，按照简练明确、删繁就简、突出重点的原则整编而成。此拳分为 8 组，共 24 个动作，故又称“24 式太极拳”。全套动作结构合理、易学易懂，是初学者入门学习的基础套路。练习者可连贯演练，也可以选择单式或分组练习。整个套路的动作练习，每一举手、一投足都应遵循以下几点：① 虚领顶劲；② 沉肩、坠肘、塌腕；③ 松腰活胯；④ 上下相随；⑤ 立身中正；⑥ 节节贯穿；⑦ 以意导动；⑧ 连绵不断；⑨ 保持一身备五弓的绷劲；⑩ 意气少，内外合一。

二、简化太极拳动作名称

简化太极拳动作名称详见表 14-4-1。

表 14-4-1 简化太极拳动作名称

组别	动作名称			
第一组	1. 起势	2. 左右野马分鬃	3. 白鹤亮翅	
第二组	4. 左右搂膝拗步	5. 手挥琵琶	6. 左右倒卷肱	
第三组	7. 左揽雀尾	8. 右揽雀尾		
第四组	9. 单鞭	10. 云手	11. 单鞭	
第五组	12. 高探马	13. 右蹬脚	14. 双峰贯耳	15. 转身左蹬脚

续表

组别	动作名称			
第六组	16. 左下势独立	17. 右下势独立		
第七组	18. 左右穿梭	19. 海底针	20. 闪通臂	
第八组	21. 转身搬拦捶	22. 如封似闭	23. 十字手	24. 收势

三、简化太极拳套路

简化太极拳套路

（一）第一组

1. 起势（图 14-4-1）

动作要点：两肩下沉，两肘松垂，屈膝松腰，两臂下落和身体下蹲的动作要协调一致。

图 14-4-1　起势

2. 左右野马分鬃（图 14-4-2）

动作要点：两臂始终要保持弧形，身体转动时要以腰为轴，弓步动作与分手的速度要均匀一致；做弓步时，膝不要超过脚尖，后面的脚要向后蹬转，前后脚尖夹角成 45°～60°，两脚之间的横向距离应保持在 10～30 厘米。

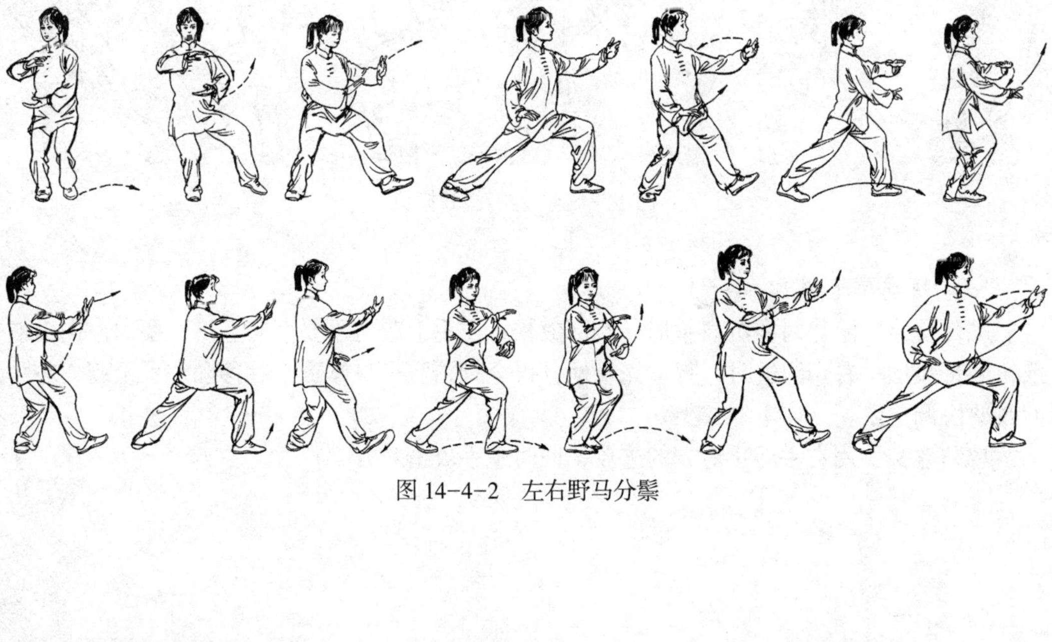

图 14-4-2　左右野马分鬃

攻防含义：用一手化解对方攻击之手臂，另一手攻击对方。

3. 白鹤亮翅（图 14-4-3）

动作要点：两臂上下保持半圆形，左膝微屈。身体重心后移，右手上提，微向左转腰，左手下按成左虚步。动作要协调一致，并注意以腰带臂。

攻防含义：可用右手防止对方的上面攻击，左手化解对方下部的攻击。

图 14-4-3 白鹤亮翅

（二）第二组

4. 左右搂膝拗步（图 14-4-4）

动作要点：上步时，脚跟先着地，重心要稳；向前推手时，身体不可前俯后仰，要松腰松胯；推掌时要沉肩垂肘，坐腕舒掌，同时须与松腰、弓腿上下协调一致。

攻防含义：一手化开对方的进攻，另一手攻击对方。

图 14-4-4 左右搂膝拗步

5. 手挥琵琶（图 14-4-5）

动作要点：定势时要沉肩垂肘，胸部放松；左手上起时不要直向上挑，要由左向上向前，微带弧形；右脚跟进时，脚掌先着地，再全脚踏实；身体重心后移和左手上起、右手回收要协调一致。

攻防含义：用右手防止对方的进攻，同时左手攻击对方。

图 14-4-5　手挥琵琶

6. 左右倒卷肱（图 14-4-6）

动作要点：两臂始终保持弧形，前推时要转腰松胯，两手的速度要一致，避免僵硬。退步时，脚掌先着地，再慢慢全脚踏实；同时，前脚随转体动作以脚掌为轴扭正。退左脚略向左后斜，退右脚略向右后斜。

攻防含义：化解对方的攻击。

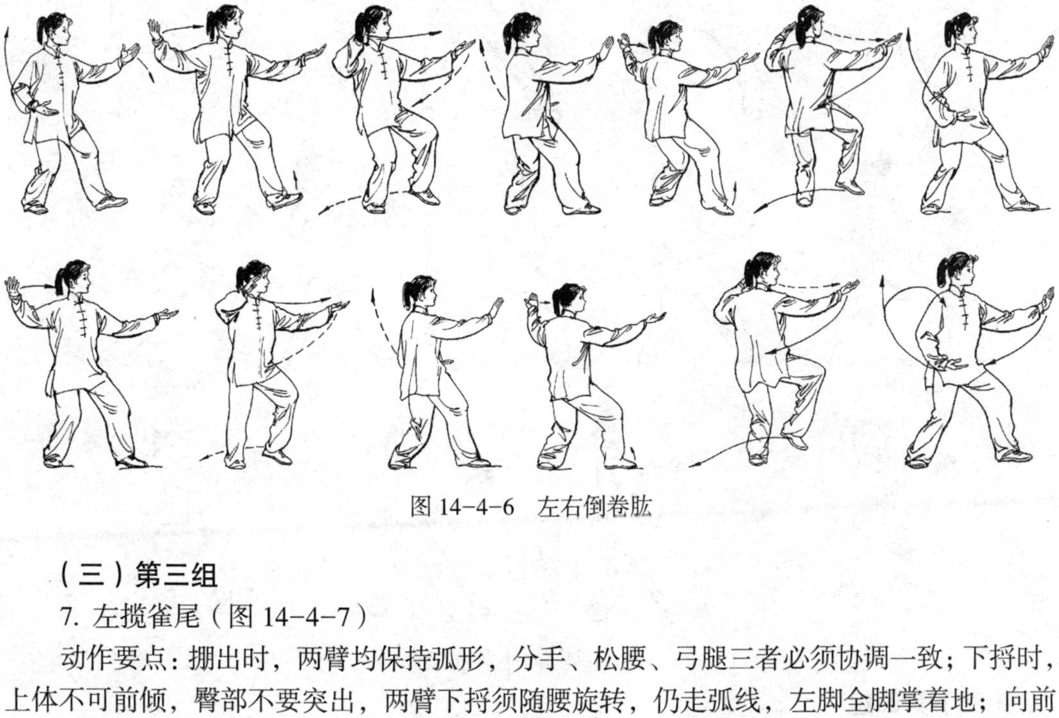

图 14-4-6　左右倒卷肱

（三）第三组

7. 左揽雀尾（图 14-4-7）

动作要点：掤出时，两臂均保持弧形，分手、松腰、弓腿三者必须协调一致；下捋时，上体不可前倾，臀部不要突出，两臂下捋须随腰旋转，仍走弧线，左脚全脚掌着地；向前挤时，上体要正直，挤的动作要与松腰、弓腿相一致；向前按时，两手须走曲线，手腕部高与肩平，两肘微屈下沉。

攻防含义：用左手向对方掤出，并用两手顺势捋拉对方，待对方失去重心或回撤时，挤按攻击对方。

图 14-4-7 左揽雀尾

8. 右揽雀尾（图 14-4-8）

动作要点：同左揽雀尾，唯动作方向相反。

图 14-4-8 右揽雀尾

（四）第四组

9. 单鞭（图 14-4-9）

动作要点：上体保持正直，松腰；定势时，右肘稍下垂，左肘与左膝上下相对，两肩下沉。

图 14-4-9 单鞭

攻防含义：用右手化解对方的进攻，左手攻对方胸、面部。

10. 云手（图 14-4-10）

动作要点：身体转动要以腰脊为轴，带动两臂，身体重心要平稳，不可忽高忽低；两臂转动要自然圆活，速度要缓慢均匀；移动时，脚掌先着地再踏实，脚尖向前；目随云手而移动。

攻防含义：用两手拨开对方的攻击。

图 14-4-10　云手

11. 单鞭（图 14-4-11）

动作要点：与前“单鞭”相同。

图 14-4-11　单鞭

（五）第五组

12. 高探马（图 14-4-12）

动作要点：上体自然正直，双肩下沉，右肘微下垂；跟步移换重心时，身体不要有起伏。

攻防含义：左手撤防，用右手攻击对方。

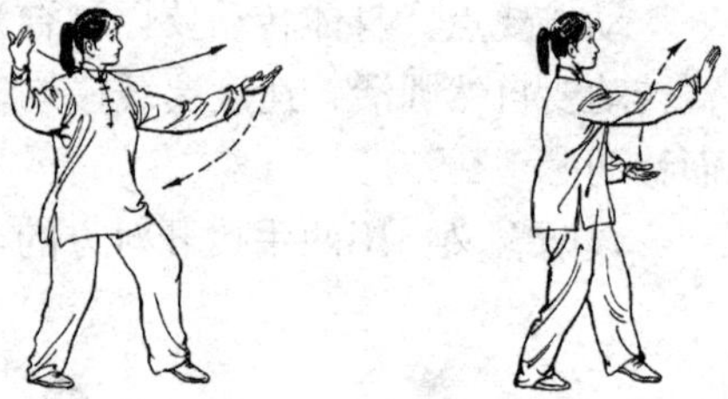

图 14-4-12 高探马

13. 右蹬脚（图 14-4-13）

动作要点：支撑腿膝微屈，以保持身体重心稳定，上体不可前俯后仰；两手分开时，腕部与肩齐平，右臂和右腿上下相对；蹬脚时，右脚尖回勾，力达脚跟；分手和蹬脚须协调一致。

攻防含义：用两手向外分开对方的进攻，同时用右脚蹬击对方胸、腹部。

图 14-4-13 右蹬脚

14. 双峰贯耳（图 14-4-14）

动作要点：定势时头颈正直，松腰松胯，两拳松握；沉肩垂肘，两臂保持弧形。

攻防含义：双拳下落化开对方攻击，随之双拳合击对方耳部。

图 14-4-14 双峰贯耳

15. 转身左蹬脚（图 14-4-15）

动作要点：左蹬脚与右蹬脚方向为 180°，左手与左脚蹬出的方向要一致。

攻防含义：同右蹬脚，唯左右相反。

图 14-4-15 转身左蹬脚

（六）第六组

16. 左下势独立（图 14-4-16）

动作要点：上体要正直，支撑腿膝微屈，提膝腿的脚尖自然下垂。

攻防含义：用右手牵带对方的进攻，并用右膝、右手进攻对方。

图 14-4-16　左下势独立

17. 右下势独立（图 14-4-17）

动作要点：与“左下势独立”相同，唯左右相反。

图 14-4-17　右下势独立

（七）第七组

18. 左右穿梭（图 14-4-18）

动作要点：两个定势分别面向右侧前方和左侧前方；手推出后，上体不可前俯；手上举时，不要耸肩；两手动作与弓步要协调 致。

攻防含义：一手向上架开对方的进攻，另一手推击对方。

图 14-4-18　左右穿梭

19. 海底针（图 14-4-19）

动作要点：在右手向前下插掌时，手腕稍向上提，上体稍前倾，收腹敛臀。

攻防含义：化解对方的进攻，顺势进攻对方。

20. 闪通臂（图 14-4-20）

动作要点：定势时，上体不可过于侧倾，两臂均保持微屈。

攻防含义：右手上架，左手攻对方胸部。

图 14-4-19 海底针

图 14-4-20 闪通臂

（八）第八组

21. 转身搬拦捶（图 14-4-21）

动作要点：“搬”应先按后搬，并与右腿伸落相配合；“拦”应以腰带臂平行绕动向前平拦；“捶”应与弓步配合，上下肢协调一致。

攻防含义：在两手搬、拦开对方的进攻后，右拳攻对方胸部。

图 14-4-21 转身搬拦捶

22. 如封似闭（图 14-4-22）

动作要点：在身体后坐时，上体不要后仰，臀部不可凸出；在两手推出时，上体不得前倾。

攻防含义：用两手化解开对方的进攻后推击对方。

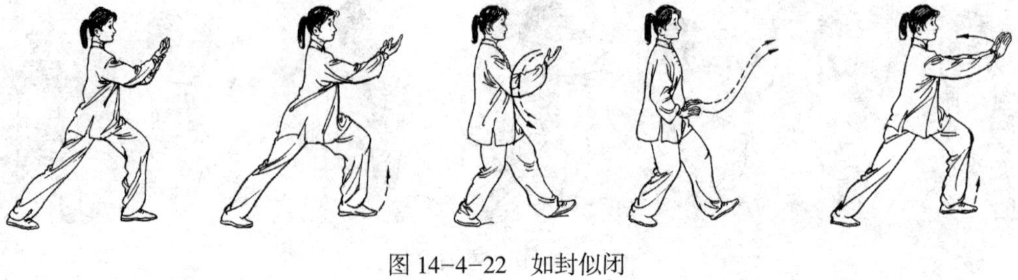

图 14-4-22 如封似闭

23. 十字手（图 14-4-23）

动作要点：在两手分开合抱时，上体不要前俯；站起后，身体自然正直，头微向上顶，下颌稍向后收；两臂环抱时须圆满舒适，沉肩垂肘。

攻防含义：可用两手推架对方的进攻。

图 14-4-23 十字手

24. 收势（图 14-4-24）

动作要点：在两手左右分开下落时，要注意全身放松，同时气也徐徐下沉（呼吸略延长）。呼吸平稳后，慢慢把左脚收到右脚旁。

图 14-4-24 收势

第五节 散打

一、简介

散打又称散手、相搏、手搏、白打、对拆和技击等。由于这种对抗多采用摆台形式——一种高于地面，见方的台子，所以在民间还被称为“打擂台”。散打在我国已有几千年的历史，一直为广大人民群众所喜爱。

现在的散打是两人按照一定的规则，运用武术中的踢、打、摔和防守等技法，进行徒手对抗的现代竞技体育项目。现在的散打已不仅仅是对中国武术中传统的徒手格斗术进行单纯的继承和表现，而是在继承的基础上有了进一步发展和提高。其中最为突出的，就是把传统中注重“招法”的观念发展成为把体能、智能与技能结合起来的理念，进而突出了它的综合应用能力。

二、散打基本技术

（一）实战姿势

动作方法：两脚按开立步站立，两手握拳，左前右后，拳眼均朝上，左手臂弯曲，肘关节夹角为 90°～110°，左拳与鼻同高；右手臂弯曲，肘关节夹角小于 90°，大小臂紧贴右侧肋部侧立，微收下颌，闭嘴合齿，面部、左肩、左拳正对对手。

要点：实战姿势是实战时的预备姿势，因此，要求进攻灵活，防守严密，移动方便，姿势不可太低，重心控制在两脚之间；两手紧护躯体，暴露给对手打击的有效部位尽量缩小。

（二）拳法

1. 左冲拳

动作方法：预备势为正架势，即左脚、左手在前（以下均同），右脚微蹬地面，重心微向前移动；同时左拳直线向前冲出，力达拳面（图 14-5-1）。

动作要点：

（1）冲拳时，上体不可前倾，腰略向右转。

（2）拳面领先，大臂带前臂，臂微内旋，肘微屈。

（3）快击快攻，切勿停顿，迅速还原成预备势。

用法：左冲拳是一种直线进攻型动作，特点是距离对手较近，易发动，灵活性强，相对力度较小，但可以变换身体姿势，或左、右闪躲击打对方腰部以上任何部位。既可主动进攻，又能防守反击，而更多是以假乱真，虚招引诱对手，为接用其他方法“探路”，是进攻技术中最常见、最主要的动作之一。

2. 右冲拳

动作方法：由预备势开始，右脚微蹬地向内，左转腰送肩的同时，右拳直线向前冲击，力达拳面，左拳顺势回收至右肩内侧（图 14-5-2）。

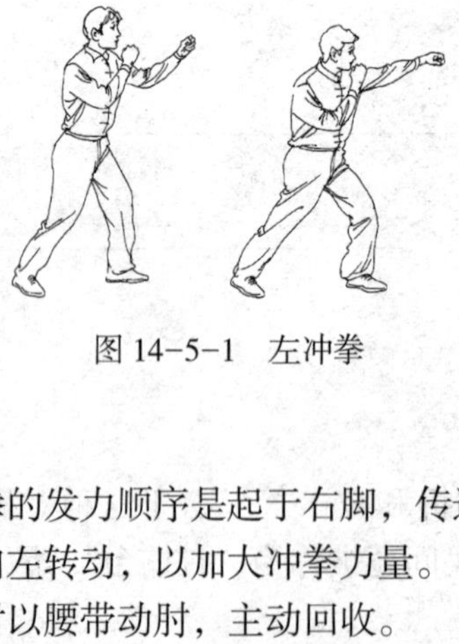

图 14-5-1　左冲拳

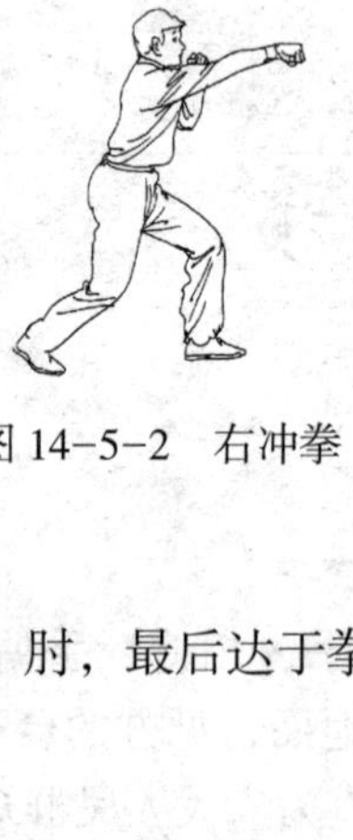

图 14-5-2　右冲拳

动作要点：

（1）右冲拳的发力顺序是起于右脚，传送到腰、肩、肘，最后达于拳面。

（2）上体向左转动，以加大冲拳力量。

（3）还原时以腰带动肘，主动回收。

用法：右冲拳是主要进攻动作之一。其特点是攻击距离长，能充分利用蹬腿转腰的力量加大冲拳的力度，具有较强的威慑力。

3. 左掼拳

动作方法：上体微向右转，同时左拳向外约 45°，向前向里横掼，臂微屈，拳心朝下，力达拳面或偏于拳眼侧，右拳护于右腮（图 14-5-3）。

图 14-5-3　左掼拳

动作要点：

（1）力从腰发，腰绕纵轴向右转动。

（2）掼拳发力时，臂微屈，肘尖抬至与肩平。

用法：左掼拳是一种横向型进攻动作，可以结合身体姿势的高、低变化击打对方侧面。上盘可击其太阳穴，中盘可击其腰肋部位。

4. 右掼拳

动作方法：预备姿势开始，右脚微蹬地并向内扣转，合胯并向左转腰，同时右拳向外约 45°，向前向里横掼，力达拳面或偏于拳眼侧，左拳顺势屈臂回收到腹前（图 14-5-4）。

图 14-5-4　右掼拳

动作要点：

（1）右脚内扣，合胯、转腰与掼拳发力要协调一致。

（2）掼拳发力时，肘尖微抬，使肩、肘、腕基本成水平。

用法：右掼拳也是一种横线型进攻动作，其特点是能充分借助右脚蹬地转腰的力量，力度较大。但因其进攻路线长，动作幅度宜小不宜大。此拳法多用于连击或防守反击。

5. 左抄拳

动作方法：实战势开始，重心微下沉，左拳由下向前上抄起，肘关节夹角为 90° ~ 110°，拳心朝里，力达拳面。

动作要点：

（1）重心下沉是为了更好地利用前脚蹬地拧转后的反作用力，以加大抄拳力量，动作要连贯、顺达，用力要由下至上。

（2）抄拳时臂先微内旋再外旋，拳呈螺旋形运行。

（3）抄拳发力时，腰微右转，发力短促。

用法：抄拳属上下进攻型动作，主要靠腰、腿的蹬转和运用内力的发动，拳带螺旋劲，攻打的部位是胸口、腹部和下颌，有较大的攻击力。

6. 右抄拳（勾拳）

动作方法：实战势开始，右脚蹬地，扣膝合胯，腰微左转。同时，右拳由下向前、向上抄起，肘关节夹角保持在 100° ~110°，拳心朝里，力达拳面；左拳回收至右肩内侧。

动作要点：右抄拳要借助右脚蹬地、扣膝、合胯、转腰的力量，发力由下至上、协调顺达；抄拳时右臂呈螺旋形运动。

用法：同左抄拳。

（三）腿法

1. 左蹬腿

动作方法：实战姿势站立，右腿直立或稍屈，左腿提膝抬起，勾脚，以脚跟领先向前蹬出，力达脚跟；亦可送髋，脚掌下压，力达脚前掌（图 14-5-5）。

用法：散手中的蹬腿，除与套路中的要求相同外，还吸取了前点腿的优点，当击中对方时，脚踝发力，前脚掌下压，这样，蹬击后脚易将对方蹬开或使其倒地。

图 14-5-5　左蹬腿

2. 右蹬腿

动作方法：身体重心前移，左腿直立或稍屈，身体稍左转，右腿屈膝前抬，勾脚，以脚跟领先向前蹬出，力达脚跟；亦可送髋，脚掌下压，力达脚前掌（图 14–5–6）。

用法：同左蹬腿。

3. 左踹腿

动作方法：右腿直立或稍屈支撑，左腿屈膝抬起，小腿外摆，脚尖勾起，脚掌正对攻击目标，展髋，挺膝向前踹出，力达脚掌，上体可侧倾（图 14–5–7）。

动作要点：上体、大腿、小腿、脚掌成一条直线，踹出时一定要以大腿推动小腿直线向前发力。

用法：踹腿是比赛中使用率较高的腿法之一，容易调整步法，因此，踹腿的使用变化较多。它做直线运动、速度快、力量大、不易防守，而且配合步法使用、变化多，易于在不同距离上使用。

图 14–5–6 右蹬腿

图 14–5–7 左踹腿

4. 右踹腿

动作方法：左腿直立或稍屈支撑，身体向左转 180°，同时右腿屈膝前抬，小腿外摆，脚尖勾起，脚掌正对攻击目标，用力向前踹出，力达脚掌，上体可侧倾（图 14–5–8）。

动作要点：同左踹腿。

用法：同左踹腿。

5. 左横摆踢腿

动作方法：上体稍右转并侧倾，同时带动左腿收髋、扣膝，直腿向右上方横摆打腿，踝关节屈紧，力达脚背至小腿下端（图 14–5–9）。

动作要点：以转体带动摆腿，动作连贯、快速。

用法：横摆踢腿是在实战中使用较多的一种腿法。它以身带腿，速度快、力量大，使用得好能起到重创对手的作用。但因其弧形横摆，路线长、幅度大，较易被对手察觉和防守。实战中应注意动作快速、不带预兆。

图 14–5–8 右踹腿

图 14–5–9 左横摆踢腿

6. 右横摆踢腿

动作方法：左膝外展，上体右转，收腹，带动右腿收髋，扣膝，直腿向前方横摆打腿，踝关节屈紧，力达脚背至小腿下端（图 14-5-10）。

动作要点：同左横摆踢腿。

用法：同左横摆踢腿。

图 14-5-10　右横摆踢腿

（四）摔法

1. 抱腿前顶

动作方法：甲出拳击乙头部时，乙上左步，下潜躲闪，两手抱甲双腿，屈肘，两手用力回拉，同时用左肩前顶甲大腿或腹部，将甲摔倒（图 14-5-11）。

动作要点：下潜快、抱腿紧、两臂后撤、肩顶有力。

用法：可用于主动进攻或防守反击。

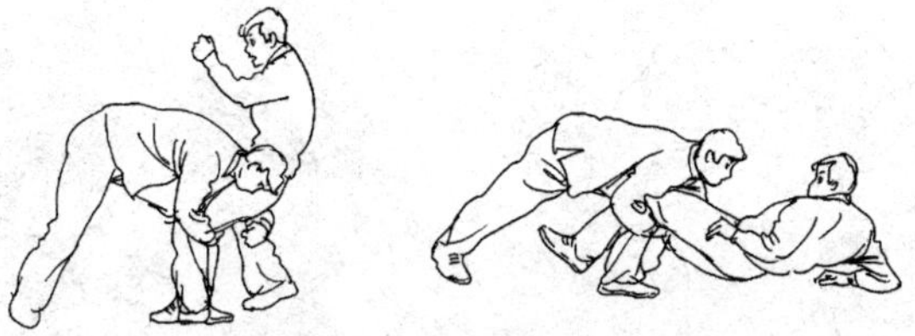

图 14-5-11　抱腿前顶

2. 夹颈打腿

动作方法：甲用左冲拳击乙头部，乙右前臂外格甲左臂，左手由甲右肩上穿过，屈肘夹甲颈部，同时左腿背步与右腿平行，随即左转体用左小腿向后横打甲左小腿，将甲打倒（图 14-5-12）。

动作要点：格挡迅速，夹颈有力，打腿、转身协调一致。

用法：在对手用冲（掼）拳击打时，防守反击。

图 14-5-12　夹颈打腿

3. 抱腿别腿

动作方法：甲站立或左侧弹腿时，乙将甲左腿抱住，并向甲的支撑腿后上左步，上体左转，转腰成右弓步，用左腿别甲右腿，同时用胸下压甲左腿（图 14–5–13）。

动作要点：抱腿准、有力，弓步转体协调，转腰、压腿顺势。

用法：可用于主动进攻或防守反击。

图 14–5–13 抱腿别腿

4. 抱腿上托

动作方法：甲用蹬腿蹬乙胸部，乙两手立即抓握住甲左脚，屈臂上抬，两手上托其左脚后，向前上方推送使甲倒地（图 14–5–14）。

动作要点：抓脚准，托推动作连贯一致。

用法：适用于防守反击对方的蹬腿动作。

图 14–5–14 抱腿上托

（五）防守法

1. 接触防守

（1）拍挡。

动作方法：正架预备势开始。左手（右手）以拳心或掌心为力点向里横向拍挡（图 14–5–15）。

动作要点：前臂尽量垂直，拍挡幅度小，用力短促。

用法：防守对方直线型拳法或横向型腿法对上盘的攻击。

（2）挂挡。

动作方法：右手（左手）屈臂向同侧头部或肩部挂挡（图 14–5–16）。

动作要点：大小臂叠紧并贴于头侧，要含胸侧身，暴露面小。

用法：防守对方横向型的手法或腿法攻击上盘，如左右掼拳或左右横踢腿等。

图 14-5-15 拍挡

图 14-5-16 挂挡

（3）拍压。

动作方法：左拳（右拳）变掌，以掌心或掌根为力点由上向前下拍压。

动作要点：拍压时臂要弯曲，手腕和掌要紧张用力，臂内旋，虎口、指尖均朝右（左）。

用法：防守对方正面的手法或腿法攻击中盘，如下冲拳、勾拳、撩拳及蹬踹腿等。

（4）外抄。

动作方法：左（右）手臂外旋弯曲，上臂紧贴肋部，前臂水平，手心朝上；同时右（左）手屈臂紧贴腹部，立掌，手心朝外，手指向上（图 14-5-17）。

动作要点：上臂紧护躯干，两手成钳子状。抱腿时，两手相合锁扣。

用法：抄抱对方横踢腿对中盘的进攻，如左右横踢腿等。

图 14-5-17 外抄

（5）里抄。

动作方法：左（右）手臂微屈并外旋，紧贴腹前，手心朝上，同时右（左）手屈臂紧贴胸前，立掌，虎口朝上，掌心朝外。

动作要点：两臂紧贴体前，保护裆部、胸部和腹部，抱腿，右（左）手掌心朝下与左（右）手相锁合。

用法：抄抱对方直线腿法和横线腿法，如正面的蹬、踹腿和左横踢腿等。

2. 闪躲防守

（1）撤闪。

动作方法：前脚由前向后收步，接近后脚时脚前掌着地，重心落于后腿（图 14-5-18）。

动作要点：前脚回收迅速，虚点地面，上体正直，支撑要稳。

用法：防守对方以腿法攻击下盘部位，如低蹬腿、低踹腿、弹腿、低横踢腿或勾踢腿等（图 14-5-19）。

图 14-5-18 撤闪

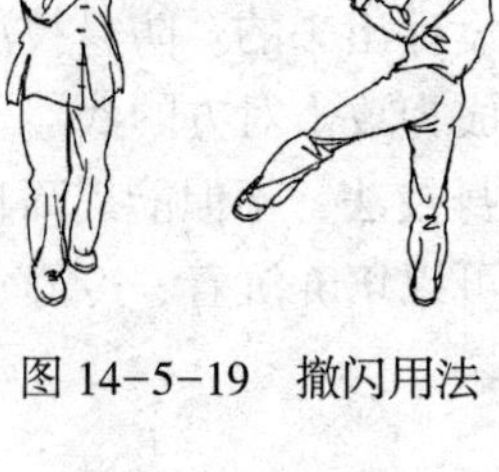

图 14-5-19 撤闪用法

（2）后闪。

动作方法：重心后移，上体略后倾闪躲（图 14-5-20）。

动作要点：后闪时下颌收紧，闭嘴合齿，后闪幅度不宜过大，重心落于后腿。

用法：防守对方拳法攻击上盘部位，为腿法反击做准备，因此常常配合前蹬腿防守反击。

（3）侧闪。

动作方法：两膝微屈，俯身，上体向左侧或右侧闪躲（图 14-5-21）。

动作要点：上体要含胸，侧身不转头，目视对方。

用法：向两侧闪躲对方用手法正面攻击上盘部位，如左右冲拳等。

（4）下躲闪。

动作方法：屈膝、沉胯，重心下降，缩颈，弧形向下躲闪，两手紧护胸部。

动作要点：下躲闪时，膝关节、髋关节和颈部要同时弯曲、收缩，目视对手。

用法：防守对方手或脚横向攻击头部，如左右掼拳、高横踢腿等。

（5）提膝躲闪。

动作方法：后膝微屈独支撑，前腿屈膝提起（图 14-5-22）。

动作要点：重心后移，提腿迅速，根据对方腿法进攻的路线及方位，膝关节分别有里合、外摆或垂直的变化。

用法：防守对方正面或横向腿法攻击下盘部位，如低踹腿、弹腿、低横打和勾踢腿等，若对方的腿法攻击的是大腿或腰腹部，则可用小腿阻挡或接触防守。

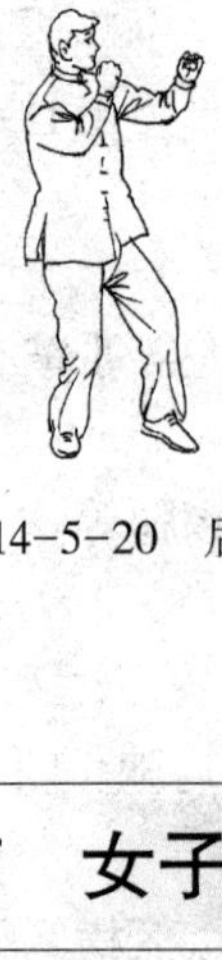

图 14-5-20 后闪

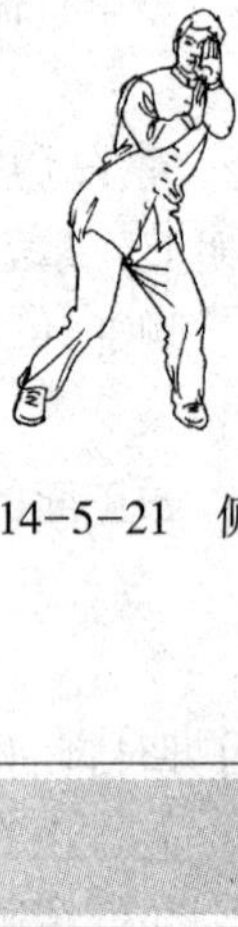

图 14-5-21 侧闪

图 14-5-22 提膝躲闪

第六节 女子防身术

所谓“防身”，是运用各种手段对付他人对自身的人身攻击，确保自身的安全。防身技法是汲取武术与体育在健身、防卫上的功能和技法，从面临犯罪分子的袭击、抢劫、侵害的实际出发研究设计出来的。防身技法既可以用手、肘，又可以用足、膝，此外，人体的其他部位也可以成为攻击对方的武器。

女性习练好防身技法，不但能提高自我防卫能力，增强身体力量，提高速度、灵敏性和反应能力，而且可以培养沉着、冷静、勇敢、果断的心理素质。

一、女子防身术须知

侵犯女子者，一般多是较女子强壮的男子，其多有恶意，且有准备。因此，女子防身时应注意：

（1）顺其视我柔弱，佯装畏惧，乘其松懈，击打其要害。

（2）不与对方正面较量，多些避让、闪躲，然后看准机会，攻其不备。

（3）对方恶意来犯，我必须攻击其要害，解除其战斗力是最好的防身法。

（4）平时可练习一些解脱对手搂抱、扑按的自卫法。

二、防身基本攻击技术

1. 手法攻击

手法攻击是指利用各种手法打击不法歹徒身体要害部位的方法，主要包括各种拳法、掌法等。

（1）直拳。出直拳时，腰部先发力，肩部放松，并向击打方向伸出手臂，手臂伸直用拳猛击对方（图 14–6–1）。直拳可用于攻击鼻子、眼睛、心窝、太阳穴。

（2）半拳。握拳时，第二指关节突前，掌心伸直，拇指置于食指侧面，腕部平直（图 14–6–2）。打击方法同直拳，主要用于攻击颈喉部。

（3）爪。手指分开并外张，指节微屈（图 14–6–3）。打击目标时，手像鹰爪挖抠，主要攻击眼睛和脸部。

（4）勾手。五个手指的第一指节捏拢在一起，回屈手腕（图 14–6–4）。击打技巧以啄击动作为主，攻击歹徒要害部位，主要攻击眼睛和裆部。

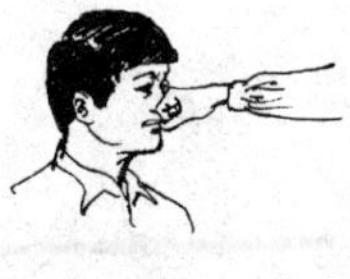

图 14–6–1　直拳

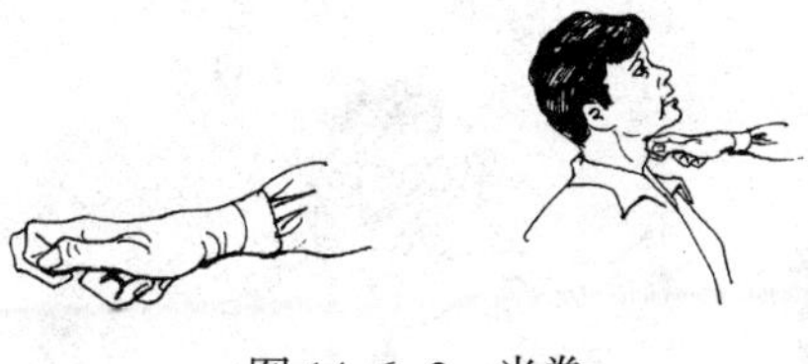

图 14–6–2　半拳

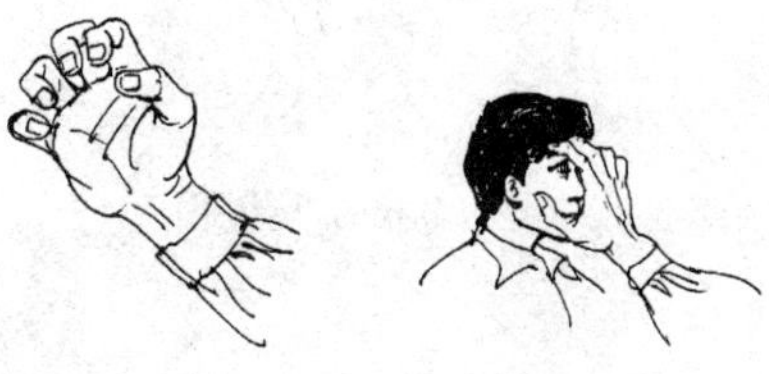

图 14–6–3　爪

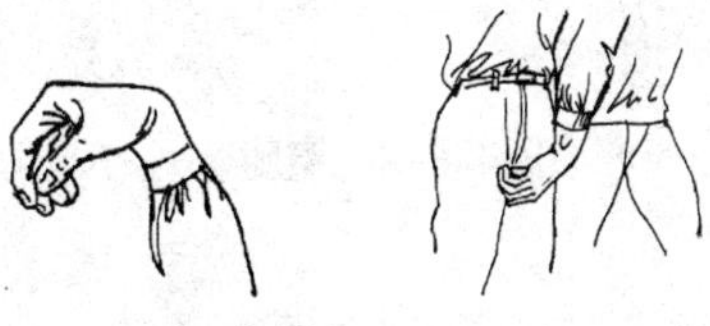

图 14–6–4　勾手

2. 肘膝法攻击

（1）横肘。握拳，手臂抬平，腕关节保持伸直状态，拳心向下，手臂回屈夹紧，以腰发力，肩部放松，横向前摆动手臂，以肘尖部击打歹徒太阳穴、脸正面部和下颌骨处（图 14–6–5）。

（2）挑肘。握拳，手臂屈肘夹紧，自然下垂，以腰发力，肩部放松，自然张开双臂，从侧面将手臂抬起以肘尖部挑击歹徒（图 14–6–6）。主要从侧面袭击对方的下颌、心窝和太阳穴。

（3）正顶膝。两腿前后或左右稍微分开站立，稳定重心。提腿之前，将重心移到另一腿支撑，猛蹬地，大腿发力屈膝提起，膝关节朝正前上方顶击（图 14–6–7）。主要攻击对方的裆部、腹部，或当对方屈体时，攻击其头部。

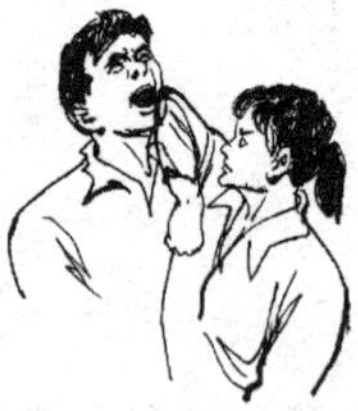

图 14–6–5 横肘

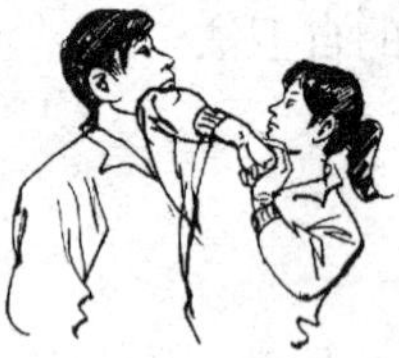

图 14–6–6 挑肘

图 14–6–7 正顶膝

3. 腿法攻击

（1）蹬腿。两脚前后或左右站立，重心稳定。一条腿屈膝提起，脚尖与膝关节正对前方，大腿抬起与腰同高。发力时，抬起腿，脚跟向前平蹬，大小腿成一条直线。另一条腿伸直或微屈支撑（图 14–6–8），蹬腿时挺胸、直腹、转髋，动作突然，蹬腿要有爆发力。主要攻击胫骨、膝关节、大腿肌肉、小腹部。

（2）弹腿。两脚左右或前后站立，重心平稳。一条腿屈膝提起与地面平行，脚面绷直。发力时，迅速挺膝，小腿快速前摆，以脚背部为发力点向前弹出（图 14–6–9）。发力时，挺胸、直腰、收髋。主要攻击对方裆部、下巴。

图 14–6–8 蹬腿

图 14–6–9 弹腿

（3）后磕腿。以磕右脚为例，身体站稳。然后重心移到左脚作为支撑腿，将右脚尖回勾并向前摆出，然后以腰发力，猛力回收膝关节带动小腿后摆，用脚跟部位磕击歹徒（图 14–6–10）。主要对付从后搂抱的歹徒，以攻击其胫骨、膝关节、裆部为主。

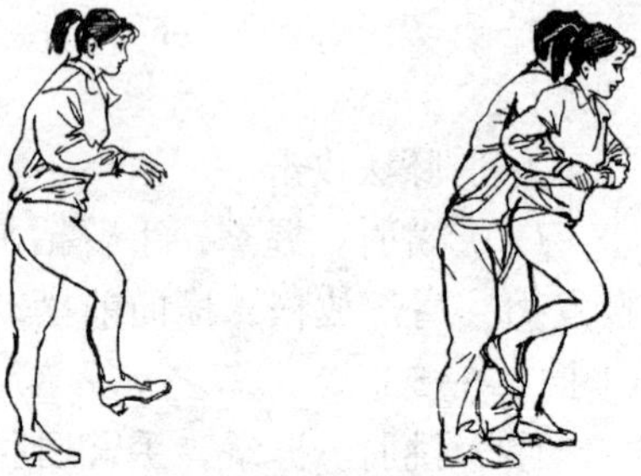

图 14–6–10 后磕腿

三、常见防身技法

1. 单腕被抓

当一只手腕被抓时，一转动手臂从歹徒虎口处滑脱，二从虎口滑脱时手臂屈肘收臂，加大力量。如果歹徒腕力较大，多数女性靠单臂动作是无法解脱的。所以，以侧身站为好，右脚向后撤一步，随之用左手虎口张开朝下，猛推歹徒右手腕，同时右手上提即可解脱（图 14-6-11）。

动作要领：推腕与提臂动作要协调一致，用力要猛，移动步法和身体加大解脱力量。

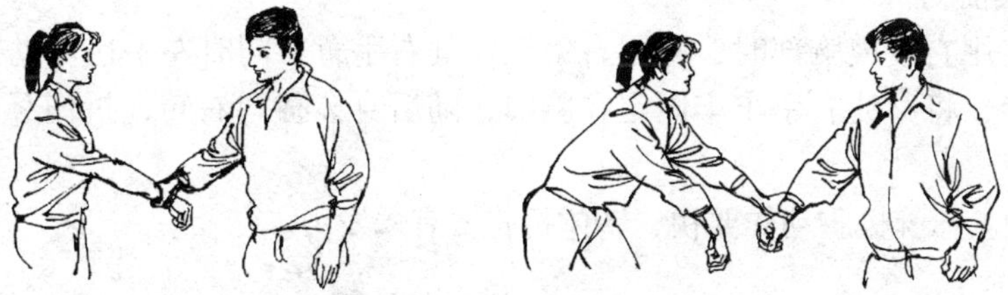

图 14-6-11　单腕被抓

2. 左肩被对方右手正面抓住

当被歹徒用右手从正面抓住左肩时，佯装害怕，右手抓住歹徒右手，表情放松，不让对方察觉我方攻击意图，将左手握拳上举，随后身体稍向右转，注意身体右转时右手控制歹徒右手要牢固。上述动作不停，左臂屈肘垂直下砸，将歹徒右手腕折伤（图 14-6-12）。

动作要领：下砸要有爆发力，双腿可屈膝加强下击速度和力量。歹徒被迫下蹲屈体后，可以用膝或脚继续攻击。

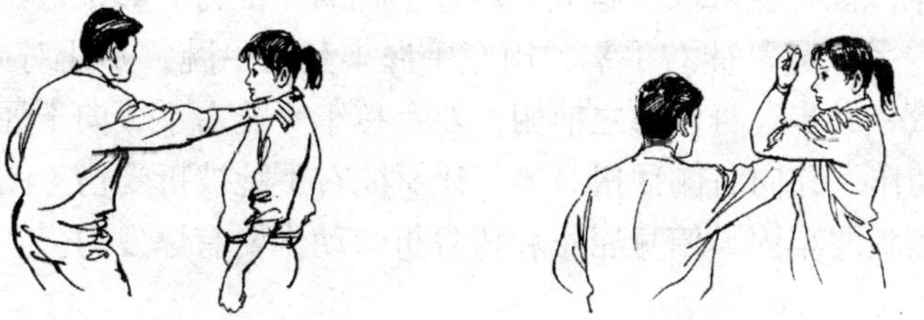

图 14-6-12　左肩被对方右手正面抓住

3. 左肩被对方右手从背后抓住

如果被歹徒用右手抓住自己的左肩时，可用右手按住歹徒手背，左脚向后撤一步，身体向左转，同时握左拳、抬起手臂，随身体转动之际抡砸歹徒手臂，随之左手臂抡转顺势夹其右臂，左脚向前移动一步，用右手猛击歹徒喉结（图 14-6-13），然后右脚上步绊住对方双脚将其摔倒。

动作要领：抡砸时要狠、准、有爆发力，夹臂、击喉、上步绊摔一气呵成。

图 14-6-13 左肩被对方右手从背后抓住

4. 单手摸前胸

当被歹徒用右手摸胸部时，应用右手抓住其右手背，同时左手也协助抓右腕，然后挺胸稍上左步，将歹徒右手牢牢固定在胸前，随后身体猛向右转，折伤歹徒右手腕（图 14-6-14）。

动作要领：抓腕挺胸动作要快，转体折腕要有爆发力。

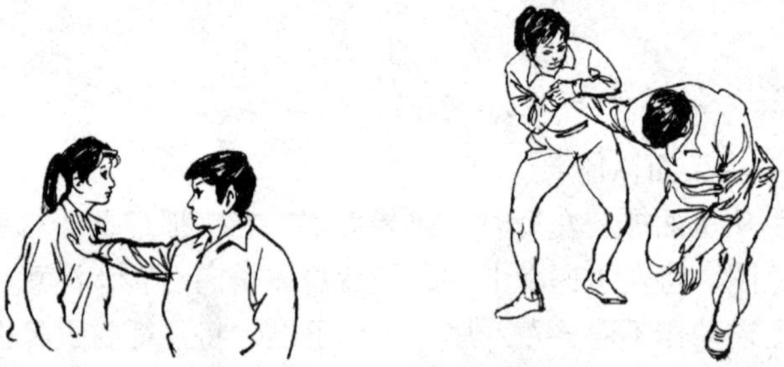

图 14-6-14 单手摸前胸

5. 头发被正面抓住

对付头发被抓，首先要采取措施减轻对方手腕的拉扯力。如果被歹徒用右手从前面抓住头发，赶快用右手抓紧歹徒右手掌，用左手握牢其右手腕，不让对方的右手肆意抓扯。然后，右脚向后撤一大步，身体随之前俯，双手控牢歹徒右手，向下屈压其手腕，结合身体重心下降前俯动作，并向右侧猛扭身体，让歹徒右手腕被折受伤（图 14-6-15）。

动作要领：控腕要牢固，俯身屈压和扭身折腕动作要有爆发力。

图 14-6-15 头发被正面抓住

6. 被正面双手掐颈

如果被歹徒用双手掐住脖子时，并往墙上或其他物体上推时，应借势左脚向后退步，同时右臂向左抡转，靠较大的抡转力量折压歹徒左手腕，迫使其松手。然后，将右臂再迅速向回挥动，用反背拳击打歹徒右太阳穴（图 14–6–16）。

动作要领：抡臂动作要快，上臂夹紧，反背拳要以爆发力出拳。

图 14–6–16　被正面双手掐颈

7. 被从侧面搂住脖子

如果被歹徒用左臂搂住脖子，应不动声色，用左手抓住其左手背，使其不易察觉，抓手时可假装触摸，猛然抬起右臂用拐肘方法狠击歹徒面部。

另一种方法是左手抓住歹徒左手后，右手用勾手方法叩击其裆部（图 14–6–17），上述肘击和扣裆可配合使用。

动作要领：拐肘、叩裆动作要狠、准，有爆发力。

图 14–6–17　被从侧面搂住脖子

8. 后衣领被抓

当被歹徒从背后用左手抓后衣领时，应立刻左脚向前上步，同时身体向右后转身，同时挥起左臂用砍掌方法猛砍歹徒右颈动脉，然后顺势用双手搂其脖子下拉，以左膝正顶其裆部（图 14–6–18）。

动作要领：转体快，砍掌有力，顶膝迅猛。

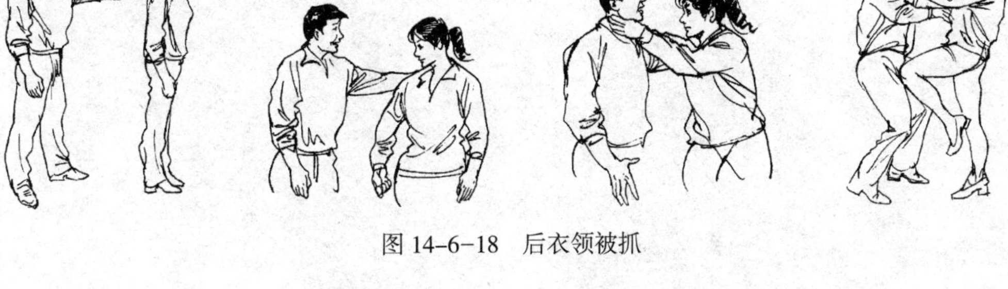

图 14–6–18　后衣领被抓

9. 倒地骑上

如果被歹徒摔倒在地并骑压在身上，双手正掐脖子，左手抓住歹徒右手腕，右手伸过来从上抓住歹徒右手背，看准时机，右臂用力夹紧，同时身体向右侧翻滚，将歹徒右手腕反扭，并借势将歹徒右臂背屈控制（图 14–6–19）。

动作要领：翻身扭臂动作协调，夹臂要有爆发力。

图 14–6–19 倒地骑上

第十五章 跆拳道

第一节　跆拳道概述

一、跆拳道的起源与发展

跆拳道起源于朝鲜半岛三国时代，当时被称为花郎道，经千年的洗礼和锤炼，逐渐演变成为现今的跆拳道。跆拳道以腿为主，也被称为腿的艺术。“跆”（TAE）意为像风一样的踢脚，“拳”（KWON）代表拳法、擒拿，“道”（DO）是指方向、方法、尊师重道，三者合称为跆拳道（TAEKWONDO）。跆拳道是一项利用拳和脚进行的对抗性运动，通过竞赛、品势和功力检测等运动形式表现，可以使练习者增强体质，并培养坚忍不拔、尊师重道的良好品质。

由于跆拳道有着极大的锻炼价值和极高的安全性，在2000年悉尼奥运会上，跆拳道被列为正式比赛项目。现在，全球有上千万人在练习跆拳道，跆拳道已成为深入人心的时尚运动。

二、跆拳道的文化内涵

礼仪是跆拳道精神的具体表现，又称为“礼节”。礼仪的教育和熏陶是跆拳道的重要组成部分。每个人在练习跆拳道时，无不为其“道”所震撼。跆拳道注重培养人的一种“气”和“量”，即志气、勇气和胆量。“气”和“量”能够使人养成勇往直前、奋力拼搏、自强不息的精神，同时能使人产生坚定的自信心。在信心的作用下，人又可以产生谦虚、纯朴的良好品质，在这种品质的影响下，人会不知不觉地克服自己的缺点，谦让别人，以和平、友爱、团结的美德促进社会的和谐。

跆拳道以培养高尚情操、造就优秀品德为根基，在不断强健体魄的同时，更讲究个人心灵的感化，它追求通过格斗技击的演练形式和坚持不懈的努力，促进身心的发展，陶冶情操，磨炼意志，不断使人超越平凡，让生命更具永恒的活力，这正是跆拳道的精髓。

第二节 跆拳道技术与练习方法

一、实战姿势

左脚在前为左势，右脚在前为右势。

动作方法：以右势为例。两脚前后开立与肩同宽，前脚尖45°斜向左前方，后脚跟抬起，膝关节微屈，重心落在两脚之间；上身自然直立，45°斜向左前方，双手握拳，拳心相对，两臂弯曲置于胸前；头部直立向前，目视正前方。

动作要点：身体自然，肌肉放松；膝关节松而不懈，富有弹性；心无杂念，以无意为有意。

二、步法

在跆拳道练习中，步法训练非常重要。能否合理运用腿法，准确和强有力地击打对方，主要是通过机动、灵活、稳固的步法来实现的。

上步、撤步

1. 上步（图 15-2-1）

动作方法：实战姿势（右势）站立，后脚朝前上一步，换为实战姿势（左势）。

动作要点：以前脚为轴，拧腰转髋迅速，上步时上体保持平稳。

动作特点：主要用于快速进攻，使自己处于有利的进攻位置。

2. 前跃步（图 15-2-2）

动作方法：右架站立，两脚同时向前跃出一步，保持右架姿势。

动作要点：移动时两脚距离保持不变，两脚离地不要过高，滑步稳，跟步快。

动作特点：常用于调整与对手之间的距离，使自己处于有利的进攻位置。

3. 后跃步（图 15-2-3）

动作方法：两脚同时向后撤一步。

动作要点：两脚稍离开地面即可，重心保持平稳。

动作特点：主要用于调整与对手之间的距离，躲闪对方进攻或配合技术反击。

4. 后撤步（图 15-2-4）

动作方法：左架站立，左脚迅速由前向后退一步，成右架站立。

动作要点：以后脚为轴，拧腰转髋迅速，退步时重心保持平稳。

动作特点：主要用以快速退防，从而使自己处在防守的最佳位置，由被动变为主动。

5. 跳换步（图 15-2-5）

动作方法：右架站立，两脚原地前后交换，换成左架站立。

动作要点：换步灵活，弹跳不易太高。

动作特点：主要用调整实战姿势，使自己处于有利的进攻位置。

图 15-2-1　上步

图 15-2-2　前跃步

图 15-2-3　后跃步

图 15-2-4　后撤步

图 15-2-5　跳换步

跳换步

三、腿法

跆拳道以其灵活多变的腿法著称，仅腿法就有上千种之多，被世人称为踢的艺术。在这些腿法中，有很多是由一些基本的腿法组合而成的。在这里，仅介绍几种基本的腿法。

1. 前踢（图 15-2-6）

动作方法：

（1）左架站立，重心移至左脚。

（2）提膝时，膝盖朝前，脚面绷直，双手握拳自然垂放在身体两侧。

（3）髋关节前送，右大腿向前抬起，当大腿抬至水平或稍高时，向前弹出小腿，用脚面击打目标，脚面绷直。在小腿弹出的一瞬间，要有一个制动的过程，使小腿产生鞭打的效果。

（4）向右转髋，使右小腿折叠快收回原位，然后后撤，右腿还原。

动作要求：出腿要快速有力，直线攻击对手，攻击中段主要使用脚前掌，攻击上段主要使用脚尖。

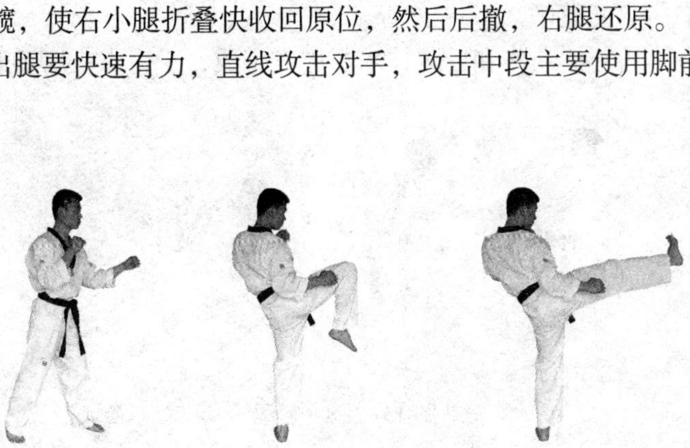

前踢

图 15-2-6　前踢

2. 横踢（图 15–2–7）

横踢是跆拳道比赛中运用率最高的腿法，横踢技术动作简单实用，是跆拳道技术的重点动作之一。

动作方法：

（1）左架站立，抬起右腿时，大小腿夹紧，从前方迅速提至腰部。

（2）提起右腿后，髋部略左转。为保持重心，躯干稍向左后倾，以配合快速转髋。通过腰、腿的力量，将小腿用力由外向内横踢出去。击打时，脚面稍绷直，但踝关节要放松。小腿弹出后，在弹直的一瞬间，要有一个制动的过程，使脚面产生鞭打的效果。

（3）提膝应尽量随着转髋同时进行，不能在完全转髋后再提膝，这样会造成膝盖过早偏向外侧。

（4）左脚应积极配合髋部的转动，转动时可稍有一点踮起。

动作要求：出腿要快速有力，受力点为脚背或脚前掌。攻击中注意不要踢到对方的手、肘等部位，以防止因踢到对方的手而使脚部受伤。

横踢

图 15–2–7 横踢

3. 后踢（图 15–2–8）

动作方法：

（1）左架站立，重心移至左腿。

（2）以左脚尖为轴，左脚跟外旋，身体向右后方转动，同时提起右腿，大小腿折叠。

（3）右腿向后平伸蹬出，在蹬直前膝盖稍外翻。

（4）用脚跟击打对方胸部和腹部。

（5）击打后右脚自然落下。

动作要求：身体的转体动作和后踢技术要连贯完成，受力点在脚后跟。

后踢

图 15–2–8 后踢

4. 劈腿（图 15–2–9）

劈腿是跆拳道技术中杀伤力较大的腿法之一，常作为跆拳道招牌性腿法动作。

动作方法：

（1）右架站立，重心移至右腿。

（2）提起左大腿，同时向右转髋，使左腿膝盖尽量与胸部贴近，身体重心向上。

（3）左脚高举过头，左腿伸直贴近身体，身体保持正直或稍前俯。

（4）左脚脚面稍绷直，左腿快速下压，用脚掌或脚后跟下砸对方的头部，身体重心前移至左腿上，身体稍后仰以控制重心。

（5）击打后，左脚自然落下。

动作要求：腾空转体和劈腿动作要连续完成，受力点在脚后跟或脚前掌。

图 15-2-9　劈腿

5. 后旋踢（图 15-2-10）

动作方法：

（1）左架站立，以左脚尖为轴，左脚跟外旋。

（2）身体向右后方转，同时提右腿，向斜后方蹬伸，头部向右后方转动。

（3）身体继续旋转，右腿向后划一个水平弧线，快速屈膝用脚掌击打对方头部。

（4）右脚自然落下，还原为左架站立。

动作要求：目视对方，后旋踢动作要连续完成，受力点在脚后跟或脚前掌。

后旋踢

图 15-2-10　后旋踢

6. 侧踢（图 15-2-11）

动作方法：

（1）左架站立，将重心移至左脚，同时左脚内旋。

（2）提右腿，大小腿折叠，同时左转髋，身体右侧侧对对方。

（3）勾脚面，右腿平蹬出去，用脚掌外侧攻击对方。

（4）右腿自然下落，并撤回原位。

动作要求：使用侧踢动作时，动作要快速有力，如双方相距较远，可用垫步移动接近对方。受力点在脚掌。

侧踢

图 15-2-11 侧踢

7. 双飞踢（图 15-2-12）

动作方法：

（1）右架站立，重心移至右脚，提起左腿使用横踢。

（2）在左脚未落地时立即用右腿横踢，也就是使用两个连续横踢。击打后，两脚自然落下。两腿交换之间，髋部要快速扭转。小腿弹出后，在弹直的一刹那，要有一个制动的过程，使脚产生鞭打的效果。

动作要求：双飞踢技术是跆拳道技术中最常用的一种连续攻击技术，两腿在攻击的瞬间要快速连贯完成，身体要在悬空状态下完成该技术，两腿的连续性和速度尤为重要。受力点在脚背和脚前掌。一般来说，在中远距离时是使用双飞踢的较好时机，双飞踢中的第一个横踢常常是为了找到合适的距离或破坏对方的进攻，以利于第二个横踢。双飞踢主要用于攻击对方的胸腹、两肋和面部。

双飞踢

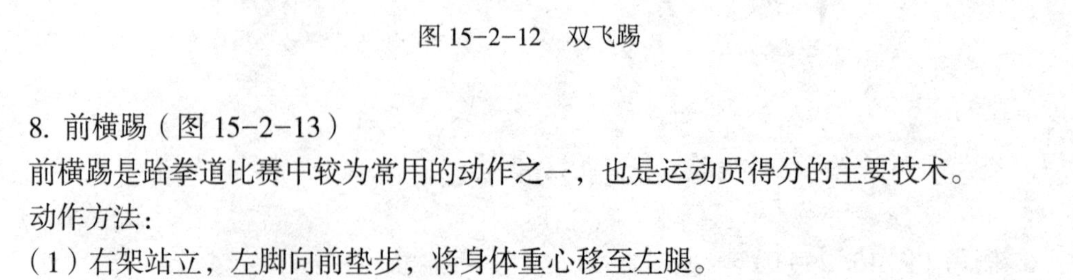

图 15-2-12 双飞踢

8. 前横踢（图 15-2-13）

前横踢是跆拳道比赛中较为常用的动作之一，也是运动员得分的主要技术。

动作方法：

（1）右架站立，左脚向前垫步，将身体重心移至左腿。

（2）提起右脚，向前送腿，大小腿稍折叠。

（3）绷紧脚面，右膝向内，快速弹出小腿。

（4）右腿自然落下，两腿同时后撤一步，还原成右架准备姿势。

动作要求：打击要坚决果断，后脚一定要配合积极向前移动。右腿的小腿要快速弹出，尽量增加鞭打力量。

图 15-2-13　前横踢

四、防守动作

在跆拳道比赛中，不允许使用抓、抢、拌、夹等方法防守，但可以用手臂或手刀去格挡。格挡技术按照防守方向来划分，可分为向上格挡、向（左右）斜下格挡和向（左右）斜上格挡三种。

1. 向上格挡（图 15-2-14）

利用手臂或手刀自下向上的格挡动作称为向上格挡。

动作方法：左架实战姿势站立。左（右）手握拳，手臂沿身体正中线向上迅速上格。格挡时，前臂与地面平行，格挡的位置应在头部正上方，前臂外旋，以尺骨外侧接触对手的攻击腿。

动作要点：判断对手进攻要准确，上格要迅速有力。

2. 向（左右）斜下格挡（图 15-2-15）

动作方法：左架实战姿势站立。左手握拳由上至下，用左前臂向左斜下方格挡，或是右手握拳，用右前臂向右斜下方格挡。

动作要点：应以前臂尺骨外侧接触对方的攻击腿。

图 15-2-14　向上格挡

图 15-2-15　向（左右）斜下格挡

3. 向（左右）斜上格挡（图 15-2-16）

动作方法：左架实战姿势站立。左手握拳由下至上，用左前臂向左斜上方格挡，或是右手握拳，用右前臂向右斜上方格挡。

动作要点：动作迅速，以前臂尺骨或桡骨外侧格挡对方的攻击。

图 15-2-16　向（左右）斜上格挡

第三节 跆拳道竞赛规则简介

一、跆拳道的场地

跆拳道的比赛场地为长 11.2 米、宽 11.2 米的水平、无障碍物的正方形场地。场地的地面应为有弹性的垫子。场地中央长 8 米、宽 8 米的区域为比赛区，其余部分为警戒区。警戒区和比赛区表面用两种不同颜色划分。

二、跆拳道的服装

跆拳道的服装称作道服，其款式、颜色都是特定的。系扎道服用的腰带颜色各异，以其颜色可以区分运动员的段位级别，黑带是跆拳道高手的象征，是实力的体现，更是一种荣誉和责任。

三、跆拳道的比赛时间

跆拳道的每场比赛分为 3 局，每局比赛时间为 2 分钟，局间休息 1 分钟。

四、跆拳道比赛中允许使用的技术

跆拳道比赛中使用拳的技术时必须握紧拳，用拳正面的食指或中指部分击打；使用脚的技术时，必须用踝关节以下的脚前部击打。这里需要注意：指、掌、肘、膝等技术只适合于平时练习或品势表演中使用，在比赛中禁止使用；抓、搂、抱等动作在比赛中也是禁止使用的。如出现，将被判罚一次扣分，即给对手加一分。

五、跆拳道比赛允许攻击的部位

跆拳道比赛中允许攻击的部位包括髋骨以上至锁骨以下以及两肋部，但背部没有护具保护的部位禁止攻击。头部两耳向前头颈的前部只允许用脚的技术攻击。

六、跆拳道比赛如何得分

有效得分部位包括躯干中部（被护具包裹的躯干部位）和头部（头盔下沿线以上的所有头部部分）。

使用允许的技术，准确、有力地击中躯干或头部得分部位，即为得分一次。拳击中躯干得 1 分，脚击中躯干得 2 分，旋转踢击中躯干得 4 分，旋转踢击中头部得 5 分。

七、跆拳道比赛的获胜方式

（1）击倒胜（KO 胜）。

（2）主裁判终止比赛胜（RSC 胜）。

（3）比分胜（PTF 胜）。

（4）分差胜（PTG 胜）。

（5）优势判定胜（SUP 胜）。
（6）弃权胜（WDR 胜）。
（7）失去资格胜（DSQ 胜）。
（8）主裁判判罚犯规胜（PUN 胜）。

第十六章 健美塑身

第一节 健美操

一、健美操概述

健美操在国外被称为“有氧体操”（aerobics），是有氧运动的一种。它通常徒手或采用轻器械进行练习，是在氧气供应充足的情况下，以人体有氧系统供能为主的一种运动形式。健美操的运动特征是持续一定时间、中低强度的全身性运动，主要锻炼练习者的心肺功能。近几十年来，随着遍及全球的健身热和娱乐体育的发展，健美操风靡世界，特别是20世纪80年代以来，健美操以其强大的生命力在全世界范围内迅猛开展起来。目前，健美操不仅是我国大、中、小学体育教学的重要内容，也是全民健身运动的重要组成部分。

（一）健美操的分类

健美操可分为健身性健美操、表演性健美操和竞技性健美操三大类（图 16-1-1）。

- 健美操
  - 健身性健美操
    - 有氧操
    - 力量操
    - 各种轻器械操，如踏板操、哑铃操、橡皮筋操
    - 水中有氧操、形体操、街舞、拉丁健美操、搏击健美操
  - 表演性健美操
  - 竞技性健美操
    - 男子单人操
    - 女子单人操
    - 混合双人操
    - 3 人操、6 人操

图 16-1-1　健美操的分类

（二）健美操的特点

1. 高度的艺术性

健美操是融体操、舞蹈、音乐于一体，追求健与美的运动项目。因此，健美操属于健美体育范畴，具有高度的艺术性。

健美操的艺术性主要体现在其“健、力、美”的项目特征上。“健康、力量、美丽”是人类所追求的完美身体状态，而无论是健身性健美操，还是竞技性健美操，无不处处表现出“健、力、美”的特征，并展现出高度的艺术性。

健美操动作协调、流畅、有弹性，练习者不仅可以锻炼身体、增强体质，还可以从中得到美的享受，提高艺术修养。健美操运动员在比赛中所表现出的健美的体魄、高超的技术、流畅的编排和充沛的体力等，往往给观众留下深刻的印象。

2. 强烈的节奏感

健美操动作具有强烈的节奏感，可通过音乐充分表现出来。音乐是健美操不可缺少的组成部分。健美操音乐的特点是节奏强劲有力、旋律优美，具有烘托气氛、激发人们热情的作用。健美操与音乐巧妙结合后，产生的强烈的节奏感使得健美操更具有感染力。

3. 广泛的适应性

健美操练习形式多种多样，运动量可随时调整，对场地器材的要求也不高。因此，不同年龄、性别，不同身体素质和技术水平的人都适宜参与。各类人群都能从健美操练习中找到适合自己的运动方式，从中得到乐趣。

二、健美操基本动作与练习方法

（一）健美操基本步法

健美操基本步法是体现健美操练习者下肢动作基本姿态的主要手段。根据动作的特点及运动强度，健美操的基本步法分为以下 12 大类：

1. 踏步类

踏步类动作运动强度较低，要求在运动过程中至少有一只脚与地面保持接触。常见的步法有 4 种：

（1）踏步（图 16-1-2）。

种类：脚尖不离地的踏步、脚离地的踏步、高抬腿的大幅度踏步。

形式：原地踏步、移动踏步、转体踏步。

方向：向前、向后、向左、向右的踏步。

技术要点：落地时，由脚尖过渡到脚跟着地；屈膝时，胯微收，两臂自然前后摆动。

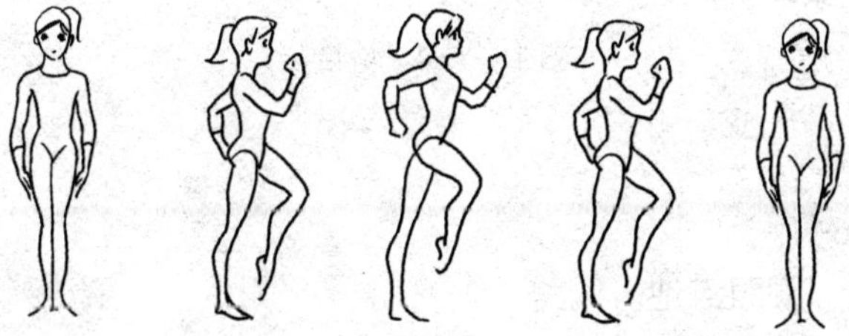

图 16-1-2　踏步

（2）走步。

种类：一种。

形式：一种。

方向：前走、后走、斜向走、弧形走。

技术要点：落地时，踝关节和膝关节注意缓冲。

（3）“V”字步（图 16-1-3）。

种类：正“V”字步、倒“V”字步。

形式：平移、转体正“V”字步、小幅度跳正“V”字步和倒“V”字步。

方向：左、右腿的正“V”字步和倒“V”字步。

技术要点：一脚迈出，另一脚随之迈出，两脚成一条直线，脚间距离略比肩宽，两膝自然弯曲，然后依次收回。

图 16-1-3 “V”字步

（4）恰恰步（水兵步）（图 16-1-4）。

种类：一种。

形式：平移和转体的恰恰步。

方向：向前、向后、向侧的恰恰步。

技术要点：在 2 拍节奏中，快速踏步 3 次。

图 16-1-4 恰恰步

2. 并步类

（1）点地（图 16-1-5）。

种类：脚尖点地、脚跟点地。

形式：原位点地、移动点地、转体点地。

方向：脚尖向前、向侧、向后、向斜方的点地，脚跟向前、向侧、向斜方的点地。

技术要点：点地时，动作要有弹性，腿自然伸直。

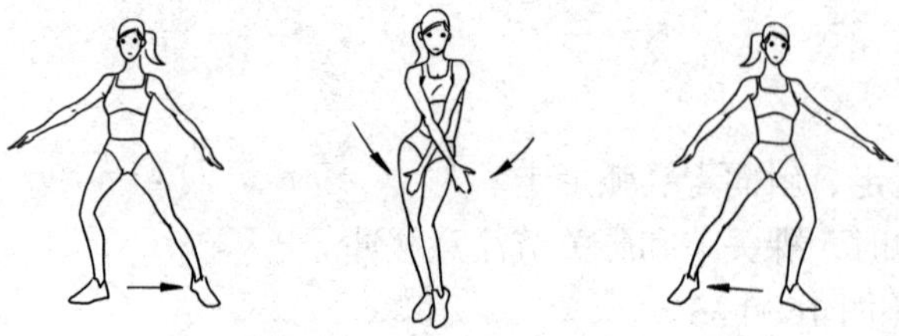

图 16-1-5 点地

（2）移重心（经半蹲左右移动）（图 16-1-6）。

种类：双腿移重心、单腿移重心。

形式：原地移重心、移动中移重心、转体移重心、跳跃移重心。
方向：向前、向后、向左、向右的移重心。
技术要点：身体重心从一端移向另一端时，必须经两腿之间。

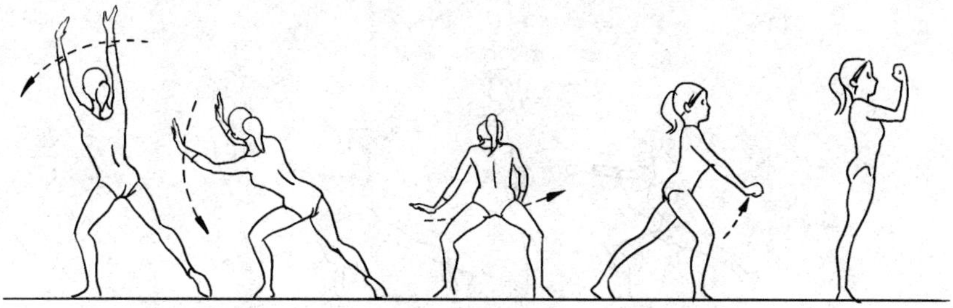

图 16-1-6　移重心

（3）并步（图 16-1-7）。
种类：两腿同时屈的并步和一伸一屈的并步。
形式：原位的并步、移动的并步（“之”字步）、转体的并步。
方向：向前、向后、向左、向右的并步。
技术要点：一脚并于另一脚，重心要随之移动，两膝自然屈伸。
（4）交叉步（图 16-1-8）。
形式：平移的交叉步、转向的交叉步、小幅度跳的交叉步。
方向：向前、向后、向侧的交叉步。
技术要点：一脚迈出，另一脚在前或在后交叉，重心随之移动。

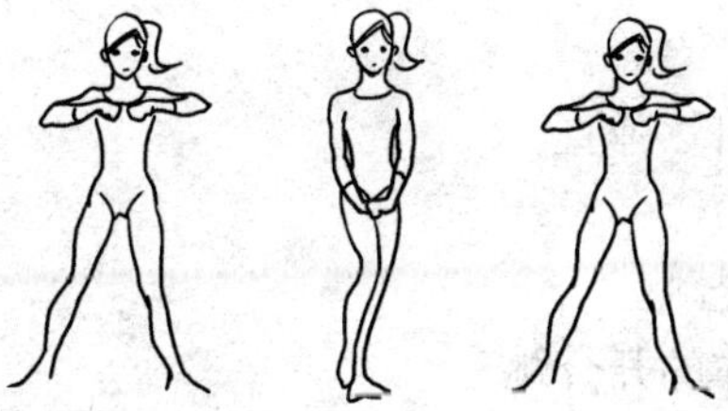

图 16-1-7　并步

图 16-1-8　交叉步

3. 弓步类（图 16-1-9）
种类：静力性弓步、动力性弓步。
形式：左右弓步、移重心的弓步、移动的弓步、转体的弓步、跳的弓步。
方向：上步弓步、后撤弓步、侧伸弓步。
技术要点：一腿屈膝，脚尖与膝垂直，另一腿伸直，重心落于两腿之间。
4. 半蹲类（图 16-1-10）
种类：小分腿半蹲和大分腿半蹲。
形式：向侧一次半蹲、向侧两次半蹲、转体的半蹲。
方向：向侧（左和右）的半蹲。
技术要点：半蹲时，立腰。

5. 吸腿类（图 16–1–11）

形式：原地的吸腿及跳、移动和转体的吸腿。

方向：向侧、向前的吸腿。

技术要点：大腿用力上提，小腿自然下垂。

图 16–1–9 弓步类

图 16–1–10 半蹲类

图 16–1–11 吸腿类

6. 弹踢类（图 16–1–12）

形式：原地的弹踢腿及跳、移动和转体的弹踢腿。

方向：向前、向侧、向后的弹踢腿。

技术要点：大腿抬起至一定角度后，小腿自然弹直。

7. 开合跳（图 16–1–13）

种类：双起双落的开合跳、单起双落的开合跳。

形式：原地的开合跳、移动的开合跳、转体的开合跳。

方向：向前的开合跳。

技术要点：开合跳分腿时，两脚自然外开，膝关节沿脚尖方向弯曲。跳起与落地时，注意屈膝缓冲。

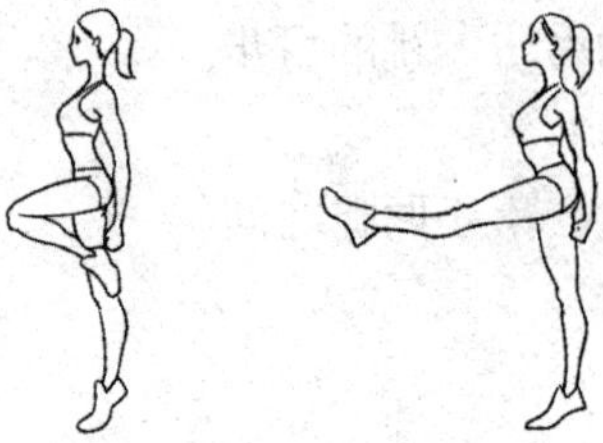

图 16–1–12 弹踢类

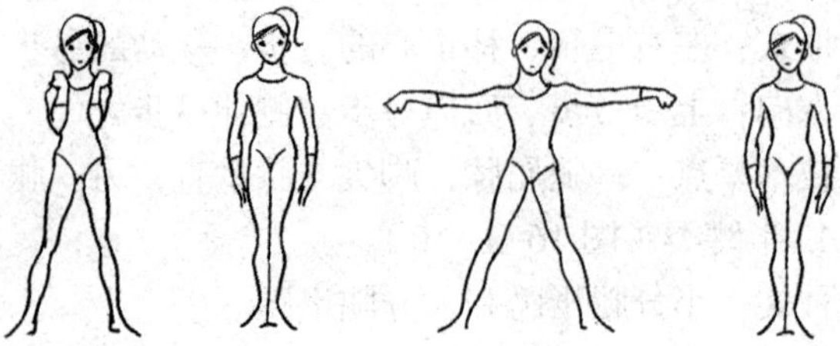

图 16–1–13 开合跳

8. 踢腿类（图 16–1–14）

种类：弹动踢腿和直踢腿。

形式：弹动踢腿及跳、移动的（弹）踢腿、转体的（弹）踢腿。

方向：向前、向侧、向斜前的（弹）踢腿。

技术要点：腿上踢时，须加速用力；立腰，上体尽量保持不动。

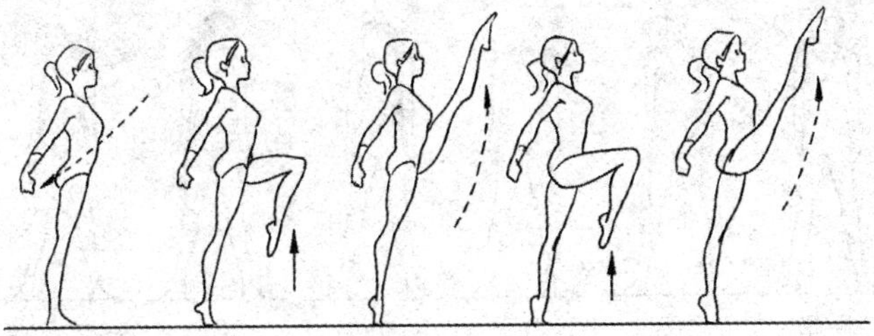

图 16-1-14 踢腿类

9. 后踢腿跳

形式：原位的后踢腿跳、移动的后踢腿跳、转体的后踢腿跳。

方向：向后的后踢腿跳。

技术要点：髋和膝在一条直线上，或后踢时，小腿尽量叠于大腿。

10. 点跳

形式：原位的点跳、移动的点跳、转体的点跳。

方向：向侧、向前、向后的点跳。

技术要点：点地时，身体重心在一条腿上。

11. 摆腿跳（图 16-1-15）

形式：原位的摆腿跳、移动的摆腿跳、转体的摆腿跳。

方向：向侧、向前、向后的点跳。

技术要点：摆腿时，上体顺势前倾、后倒或侧倾。

图 16-1-15 摆腿跳

12. 并跳

形式：移动的并跳、转体的并跳。

方向：向前、向后的并跳。

技术要点：一腿迈出蹬地，另一腿并步，身体重心随之跟上。

（二）健美操基本徒手动作

健美操基本徒手动作是根据人体关节活动特点而确定的。常见的健美操基本徒手动作有头颈动作、肩部动作、上肢动作、胸部动作、腰部动作、髋部动作、躯干波浪动作和地上基本姿态。

1. 头颈动作（图 16-1-16）

形式：头颈可做屈、伸、平移、侧绕及环绕。

方向：向前、向后、向左、向右的屈和平移，向左、向右的转和绕、绕环。

技术要点：做各种形式头颈动作时，节奏一定要慢，上体保持正直。

2. 肩部动作（图 16-1-17）

形式：单肩、双肩均可做提肩、沉肩、收肩、展肩、侧绕、绕环和振肩。

方向：向前、向后的侧绕和绕环。

技术要点：提肩、沉肩时，两肩在额状面尽量上下运动，收肩、展肩幅度要大且保持水平，振肩动作要有速度、力度和弹性。

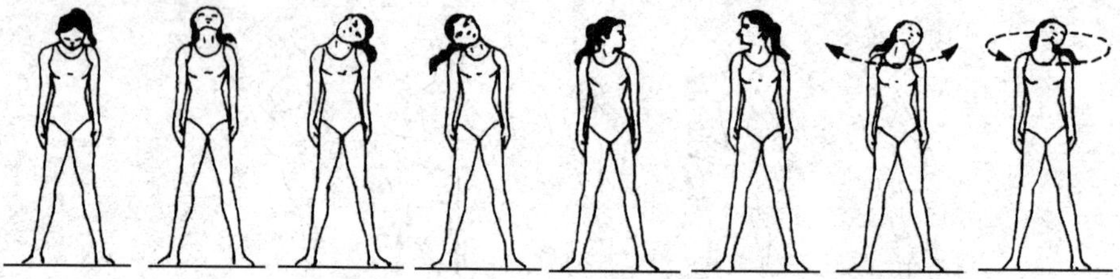

图 16-1-16 头颈动作

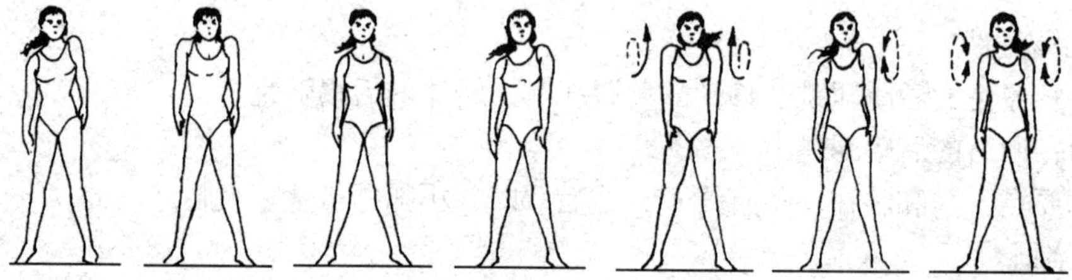

图 16-1-17 肩部动作

3. 上肢动作

（1）手形（图 16-1-18）。

健美操的手形有多种，它是从爵士舞、芭蕾舞、西班牙舞、迪斯科、武术等中借鉴和发展的。手形的恰当运用，可以使手臂动作更加生动活泼。常见的手形有：

① 五指并拢式。五指伸直并拢。

② 五指分开式。五指用力伸直张开。

③ 西班牙舞手式。五指用力，小指、无名指、中指自掌指关节处依次屈，拇指稍内扣。

④ 芭蕾手式。后三指并拢，稍内收，拇指内扣。

⑤ 拳式。握拳，拇指在外。

⑥ 屈指掌式。手掌用力上翘，五指用力弯曲。

⑦ 一指式。握拳，食指伸直或拇指伸直。

⑧ 响指。拇指与中指摩擦后打响，靠紧食指，无名指、小指屈指。

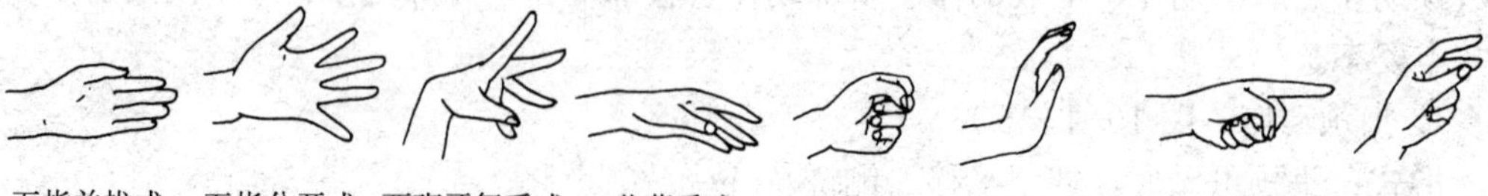

图 16-1-18 手形

（2）臂动作（图 16-1-19）。

形式：举（直臂举和屈臂举，单臂举和双臂举）、屈伸（同时屈伸、依次屈伸）、摆动（同时摆动、依次摆动、交叉摆动）、绕及绕环（同时绕，单臂绕和双臂绕，小绕、中绕、大绕）、振动等。

方向：向前、向后、向左、向右、向上、向下等。

技术要点：做臂的举和屈伸时，肩要下沉；做臂的摆动、绕及绕环时，肩要拉开用力。

图 16-1-19 臂动作

4. 胸部动作（图 16-1-20）

形式：含胸、挺胸、振胸。

技术要点：练习时，收腹、立腰。

5. 腰部动作（图 16-1-21）

形式：腰的屈、转、绕和绕环。

方向：向前、向后、向左、向右。

技术要点：腰前屈、转时，上体立直；腰绕和绕环时，速度放慢。

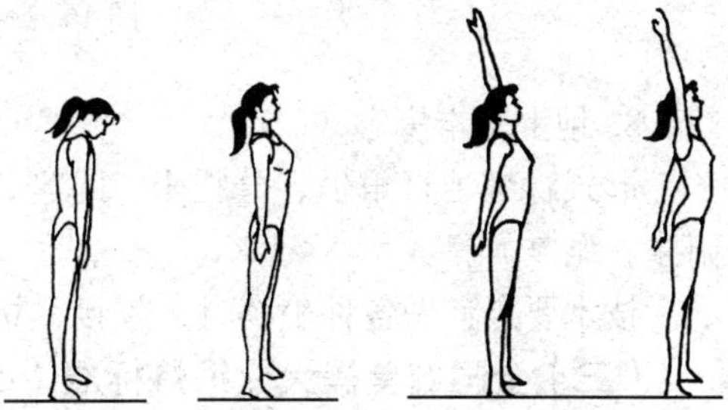

图 16-1-20 胸部动作

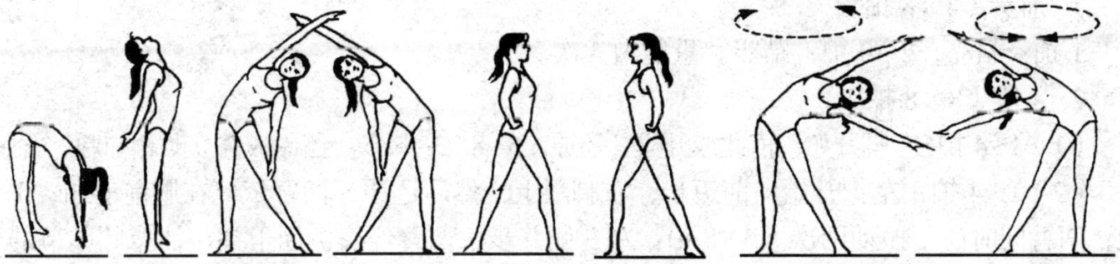

图 16-1-21 腰部动作

6. 髋部动作（图 16-1-22）

形式：顶髋、提髋、摆髋、绕和绕环。

方向：向前、向后、向左、向右。

技术要点：进行髋部练习时，上体放松。

7. 躯干波浪动作（图 16-1-23）

方向：向前、向后、向左、向右。

技术要点：做波浪时，动作协调连贯。

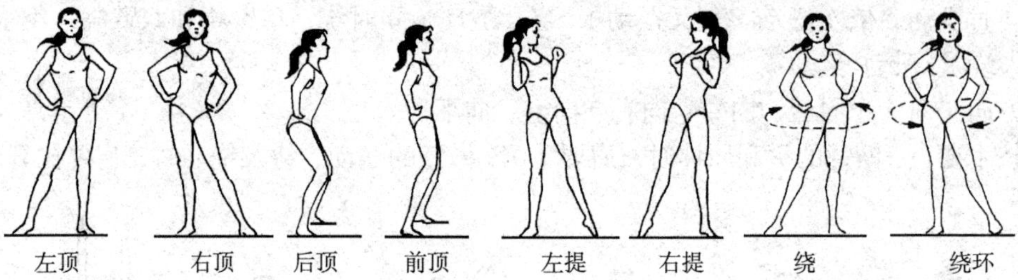

图 16-1-22 髋部动作

图 16-1-23 躯干波浪动作

8. 地上基本姿态

形式：坐（直角坐、分腿坐、跪坐、盘腿坐）、卧（仰卧、俯卧、侧卧）、撑（仰撑、俯撑、跪撑）等。

技术要点：做各种坐姿时，收腹、立腰、挺胸，腰背紧张。

（三）全国健美操大众锻炼标准（四级）

全国健美操大众锻炼标准（四级）是大众健美操的中级标准，专为热衷健美操的爱好者设计。在初级基础上，四级测试动作增加了健美操的典型动作和复合动作，内容更丰富，动作变化更多，节奏更快，运动量逐渐增大，对心肺功能和各项身体素质的要求均较高。

1. 前奏（4×8 拍）

1 拍：站立；2~8 拍：踏步。重复做 4 次。

2. A 段（8×8 拍）

（1）1~4 拍：左脚开始，依此成开立、还原。5~8 拍：踏步。还原成并立时稍屈膝、含胸。

（2）1~4 拍：左脚开始向前迈步，右脚跟上，然后还原，两臂依此在胸前前屈；3~4 拍：两臂同时向下振动两次。5~8 拍：左右侧并步，两臂经肩侧屈上举。注意膝关节的弹性，并腿时稍屈膝。

（3）1~4 拍：向左两次侧并步。5~8 拍：向右两次侧并步。

（4）1~4 拍：左脚开始“V”字步。5~8 拍：再做一次“V”字步，同时左右击掌。“V”字步每次要还原到原位。

（5）~（8）同（1）~（4）。

3. B 段（8×8 拍）

（1）1~4 拍：走四步，两臂经侧向上、向前做体前大绕环一周半，头上击掌，经侧举还原，前后移动应体现步法的流动性。5~8 拍：左脚开始，脚跟点地，两臂经胸前小臂上屈、胸前平屈、侧平举，还原至体侧。注意主力腿的弹性。

（2）1~4 拍：后退 4 步。5~8 拍：左腿开始吸腿跳，两臂动作同上。

（3）~（8）同（1）~（4），重复三遍。

4. C段（8×8拍）

（1）1~2拍：右转90°，左脚上步成分腿半蹲，两臂由右经上举绕至侧举，在胸前平屈。分腿半蹲时，重心应在两脚之间。3~4拍：左转90°，左脚落于右脚后，重心后移，右脚原地垫一步，臂后摆。5~8拍：不加转体，动作同1~4拍。

（2）1~4拍：向左侧交叉步两臂前后摆动。5~8拍：右脚原地小跳4次，同时左腿摆至左侧下举、右前下举、左侧下举，然后还原。

（3）~（4）同（1）~（2），方向相反。

（5）~（8）同（1）~（4）。

5. D段（12×8拍）

（1）经左腿小跳、右腿侧摆，右、左腿依此向左跨三步，右手撑地，左转90°成体前屈，两手触脚。向侧跨步时，重心逐渐下降，手臂水平摆动。

（2）1~4拍：上体后倒成仰卧，两臂胸前平屈，依此上下摆动。5~8拍：分腿、屈膝，两臂经体侧至头后屈。

（3）~（6）4次仰卧起坐，上体抬起和下落要匀速，4拍上，4拍下，除腹肌外其他部位均不参与运动。

（7）仰卧向右翻转180°成跪俯撑。收腹，臀部稍翘，头颈自然前伸，起落要匀速。

（8）~（11）4次跪地俯卧撑。

（12）1~4拍：上体后移成跪。5~8拍：左脚向右前方上步，右脚并于左脚站起，手臂在头两侧垂直上下交换。

6. E段（4×8拍）

（1）1~4拍：左脚开始侧弓步，臂经屈肘至侧上举，拳心向下。弓步时，脚跟应有弹性地着地、还原。5~8拍：左脚开始向后弓步，两臂屈肘上摆。

（2）同（1）。

（3）1~4拍：左脚开始向前走4步，两小臂依次向前绕环。5~8拍：开合跳两次，左右臂在体侧依次向上屈伸。

（4）同（3），但1~4拍向后退，两臂向后绕环。

7. F段（4×8拍）

（1）左脚开始向前跑4步，经半蹲小分腿跳，落地缓冲。小分腿跳时要求收腹拔背，四肢在同一垂直面内。

（2）1~2拍：左脚向右前方上步，右脚在后原地垫一步。3~4拍：左脚向侧并步跳；5~8拍：右脚向后弧形跑。

（3）~（4）同（1）~（2），方向相反。

8. G段（8×8拍）

（1）1~4拍：左脚开始踏步。5~8拍：左脚开始侧点地，两臂经体前交叉摆至侧下举。点地时注意膝关节的弹动，最后一拍动作为下一拍的准备动作。

（2）左脚开始向侧弹踢两次。

（3）左脚开始向左前方、右前方做上步并步，两臂随之前摆击掌。要求上步并步动作应经弓步向前并步。

（4）左脚开始向左后方、右后方做侧滑步，两臂自然向侧、向内摆动。

（5）~（8）同（1）~（4），方向相反。

9. H 段（12×8 拍）

（1）1~2 拍：左转 90° 右脚上步，左脚提膝。3~8 拍：重心后倒成直角坐，再左转 90° 成侧卧。重心后倒时左脚先着地，再双手撑地。

（2）1~4 拍：右腿侧摆一次。侧摆腿不超过 45°。5~8 拍：右腿后摆一次，右臂前举。后摆腿时避免脊柱和头后屈。

（3）同（2）。

（4）右腿屈膝、侧摆、屈膝、还原。

（5）同（4），但最后两拍右转 180° 成右侧卧。

（6）~（9）同（2）~（5），换左腿做。

（10）左转 180°，右脚上步站起。

（11）1~2 拍：左腿侧步，右腿后屈，同时转体 180°。在做侧步屈膝时大腿屈伸要有力，富有弹性。3~4 拍：右腿侧步，左腿后屈。5~8 拍：动作同 1~4 拍。

（12）1~4 拍：左脚开始做侧步后屈半蹲。5~6 拍：双手在左侧击掌三次。7~8 拍：两腿伸直，上体稍右转，左臂前举，右臂头后屈。

全国健美操大众锻炼标准（四级）测试动作如图 16-1-24 所示。

A 段

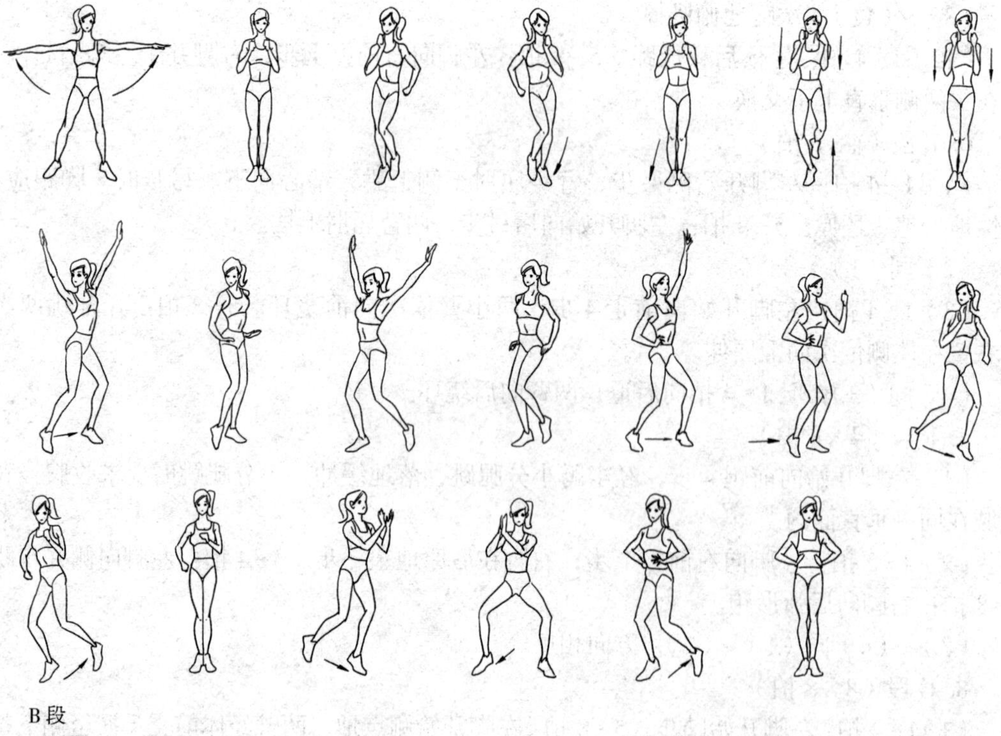

B 段

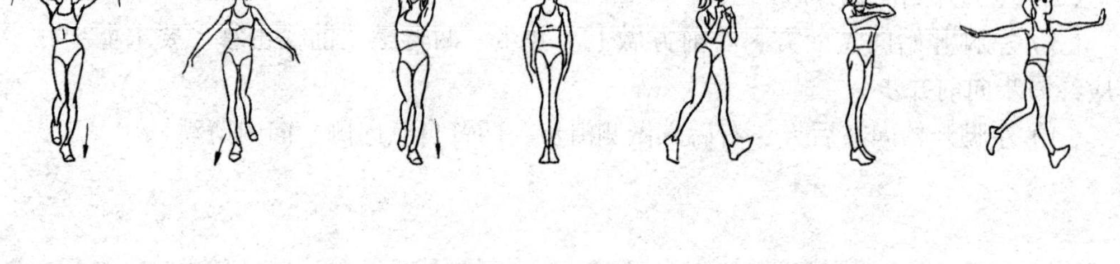

C 段

D 段

E段

F段

G段

H 段

图 16-1-24　全国健美操大众锻炼标准（四级）测试动作

三、健美操编排与实践

（一）健美操编排的基本方法

1. 基本动作节拍

健身健美操的动作编排是以 32 拍为一个单位，也就是 4 个 8 拍为一组，其结构与音乐相同。

举例：1 个下蹲 = 2 拍 = 1×8 拍可做 4 次；1 个侧并步 = 2 拍 = 1×8 拍可做 4 次；1 个侧交叉步 = 4 拍 = 1×8 拍可做 2 次；1 个吸腿 = 2 拍 = 1×8 拍可做 4 次。

2. 组合动作的基本方式

掌握健美操基本步法后，利用这些动作就可以进行锻炼了。最初可以反复练习这些步法，目的是进一步理解和巩固这些动作，以提高练习的负荷量。当步法熟练后，再反复练习单一的动作就会感到枯燥。为此，可以把这些单个步法按照自己的实际水平组合在一起，变成一组一组的动作。初学者 1 组动作可包括 2~4 种步法，对于中级水平的练习者来说 1 组动作可包括 5~6 种步法。通常 4 个 8 拍（32 拍）为一个组合。

举例：2 个动作组成 1 个组合（表 16-1-1），A= 踏步，B= 并步。

表 16-1-1　2 个动作组成 1 个组合

动作节拍	组合方式		
	AABB	ABAB	ABABABAB
1×8 拍	8 次踏步	8 次踏步	4 次踏步 +2 次并步
1×8 拍	8 次踏步	4 次并步	4 次踏步 +2 次并步
1×8 拍	4 次并步	8 次踏步	4 次踏步 +2 次并步
1×8 拍	4 次并步	4 次并步	4 次踏步 +2 次并步
共 32 拍	AABB	ABAB	ABABABAB

举例：3 个动作组成 1 个组合（表 16-1-2），A= 踏步，B= 并步，C=V 字步。

表 16-1-2　3 个动作组成 1 个组合

动作节拍	组合方式		
	AB C AB C	A BC A BC	AC B AC B
1×8 拍	4 次踏步 +2 次并步	8 次踏步	4 次踏步 +1 次 V 字步
1×8 拍	2 次 V 字步	2 次并步 +1 次 V 字步	4 次并步
1×8 拍	4 次踏步 +2 次并步	8 次踏步	4 次踏步 +1 次 V 字步
1×8 拍	2 次 V 字步	2 次并步 +1 次 V 字步	4 次并步
共 32 拍	AB C AB C	A BC A BC	AC B AC B

举例：4 个动作组成 1 个组合（表 16-1-3），A= 踏步，B= 并步，C= 交叉步，D= 开合跳。

表 16–1–3 4 个动作组成 1 个组合

动作节拍	组合方式		
	ABCD	A BC A BC	AD CB AD CB
1×8 拍	8 次踏步	4 次踏步 +2 次并步	4 次踏步 +2 次开合跳
1×8 拍	4 次并步	1 次交叉步 +2 次开合	1 次交叉步 +2 次并步
1×8 拍	2 次交叉步	4 次踏步 +2 次并步	4 次踏步 +2 次开合跳
1×8 拍	4 次开合跳	1 次交叉步 +2 次开合	1 次交叉步 +2 次并步
共 32 拍	ABCD	AB CD AB CD	AD CB AD CB

举例：5 个动作组成 1 个组合（表 16–1–4），A= 踏步，B= 并步，C= 交叉步，D= 开合跳，E=V 字步。

表 16–1–4 5 个动作组成 1 个组合

动作节拍	组合方式		
	AB C D E	A BC D E	AB C DE DE
1×8 拍	4 次踏步 +2 次并步	8 次踏步	4 次踏步 +2 次并步
1×8 拍	2 次交叉步	2 次并步 +1 次交叉步	2 次交叉步
1×8 拍	4 次开合跳	4 次开合跳	2 次开合跳 +1 次 V 字步
1×8 拍	2 次 V 字步	2 次 V 字步	2 次开合跳 +1 次 V 字步
共 32 拍	AB C D E	A BC D E	AB C DE DE

3. 动作变化的基本要素

在熟练掌握了健美操基本步法、学会了将几个单个步法组合成 32 拍的动作组合后，接下来要学习动作变化的基本要素，这些要素将会使动作或动作组合变得更加丰富和更具挑战性。

（1）方向变化。

在完成某一个动作时可以加上不同方向和不同度数的变化。例如，向左、向右、向后的转动；顺时针方向 90°、180°、360° 的转动，逆时针方向 90°、180°、360° 的转动等。例如，V 字步第 3~4 拍时转体 180°，开合跳转体 90°。

（2）动作杠杆的变化。

这是指完成动作时手臂和腿的长度变化。例如，由屈臂侧摆变成直臂侧摆，由前踢腿变成向前吸腿。

（3）冲击力的变化。

在不改变动作结构的前提下，将冲击力进行改变。例如，低冲击力的漫步可变成有腾空的高冲击力的漫步，高冲击力的弹踢腿可变成低冲击力的弹踢腿。

（4）路线变化。

在进行健美操练习时，可以沿不同的路线做动作，如“Z”“L”“□”“◇”“W”形路线等。例如，交叉步可沿“□”形路线移动，并步可沿“Z”形路线移动。

（5）风格的变化。

在不改变动作结构的前提下，改变动作的风格。例如，踏步加上摆髋可以变成拉丁舞的风格，并步加弹动具有街舞的风格。

（6）手臂动作的变化。

在不改变基本步法的基础上，将手臂动作不断进行变化。例如，“V”字步加击掌，吸腿加手臂上举。

（二）健美操实践

1. 选择适合自己的锻炼方案

坚持健美操锻炼可以增进健康，缓解精神压力，预防心理疾病的发生。学习之余进行健美操锻炼能达到积极性休息的目的，能使智力水平得到更充分的发挥。但由于每个人的身体状况及健美操锻炼水平不同，同一个锻炼方案对每个人所起的作用是不一样的。因此，要根据自己的实际情况选择恰当的锻炼方案，以达到最佳的锻炼效果。

（1）初级水平锻炼者锻炼方案。

初学者的锻炼内容应以基本动作和基本技术为主，动作应简单，重复次数要多、速度相对要慢，对身体协调性的要求较低，以低冲击力动作为主。

练习时间：30~40 分钟。

锻炼频率：每周 3 次。

练习结构：热身—有氧—拉伸。

动作设计：以基本动作为主，每个动作组合（32 拍组成）最多不超过 4 个动作，不同的动作组合不超过 4 组。

变化要素：可适当加入前、后、左、右的移动路线和 90° 的方向变化。

音乐速度：每分钟以 130~140 拍为宜。

（2）中级水平锻炼者的锻炼方案。

中级水平锻炼者锻炼时动作变化较多，速度较快，对身体协调性的要求有所提高，以低冲击力和高冲击力相结合的动作为主。

练习时间：50~70 分钟。

锻炼频率：每周 3~4 次。

练习结构：热身—有氧—拉伸。

动作设计：低冲击力与高冲击力动作组成 32 拍组合，每个组合不超过 6 个动作，其中高冲击力的动作不要过多；增加一些个性化的动作风格，但不能过于复杂。

变化要素：可适当加入“L”形、“Z”形等路线变化，转体的度数可增加至 180°。

音乐速度：每分钟以 134~148 拍为宜。

（3）高级水平锻炼者锻炼方案。

锻炼水平和技术水平较高的练习者，其锻炼内容较为复杂，变化较多，速度也较快，对身体协调性要求较高，并以高冲击力和低冲击力相结合动作或以高冲击力动作为主，此外还可增加局部肌肉的练习。

练习时间：70~90 分钟。

锻炼频率：每周 3~4 次。

练习结构：热身—有氧—局部—拉伸。

动作设计：动作更加多样化，方向路线更复杂，以高冲击力和低冲击力相结合动作或以高冲击力动作为主组成 32 拍组合，每个组合可超过 6 个动作。

变化要素：在 1 个动作上同时添加多个变化要素。

音乐速度：每分钟以 148~154 拍为宜。

2. 避免有碍健康的锻炼方式

健美操锻炼应根据人体的生理特点和锻炼基础而进行。不注意自身特点，不考虑安全因素，扰乱体力和脑力劳动的生物节律，以及盲目追求锻炼效果，这些都是有碍健康的锻炼方式。这样锻炼不仅会失去锻炼效果，有时甚至会对身体造成损害。因此，锻炼时应注意以下几点：

（1）结合自身特点进行锻炼。

（2）锻炼要持之以恒。

（3）掌握正确的锻炼方法和手段。

（4）定期对健美操锻炼结果进行评价。

第二节　体育舞蹈

一、体育舞蹈概述

（一）体育舞蹈的起源与发展

体育舞蹈起源于欧洲、拉丁美洲，原名称作“社交舞”。社交舞早在 14—15 世纪已在意大利出现，16 世纪传入法国，1768 年巴黎开办了第一家交际舞厅。法国革命后，社交舞流传民间至今。第二次世界大战后，美国人将该舞蹈传播到全球各地，并形成一股跳舞热潮，至今不衰。

经过不断发展，“社交舞”逐渐从“社交”发展为“竞技”，将单一的舞种发展为摩登舞、拉丁舞两大系列 10 个舞种，并在 1904 年成立了“英国皇家舞蹈教师协会”。这个组织将当时欧美流行的舞姿、舞步、方向等整理成统一标准，制定了有关舞蹈理论、技巧、音乐、服装等竞技的标准，并将其公布为“国际标准交谊舞舞厅舞”。

目前，国际上有两个国际体育舞蹈组织：世界舞蹈及体育舞蹈理事会和国际体育舞蹈联合会。世界舞蹈及体育舞蹈理事会，简称 WDDSC（World Dance and Dance Sport Council），1950 年 9 月 22 日在英国苏格兰的爱丁堡成立，注册地为英国伦敦。国际体育舞蹈联合会，简称 IDSF（International Dance Sport Federation），1935 年成立于布拉格，注册地为瑞士洛桑，1997 年获得国际奥委会的正式承认。

国际标准交谊舞于 20 世纪 30 年代传入我国。1991 年 5 月，中国体育舞蹈运动协会成立。中国现在是世界舞蹈及体育舞蹈理事会（WDDSC）的准会员，国际体育舞蹈联合会（IDSF）的正式会员。

（二）体育舞蹈的内容、分类和特点

体育舞蹈分为普通体育舞蹈和国际体育舞蹈两大类。

1. 普通体育舞蹈

特点在于普及性、流行性、实用性和自娱性。内容单纯，动作简单，人数不限，形式不拘一格。尤其紧跟时尚，能迅速、敏感地反映大众精神面貌的更新变异。它包括体育教学舞蹈、应用性舞蹈和社交性舞蹈。

（1）体育教学舞蹈。被列入教学大纲、为完成教学任务服务的一类舞蹈，它在教学中占有一定的比例。其内容是教学大纲所规定的，多以基本步法和基本动作为主，以培养学生的节奏感和协调性。

（2）应用性体育舞蹈。根据练习者不同的需求有针对性地选择内容，如健身舞、减肥舞、庆典舞等。

（3）社交性体育舞蹈。社交性体育舞蹈是群众文化生活中最广泛、最具有普及性的舞蹈。其主要目的是进行交往、增进友谊、联络情感，如交谊舞、集体舞等。

2. 国际体育舞蹈

国际体育舞蹈又称国际标准交谊舞，是一项带有竞技性的艺术型体育项目。20 世纪 20 年代，英国率先将其进行了规范化，形成了现代舞 5 项（华尔兹、探戈、狐步、快步、维也纳华尔兹）和拉丁舞 5 项（伦巴、恰恰恰、桑巴、牛仔、斗牛）。国际体育舞蹈具有内容美、形式美、技艺美等特点。它以生活中美的典型、美的传说为题材，通过人体运动时的艺术、感情的动态性的操作过程表现人的本质，塑造各种难度造型，成为风靡世界的体育艺术表演项目。

二、体育舞蹈的基本知识

（一）基本姿势

1. 身体姿态

正确的身体姿态：身体自然直立，头颈、躯干和腿保持在一条垂直的纵线上。脊柱正直，两肩平行，自然放松，挺胸收腹，提胯立腰，有一种内在的向上挺拔的感觉。只有用这种身体姿势合上音乐的节拍跳舞，动作才会显得优雅大方。

2. 脚的基本位置

脚的基本位置是“正步”，也叫作并步。正步位置要求双脚平行并拢地站在地上，脚尖正对前方，双膝自然放松，但不能弯曲（图 16-2-1）。在体育舞蹈运步过程中，不论是前进或后退，都必须使步子平稳，人体的重心应该随着步子移动。也就是身体、腰、脚都要随着步子正常进退。在运步时，还必须注意脚的位置，脚尖要向前，运步要直走，切忌向外撇脚或向内拐脚，走成八字步，也不能为了怕踩对方的脚，而向对方身体两侧出脚（图 16-2-2）。

3. 手的位置与握抱姿势

在体育舞蹈的摩登舞中，华尔兹、狐步、快步和维也纳华尔兹的手的位置与握抱的姿势是一样的。

（1）手的位置。男女舞伴的手势要讲究美观舒适。正确的位置是：男伴右臂向上平抬，小臂向内弯曲，五指并拢放在女伴左肩胛骨下半部，手背向外，用手掌轻轻托住女伴，整个右臂形成一个弧形。男伴的左手上臂要抬平，肘略比肩低，小臂向内弯曲，肘

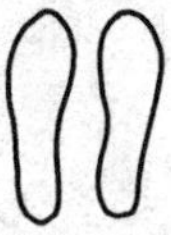

图 16-2-1 正步

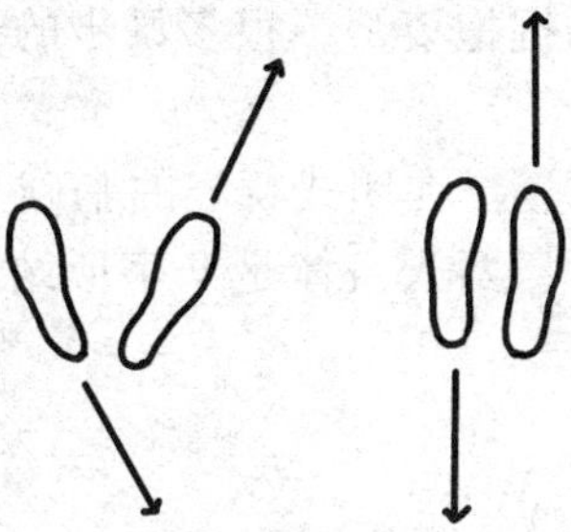

图 16-2-2 运步路线

弯处成 90°（也可稍大于 90°），虎口张开，其余四指并拢与女伴两手相握。掌心相贴要适当放松，不可太紧，手腕要平，不可弯曲向后倒或向前压，要保持松弛的线条。握手的高度一般与女伴右耳垂相齐，相握的手要在两人身体的中间，不可将女伴的右手向前推或往后拉，这样会影响女伴身体的正确姿势。女伴的右手与男伴的左手相握，右手的大拇指与男伴的拇指交叉，贴在男伴的拇指外面，其余四指放在男伴的拇指和其余四指之间，整个手臂自然弯成圆弧形。女伴的左手虎口张开，放在男伴的右臂三角肌的下部，拇指放在上臂内侧，其余四指放在上臂外侧，手腕与小臂相平，不可突起，上臂与肘轻放在男伴的右小臂上，整个手臂自然松弛地架起（图 16-2-3）。

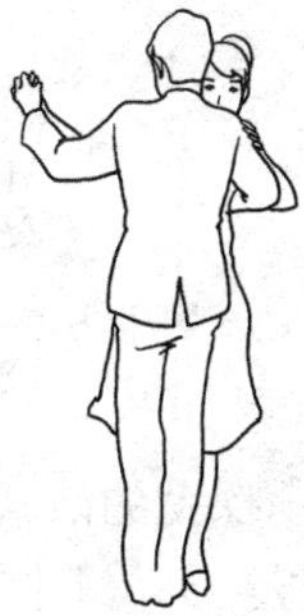

图 16-2-3 手的位置

（2）握抱姿势。男女舞伴相对平行而立，脚尖正对前方，双脚并拢，男女舞伴各将自己的右脚尖对准对方的双脚中间。两人上体相距 10 厘米左右，身体相互向左错开约 1/3。双方的头均略向左转，女伴的头约转 45°，并稍向左倾斜，上体稍微向后仰约 25°。男伴的头约向左转 25°，眼睛从女伴右肩上方向前看，双方都要挺腰、直背、双肩要平，双膝松弛。女伴的胯部与男伴的左腰胯要相互轻轻贴住。这是体育舞蹈中男伴引导女伴的重要部分（图 16-2-4）。

在跳探戈时，由于其独特的风格，所以握抱姿势与其他 4 种摩登舞不同。

脚的位置：双脚不是平行并拢，而是前后错开半个脚的距离，各自把自己的右脚掌并靠到左脚的脚心处，或两脚相隔一脚的宽度。身体重心下沉，膝部松弛，略微弯曲。

手的位置：男伴左手肘更为上抬，小臂向内弯曲更多，肘部形成锐角，男伴右手不是放在女伴左肩胛上部，而是略向下斜，放在女伴脊椎骨略靠近右肩胛下部的地方。右肘与女伴左肘相叠，肘骨抵住女伴的肘内窝。女伴左手拇指贴向掌心，其余四指并拢，虎口抵住男伴上臂外侧靠近腋窝处。

握抱姿势：男女舞伴相距稍近些，身体相互向左错开 1/2，女伴的右腰、胯、膝均要与男伴的左腰、胯、膝相贴（图 16-2-5）。

4. 常用舞姿

准确而稳定的握抱姿势与正确优美的舞姿是跳好体育舞蹈两个很重要的因素。错误的姿势会严重影响舞伴之间的协调性、稳定性与平衡感，从而影响舞蹈效果。

（1）闭式舞姿。体育舞蹈中最常用的基本舞姿叫作“闭式舞姿”，闭式舞姿即是我们前面所说的握抱姿势，很多舞步的开始与结束，用的都是这个舞姿（图 16–2–4、图 16–2–5）。

（2）散式舞姿。在闭式舞姿的基础上，男伴将头与上体略向左打开，女伴将头与上体略向右打开，两人身体是 V 字形站立，头均向同一方向，即为散式舞姿（图 16–2–6）。

图 16–2–4 握抱姿势

图 16–2–5 探戈握抱姿势

图 16–2–6 散式舞姿

探戈的散式舞姿要在原闭式舞姿的基础上，男伴上体更向左拧，腰、胯带动女伴向右拧。头及上体稍向外打开，双方的头均通过相握的手向前看。男伴重心在右脚，左脚在身旁弯膝用踇趾内侧点地，左膝内侧轻压女伴右膝外侧。女伴重心在左脚，右脚在身旁，弯膝用踇趾内侧点地，膝关节内合（图 16–2–7）。

（3）右外侧舞姿。男伴右脚向女伴身体的右侧迈出，落在女伴右脚外侧。女伴左脚后退，上体仍保持闭式舞姿（图 16–2–8）。

（4）左外侧舞姿。男伴左脚向女伴身体的左外侧迈出，落在女伴左脚外侧，女伴右脚后退，两人身体直向右略错开一点（图 16–2–9）。

图 16–2–7 探戈舞姿

图 16–2–8 右外侧舞姿

图 16–2–9 左外侧舞姿

（二）舞场、舞程线与方位

1. 舞场

举行体育舞蹈比赛的场地是有一定规格的。赛场长 23 米、宽 15 米。长的边线称为 A 线，短的边线称为 B 线。比赛选手编排的舞蹈动作，应根据赛场的线路长短来安排（图 16–2–10）。

2. 舞程线

人们同在一个舞场中跳舞，若是没有规定的路线和前进方向，就会互相碰撞，秩序混乱，尤其是在做连续行进的舞步与旋转时，规定一个统一的行进方向更为必要。因此，在国际上规定，跳体育舞蹈必须按照逆时针方向行进。这条移动的方向路线就称为“舞程线”（图 16–2–11）。一般情况下，在舞场里都应按舞程线循序而进。如要跳后退舞步，就应背对舞程线后退，因为这样实际上还是按逆时针方向前进的。若要做较长时间的原地动作或造型动作，应安排在舞池较中心的地方行进，不可因长时间的滞留而影响别人的行进。

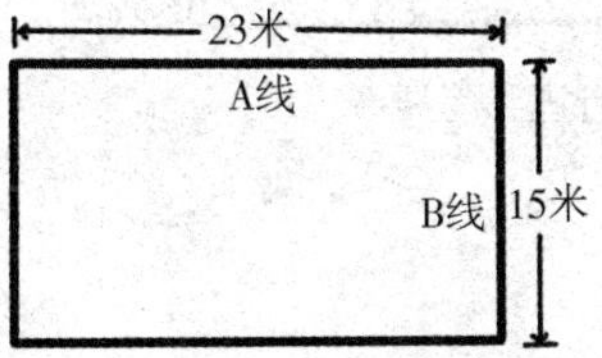

图 16–2–10 舞场

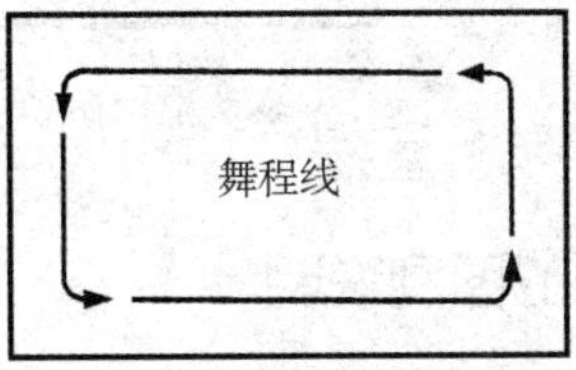

图 16–2–11 舞程线

3. 方位

在跳体育舞蹈时，身体会不断地变换方向。在旋转中还会有不同的角度，为了便于在舞蹈进行中准确地掌握方位和检查旋转的角度，所以要规定一定的方位和角度。以男伴面对前方所站的方向为标准，分成 8 个方向。正前方定为“1 点”，每向顺时针方向移动 45°，则变动 1 个方位（图 16–2–12），旋转角度 360° 为 1 周，45° 为 1/8 周，90° 为 1/4 周，135° 为 3/8 周，180° 为 1/2 周，225° 为 5/8 周，270° 为 3/4 周，315° 为 7/8 周（图 16–2–13）。在体育舞蹈中，还规定有 8 条线来指示舞步行进的方向。以男伴面对舞程线前进为准，正前称为“舞程线”；正后称为“逆舞程线”；右旁称为“壁线”（因右肩对着舞场的墙壁）；左旁称为“中央线”（因左肩对着舞场中央）；右斜前方在“舞程线”与“壁线”之间，称为“壁斜线”；左斜前方在“舞程线”与“中央线”之间，称为“中央斜线”；右斜后方在“壁线”与“逆舞程线”之间，称为“逆壁斜线”；左斜后方在“中央线”与“逆舞程线”之间，称为“逆中央斜线”（图 16–2–14）。只要沿着舞程线行进，无论行进到任何地方，上述的规定都是适用的。

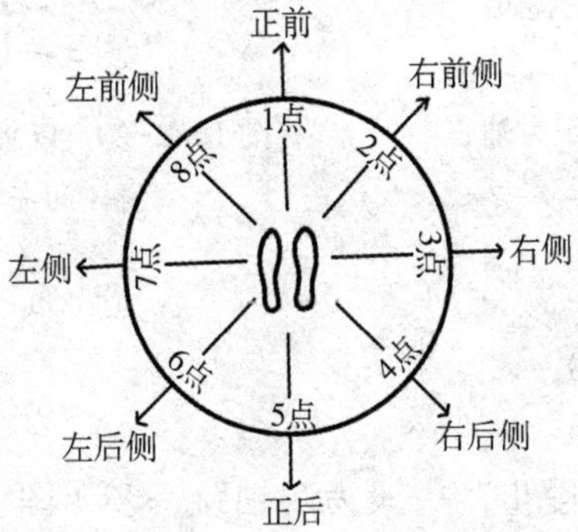

图 16–2–12 方位

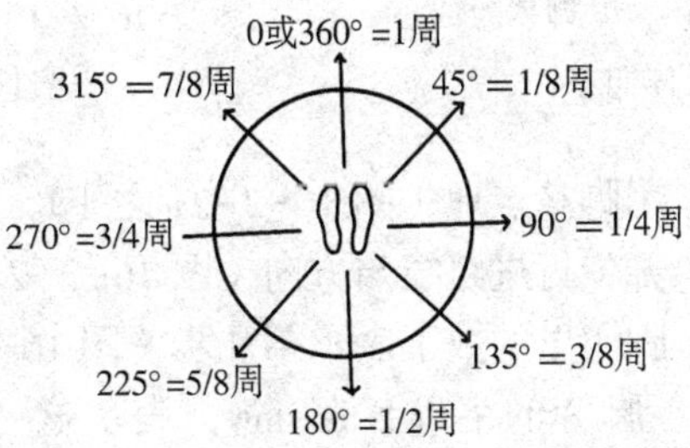

图 16–2–13 旋转角度

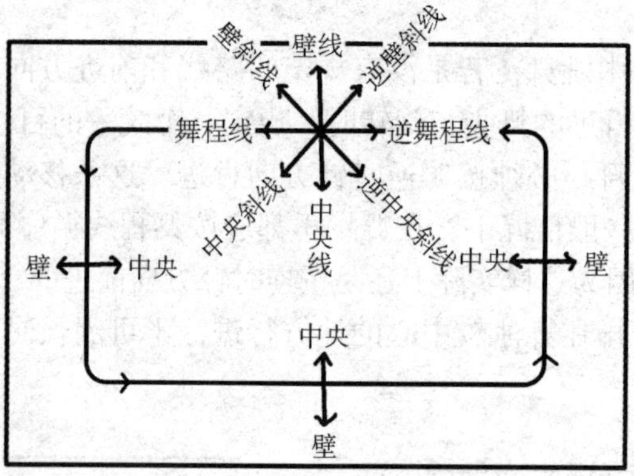

图 16-2-14 舞蹈行进参考线

三、体育舞蹈的图例说明

（1）脚的各个部位（图 16-2-15）。

（2）准备步，起跳前所站的位置（图 16-2-16）。

（3）以脚掌为轴心身体向右转（图 16-2-17）。

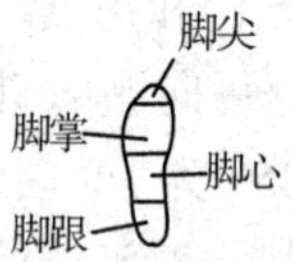

图 16-2-15 脚的各个部位

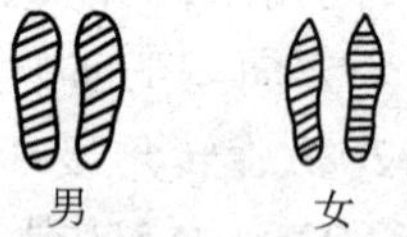

图 16-2-16 准备步

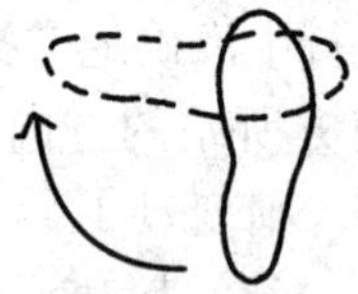

图 16-2-17 以脚掌为轴心身体向右转

（4）以脚掌为轴心身体向左转（图 16-2-18）。

（5）以脚跟为轴心身体向右转（图 16-2-19）。

（6）以脚跟为轴心身体向左转（图 16-2-20）。

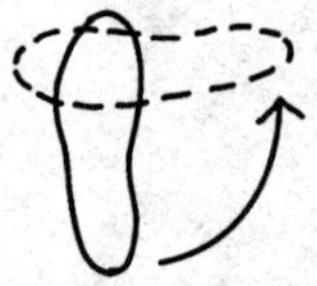

图 16-2-18 以脚掌为轴心身体向左转

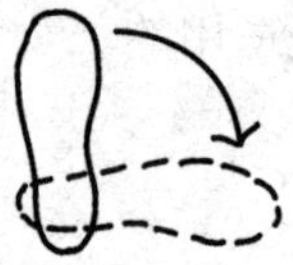

图 16-2-19 以脚跟为轴心身体向右转

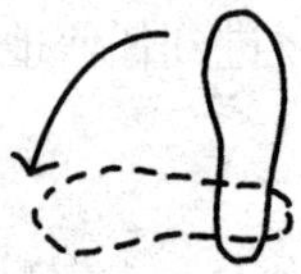

图 16-2-20 以脚跟为轴心身体向左转

（7）用脚掌点地（图 16-2-21 之 1）。

（8）舞步行进路线与方向（图 16-2-21 之 2）。

（9）脚印里的数字表示第几步（图 16-2-22）。

（10）脚旁的字母 S 为 slow，表示这一步是慢步，一般为两拍跳一步（图 16-2-23 之 1）。

（11）脚旁的字母 Q 为 quick，表示这一步是快步，一般为一拍跳一步（图 16-2-23 之 2）。

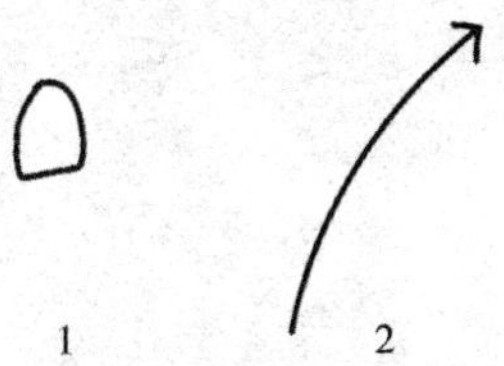

图 16-2-21　用脚掌点地和舞步行进路线与方向

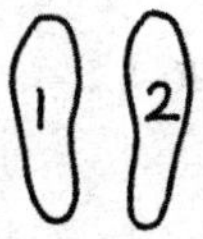

图 16-2-22　迈步顺序

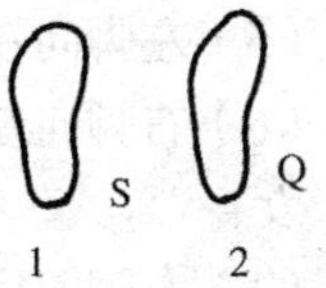

图 16-2-23　慢步和快步

四、华尔兹（Waltz）

华尔兹是一种舞态雍容、步法婉转优美浪漫的舞蹈，也是体育舞蹈中历史最早的一种舞蹈，是体育舞蹈中采用 3/4 节拍音乐的舞蹈，有着“舞蹈皇后”的美称。

华尔兹的舞曲是 3/4 拍，速度为每分钟 30~32 小节，它的舞步基本上是每一拍跳一步，每小节三步，但在各种舞步中，也有不同变化。如“犹豫步”，就是三拍跳两步，其中第二步占两拍。而“锁步”“并步”，却是三拍跳四步，其中第二、三步各占半拍。当然，这属于变化舞步。在跳华尔兹的过程中，要求连续而流畅地沿着舞程线前进。舞步必须做出连绵不断的上下升降动作，升降动作的技巧掌握可体现出舞者的技巧水平。它的做法不是平均的一拍升、一拍降，而是在预备小节的第三拍末即应降下，当第一小节第一拍出步时，是从最低处起步，第一拍的后半拍开始上升，第二拍继续上升，到第三拍时升到最高，然后在第三拍后半拍时又降下（图 16-2-24）。这样的升降规律形成一条不平均的起伏线，即升起的线条特别长，而下降线条则低而短。这种升降技巧的训练与掌握，对于跳好华尔兹来说是至关重要也是必不可少的（图 16-2-25）。

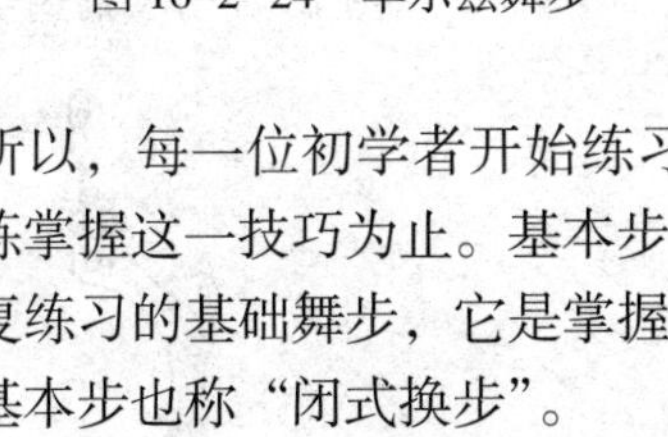

图 16-2-24　华尔兹舞步

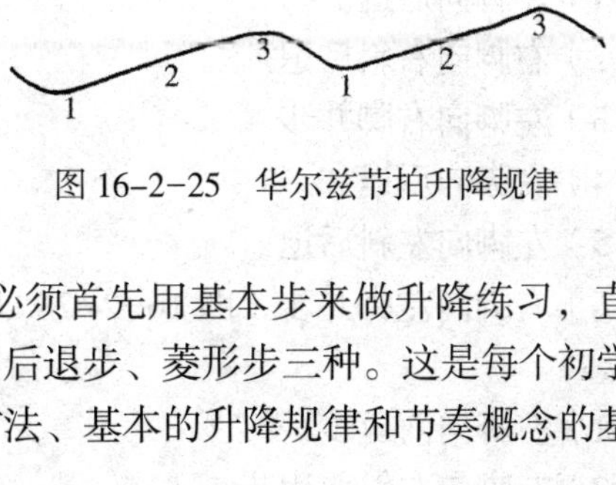

图 16-2-25　华尔兹节拍升降规律

所以，每一位初学者开始练习华尔兹时，必须首先用基本步来做升降练习，直至能较熟练掌握这一技巧为止。基本步包括前进步、后退步、菱形步三种。这是每个初学者必须反复练习的基础舞步，它是掌握正确的运步方法、基本的升降规律和节奏概念的基本练习。基本步也称“闭式换步”。

（一）前进步（舞步名称叫法以男伴为准）

节奏：一拍一步，两小节完成这一舞步，共 6 拍。

做法：

男：

（1）左脚向前迈步。

（2）右脚向右斜前迈步。

（3）左脚向右脚并步。

华尔兹欣赏

（4）右脚向前迈步。

（5）左脚向左斜前迈步。

（6）右脚向左脚并步（图 16-2-26）。

女：

（1）右脚向后退。

（2）左脚向左斜后退。

（3）右脚向左脚并步。

（4）左脚向后退。

（5）右脚向右斜后退。

（6）左脚向右脚并步（图 16-2-27）。

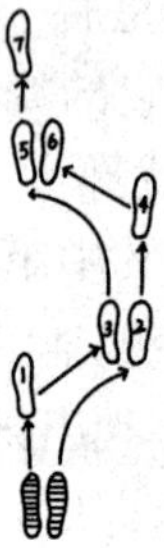

图 16-2-26 前进步（男）

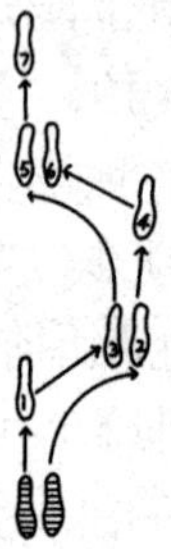

图 16-2-27 前进步（女）

（二）后退步

节奏：一拍一步，两小节完成这一舞步，共 6 拍。

做法：

男：

（1）左脚向后退。

（2）右脚向右斜后退。

（3）左脚向右脚并步。

（4）右脚向后退。

（5）左脚向左斜后退。

（6）右脚向左脚并步（图 16-2-28）。

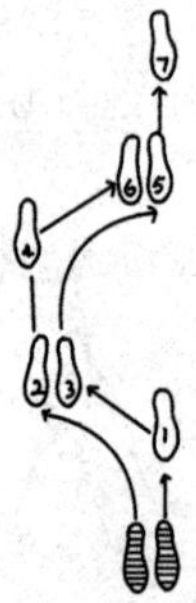

图 16-2-28 后退步（男）

女：

（1）右脚向前迈步。

（2）左脚向左斜前迈步。

（3）右脚向左脚并步。

（4）左脚向前迈步。

（5）右脚向右斜前迈步。

（6）左脚向右脚并步（图 16-2-29）。

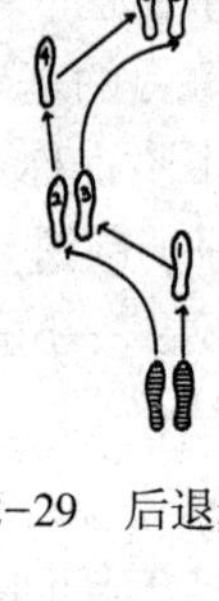

图 16-2-29 后退步（女）

（三）菱形步

节奏：一拍一步，两小节完成这一舞步，共 6 拍。

做法：
男：
（1）左脚向前迈步。
（2）右脚向右斜前迈步。
（3）左脚向右脚并步。
（4）右脚向后退。
（5）左脚向左斜后退。
（6）右脚向左脚并步（还原至起步位置）（图 16-2-30）。

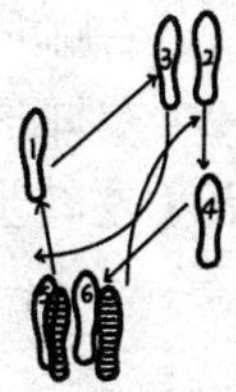

图 16-2-30　菱形步（男）

女：
（1）右脚向后退。
（2）左脚向左斜后退。
（3）右脚向左脚并步。
（4）左脚向前迈步。
（5）右脚向右斜前迈步。
（6）左脚向右脚并步（还原至起步位置）（图 16-2-31）。

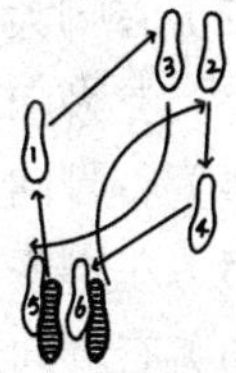

图 16-2-31　菱形步（女）

（四）90° 转身

节奏：一拍一步，4 小节完成这一舞步，共 12 拍。
做法：
男：
（1）左脚向前迈步。
（2）右脚向右旁（稍前）迈步。
（3）左脚向右脚并步。
（4）右脚向前迈步，落地后即以脚掌为轴，身体向右转 90°。
（5）左脚向左旁（稍后）横步。
（6）右脚向左脚并步。
（7）左脚向后退。
（8）右脚向右旁（稍后）横步。
（9）左脚向右脚并步。
（10）右脚向后退，落地后即以脚掌为轴，身体向左转 90°。
（11）左脚向左分（稍前）横步。
（12）右脚向左脚并步（图 16-2-32）。

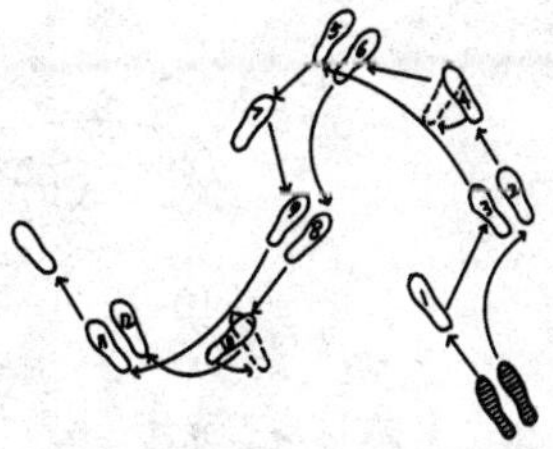

图 16-2-32　90° 转身（男）

女：
（1）右脚向后退。
（2）左脚向左旁（稍后）横步。
（3）右脚向左脚并步。
（4）左脚向后退，落地后即以脚掌为轴，身体向右转 90°。
（5）右脚向右旁（稍前）横步。
（6）左脚向右脚并步。
（7）右脚向前进。
（8）左脚向左旁（稍前）横步。

（9）右脚向左脚并步。

（10）左脚向前迈步，落地后即以脚掌为轴，身体向左转 90°。

（11）右脚向右旁（稍后）横步。

（12）左脚向右脚并步（图 16-2-33）。

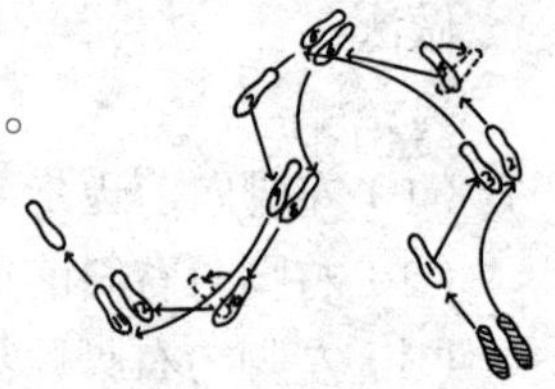

图 16-2-33 90° 转身（女）

（五）左转步

节奏：一拍一步，两小节完成这一舞步，共 6 拍。

做法：

男：

（1）左脚向前迈步，落地后即以脚掌为轴，身体向左转。

（2）右脚大横步，落地后继续以脚掌为轴，身体向左转。

（3）左脚向右脚并步。以上三步身体共转 135°（3/8 周）。

（4）右脚向后退，落地后以脚掌为轴，身体向左转。

（5）左脚小横步，继续以脚掌为轴，身体向左转。

（6）右脚向左脚并步。以上三步身体共转 135°（3/8 周）（图 16-2-34）。

女：

（1）右脚向后退，落地后即以脚掌为轴，身体向左转。

（2）左脚小横步，落地后继续以脚掌为轴，身体向左转。

（3）右脚向左脚并步。以上三步身体共转 135°（3/8 周）。

（4）左脚向前迈步，落地后即以脚掌为轴，身体向左转。

（5）右脚大横步，落地后继续以脚掌为轴，身体向左转。

（6）左脚向右脚并步。以上三步身体共转 135°（3/8 周）（图 16-2-35）。

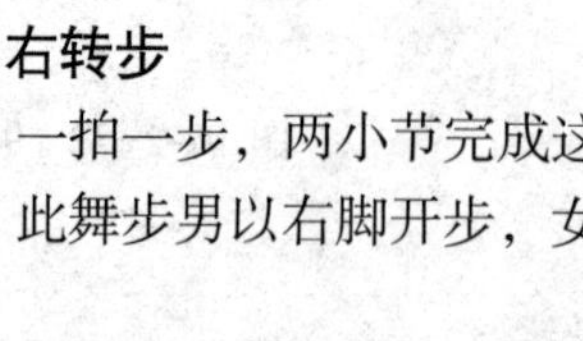

图 16-2-34 左转步（男）

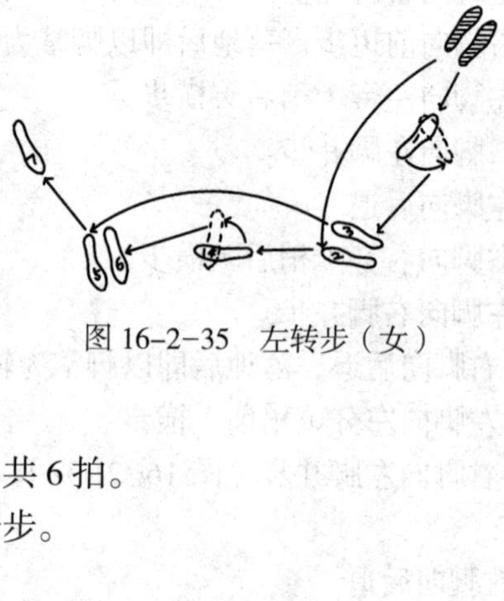

图 16-2-35 左转步（女）

（六）右转步

节奏：一拍一步，两小节完成这一舞步，共 6 拍。

做法：此舞步男以右脚开步，女以左脚开步。

男：

（1）右脚向前迈，落地后即以脚掌为轴，身体向右转。

（2）左脚大横步，落地后继续以脚掌为轴，身体向右转。

（3）右脚向左脚并步，身体继续向右转。以上三步，身体共转 135°（3/8 周）。

（4）左脚向后退，落地后即以脚掌为轴，身体向右转。

（5）右脚小横步，身体继续向右转。

（6）左脚向右脚并步，身体继续向右转。以上三步，身体共转 135°（3/8 周）（图 16-2-36）。

女：

（1）左脚往后退，落地后即以脚掌为轴，身体向右转。

（2）右脚小横步，身体继续向右转。

（3）左脚向右脚并步，身体继续向右转。以上三步，身体共转 135°（3/8 周）。

（4）右脚向前迈，落地后即以脚掌为轴，身体向右转。

（5）左脚大横步，继续以脚掌为轴，身体向右转。

（6）右脚向左脚并步，身体继续向右转。以上三步，身体共转 135°（3/8 周）（图 16-2-37）。

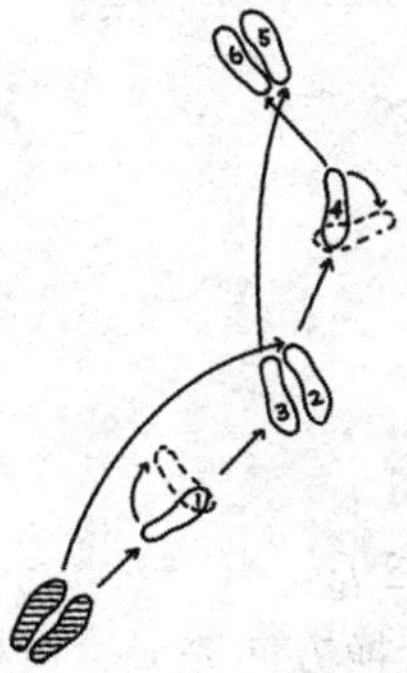

图 16-2-36　右转步（男）

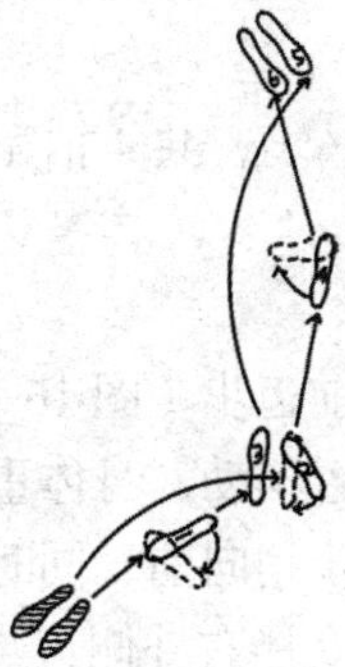

图 16-2-37　右转步（女）

（七）外侧换步

外侧换步的第一步至第三步与右转步的前三步相同。第四步至第七步为外侧换步。

节奏：一拍一步，共 7 拍完成这一舞步。

做法：

男：

（1）右脚往前迈，落地后即以脚掌为轴，身体向右转。

（2）左脚大横步，落地后继续以脚掌为轴，身体向右转。

（3）右脚向左脚并步，身体继续向右转。以上三步，身体共转 135°（3/8 周）。

（4）左脚向后退。

（5）右脚向后退，落地后即以脚掌为轴，身体略向左转。

（6）左脚向左斜前迈步。

（7）右脚向女伴右外侧迈步（图 16-2-38）。

此时换步完成，可接其他舞步。

女：

（1）左脚向后退，落地后即以脚掌为轴，身体向右转。

（2）右脚小横步，身体继续向右转。

（3）左脚向右脚并步，身体继续向右转。以上三步，身体共转 135°（3/8 周）。

（4）右脚向前迈。

（5）左脚往前迈，同时身体略向左转。

（6）右脚向右斜后退步。

（7）左脚往后退（图 16-2-39）。

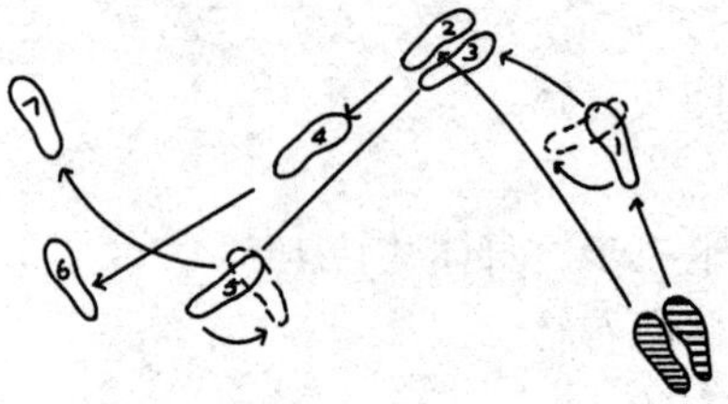

图 16-2-38 外侧换步（男）

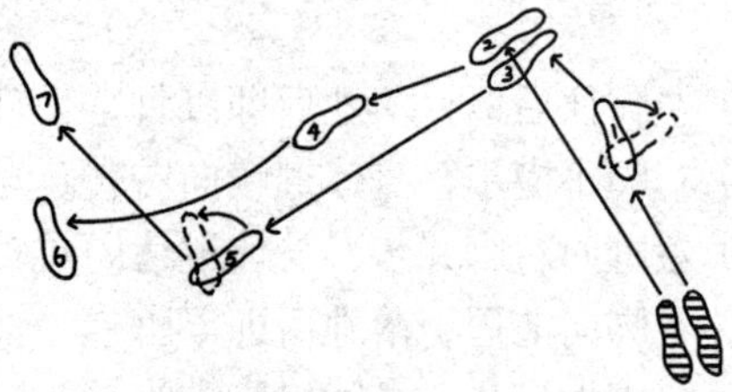

图 16-2-39 外侧换步（女）

（八）变换步

变换步是一个转换方向的舞步，可在遇到阻挡或行进至舞池边缘时作变换行进方向用。

节奏：一拍一步，共 4 拍完成这一舞步。

做法：

男：

（1）左脚向前迈步（图 16-2-40）。

（2）双脚位置不动，身体重心移回右脚（图 16-2-41）。

（3）左脚横步稍向前，同时身体向左转（图 16-2-42）。

（4）右脚向女伴右外侧迈步（图 16-2-43）；此时变换方向完成，可接其他舞步（步法如图 16-2-44）。

女：

（1）右脚向后退（图 16-2-40）。

（2）双脚位置不动，身体重心移回左脚（图 16-2-41）。

（3）右脚略向后横步，同时身体向左转（图 16-2-42）。

（4）左脚向后退（图 16-2-43）（步法如图 16-2-45）。

图 16-2-40 变换步 1

图 16-2-41 变换步 2

图 16-2-42 变换步 3

图 16-2-43 变换步 4

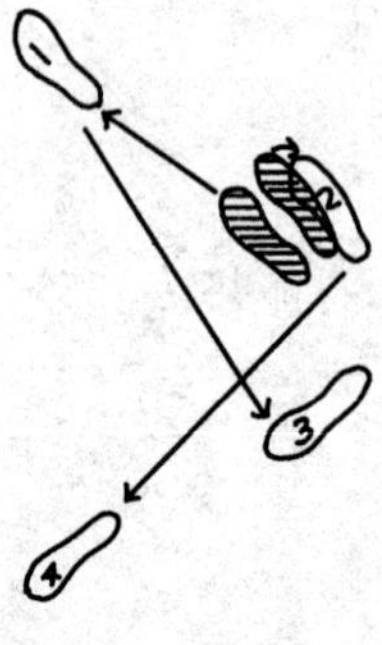

图 16-2-44 变换步（男）

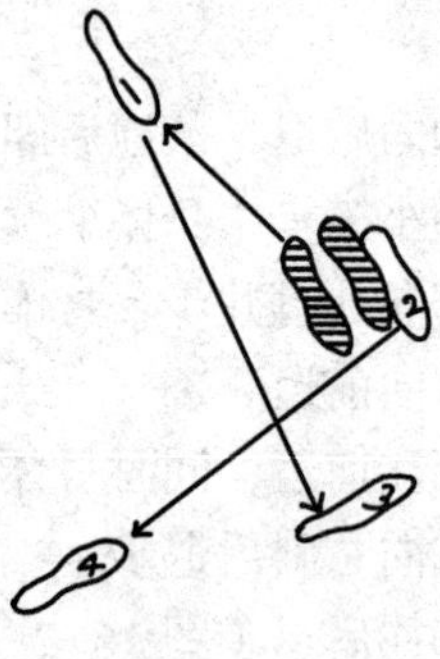

图 16-2-45 变换步（女）

（九）犹豫步

犹豫步是一个华尔兹的变化舞步，它不像一般华尔兹那样一拍跳一步，而是在一小节的三拍中跳两步。即第一拍跳一步，第二拍、第三拍两拍跳一步，身体向右转的舞步为右犹豫步，身体向左转的舞步为左犹豫步，这里介绍的是右犹豫步。

做法：

男：

（1）左脚往后退，落地后即以脚掌为轴，身体向右转 90°（图 16–2–46）。

（2）右脚向右旁横步（图 16–2–47）。

（3）右脚位置不动，左脚在右脚旁用脚掌虚点步（图 16–2–48）。

（4）左脚向前迈步（图 16–2–49）（步法如图 16–2–50）。

女：

（1）右脚向前迈步，落地后即以脚掌为轴，身体向右转 90°（图 16–2–46）。

（2）左脚向左旁横步（图 16–2–47）。

（3）左脚位置不动，右脚在左脚旁，用脚掌虚点步（图 16–2–48）。

（4）右脚向后退（图 16–2–49）（步法如图 16–2–51）。

图 16–2–46　犹豫步 1

图 16–2–47　犹豫步 2

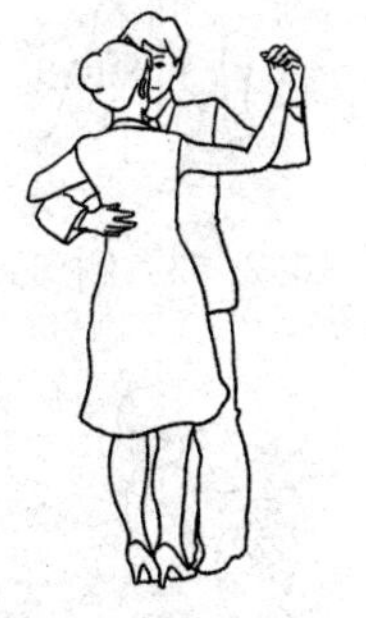

图 16–2–48　犹豫步 3

图 16–2–49　犹豫步 4

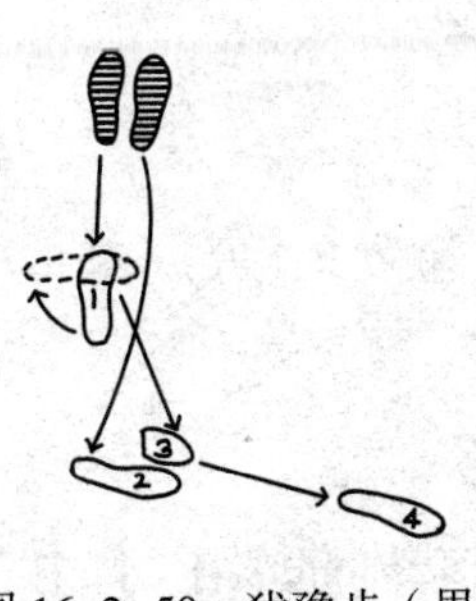

图 16–2–50　犹豫步（男）

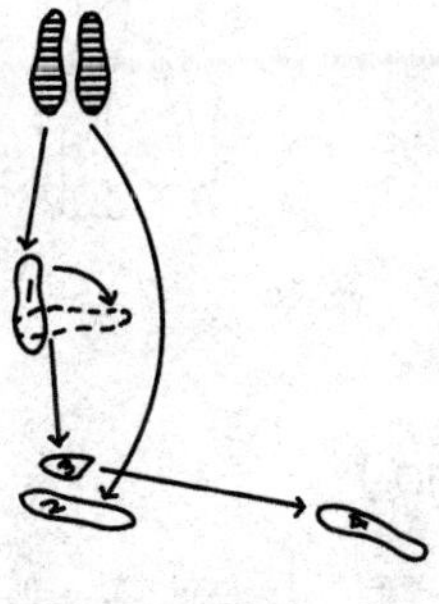

图 16–2–51　犹豫步（女）

（十）侧交叉

节奏：一拍一步，两小节完成这一舞步，共 6 拍。

做法：

男：

（1）左脚向右斜前迈步，脚落在女伴左外侧舞姿（图 16–2–52）。

（2）右脚向右斜前迈步，落地后即以脚掌为轴，身体向左转 45°（图 16–2–53）。

（3）左脚在右脚旁并步，男女合伴成右外侧舞姿（图 16–2–54）。

（4）右脚向左斜前迈步，落在女伴右外侧舞姿（图 16–2–55）。

（5）左脚向左斜前迈步，落地后即以脚掌为轴，身体向右转 45°（图 16–2–56）。

（6）右脚在左脚旁并步，男女舞伴成左外侧舞姿（图 16–2–57）（步法如图 16–2–58）。

女：

（1）右脚向左后方退步（图 16–2–52）。

（2）左脚向左后方退步，落地后即以脚掌为轴，身体向左转 45°（图 16–2–53）。

（3）右脚在左脚旁并步，男女舞伴成右外侧舞姿（图 16–2–54）。

（4）左脚向右斜后方退步（图 16–2–55）。

（5）右脚向右斜后方退步，落地后即以脚掌为轴，身体向右转 45°（图 16–2–56）。

（6）左脚在右脚旁并步，男女舞伴成左外侧舞姿（图 16–2–57）（步法如图 16–2–59）。

图 16–2–52 侧交叉 1

图 16–2–53 侧交叉 2

图 16–2–54 侧交叉 3

图 16–2–55 侧交叉 4

图 16–2–56 侧交叉 5

图 16–2–57 侧交叉 6

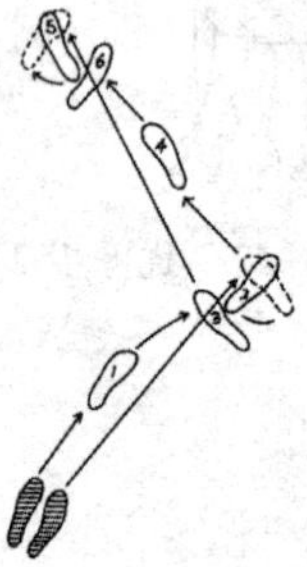

图 16–2–58 侧交叉（男）

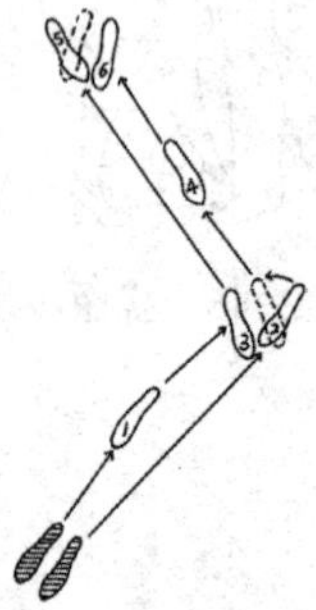

图 16–2–59 侧交叉（女）

五、探戈（Tango）

探戈欣赏

探戈的音乐华丽，出步独特，舞步顿挫刚劲，有着体育舞蹈“舞中之王”的美誉。它那神采飞扬的豪放风格，使人们为之倾倒。

探戈的舞曲是 2/4 拍，速度为每分钟 30~34 小节。音乐特点是以切分音为主。带有附点和停顿。舞步分为快步和慢步两种。快步（缩写为 Q）占一拍，慢步（缩写为 S）占两拍，舞步的基本节奏为 S、S、Q、Q、S、Q、Q、S。探戈要求膝部松弛微屈，重心下沉。舞步要平稳、大方，既要轻柔又要干净利落，要有延续的感觉，但不能拖泥带水。探戈的运步路线呈弧线，不要像华尔兹那样有明显的升降动作和倾斜动作。向前迈步时，左脚是由 跗趾内缘、脚掌外缘着地，右脚是由 跗趾内缘、脚掌内缘着地。感觉是横斜地向右走，出步方向与身体方向要形成不同的角度。如左脚向右斜前方逐步，双肩则要略向左转。一般形容探戈的运步为“蟹行猫步”，意为行进时没有正步走的时候，多以横进、横退为主。出步时如猫之探步极有控制。

（一）走步（前进步）

走步（前进步）是探戈中最基本的步法，初学者只有反复练习、熟练掌握，才能应用自如。

节奏：两个慢步，两拍一步，占 4 拍；两个快步，一拍一步，占两拍，共 6 拍完成这一舞步。

做法：

男：

（1）左脚向右前侧大步前进（慢步，占两拍，简写为 S。下同）（图 16-2-60）。

（2）右脚向右前侧大步前进（S）（图 16-2-61）。

（3）左脚向右前侧横步前进（快步占一拍，简写为 Q，下同）（图 16-2-62）。

（4）右脚向前侧小横步（Q）（图 16-2-63）（步法如图 16-2-64）。

女：

（1）右脚向左后侧大步后退（S）（图 16-2-60）。

（2）左脚向左后侧大步后退（S）（图 16-2-61）。

（3）右脚向左后侧横步后退（Q）（图 16-2-62）。

（4）左脚向左后侧小横步后退（Q）（图 16-2-63）（步法如图 16-2-65）。

注：女步实际上是后退步。

图 16-2-60　走步 1

图 16-2-61　走步 2

图 16-2-62　走步 3

图 16-2-63　走步 4

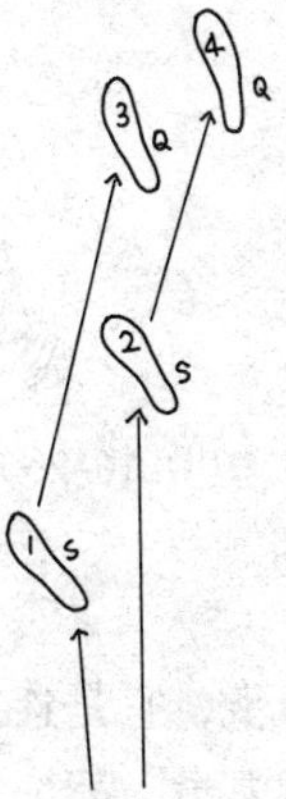

图 16-2-64　走步（男）

图 16-2-65　走步（女）

（二）后退步

后退步与前进步一样，须反复练习，熟练掌握的探戈常用步法，在舞场做此步法时，应背对舞程线方向。

节奏：第一步、第四步为慢步，各占两拍，第二步、第三步为快步，各占一拍，共 6 拍完成这一舞步。

做法：

男：

（1）左脚向左后侧后退（S）（图 16–2–66）。

（2）右脚向左后侧后退，落地后略向左转 1/4（Q）（图 16–2–67）。

（3）左脚向左侧横步后退（Q）（图 16–2–68）。

（4）右脚在左脚旁稍后并步（S）（图 16–2–69）（步法如图 16–2–70）。

女：

（1）右脚向右前侧前进（S）（图 16–2–66）。

（2）左脚向右前侧前进，落地后略向左转 1/4（Q）（图 16–2–67）。

（3）右脚向右侧横步（Q）（图 16–2–68）。

（4）左脚在右脚旁稍前并步（S）（图 16–2–69）（步法如图 16–2–71）。

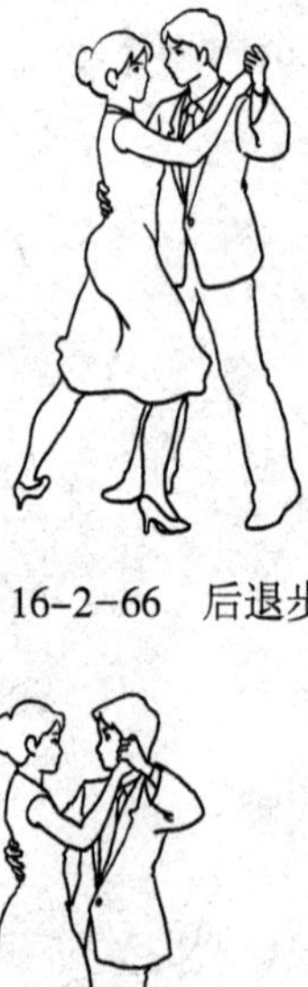

图 16–2–66 后退步 1

图 16–2–67 后退步 2

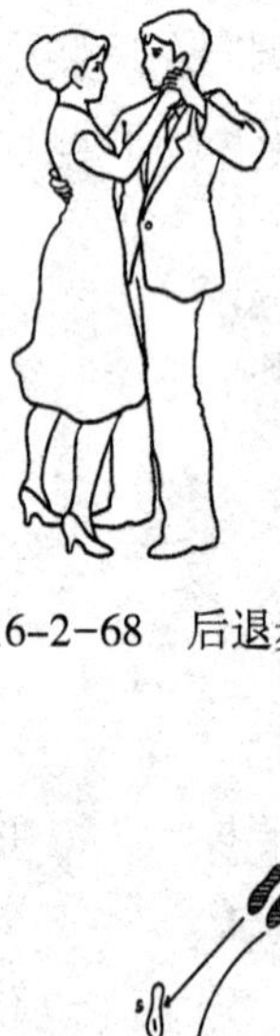

图 16–2–68 后退步 3

图 16–2–69 后退步 4

图 16–2–70 后退步（男）

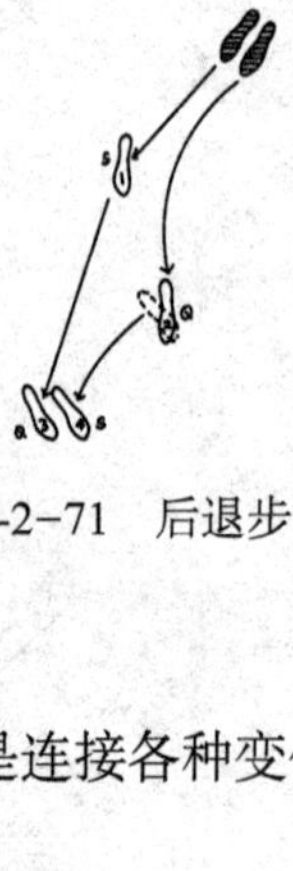

图 16–2–71 后退步（女）

（三）横行步

横行步是从散式舞姿开始，以闭式舞姿结束的基础舞步，它是连接各种变化舞步的枢纽，也经常用在一串舞步的最后作为小结，所以又称“结束步”。

节奏：第一步、第四步为慢步，各占两拍，第二步、第三步为快步，各占一拍，共 6 拍完成这一舞步。

做法：

男：

准备姿势为散式舞姿（图 16-2-72）。

（1）左脚向左侧横步（S）（图 16-2-73）。

（2）右脚向左侧前进（Q）（图 16-2-74）。

（3）左脚向左侧小横步（Q）（图 16-2-75）。

（4）右脚在左脚旁稍后并步，成闭式舞姿（S）（图 16-2-76）（步法如图 16-2-77）。

女：

准备姿势为散式舞姿（图 16-2-72）。

（1）右脚向右侧横步（S）（图 16-2-73）。

（2）左脚向右侧横步前进（Q）（图 16-2-74）。

（3）右脚向右侧小横步（Q）（图 16-2-75）。

（4）左脚（Q）在右脚旁稍前并步，成闭式舞姿（S）（图 16-2-76）（步法如图 16-2-78）。

图 16-2-72 散式舞姿

图 16-2-73 横行步 1

图 16-2-74 横行步 2

图 16-2-75 横行步 3

图 16-2-76 横行步 4

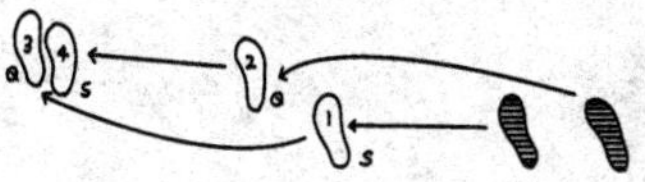

图 16-2-77 横行步（男）

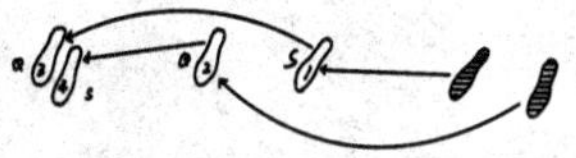

图 16-2-78 横行步（女）

（四）行进连接步

行进连接步是由两个走步来连接的，也就是前进步与横行步的连接舞步，所以，也叫“走步横步分身”，是探戈中最常用的连接步。

节奏：第一步、第二步、第五步、第八步为慢步。各占两拍，第三步、第四步、第六步、第七步为快步，各占一拍，共 12 拍完成这一舞步。

做法：

男：

（1）左脚向右前侧前进（S）（图 16-2-79）。

（2）右脚向右前侧前进（S）（图 16–2–80）。

（3）左脚向右前侧横步前进（Q）（图 16–2–81）。

（4）右脚向右前侧横步，左脚虚点于右脚旁，踇趾着地，成散式舞姿（Q）（图 16–2–82）。

（5）左脚向左侧横步（S）（图 16–2–83）。

（6）右脚向左侧前进（Q）（图 16–2–84）。

（7）左脚向左侧小横步（Q）（图 16–2–85）。

（8）右脚在左脚旁稍后并步，成闭式舞姿（S）（图 16–2–86）（步法如图 16–2–87）。

女：

（1）右脚向左后侧后退（S）（图 16–2–79）。

（2）左脚向左后侧后退（S）（图 16–2–80）。

（3）右脚向左后侧横步后退（Q）（图 16–2–81）。

（4）左脚向左后侧后退，右脚虚点于左脚旁，踇趾着地，成散式舞姿（Q）（图 16–2–82）。

（5）右脚向右侧横步（S）（图 16–2–83）。

（6）左脚向右侧横步前进（Q）（图 16–2–84）。

（7）右脚向右侧小横步（Q）（图 16–2–85）。

（8）左脚在右脚旁稍前并步，成闭式舞姿（S）（图 16–2–86）（步法如图 16–2–88）。

图 16–2–79 行进连接步 1

图 16–2–80 行进连接步 2

图 16–2–81 行进连接步 3

图 16–2–82 行进连接步 4

图 16–2–83 行进连接步 5

图 16–2–84 行进连接步 6

图 16–2–85 行进连接步 7

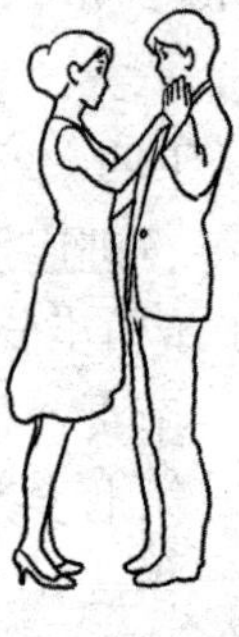

图 16–2–86 行进连接步 8

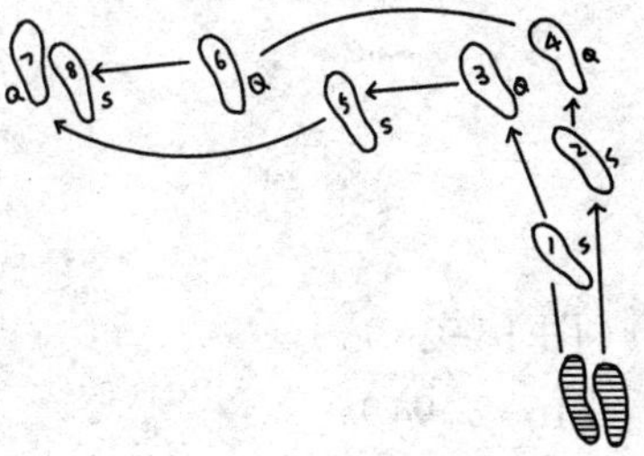

图 16-2-87　行进连接步（男）

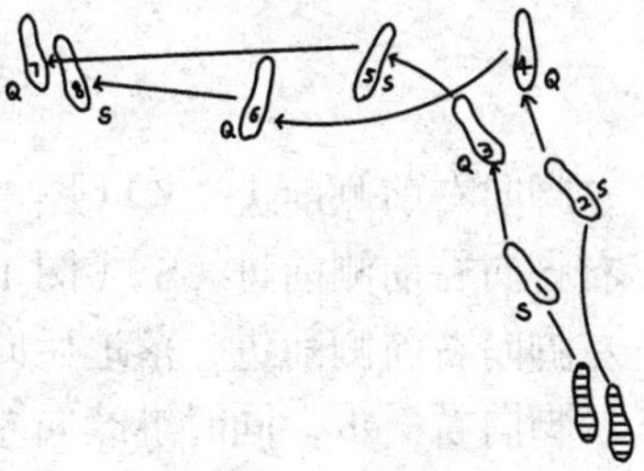

图 16-2-88　行进连接步（女）

（五）横行前进步

横行前进步是一个优美的舞步，它与一般舞步不同之处在于它不是左、右两脚交替前进，其中第三步、第四步都是用同一个脚动作。

节奏：第一步、第四步是慢步，各占两拍，第二步、第三步、第五步、第六步是快步，各占一拍，共 8 拍完成这一舞步。

做法：（散式舞姿准备）

男：

（1）左脚向左侧横步前进（S）。

（2）右脚向左侧横步前进（Q）。

（3）左脚用脚掌在右脚旁辗转 45°（Q）。

（4）继续用左脚向左侧横步前进（S）。

（5）右脚向左侧横步前进（Q）。

（6）左脚用脚掌在右脚旁辗转 45°（Q）（图 16-2-89）。

实际上第四步、第五步、第六步做法与第一步、第二步、第三步相同。

女：

（1）右脚向右侧横步前进（S）。

（2）左脚向右侧横步前进（Q）。

（3）右脚用脚掌在左脚旁辗转 45°（Q）。

（4）继续用右脚向右侧横步前进（S）。

（5）左脚向右侧横步前进（Q）。

（6）右脚用脚掌在左脚旁辗转 45°（Q）（图 16-2-90）。

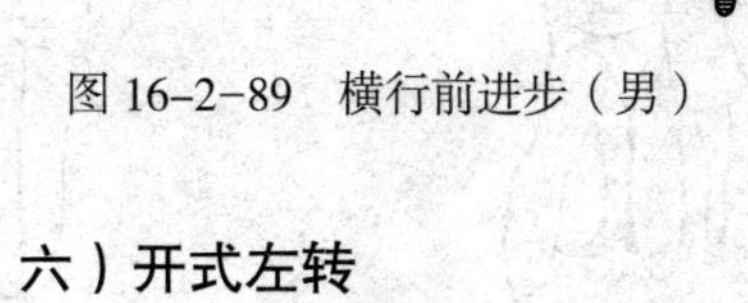

图 16-2-89　横行前进步（男）

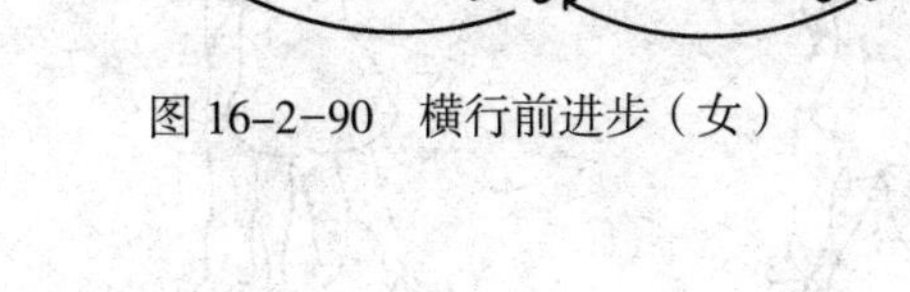

图 16-2-90　横行前进步（女）

（六）开式左转

节奏：第一步、第二步、第五步、第八步为慢步，各占两拍，第三步、第四步、第六步、第七步为快步，各占一拍，共 12 拍完成这一舞步。

做法：

男：

（1）左脚向右前侧前进（S）（图 16–2–91）。

（2）右脚向右前侧前进（S）（图 16–2–92）。

（3）左脚向右前侧前进，落地后向左转身（Q）（图 16–2–93）。

（4）右脚向右横步，同时继续向左转身（Q）（图 16–2–94）。

（5）左脚向后退（S）（图 16–2–95）。

（6）右脚向后退，落地后向左转身（Q）（图 16–2–96）。

（7）左脚向左横步（Q）（图 16–2–97）。

（8）右脚向左脚并步（S）（图 16–2–98）（步法如图 16–2–99）。

女：

（1）右脚向左后侧后退（S）（图 16–2–91）。

（2）左脚向左后侧后退（S）（图 16–2–92）。

（3）右脚向左后侧后退，落地后向左转身（Q）（图 16–2–93）。

（4）左脚向左横步，同时继续向左转身（Q）（图 16–2–94）。

（5）右脚向男伴右外侧前进（S）（图 16–2–95）。

（6）左脚向右侧前进，落地后向左转身（Q）（图 16–2–96）。

（7）右脚向右横步（Q）（图 16–2–97）。

（8）左脚向右脚并步（S）（图 16–2–98）（步法如图 16–2–100）。

图 16–2–91 开式左转 1

图 16–2–92 开式左转 2

图 16–2–93 开式左转 3

图 16–2–94 开式左转 4

图 16–2–95 开式左转 5

图 16–2–96 开式左转 6

图 16–2–97 开式左转 7

图 16–2–98 开式左转 8

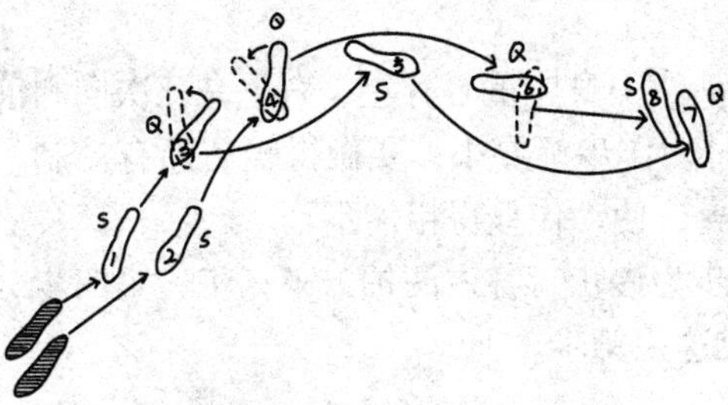

图 16-2-99 开式左转（男）

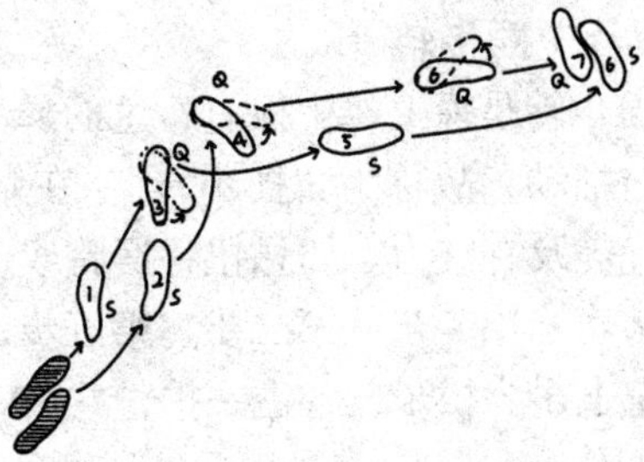

图 16-2-100 开式左转（女）

（七）并进接外侧步

节奏：第一步、第四步为慢步，各占两拍，第二步、第三步为快步，各占一拍，共6拍完成这一舞步。

做法：

男：

准备姿势为散式舞姿（图 16-2-101）。

（1）左脚向左侧前进（S）（图 16-2-102）。

（2）右脚向左前侧前进（Q）（图 16-2-103）。

（3）左脚向左前侧稍横步前进（Q）（图 16-2-104）。

（4）右脚向女伴右外侧前进（S）（图 16-2-105）（步法如图 16-2-106）。

女：

准备姿势为散式舞姿（图 16-2-101）。

（1）右脚向右侧前进（S）（图 16-2-102）。

（2）左脚向右前侧前进（Q）（图 16-2-103）。

（3）右脚向右前侧稍横步前进（Q）（图 16-2-104）。

（4）左脚向后退（S）（图 16-2-105）（步法如图 16-2-107）。

图 16-2-101
散式舞姿

图 16-2-102
并进接外侧步 1

图 16-2-103
并进接外侧步 2

图 16-2-104
并进接外侧步 3

图 16-2-105
并进接外侧步 4

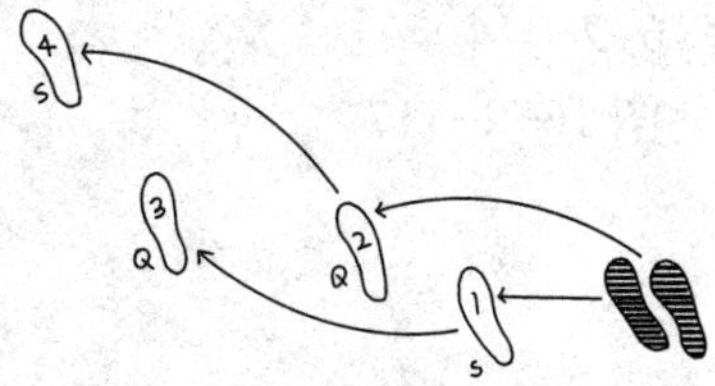

图 16-2-106 并进接外侧步（男）

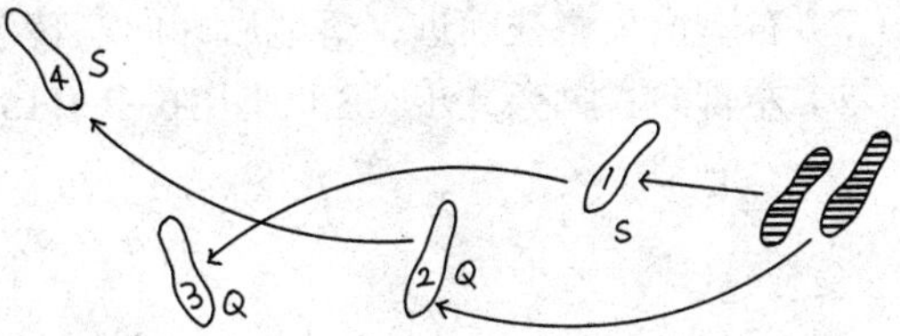

图 16-2-107 并进接外侧步（女）

（八）摇步转

摇步转是探戈舞中极有特色的舞步，在动作中身体重心有左、右、左三次向斜前斜后转换与摇动，故称为“摇步转”。在做摇动时动作步幅要小，要做得轻巧而有控制，才能显得优美及有魅力。切忌扭臀摆胯或全身乱晃，使动作显得粗俗不雅。

节奏：第一步、第二步、第五步、第八步为慢步，各占两拍，第三步、第四步、第六步、第七步为快步，各占一拍，共 12 拍完成这一舞步。

做法：

男：

（1）左脚向前迈步（S）（图 16-2-108）。

（2）右脚向前进，落地后向右转身（S）（图 16-2-109）。

（3）左脚横步，略往后退（Q）（图 16-2-110）。

（4）重心移至右脚，身体略向前倾（Q）（图 16-2-111）。

（5）重心移回左脚、身体略向后倾（S）（图 16-2-112）。

（6）右脚向后退，落地后向左转身（Q）（图 16-2-113）。

（7）左脚横步略往后退，落地后即向左转 1/4（Q）（图 16-2-114）。

（8）右脚向左脚旁并步（S）（图 16-2-115）（步法如图 16-2-116）。

女：

（1）右脚向后退（S）（图 16-2-108）。

（2）左脚向后退，落地后即向右转身（S）（图 16-2-109）。

（3）右脚向男伴两脚中间迈步（Q）（图 16-2-110）。

（4）重心移至左脚，身体略向后倾（Q）（图 16-2-111）。

图 16-2-108
摇步转 1

图 16-2-109
摇步转 2

图 16-2-110
摇步转 3

图 16-2-111
摇步转 4

（5）重心移至右脚，身体略向前倾（S）（图 16-2-112）。

（6）左脚向前进（Q）（图 16-2-113）。

（7）右脚横步略往前进，落地后即向左转（Q）（图 16-2-114）。

（8）左脚向右脚旁并步（S）（图 16-2-115）（步法如图 16-2-117）。

图 16-2-112

摇步转 5

图 16-2-113

摇步转 6

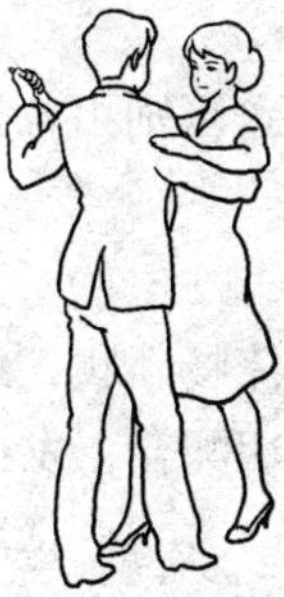

图 16-2-114

摇步转 7

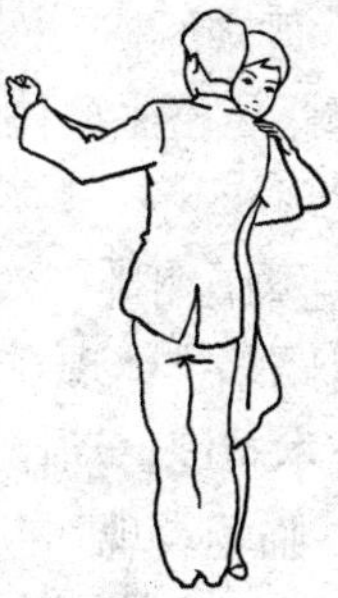

图 16-2-115

摇步转 8

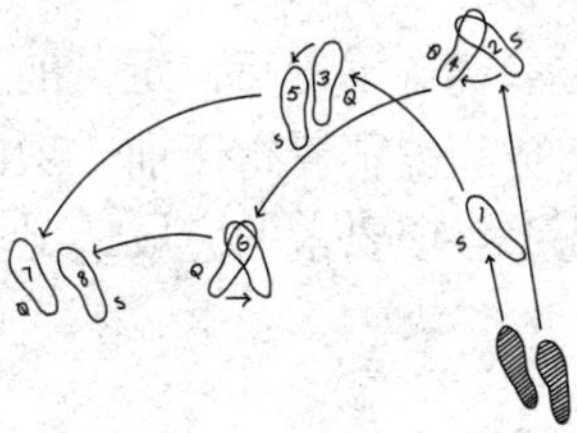

图 16-2-116　摇步转（男）

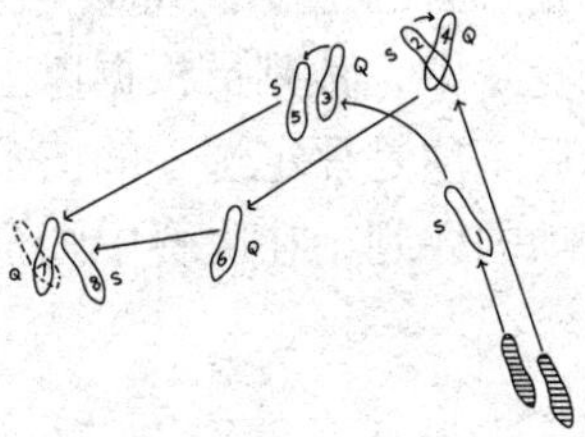

图 16-2-117　摇步转（女）

六、体育舞蹈竞赛规则简介

（一）体育舞蹈比赛分类和场地

1. 体育舞蹈比赛分类

体育舞蹈比赛分团体赛和个人赛两种，按预赛（淘汰赛）、复赛（选拔赛）、半决赛（资格赛）、决赛（名次赛）的程序进行。团体赛由每个参赛单位的 8 对男女运动员组成，按顺序进行比赛。个人赛分职业组和业余组，分别进行不同要求的比赛。比赛按项目又分摩登舞五项全能、摩登舞单项、拉丁舞五项全能、拉丁舞单项、十项全能、摩登团体舞、拉丁团体舞。

2. 体育舞蹈比赛场地

体育舞蹈的比赛场地一般为 23 米 ×16 米，最小尺寸为 20 米 ×15 米。赛场长的两条边线叫 A 线，短的两条边线叫 B 线。比赛选手所编的套路应按两条线的长短不同安排适当的动。跳舞时为了防止碰撞，必须按规定的行进路线有序行进，特别是在连续行进和旋转时就更为必要。因此，规定舞者必须按照逆时针方向运行，这条路线就是舞程线，交换舞程线时必须过中线。

（二）体育舞蹈比赛的评判要素

1. 基本技术

基本技术包括足部动作、身体姿态、舞蹈过程中的平衡稳定、移动、升降技法、倾倒技法。

2. 表现力

表现力体现在对各种不同舞种的节奏要求浅析、表现准确，能很好地体现音乐，要求舞者都能跳出音乐的感觉。

3. 舞蹈风格

舞蹈风格主要体现在能细致区别出各种不同舞种之间的风格、韵味上的差别和个人风格的展现。

4. 舞蹈编排

舞蹈编排体现在动作编排流畅新颖、运用自如，既能体现出舞种的基本风格又含有一定的技术难度；动作与音乐密切配合，发挥音乐效果；编排有章法，充分利用场地。

5. 临场表现

临场表现体现在比赛现场遇到意外情况有应变能力；比赛时能保持良好的竞技状态；专注、自信、临场发挥控制自如。

6. 赛场效果

赛场效果是指舞者的风度、气质、仪表及出入场的总体形象。

在体育舞蹈竞赛中，裁判员根据以上六要素对参赛选手进行评定。前三项主要评定选手的技艺品质，后三项是评定选手的艺术魅力。初赛和复赛着重于前三项的评判，在半决赛时着重于后三项的评判，在决赛中则全面评价选手各项要素的完成情况。

第三节 瑜伽

一、瑜伽的起源与发展

瑜伽（Yoga）是人类智慧的结晶，产生于公元前300年左右，是东方最古老的强身术之一。瑜伽一词源于梵文的音译，意思是结合、联合，这也是瑜伽的宗旨和目的。瑜伽起源于印度，是一种非常古老的能量知识修炼方法，集哲学、科学和艺术于一身。瑜伽的基础建立在古印度哲学上，古代的瑜伽信徒发展了瑜伽体系，因为他们深信通过运动身体和调控呼吸，可以完全控制心智和情感，保持永远健康的身体。瑜伽修持者开始只有少数人，一般在寺院、乡间小舍、喜马拉雅山洞穴和茂密森林中心地带修持，由瑜伽师讲授给那些愿意接受的门徒。后来，瑜伽逐步在印度普通人中间流传开来。而今的瑜伽，已经是印度人民几千年来从实践中总结出的人体科学的修炼法，再也不是只限于少数隐居人仅有的秘密。在印度，现在很难区分瑜伽与印度教的关系，在许多领域，两者的关系都彼此融合。因为心理、生理和精神上的戒律已经使瑜伽成为印度文化中的一个重要组成部分。

瑜伽有一套从肉体到精神极其完备的修持方法。目前，瑜伽已在全世界广泛传播。当今的瑜伽不仅只属于哲学和宗教的范畴，它有着更广泛的含义，千年不衰，有着强大的生命力。

从广义上讲，瑜伽是哲学。从狭义上讲，瑜伽是一种精神和肉体结合的运动。瑜伽作为修行和练功的方法，分为不同的体系，如哈他瑜伽、语音冥想瑜伽、八分支法瑜伽等。其中有些着重于身体，有些着重于心智和精神等。像各种叫“阿萨那答”的姿势练习，在心灵上和身体上同时有深切而积极的效益。而所谓心智的或者精神的瑜伽冥想功法，不仅仅有身体上的效益，在心智和精神上也有积极的效益。身体、心智和精神这三方面是互相联系、互相影响的。比如，当人的身体有病或者精神萎靡时，他冥想起来就比较困难。如果一个人充满焦虑的心情，或者心里很苦闷，忧心忡忡或怨恨满腔，那他的身体健康可能会产生问题。人的思想意识和健康之间是有联系的。在健身界最受关注的是哈他瑜伽，它注重身体健康和力量，通过集中意念、调整呼吸并配合不同身体姿势的练习，来改善人体机能，达到联合整体、增进身心健康的目的。

二、瑜伽的功效

瑜伽讲究自然、平衡与协调，动作柔和缓慢，是一种安全、有效的塑身练习方法。瑜伽姿势包含伸展、力量、耐力和强化心肺功能的练习，能够伸展肌肉，提高关节灵活度，增强身体的柔韧性，提高身体的平衡感，消除身体的多余脂肪，塑造优美的形体。通过练习瑜伽呼吸法，能够改善呼吸系统、神经系统、内分泌系统的功能，增强人的身体素质和免疫力，消除疲劳，安定神经，减轻压力。

瑜伽对神经系统，包括自主神经系统能产生非常有益的影响。通过练习瑜伽，不仅能保持神经系统的健康，而且还能使功能异常的神经系统恢复正常。此外，还能使交感神经系统和副交感神经系统保持平衡。瑜伽练习对内分泌腺体也十分有益，能使各种内分泌腺体得到按摩，刺激心脏，从而保持健康状态。

瑜伽姿势、呼吸练习和瑜伽冥想功对于呼吸系统也有非常好的影响。人的呼吸系统越是健康，就越能预防像肺结核、支气管炎和肺气肿等各类呼吸系统疾病。瑜伽功法对于血液循环系统、消化系统和皮肤也很有益处。

三、瑜伽与呼吸

呼吸是人最重要的机能，但人们对呼吸的了解却很少，经常以不正确的方法进行呼吸。在日常的生活中，我们的呼吸一般是随意和不规律的，大多数人呼吸浅短、缺乏规律。研究表明，人的身体状况在很大程度上依赖于呼吸的规律性，甚至呼吸方式可以高度地反映出一个人的情绪情感。当人们在心烦意乱的时候，如沮丧、悲痛或抑郁时，呼吸就会变得很慢和没有规律；而在狂怒、焦虑和紧张不安时，呼吸则会变得迅速、表浅和混乱。呼吸随年龄增长会产生变化，年龄越大，呼吸越浅弱。正确呼吸可使人头脑灵活，体力充沛，感觉越活越年轻。普通人每分钟呼吸 15~16 次，坐禅时呼吸只有 5~6 次，修持得法者每分钟呼吸只有 1~2 次，甚至可达到像龟蛇一样微呼微吸，消耗很少的能量。瑜伽练习强调用鼻呼吸，平和缓慢的深呼吸可以让紧张的身心松弛下来。不同的瑜伽体位练习有其相应的呼吸方式，有时要求保持某种姿势时需要自然的呼吸，有时则要配合动作屏息数秒钟。

（一）呼吸法

1. 基本呼吸方式

人们日常的呼吸方式通常有胸式呼吸、腹式呼吸和混合呼吸三种。

（1）胸式呼吸。胸式呼吸时，膈肌静止，肋间肌扩张胸廓，呼吸完全是通过附着在肋骨上的肋间肌的运动进行的，呼吸量不大，即腹部不动，胸部动。

（2）腹式呼吸。是膈肌收缩和向下降产生腹壁向外扩张的运动，因此，呼吸的量较大，即胸部不动，腹部动。

（3）混合呼吸。指胸式呼吸加上腹式呼吸，因此呼吸量更大。

2. 瑜伽完全呼吸法

瑜伽完全呼吸法也叫作横膈膜呼吸法。练习时，可采取感觉最舒适的姿势，仰卧、静坐、站立均可。卧或站时，双脚适度分开，双眼轻闭，一手置于胸部，另一手置于腹部上方，以便感觉横膈膜以及腹肌的活动。先以鼻腔缓慢、细长地吸气和呼气，不可出声振动或停息，然后加大正常呼吸的过程。当吸气时，横膈膜下移，腹部像气球一样慢慢鼓起，接着空气继续进入，胸部也慢慢鼓起。然后呼气，横膈膜上推，尽量把气吐尽，排出肺部，分多次吐，胸部下降，腹部下降，接着有意识地收缩腹部，使腹肌向内瘪。这种呼吸是借助横膈膜的收缩和下压形成吸气动作的，吸气时，会发觉腹壁和肋骨下部向外推出，胸部只有轻微移动。

横膈膜呼吸法对身体有三大功效：

（1）横膈膜呼吸不同于浅短的呼吸，能使能量充满整个肺部，供应身体充足的氧气，并将体内的废气、浊气和二氧化碳呼出体外。

（2）横膈膜上下移动，犹如温和的按摩，能促进脏腑的血液循环，增强其机能。

（3）横膈膜呼吸法能以最少的力得到大量的新鲜空气，是极其有效的呼吸方法。

（二）调息法

1. 单鼻孔呼吸法

按简易坐或莲花坐的坐姿坐好，右手轻轻握拳，伸出拇指、食指和中指，将食指和中指并拢放于眉心，先用大拇指按住右侧鼻孔，用左鼻孔吸气，然后慢慢呼气，使气完全呼出。松开大拇指，用无名指按住左鼻孔。然后再用以上方法让右鼻孔呼吸。重复练习。

2. 左右鼻孔交替呼吸法

按简易坐或莲花坐的坐姿坐好，右手轻轻握拳，伸出拇指、食指和中指，将食指和中指并拢放于眉心，先用大拇指按住右鼻孔，通过左鼻孔吸气，然后用无名指按住左鼻孔并屏息数十秒钟，松开大拇指，用右鼻孔慢慢呼气，使气完全呼出，再从右鼻孔吸气，左鼻孔呼气。重复练习。

3. Kapalabhati 呼吸法

Kapalabhati 是“闪光的头顶”的意思，意指能给面容增色增光。按简易坐或莲花坐的坐姿坐好，做几次深呼吸使身体放松。先深呼气，面部放松，嘴并拢，躯干挺直不要前倾，尽力用腹肌呼气，就像有人拳击腹部，横膈膜快速上升，把气推向肺部；吸气，腹肌放松，横膈膜下沉还原。反复做这个练习，每组至少做 25 次快速呼吸，组与组之间做几次深呼吸放松。

四、瑜伽体位练习

瑜伽的“体位”在梵文中叫作“阿萨那”，中文也有译为“体式”的。体位练习一般分为单人体位练习和双人体位练习两类。无论是哪一类，一定要严格遵照体位的要求来循序渐进地练习。这里针对初学瑜伽者编了一组初级瑜伽动作，分别介绍动作的预备姿势、练习步骤、练习效果等。

（一）放松姿势

1. 仰卧放松功

仰卧放松功俗称“尸体式”，在练习这个姿势时，整个身体应做到像尸体一样虚静无为。

预备姿势：背部贴地仰卧，两手放在身体两侧，手心向上，两脚舒适地分开。

练习步骤：闭上双眼，全身放松，自然而规律地呼吸，让意识集中在呼吸上，计呼吸数，在心里默念“一吸”“一呼”“二吸”“二呼”……保持这一姿势5分钟或者更长（图16-3-1）。

练习效果：可以消除全身的疲劳和紧张，有助于使交感神经和副交感神经保持平衡，为身体带来新的活力。仰卧放松功也是一个很好的睡眠姿势，对缓解消化不良、失眠等症都有好处。

2. 俯卧放松功

预备姿势：俯卧地上，额头贴地，两臂放于体侧，手心向上（下颌可用干净毛巾垫着）。

练习步骤：

（1）两手臂从体侧尽量向前伸展，置于头顶前方的地板上，手心朝下。

（2）闭上双眼，全身放松，让呼吸变得自然而有节奏。

（3）意识集中在呼吸上，计呼吸数，在心里默念“一吸”“一呼”“二吸”“二呼”……保持这一姿势5分钟或者更长（图16-3-2）。

练习效果：可以伸展和放松背部、双肩和双臂，对腰椎间盘突出、颈项强直、驼背、圆肩者尤其有益。它和仰卧放松功一样，可以使整个身心都得到放松，是一个极佳的放松姿势。

图16-3-1　仰卧放松功

图16-3-2　俯卧放松功

（二）站立进行的姿势

1. 擎天式

预备姿势：挺直身躯站立，两臂下垂，放于身体两侧，两脚稍微分开。

练习步骤：

（1）两手十指交叉，翻腕向上，高举过头顶，目视交叉的两手。

（2）缓缓吸气，两脚跟同时提起，用脚尖挺立，好像自己正被往上拉，完全伸展整个身体，屏住呼吸，保持这个姿势几秒钟。

（3）呼气，两脚跟慢慢着地，双臂收回，重复练习4~6次。

变式：

（1）按“擎天式”站好，双臂举过头顶。

（2）当两脚挺立、较好保持平衡时，可抬起一条腿向前或向后伸，使之与地面平行，保持这一姿势数秒，然后换另一条腿重复做动作（图16-3-3）。

练习效果：擎天式及其变式能发展腹直肌群，按摩肠胃部，对消除便秘症状有一定效果。可以促进脊骨的成长，预防脊椎变形。此外，还可以美化身体线条，改变身材比例，给人以身材修长的感觉。

图16-3-3　擎天式

2. 转腰式

预备姿势：按基本的站立姿势站好，全身放松。

练习步骤：

（1）两脚分开，略比肩宽，十指在脐前交叉，吸气，两臂高举过头，旋转手腕，使两手掌心向上。

（2）呼气，向前俯身，直到两腿和背部垂直为止，目视双手。

（3）吸气，将上身躯干尽量转向左侧（图 16-3-4），然后呼气，将上身躯干尽量转向右侧。重复做 4 次。

（4）吸气，把上体收回正中位置，然后回复到直立姿势，垂下双臂，放开两手，休息片刻后，重复练习 3~5 次。

练习效果：可以加强双肩、肘、腰、背和髋等关节，矫正脊柱强直，此外，还可以轻柔地按摩腹部器官，有助于减少腰围的脂肪。

3. 三角侧屈式

预备姿势：基本站立姿势，调整呼吸。

练习步骤：

（1）挺直身躯站立，两脚尽量舒适地分开，脚尖略朝向外。两臂向两侧平伸成一条直线，手心向下，这就是“基本三角式”（图 16-3-5）。

图 16-3-4 转腰式

图 16-3-5 三角侧屈式

（2）呼气，慢慢向右侧屈体，右手贴着右小腿向下滑动，尽量扶住右脚踝或右脚，此时左手臂指向上方，两臂成一直线，保持这一姿势 10 秒，保持自然呼吸。

（3）吸气，两臂转动，慢慢回复到基本三角式，然后向左边做同样的练习。左右两边各做 5 次。

练习效果：三角侧屈式是一个提高身体柔韧性的极佳姿势，它可以伸展并收紧侧腰部，加强腿部力量，刺激并按摩腹部器脏，有助于消化，同时还能强化颈部、脊椎、髋关节、肩关节等多个部位。

4. 战士第一式

预备姿势：保持基本的站立姿势，两脚并拢，两臂放于体侧，自然呼吸。

练习步骤：

（1）双掌在胸前合十，举过头顶并尽量向上伸展，然后缓缓吸气，两腿分开，比肩稍宽。

（2）呼气，将右脚和上身躯体向右侧转 90°，左脚略转向右方。接着右膝弯曲，直到大腿与地面平行，而小腿则与地面垂直。

（3）左腿尽力向后伸，膝部挺直。头向上方仰起，目视合十的双掌，自然呼吸，保持这个姿势 15~20 秒（图 16-3-6）。

（4）左脚上前一步，与右脚并拢，两臂收回体侧，然后回复到预备姿势，稍休息，在另一方向重复这一练习。

练习效果：该式可以扩展胸膛，使呼吸变得均匀而绵长，对肺部颇有益处。它能按摩腹部器官，增强人的平衡力和注意力，并且对脊柱、踝、膝、髋和肩等部位都有很好的锻炼效果。

5. 战士第二式

预备姿势：挺直身躯站立，两脚并拢，自然呼吸。

练习步骤：

（1）深吸一口气，两脚尽力分开，两臂侧平举，与地面平行成“三角式”（图 16-3-7）。

（2）左膝挺直，右脚向右转 90°，左侧肢体略向右转。

（3）右膝屈曲，直至大腿与地面平行，小腿垂直于地面。然后将两手向身体两侧尽量伸展，头转向右方，目视右手手指尖，深吸气，保持这一姿势 10~20 秒。

（4）吸气，躯干和重心向中央移动，回复到“三角式”，然后转向左方，换另一方向重复这一练习。

练习效果：该式能有效地锻炼双腿、背部与腹部，增强大小腿肌肉的力量，并且可以活动肩关节，增强各关节的柔韧性。

6. 幻椅式

预备姿势：保持基本站立姿势，身体挺直，目视前方，全身放松。

练习步骤：

（1）吸气，两掌在胸前合十，高举于头顶。

（2）呼气，双膝屈曲，放低躯干，想象正准备坐在一张椅子上，自然呼吸，保持这一姿势 10~20 秒（图 16-3-8）。

图 16-3-6　战士第一式

图 16-3-7　战士第二式

图 16-3-8　幻椅式

（3）缓缓吸气，膝盖伸直，两臂自然下垂返回到预备姿势。

练习效果：可强化脊柱活力，强健两腿和背部的肌肉群，增进体态的平衡和稳定，矫正不良姿势。该姿势也可以扩展胸部，增强双踝，强壮腹部器官，同时还能消除肩部的酸痛和僵硬，给予心脏柔和的按摩。

（三）坐（跪）地进行的姿势

1. 猫伸展式

预备姿势：跪坐在地面上，双手放在大腿上，自然呼吸。

练习步骤：

（1）抬臀部，两手掌于膝盖前方着地，双膝和小腿着地，呈动物爬行的姿态。

（2）吸气，抬头，臀部上提，双手直撑于地，收缩背部肌肉，保持这一姿势 5 秒（图 16-3-9）。

（3）呼气，小腹后缩，垂下头，背部拱成圆形，再保持这一姿势 5 秒（图 16-3-10）。

图 16-3-9 猫伸展式（吸气）

图 16-3-10 猫伸展式（呼气）

（4）两臂伸直，垂直于地面，恢复到先前动物爬行的姿态。重复做这个练习 4~8 次。

练习效果：该式可以活化整个脊柱，放松肩部和颈部，收紧腹肌，减缓痛经，改善月经不调和子宫下垂。它还有助于消除腰、腹部四周多余的脂肪，使身材更苗条。

2. 虎式

预备姿势：跪坐于地，臀部落于两脚跟上，上身挺直。

练习步骤：

（1）上身躯干前倾，双手撑住地板，臀部抬高，像爬行动物一样四肢着地。

（2）目视前方，缓缓吸气，左小腿贴地不动，把右腿笔直地向后上方伸展（图 16-3-11）。

图 16-3-11 虎式

（3）吸气结束后闭气，右膝弯曲，膝盖向下方收回，但不着地。抬头，目视上方，保持这一姿势 5 秒。

（4）呼气，把屈膝的右腿向上挨近胸部，同时头部低下，目视下方，鼻尽量靠右膝，背部向上挺成拱形。

（5）把右腿伸向后上方，重复整个动作。每条腿各做 3~5 次。

练习效果：该式可以锻炼大腿后侧及臀部肌肉，使脊柱得到充分伸展，同时可以放松坐骨神经，还可以减少腰部、髋部、大腿区域的脂肪，尤其适合女性练习。

3. 推磨式

预备姿势：坐于地上，两腿向前伸展，两手放于大腿上，自然呼吸。

练习步骤：

（1）上身自腰部向前屈体，手指交叉，手臂伸直，两臂按顺时针方向做圆周水平运动，想象自己正在推动石磨（图 16-3-12）。

（2）做完 10 圈顺时针方向的推磨动作后，停下，再继续做 10 圈逆时针方向的推磨动作（图 16-3-13）。

图 16-3-12 推磨式 1

图 16-3-13 推磨式 2

（3）身体回到中央位置，挺直上身，回复预备姿势，休息。

练习效果：该式可以伸展和放松肩部和腹部的肌肉，按摩腹部的脏器，促进消化。此外，这一姿势还能按摩子宫，对孕妇来说，也是一个很好的练习。

4. 顶峰式

预备姿势：跪坐于地，臀部落于两脚跟上，两手放在大腿上，自然呼吸，放松全身。

练习步骤：

（1）上身躯干前俯，两手掌心在膝盖前方撑地。

（2）保持手臂姿势不动，抬高臀部，两膝着地，跪在地板上。

（3）吸气，两腿伸直，将臀部向上顶。

（4）颈项伸直，低头处于两臂之间，整个身体成三角形。脚后跟落在地上，自然呼吸，保持这一姿势约 1 分钟（图 16-3-14）。

练习效果：该式有助于减少臀部及大腿的皮下脂肪，使肌肉更结实，还能强壮坐骨神经，消除肩周炎，此外，还能促进头部血液循环，消除疲劳，使人精力旺盛。

5. 山式

预备姿势：莲花坐姿势。

练习步骤：

（1）十指在胸前自然交叉，手背向外。

（2）手臂伸直，向上伸展，高过头顶。

（3）头向下低，下巴紧靠胸骨，掌心转向上方，背部挺直，两臂尽量向上伸展。自然呼吸，保持这一姿势 1 分钟（图 16-3-15）。

图 16-3-14 顶峰式

图 16-3-15 山式

（4）放下双手，回到预备姿势。改变两腿的位置，更换莲花坐姿，重复这一练习。

练习效果：该姿势可以扩展胸部，使肩部得到舒展，有助于消除肩背部的酸痛，并以一种轻柔的方式按摩腹部器官，有助于消化。此外，山式采用的莲花坐姿有助于保持心平气和。

（四）卧地进行的姿势

1. 船式

预备姿势：仰卧在地面上，两脚并拢，两手置于身体两侧，手心向里，自然呼吸。

练习步骤：

图 16-3-16 船式

（1）吸气，双手、双脚和上身躯干同时上提，离地约 0.5 米，双臂向前伸直，并平行于地面，双腿用力伸直。

（2）闭气，全身绷紧，两眼注视脚尖，保持这一姿势 20~30 秒（图 16-3-16）。

（3）双腿、躯干还原，缓缓呼气，全身放松，回到预备姿势，重复做这个练习 3~5 次，然后再做“瑜伽休息术”，以增强其效果。

变式：当身体从地面抬高时，可握紧双拳，使全身肌肉处于一种紧张状态，然后再呼气，还原成预备姿势，再做一遍“仰卧放松功”。

练习效果：可以使全身的肌肉和关节都得到放松，缓解人的紧张情绪，增强背部力量，同时还可以促进肠胃蠕动，增强消化系统的功能。

2. 卧英雄式

预备姿势：“霹雳坐”姿势。

练习步骤：

（1）呼气，叉开两脚，臀部着地。

（2）吸气，上半身往后仰，先将右肘着地，继而左肘着地，指尖指向脚的方向。

（3）两肘逐渐向臀部方向移动，然后成仰卧姿势，两手置于体侧伸直，双膝并拢贴地。自然呼吸，保持这一姿势 5~10 秒（图 16-3-17）。

图 16-3-17 卧英雄式

（4）双手抓住脚踝，肩肘靠着地面撑起，身体重量置于双肘上，抬头挺背，逐步恢复到预备姿势，稍休息，再重复做这一姿势 3~5 次。

练习效果：通过身体后仰，可以刺激肾脏功能，使肾处于血液的滋养之中。此外，该姿势还可以滋补肠胃、肝、脾和腹部的其他器官，对于患消化不良、胃炎、便秘、痔疮等疾病的患者很有益处。同时，还可辅助治疗脊椎和关节疾病，并增强性功能。

3. 简弓式

预备姿势：额头贴地俯卧，双臂在身侧伸直，手指指向脚部。两脚脚跟并拢，自然呼吸。

练习步骤：

图 16-3-18 简弓式

（1）双腿弯曲，脚跟靠近臀部，两手分别向同侧脚踝靠拢。

（2）缓慢而均匀地吸气，然后屏住呼吸，头部向上抬伸。

（3）两小腿向头部方向用力，两手臂伸直握小腿，直至力所能及的最大限度，此时胸部和头部都将向上抬起。仰望天空，屏住呼吸，保持这一姿势 5~10 秒（图 16-3-18）。

（4）呼气，两手放开脚踝，头部和胸部，双腿慢慢还原，回到预备姿势。稍休息，再重复练习。

练习效果：该式能促进肾上腺、甲状腺、脑下垂体和性腺的细胞活动，使之正常分泌各自激素。它对关节、脊柱、肺部、胸部和腹部疾病也有一定缓解功效。此外，还可缓解女性月经失调症状。

4. 手枕式

预备姿势：背部贴地仰卧，双臂在身侧伸直，脚跟并拢，手掌贴于大腿外侧，自然呼吸。

练习步骤：

（1）身体右转呈右侧卧式，右侧大臂着地，抬头，弯曲左肘，用右掌托住脸的侧面。

（2）深吸一口气，左腿向上举起，左手抓住左脚大脚趾。

（3）呼气，伸直左臂和左腿，左膝绷直。自然呼吸，保持这一姿势 10~30 秒（图 16-3-19）。

图 16-3-19 手枕式

（4）左膝弯曲，左腿和左臂放回原处，恢复成右侧卧式，然后放下左手，转身回到预备姿势。接下来做左侧卧式，重复这一练习。

练习效果：该式能促进腰部脂肪的消耗，减少腰部脂肪堆积。此外，它还可以拉伸腿后侧的韧带，对肩部、背部和骨盆区域都非常有益。

五、平衡的姿势

1. 平衡式

预备姿势：基本站立姿势，全身放松，自然呼吸。

练习步骤：

（1）右腿直立，左腿自膝盖处弯曲，上抬左脚跟，脚尖朝上。左手抓住左脚，尽力使左脚跟紧贴臀部。

（2）右臂伸直，手指并拢，自下而上慢慢抬起，直至高举过头，手掌面向前方，自然呼吸，保持这一姿势 10~20 秒（图 16-3-20）。

图 16-3-20 平衡式

（3）右臂慢慢放下，手掌始终保持绷紧，然后左手松开，左腿落地。休息 10 秒，换异侧练习。每边各做 3 次。

练习效果：该式能活动人体主要关节，消除关节的僵直和疼痛。它还能促进血液循环，强健肌肉，对膝关节、脚踝、肩关节、腕关节、手掌和手指各部位关节的病痛，均有良好的辅助治疗作用。

2. 树式

预备姿势：挺直身躯站立，两臂下垂于体侧，自然呼吸。

练习步骤：

（1）右腿站立，左腿自膝关节处弯曲，把左腿抬至右侧大腿上，脚后跟和脚底的外侧搁置在右大腿上部。

（2）双手从身体两侧向头部抬起，当抬至头部上方时，双手合十放在头上，手腕贴着头顶。

（3）尽力将弯曲的臂肘向后伸展，使两臂肘处于同一直线上。目视前方，右腿绷紧，全身处于紧张状态，自然呼吸，想象自己如一棵顶天立地的大树，保持这一姿势 10 秒（图 16-3-21）。

（4）放开手掌，将两臂放回身体两侧，然后抓住左腿脚趾，把脚轻轻抬起放回地面，回到预备姿势，全身放松。

（5）休息数秒钟后，两腿交替，重复练习这一姿势 4~6 次。

练习效果：树式对于脚踝、脚趾、膝关节、髋关节、肩关节、肘关节和双手都有很好的锻炼效果，它使身体的大小关节均得到活动，

图 16-3-21 树式

促进了关节的血液循环，从而使人体的关节功能日渐强化。

第四节 健美运动

一、健美运动概述

健美运动是指通过健美操、韵律操、形体操等各种徒手练习或利用哑铃、杠铃、单双杠、拉力器等各种器械，运用专门的动作方式和方法进行锻炼，以发达肌肉、健美体魄、改善体型和陶冶情操为目的的一种运动。

在长期的发展过程中，健美运动形成了两个相对独立的运动项目，即竞技健美运动和竞技健美操。

健美运动简单易行、适用性强，是大学生提高自身身体素质、美化体型的重要途径。它对提高大学生身心健康的作用主要体现在以下几个方面：

（1）增强体质，增进健康。经常进行健美锻炼，能有效地改善和提高心血管系统、呼吸系统和消化系统等的生理机能，从而提高身体的抵抗能力和适应能力。

（2）使肌肉增粗，力量增大。长期坚持健美运动，能够使肌肉得到强烈的刺激，而使肌肉纤维增粗，肌肉的横断面增大，肌肉变得丰满、结实和粗壮。此外，在力量练习的影响下，可使肌肉内供能物质含量增加，储氧的肌红蛋白、肌肉代谢场所的线粒体数量及体积、毛细血管网等均增加，肌肉结缔组织增厚，从而使肌肉收缩更有力，力量增大。

（3）矫正体型体态。体型主要是指全身各部位的比例是否匀称、协调、平衡、和谐，以及主要肌肉群是否具有优美的线条。体态主要是指整个身体及各主要部位的姿态是否端庄优美。自古以来，人们就十分强调人的体态，要求站有站相、坐有坐相、走有走相。当代大学生在日常生活中如果不注意自己的仪表姿态，就会影响某些骨骼的正常生长和发育，从而造成一些不良姿态，如含胸弓背、脊柱侧弯等。通过健美训练，能给予身体某些部位以良好的影响，促使肌肉发达，例如，过胖的学生可以通过科学的训练减少肌肉中的脂肪含量，达到减肥的目的。科学的健美训练还有助于矫正某一部位的畸形。

（4）培养顽强意志，陶冶情操。健美训练很艰苦、富有挑战性，只有达到一定的训练量和强度，才能收到良好的锻炼效果。健美训练后往往会导致腰背疼痛、肌肉酸痛。长期坚持健美训练，能培养学生不怕苦、不怕累、不怕疼的顽强意志。健美训练对学生树立自信、自强良好的心理素质也有着较大的作用。此外，通过健美训练和观看健美比赛，还可以满足人们对美的追求，培养健康的审美情趣和积极进取的人生理想。

二、健美体型的衡量标准

（一）人体健美体型的类型

由于人体的骨骼、肌肉和脂肪的比例和分布状况不同，可将人体健美体型分为 5 种类型：

（1）适应型。发挥自身体型的优势，通过健美练习改善身体的不足，塑造理想的体型。

（2）姿态型。将肉体美与姿态美相结合，塑造独特的气质和姿态。

（3）多姿型。肌肉发达适中，身体曲线多姿。

（4）体能型。肌肉发达、匀称。

（5）力量型。肌肉特别发达，线条轮廓特别明显。

（二）衡量健美体型的标准

人体美是健、力和美三者的有机结合，它包括肌肉和骨骼的发育情况、外部姿态以及人的精神气质等。人体体型健美应具备以下 10 个条件：

（1）骨骼发育正常，身体各部位比例协调、匀称。

（2）男子肌肉均衡发达，女子体态丰满而无肥胖臃肿感，男女皮下脂肪适度。

（3）五官端正，头部与五官位置比例协调，男子眼睛有神，女子眉清目秀。

（4）双肩对称，男宽女圆，微呈下削，无耸肩或垂肩之感。

（5）脊柱背视成直线，侧视呈正常的生理曲线，肩胛骨无翼状隆起和上翻之感。

（6）胸廓宽阔厚实，比例协调，无含胸驼背之感。男子胸肌圆隆，背视腰以上躯干呈“V”形；女子乳房丰满、坚挺而不下垂，侧视有女性特有的曲线美感。

（7）腰微呈圆柱形，腹部扁平，男子在处于放松时仍有腹肌垒块隐现，女子腰围比臀围约细 1/3。

（8）臀部圆满结实，男子鼓实且稍上翘，女子不显下坠。

（9）下肢修长且不纤细，线条柔和，小腿腓肠肌位置较高并稍突出，足弓高，两腿并拢时正视和侧视均无屈曲感。

（10）整体外观给人以肌肉发达、健壮有力、体型匀称、线条鲜明、精神饱满和坚忍不拔之感。

以上 10 条标准是“十全十美”的人体健美体型。是否符合人体体型健美的条件，很大程度上取决于先天遗传，若先天不足，也可以通过后天的锻炼、塑造来进行克服和弥补，使之接近或达到人体体型的健美条件。为了方便大学生在锻炼中进行自我评价，以下附男女一般健美体围参照表（表 16-4-1，表 16-4-2）。

表 16-4-1　男子一般健美体围标准

身高 /cm	体重 /kg	胸围 /cm	扩展胸围 /cm	上臂围 /cm	大腿围 /cm	腰围 /cm
153～155	50	94	97	32	45	65
155～157	52	94	98	32	49	65
157～160	54	95	99	33	50	66
161～163	56	95	101	33	51	66
163～166	59	98	102	34	52	68
166～169	61	100	103	34	53	69
169～171	63	100	104	35	53	69
171～174	65	102	105	35	54	70

续表

身高 /cm	体重 /kg	胸围 /cm	扩展胸围 /cm	上臂围 /cm	大腿围 /cm	腰围 /cm
174~177	67	103	107	36	55	71
177~180	70	103	108	36	55	72
180~183	72	104	109	37	56	72

表 16-4-2 女子一般健美体围标准

身高 /cm	体重 /kg	扩展胸围 /cm	臀围 /cm	腰围 /cm
152~154	47.5	88	88	58
154~158	48.5	88	88	58
158~161	50	89	89	59
161~163	51.5	89	89	60
163~166	53	90	90	60
166~169	54.5	90	90	61
169~171	56	92	92	61
171~174	58	92	92	62
174~176	60	94	94	64
176~178	62.5	96	96	66

三、健美训练的方法

健美训练的目的是使肌肉丰满、发达或减少体内多余的脂肪而达到体型健美。要使健美训练更实用、更有效、更有乐趣，就必须根据个人的具体情况选用不同的训练方法。下面介绍几种常用的健美训练方法：

（一）循环训练法

循环训练法是指在每次训练时，把多个训练身体不同部位的动作按一定次序编排好，并逐项、依次完成所有动作的训练方法，即完成一个循环的练习。一个循环一般包括 6~14 个动作，每个动作练习间歇 45~60 秒，每个循环间休息 2~3 分钟。

实例：仰卧起坐—引体向上—跳绳—俯卧撑—侧卧举腿—跑步—俯卧挺身—快速上下五层楼梯。

这种训练方法的特点是能够全面提高身体素质，增长肌肉力量和耐力，既有趣味又无单调感，能充分调动练习者的积极性。

（二）定量间歇训练法

定量间歇训练法是指一个动作在一次训练课中所用的重量、动作次数、练习组数和间歇时间等基本相同的一种训练方法。组与组之间一般休息 1~2 分钟（表 16-4-3）。

表 16-4-3　定量间歇训练法实例

次序	内容	重量	练习组数 / 组	每组动作次数 / 次
1	深蹲	60 千克	3	8
2	卧拉	40 千克	3	8
3	直腿硬拉	60 千克	3	8
4	颈后推	20 千克	3	8
5	提踵	40 千克	3	8
6	腕屈伸	10 千克	3	15
7	仰卧两头起	/	3	15

这种训练方法的特点是具体明确，容易掌握，是常用的一种方法，比较适合初学者。

（三）金字塔形训练法

金字塔形训练法是指一个动作在练习时用的重量逐组增加，相应减少每组的重复次数的一种训练方法。其练习的重量是一个下大上小的塔形。

这种训练方法的特点是对局部的肌群有较大的刺激，能有效地增加肌肉的力量和体积。

（四）优先训练法

优先训练法是指对身体某块肌肉有侧重地优先安排训练的方法。如胸大肌不是很发达的人在训练时，首先要对胸大肌进行强化训练，然后再进行其他部位的练习。

这种训练方法的特点是可在一定程度上有效地弥补身体某些肌肉的不足。

（五）重量渐减训练法

重量渐减训练法是指练习某一动作时用的重量逐组减少，动作练习重复次数相应减少，而每组练习之间没有间歇时间的一种训练方法。

这种训练方法的特点是训练的密度较大，能有效地提高肌肉的耐力和长时间训练的能力，促使肌肉达到饱和。

（六）助力训练法

助力训练法是指练习某一动作筋疲力尽时，借助身体其他部位的力量或者外力完成更多次重复动作的训练方法。例如，做卧推时，待自己不能推起来时，可借助同伴的助力完成 1~2 次重复动作。

这种训练方法的特点是能使局部肌群受到最大深度和强度的刺激。

四、发达肌肉群的有效练习

（一）发达胸部肌肉群的练习

1. 俯卧撑

主要发展胸大肌、肱三头肌和三角肌的肌力。

练习时，屈肘前身体要前探，尽量拉长胸大肌，用力时要注意胸大肌发力。做前吸气，成直臂俯撑时呼气（图 16-4-1）。

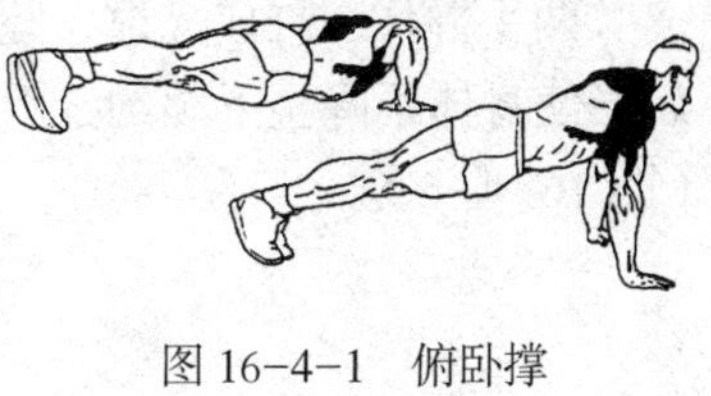

图 16-4-1　俯卧撑

2. 俯卧哑铃飞鸟

主要发展三角肌后部、斜方肌的肌力。

俯卧在长凳上，两脚踏实地面，上背部和臀部着凳面，用哑铃做飞鸟的动作。注意肩、肘、腕始终在一个垂面内（图 16-4-2）。

3. 杠铃（或哑铃）仰卧推举

主要发展胸大肌、肱三头肌和三角肌前束的肌力。

仰卧在凳上，两手正握杠铃，比肩稍宽。屈臂下放杠铃于胸部，两肘外展，再将杠铃从胸前往上用力推起至两臂完全伸直。上推前吸一口气，憋气上推，两臂伸直后呼气（图 16-4-3）。

图 16-4-2 俯卧哑铃飞鸟

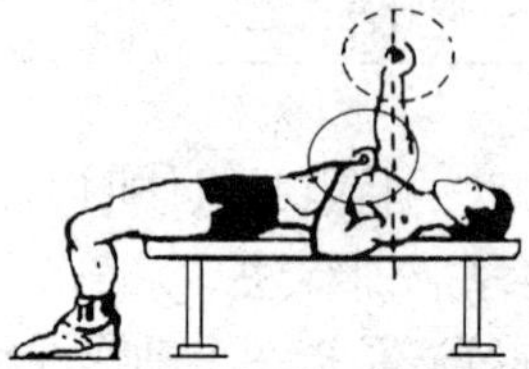

图 16-4-3 杠铃仰卧推举

4. 颈上卧推

主要发展胸大肌上部肌肉的肌力。

仰卧在平凳上，双手宽握杠铃放至颈部上，两肘尽量外展，然后用力向上推杠铃至手臂伸直。上推前吸一口气，憋气上推，两臂伸直后呼气。

5. 哑铃仰卧屈臂拉

主要发展胸大肌上部和背阔肌、大圆肌的肌力。

上背部仰卧于凳面，头稍露出凳端，两腿弯曲蹬地，动作过程中注意“夹胸”（图 16-4-4）。此动作也可用杠铃来完成。

6. 哑铃上斜飞鸟

主要发展胸大肌上部和三角肌前中部肌肉的肌力。

仰卧在上斜板上，高于 45°，双手抓住两个哑铃，保持双臂微微弯曲，用哑铃做上斜飞鸟的动作（图 16-4-5）。

7. 弹簧棒内收

主要发展胸部中沟肌肉的肌力。

两手握住弹簧棒两端（掌心相对），置于腹前，然后两臂同时内收，肩胛骨后缩，使弹簧棒在胸前，再慢慢放松复原。

8. 宽撑双杠

主要发展胸下部肌肉的肌力。

两手握住双杠成支撑，脸朝下，下颌收紧，弓背，脚尖向前，两眼看脚尖，然后慢慢屈臂使身体下降至下颌约于双杠齐处，再用力将身体撑起。注意伸臂时吸气，放松时呼气（图 16-4-6）。

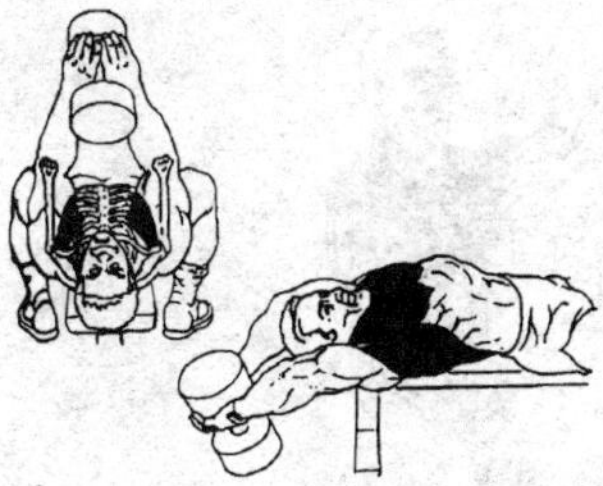

图 16-4-4 哑铃仰卧屈臂拉

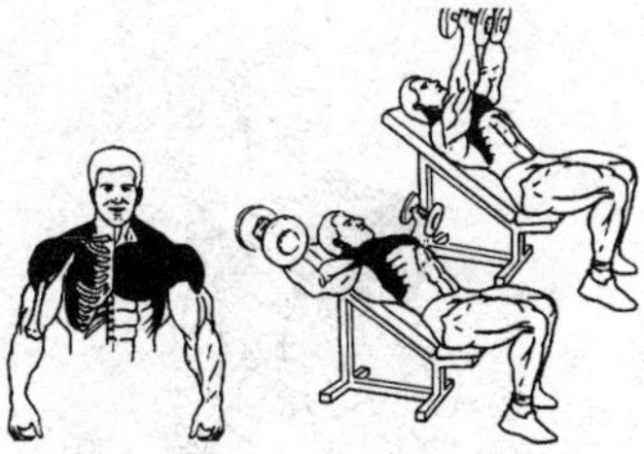

图 16-4-5 哑铃上斜飞鸟

图 16-4-6 宽撑双杠

9. 双杠支撑摆动臂屈伸

主要发展胸下部肌肉的肌力。

两手握住双杠成支撑，以肩为轴，身体前摆时肩略后移。后摆至最高处时屈肘，腰部和腹部要放松。再前摆时，两臂用力伸直，如此往复摆动臂屈伸。注意屈肘时吸气，前摆时呼气。

（二）发达肩部肌肉群的练习

1. 直臂前平举上举

主要发展三角肌前部肌肉的肌力。

两手握住杠铃下垂，直臂前平举静止 4~6 秒再上举至直臂支撑。上举时吸气，举直后呼气。

2. 直立提肘上拉

主要发展三角肌侧部肌肉的肌力。

两手握住杠铃下垂，间距比肩略窄，身体直立，用力向上提肘至胸部后慢慢复原。提肘时吸气，复原后呼气。

3. 颈后推举

主要发展三角肌、斜方肌和肱三头肌的肌力。

两手宽握住杠铃，放置在颈后肩上，用力将杠铃推起至两臂完全伸直后慢慢复原。杠铃放置在颈后应吸一口气，推上后再调整呼吸（图 16-4-7）。

图 16-4-7 颈后推举

4. 两臂交替前举

主要发展三角肌前部、中部肌肉的肌力。

双手握哑铃于身体两侧，掌心向后，肘关节微屈。先举起一侧哑铃，在还原的同时举起另一侧哑铃，交替进行。抬臂时吸气，放下臂时短促呼气。

5. 直臂绕环

主要发展三角肌中部、前部肌肉的肌力。

两臂下垂持哑铃在胸前呈十字交叉，做胸前直臂绕环。力求自然，上举时吸气，放下时呼气。

6. 哑铃（杠铃）前平举

主要发展三角肌、胸大肌和前锯肌的肌力。

两手握哑铃（杠铃）自然伸直置于体前，单手持哑铃经体前上举至肘关节高于肩，两手交替上举，双手持杠铃前平举（图 16-4-8）。

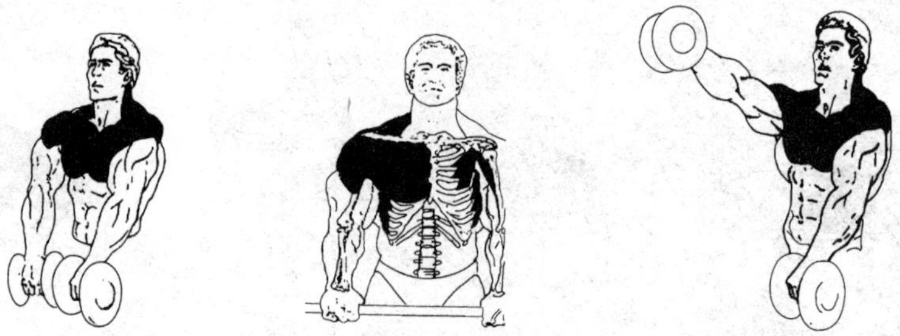

图 16-4-8 哑铃（杠铃）前平举

7. 弓身侧平举

主要发展三角肌、斜方肌和大圆肌的肌力。

弓身成水平状，双手持哑铃于体侧，然后两臂向后上振至与肩同高后慢慢还原。后振时吸气，还原时呼气（图 16-4-9）。

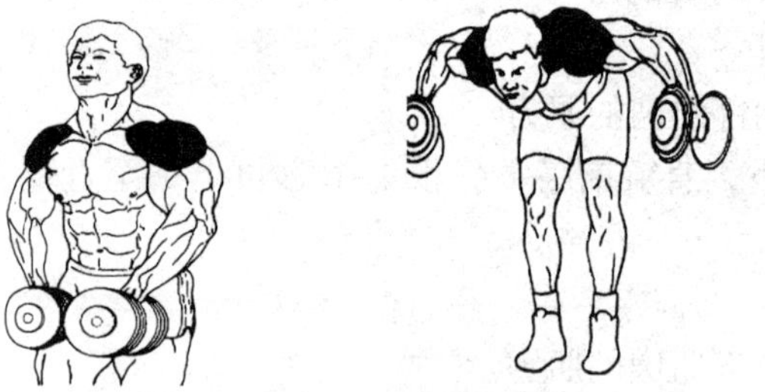

图 16-4-9 弓身侧平举

（三）发达背部肌肉群的练习

1. 坐姿划船

主要发展背阔肌和大圆肌的肌力。

坐在凳上，两腿前伸，两脚踩住前方固定物，两臂伸直，两肩放松。拉动时，两臂屈肘向胸腹部拉引，同时挺胸、抬头，肩胛骨向脊柱靠拢（图 16-4-10）。

2. 引体向上

主要发展背阔肌上、中部的肌力。

两手正握或反握单杠，握距同肩宽，两脚离地，两臂伸直，身体悬垂。引体发力使身体向上拉至头过杠面，然后身体慢慢垂下成原来姿势（图 16-4-11）。练习时，要求用背肌和臂肌收缩发力，引体不要借助身体摆动和屈蹬腿的力量。

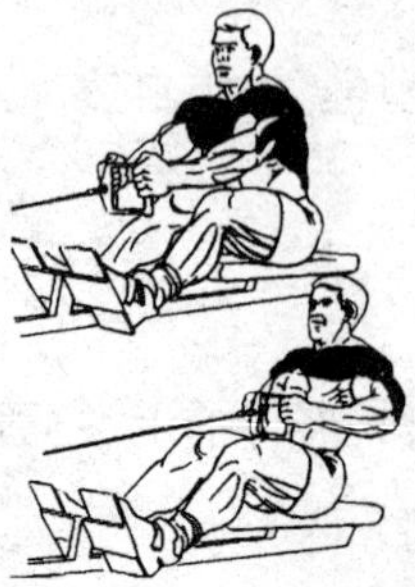

图 16-4-10 坐姿划船

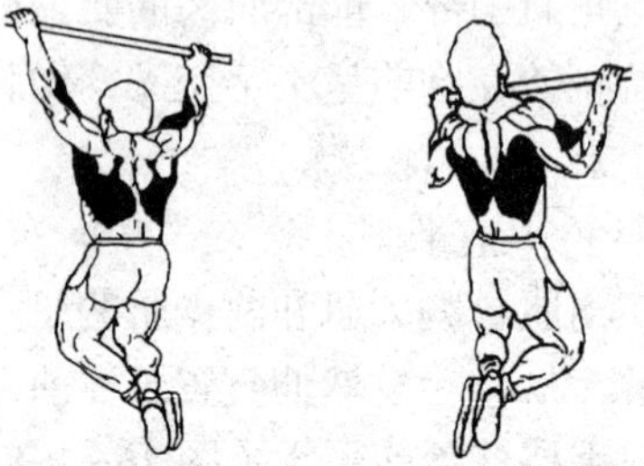

图 16-4-11 引体向上

3. 重垂下拉

主要发展背阔肌、三角肌和胸大肌的肌力。

正坐在凳上，横杠位于头部正上方，两臂伸直下拉，可分为胸前下拉和后仰下拉（图16-4-12）。向前拉至胸前第3~4根肋骨处，上体稍后仰，抬头挺胸，向后拉至极限，尽量低头，不要用体重借力拉。

胸前下拉　　后仰下拉

图16-4-12　重垂下拉

4. 杠铃俯立划船

主要发展斜方肌、背阔肌、肱二头肌和大圆肌的肌力。

俯立，两脚开立同肩宽，上背部与地面平行，做动作时挺胸、收腹、紧腰，先将杠铃直臂拉至小腿胫骨前，然后屈肘，使横杠沿小腿上拉至小腹前，挺胸、抬头，上体抬起15°~20°，掌心向前（图16-4-13）。

5. 单手哑铃俯立划船

主要发展斜方肌、大圆肌和冈下肌的肌力。

两脚开立同肩宽，上背部与地面平行，单手持哑铃于肩关节下方。运动时，使哑铃沿腿外侧上拉至腰部，同时转头翻肩（图16-4-14）。为减轻腿部肌肉的负担，可采用单膝跪凳，同侧手撑凳面的动作。

图16-4-13　杠铃俯立划船

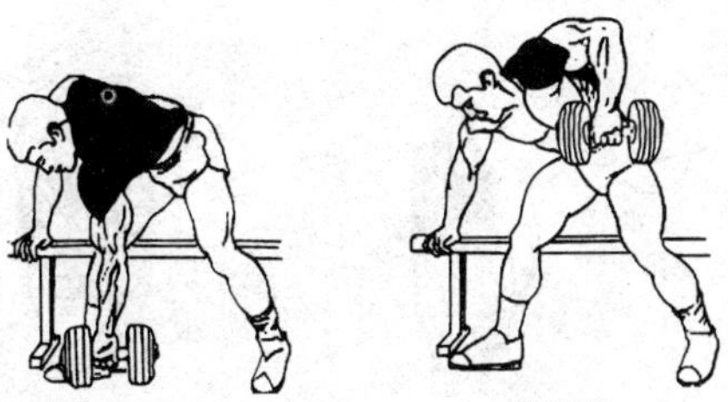

预备　　单臂拉

图16-4-14　单手哑铃俯立划船

6. 直臂拉弹簧拉力器

主要发展斜方肌的肌力。

两手握弹簧拉力器的两端，两臂由前平举向两侧用力拉直至两臂和体侧平行，然后还原再做。扩胸时吸气，还原时呼气。

7. 杠铃耸肩

主要发展斜方肌的肌力。

身体直立，两臂持杠铃下垂，练习时用力向上耸肩至最高位，然后还原再做。耸肩时吸气，还原时呼气。

8. 直臂下拉

主要发展背阔肌、大圆肌和胸大肌下部肌肉的肌力。

两臂自然伸直，使拉杆从体前拉下至大腿前（图 16–4–15）。

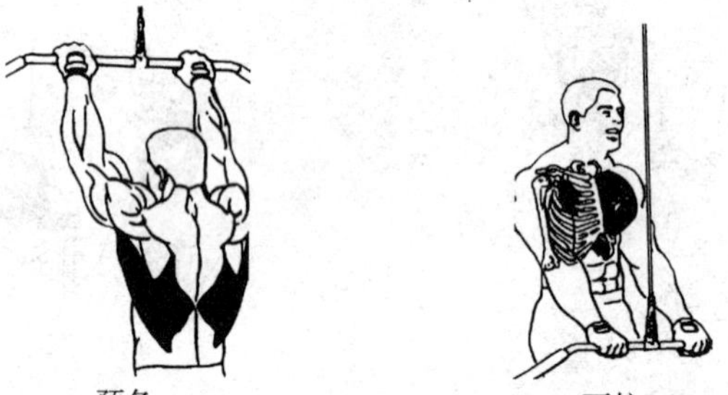

图 16–4–15 直臂下拉

（四）发达臂部肌肉群的练习

1. 站立臂屈伸

主要发展肱三头肌的肌力。

两脚自然开立，双手握杠铃（或哑铃），两臂伸直，上臂与地面垂直，两臂持铃向头上伸直打起（图 16–4–16）。

2. 坐姿臂屈伸

主要发展肱三头肌外侧肌肉的肌力。

坐在凳上，两手握哑铃的一端，两肘高抬并向侧分，然后用力向上伸直两臂，使哑铃沿背部滑动至最高位。伸肘前吸气，肘直后呼气（图 16–4–17）。

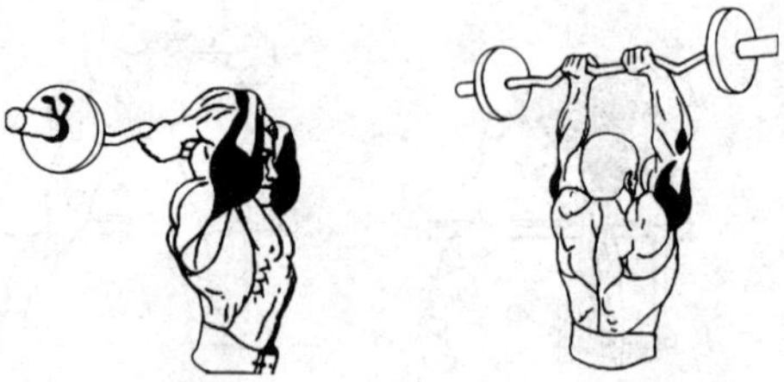

图 16–4–16 站立臂屈伸

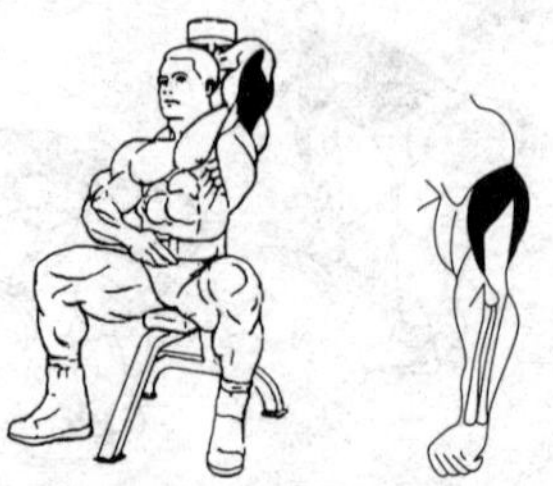

图 16–4–17 坐姿臂屈伸

3. 仰卧臂屈伸

主要发展肱三头肌的肌力。

仰卧在凳上，两手握住在头前的杠铃，两肘高抬，肘尖向上，然后用伸前臂的力量将肘伸直。用力伸臂时吸气，伸直后呼气（图 16–4–18）。

图 16-4-18　仰卧臂屈伸

4. 斜板弯举

主要发展肱二头肌、肱肌、前臂肌群的肌力。

单手握住哑铃，肘部固定在斜板上，手臂自然伸直，然后用力屈肘使哑铃至锁骨前，再慢慢还原。屈肘时吸气，还原时呼气（图 16-4-19）。

5. 站姿杠铃弯举

主要发展肱二头肌的肌力。

两脚开立，两手握住哑铃下垂，然后将哑铃弯举至胸前，再慢慢放下还原。屈肘时吸气，还原时呼气（图 16-4-20）。

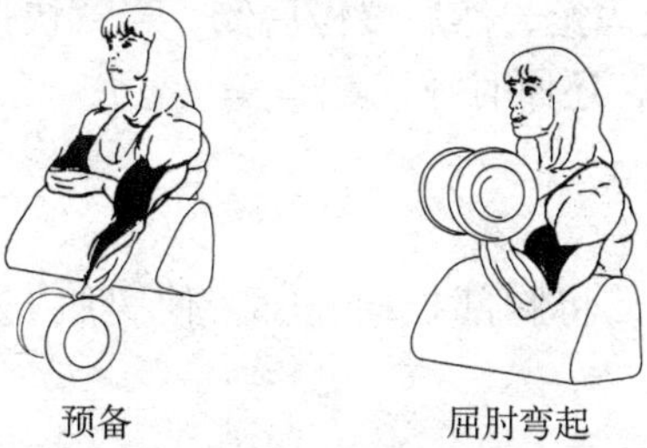

图 16-4-19　斜板弯举

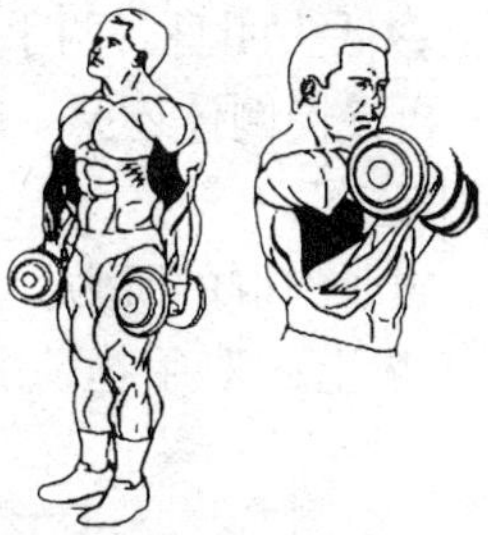

图 16-4-20　站姿杠铃弯举

6. 俯坐弯举

主要发展肱二头肌的肌力。

坐在凳上，上体前俯，持铃手肘关节顶在同侧大腿内侧 1/3 处，前腿与大腿成 45°，直接弯起或转腕弯起，与肘关节的最佳角度为 50° ~55°（图 16-4-21）。

7. 斜坐弯举

主要发展肱二头肌的肌力。

斜坐弯举可以更有效地固定躯干和下肢，使动作更加独立地完成（图 16-4-22）。

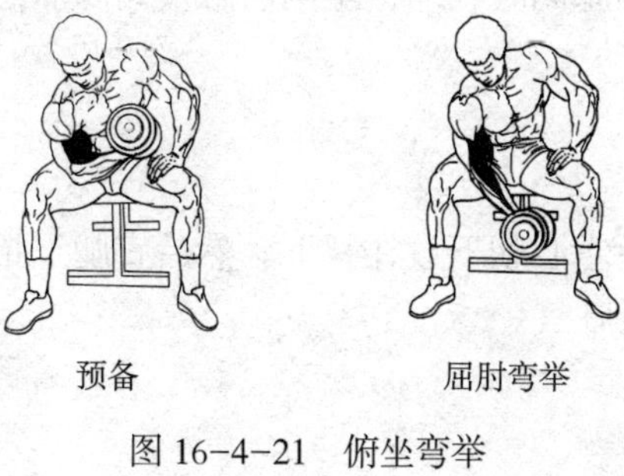

图 16-4-21　俯坐弯举

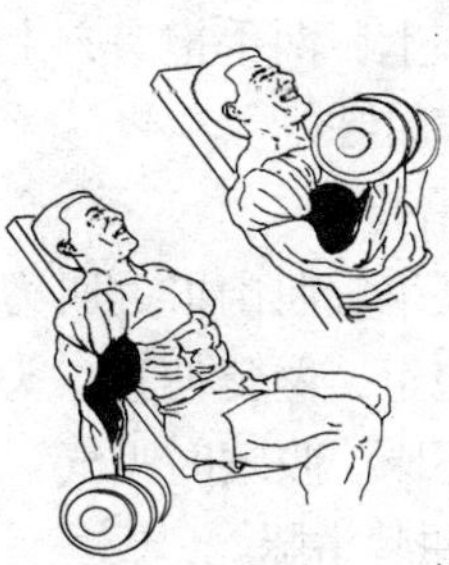

图 16-4-22　斜坐弯举

8. 重垂下压

主要发展肱三头肌的肌力。

站立，含胸收腹，两臂弯曲握手柄于胸部上方，掌心向上，下压至手臂完全伸直。练习时注意上臂夹胸（图 16-4-23）。

图 16-4-23　重垂下压

（五）发达腰腹肌肉群的练习

1. 仰卧起坐

主要发展上腹肌肉群的肌力。

仰卧在垫上，低头团身，两手抱头，下肢固定，然后慢慢后倒，当背快接触到垫时，立即收腹起坐，再慢慢倒体还原。起坐前吸气，还原时呼气。

2. 屈腿仰卧起坐

主要发展上腹肌肉群的肌力。

屈腿仰卧于垫上，双手抱头，收缩腹肌，将胸部拉向腿部，使腹肌充分挤压（图 16-4-24）。

图 16-4-24　屈腿仰卧起坐

3. 屈膝两头起

主要发展腹部肌肉群。

仰卧在垫上，两手抱头，上体蜷起时两膝同时收缩，至两肘触及两膝后还原。做动作前吸气，收缩时呼气。

4. 直腿抬起

主要发展下腹肌肉群的肌力。

仰卧在垫上，两腿伸直，头靠墙，两手掌心朝下放在臀下，然后直腿上抬，抬至最高处停 2 秒后还原。收缩时吸气，两腿放下时呼气。

5. 坐姿屈膝举腿

主要发展下腹部肌肉的肌力。

坐在凳上，臀部稍露出凳面，两手握住凳边缘，上体稍后仰，两腿离开地面。两腿屈膝上举，两大腿靠近胸腹部，同时收腹，缓慢伸腿还原（图 16–4–25）。

6. 悬垂举腿

主要发展下腹部肌肉的肌力。

悬垂在单杠上，双腿伸直上举，超过水平面后，停 1~2 秒后还原（图 16–4–26）。练习时不要借助于身体的摆动力，尽量用腹肌收缩完成动作。

7. 仰卧举腿

主要发展下腹部肌肉的肌力。

仰卧在地板或地面、斜板上，双手抓住头后的固定物，两腿伸直（或弯曲）上举至极限后还原（图 16–4–27）。

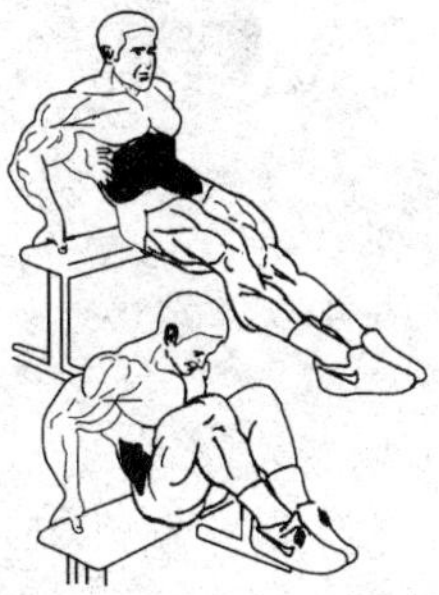

图 16–4–25　坐姿屈膝举腿

图 16–4–26　悬垂举腿

图 16–4–27　仰卧举腿

8. 体侧屈

主要发展腹外侧肌肉群的肌力。

两腿开立与肩同宽，肩负杠铃直立，做左右体侧屈。侧倒时吸气，直体时呼气。

（六）发达腿部肌肉群的练习

1. 负重深蹲

主要发展股四头肌的肌力。

直立，两手握住放在颈后的杠铃，挺胸紧腰，慢慢下蹲而后起立。用力时吸气，放松时呼气。

2. 坐姿腿屈伸

主要发展股四头肌的肌力。

坐在凳头，膝关节内缘紧贴凳面，脚负重做腿屈伸动作。用力时吸气，放松时呼气。

3. 箭步蹲

主要发展股四头肌的肌力。

肩负杠铃，两腿前后分开成箭步，然后屈膝下压至能承受的深度即伸直两腿，最后收回两腿。成箭步支撑时吸气，起立后呼气。

4. 腿弯举

主要发展股二头肌的肌力。

俯卧在凳上，手抓住凳端，两脚钩住拉力器，脚跟并拢，两腿用力向前弯曲，将配重片拉起至触及臀部，还原后再做（图 16-4-28）。

5. 腿屈伸

主要发展股四头肌的肌力。

以股四头肌的收缩力，由小腿将托棍向上举起至两腿完全伸直，然后以股四头肌的张力慢慢放下还原（图 16-4-29）。

6. 站立腿弯举

主要发展股四头肌的肌力。

站立，上体略前倾，双手扶住把手，单腿脚后跟钩住脚托，使小腿克服阻力向上弯起（图 16-4-30）。

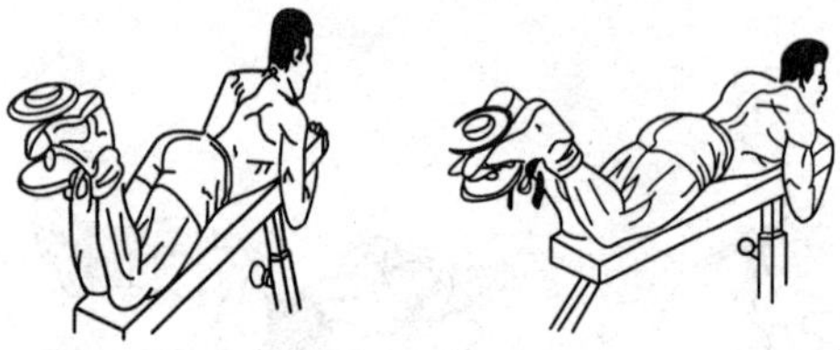

图 16-4-28 腿弯举

图 16-4-29 腿屈伸

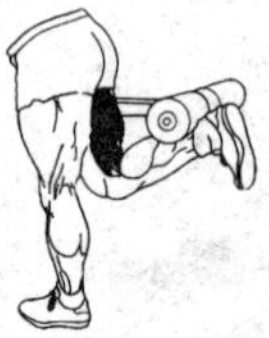

图 16-4-30 站立腿弯举

7. 站立起踵

主要发展小腿肌群的肌力。

前脚掌踏于木板上，脚后跟着地，然后尽量提高脚后跟再放下，连续进行。膝关节保持自然伸直状态，脚下垫 7~10 厘米厚的垫木，用力踮起脚尖使小腿三头肌处于“顶峰收缩”状态。练习时，身体正直、上体挺拔，臀部不要后坐（图 16-4-31）。

8. 剪蹲

主要发展股四头肌的肌力。

前脚全脚掌着地，脚尖稍内扣。后脚用前脚掌着地，脚跟稍外偏，使前后脚内侧在一条线上，前脚踝关节和膝关节在一条线上（图 16-4-32）。剪蹲可分为跨步剪蹲、原地剪蹲和垫木剪蹲。

图 16-4-31 站立起踵

图 16-4-32 剪蹲

第十七章 特色传统体育项目

第一节 跳绳

一、跳绳概述

跳绳是单人或多人持绳，身体腾空，使绳越过头顶通过脚下绕身体摇动的一项民间体育运动。跳绳活动源远流长，至今已有 1 000 多年的历史。唐朝称“透索”，宋代称“跳索”，明朝称“跳百索”“跳白索”“跳马索”，清朝初期称“绳飞”，清末以后才称作“跳绳”。跳绳具有保健身心、益智健美、增强体质、锻炼意志等价值。

1. 跳绳的特点

（1）普及性。随时随地都可练习，不受场地、器材等限制，男女老幼皆可参与。

（2）健身性。跳绳的健身价值较高，不仅能提高身体的协调性、灵敏性、柔韧性等身体素质，更能促进人体新陈代谢，强化心肺功能，增强骨骼、肌肉的力量，具有较强的健身性。

跳绳赛事及规则简介

（3）竞技性。跳绳是一项体能与技能较量的项目，具有很强的竞技性。

（4）趣味性。跳绳花样繁多，竞赛方式多种多样，具有较强的趣味性。

2. 跳绳的分类

跳绳可以分为趣味类跳绳、花样类跳绳、体能类跳绳、技能类跳绳和表演类跳绳 5 大类。

3. 跳绳的竞赛内容（表 17-1-1）

表 17-1-1 跳绳的竞赛内容

项目设置	竞赛内容
计数赛	1. 30 秒单摇跳绳 2. 30 秒双摇跳绳 3. 3 分钟单摇跳绳 4. 4×30 秒单、双摇接力跳绳 5. 3×40 秒双摇、交互摇接力跳绳 6. 3 分钟 10 人“8”字跳绳 7. 连续三摇跳绳
花样赛	1. 个人花样跳绳 2. 2 人花样跳绳 3. 2 人车轮花样跳绳 4. 3 人双绳交互摇花样跳绳
表演赛	5~16 人表演赛

二、跳绳基本技术和基本跳法

（一）跳绳基本技术

1. 握绳

（1）有握把绳。拇指与四指分开，握在绳把上，用力不可过大，手腕不宜过于紧张，以保证摇绳的灵活性。

（2）无握把绳。在绳的两端分别打一个直径 4~7 厘米的套圈，并用死结使套圈固定，将这个小套圈套在小指上，用拇指和食指提捏住死结，其余三指握住绳子，就像握把一样。另外，也可将绳的两端分别绕在手心手背上，用拇指与食指抓住绳子，控制摇绳的转动速度。

2. 量绳

两脚开立（不应大于肩），或一脚踏在跳绳中间部位，两手握绳的两端，两臂屈肘与体侧呈直角，拉直跳绳。

3. 摇绳

两手握绳，两臂自然弯曲，将绳置于体后，两手腕、手臂协调一致用力，将绳向上、向前抡起。当绳抡至头以上位置时，两手臂继续向下、向后抡绳，使绳绕身体周而复始地摇动。反摇绳与正摇绳动作相同，方向相反。

4. 跳跃和跳跃姿势

当绳摇至双脚下，刚一触及地面时，双脚立即起跳，待绳子通过脚下，双脚便自然落地。双脚落地时，用前脚掌先着地，避免全脚掌重重地“砸”落在地上。双脚跳起后，身体姿势应自然放松，双腿稍屈或跳起后双小腿稍后屈。

（二）跳绳基本跳法

1. 单摇跳

（1）正摇双脚跳。准备跳时，两手分别握绳把，将绳置于身后，绳的中段部分约置于臀下膝上。上臂与前臂夹角约 120°，处于自然屈曲状态。动作开始时，两手腕同时用力并配合前臂发力，将绳由体后摇至体前，当绳触地时，双脚及时起跳，让绳通过脚下，两脚同时落地，同时双手连续摇绳，重复上述动作。

（2）正摇单脚跳。基本技术要领与正摇双脚跳一样，不同点在于跳跃过绳时为单脚。准备跳绳时，一脚抬起悬空自然屈，另一只脚支撑并连续跳跃过绳。

（3）正摇双脚交替跳。准备姿势与跳绳的方法与正摇双脚跳、正摇单脚跳相同，只是跳时左右脚轮流交替跳过绳。跳绳时好似原地跑，两脚轮流蹬地跳，使两腿交替得到休息，这样既能跳得久，又能跳得快。

2. 双摇跳

双摇跳是在熟练掌握跳绳基本技术的基础上增大难度的跳法。其动作方法是：每跳一次摇绳绕身两个回环，即跳起腾空后绳两次从脚下通过。双摇跳除需跳得高外，主要靠手腕快速摇绳，练习时，可先做徒手模仿双摇跳的动作，将短绳折起，结一扣，握其中一把，在体侧练习快速摇绳。

3. 带人跳

（1）带人者持绳于身后，被带者面对带人者而立，带人者摇绳。当绳摇到被带者脚下时，两人几乎同时起跳，先后过绳，连续进行。

（2）带人者先做正摇跳，被带者站在一旁，观察、体会其摇绳节奏和时机。待摇绳者将绳摇至脚下跳过后，趁绳在其体后的时机，被带者快速跑到带人者身前，待绳从身后经头上摇至脚下时，两人齐跳过绳。

4. 双人跳

两人并排而立，分别用手握住一条绳的两端，将绳置于体后，两人同时向上、向前摇绳，当绳摇至脚下时，两人同时跳起过绳。可以采用双脚跳、单脚跳、交替跳、前踢腿、后踢腿等各种跳法进行练习。练习时，两人注意交换左右位置，以使左右手都能得到锻炼。

5. 跳长绳

跳长绳包括原地并脚跳和单脚交换跳。原地并脚跳是跳绳者站在绳中间，由静止的侧立姿势开始。当绳摇过头顶接触地面的一瞬间，原地并脚向上起跳，绳从脚下穿过后轻巧落地，连续数次。单脚交换跳要求靠近绳一侧腿向侧跨跳，另一腿上提，依次越过，轻巧落地。

知识链接

跳绳锻炼策略

跳绳的基本技术是各种跳绳动作组合的基础。只有熟练掌握基本技术，才能学习高难度的跳绳动作。初学者可先进行熟悉跳跃、摇绳的练习，体会跳的节奏和摇绳时手臂的动作。练习跳绳应循序渐进，动作由慢到快、由易到难，由单人到双人再到多人，由单摇跳逐步学习双摇跳和花样跳，从练习跳短绳逐步尝试练习跳长绳。

第二节　毽球

一、毽球概述

毽球来源于踢毽，踢毽是我国一项流传很广的民间体育活动，起源于汉代，盛行于南北朝和隋唐，至今已有 2 000 多年的历史。隋唐以来，踢毽在民间流传极广，集市上还出现了专门制作、出售毽子的店铺；明代开始有了正式的踢毽比赛；到了清代，踢毽活动达到鼎盛时期，在毽子的制作工艺和踢法技术上，都达到了空前的程度。

新中国成立后，踢毽在全国开展得更加广泛，北京、天津、上海、广州、武汉、郑州等城市，中小学生、职员等经常进行踢毽比赛，比赛内容和形式丰富多彩，踢毽技巧也越来越高。为了发展民间传统体育项目，丰富群众业余文化生活，国家体委将毽球列为正式比赛项目，并于 1984 年 3 月在北京举行了第一届毽球邀请赛。1987 年 9 月，中国毽球协会正式成立。此后，在中国毽球协会的领导下，每年都举行全国毽球锦标赛。

毽球对于提高人体心肺功能、促进血液循环、提高新陈代谢、增强体质都有良好的作用，对调节人的神经系统有着特殊的功能。毽球的抬腿、跳跃、屈体、转身等动作可使脚、腿、腰、颈、眼等身体各部分得到锻炼，能有效地提高腿部关节的柔韧性和身体的灵活度。毽球要求技术动作准确，毽子在空中飞舞不能落地，每种动作须在瞬间完成。踢毽者应大脑高度集中，心神专一。长期练习毽球，对于锻炼人的注意力和专注度有着良好的作用。此外，毽球还可以锻炼人的灵敏性，提高反应能力，刺激大脑皮质，提高人的智力。

毽球除具有健身功能外，还有着较强的娱乐性。此外，毽球不需要特殊的场地，器材简便易制，形式活泼，踢法变化无穷，有表演，也有比赛，运动量可大可小，因人而异，因而受到广大群众，特别是青少年的欢迎。

二、毽球基本技术

（一）准备姿势

保持良好的准备姿势，是使身体在瞬间由静变动、由被动状态变主动状态的关键。准备姿势一般分为两种：

1. 左右开位站势

这种站势可使运动员从静止状态快速转向左右移动的状态，可在防守中运用。

2. 前后开位站势

这种站势使运动员从静止状态快速转向前后移动的状态，较多应用在接发球和防守中。使用这种站势时，注意后脚跟离地，身体重心要向前移，随时保持静中带动的状态。

（二）踢球

（1）脚内侧踢球。膝关节向外张，大腿向外转动，稍有上摆，不要过大，髋和膝关节放松，小腿向上摆。踢毽时，踝关节发力，脚放平，用内足弓部位踢球。脚内侧踢球多用于传接球。

（2）脚外侧踢球。稍侧身，向体侧甩踢小腿，勾脚尖，用脚外侧踢球。

（3）脚背踢球。踢球时，应注意绷脚尖和抖动脚踝发力击球。这种踢球技术难度较大，动作不仅要求快，还要求有一定的准度，抖动脚踝发力击球的节奏过快或过慢，都会影响踢球的质量。

（4）触球。触球可分为大腿触踢球、腹部触踢球、胸部触踢球和头部触踢球。大腿触踢球时，要注意抬大腿迎球，放松小腿，用大腿正面前段击球。腹部触踢球、胸部触踢球和头部触踢球，都要注意触球时将腹部、胸部或头部稍微向前去主动迎接球，使球落在自己的前方，然后用脚将球踢出。

（三）发球

发球是比赛的开始，又是一项进攻技术。发球时，可以采用盯人、找空、压后和吊前等手段发出各种战术球，以达到破坏对方组织进攻或直接得分的目的。发球技术可分为脚内侧发球、正脚背发球和脚外侧发球。

（1）脚内侧发球。脚内侧发球时，要抬大腿带小腿，用内足弓部位向前上方送髋推踢，其特点是既稳又准，破坏性强。

（2）正脚背发球。正脚背发球时，要注意绷脚尖，用正脚背向前上方发力挑踢，其特点是平、快、准。

（3）脚外侧发球。脚外侧发球时，要注意稍侧身站位，绷脚尖，用正脚背侧身发力扫踢，其特点是既快又狠，攻击力强。

（四）进攻技术

（1）正倒勾攻球。背向球网，两脚平行站立，右腿蹬地起跳，也可上步起跳，左腿屈膝上摆，上摆到空中最高点时，左腿自然下摆，同时右腿屈膝大腿带动小腿用力上摆，当球下落到头的右侧斜前上方 10~20 厘米时，小腿用力摆出，击球的一刹那，脚踝抖屈，以脚趾或脚趾根部击球，随后左、右脚顺势依次缓冲着地，保持身体平衡（图 17-2-1）。其特点是线路多、力量大、能变线，是进攻的主要手段，但攻球时背对防守者，易被对方拦网堵防。

图 17-2-1 正倒勾攻球

（2）内侧倒勾攻球。基本同正倒勾攻球，不同点在于踢球腿向内侧头斜前上方摆动，踢球脚踢球一刹那稍向内翻。用脚内侧或脚面内侧击球，能打出转体或不转体的大小斜线球、直线球，其变化多、角度好、技术动作难度大。

（3）外倒勾攻球。方法基本同正倒勾攻球，不同点在于击球前腿向外摆出，用脚外侧或正脚面外侧击球，此时大腿应带动小腿从内向外侧边摆腿边翻转。

（4）凌空倒勾攻球。背向球网，两脚左右站立，右腿用力蹬地，左腿屈膝稍向外侧上摆起跳，起跳到空中最高点，当球下落到身体内侧斜前上方时，左腿迅速下摆，同时右腿向内上摆，在空中向内转体，踢球的一刹那，小腿加速上摆，脚背绷直，用脚趾或脚趾根部击球，然后左、右脚依次缓冲着地。这种攻球技术难度大、攻击力强、力度好，但失误率较高，适合高水平运动员使用。

三、毽球竞赛方法

比赛场地长 11.88 米，宽 6.1 米。场地上空 6 米以内（由地面计算）和场地四周 2 米以内不得有障碍物。毽球比赛分为 7 个单项（男女单打赛、男女三人赛、男女双人赛、混合双人赛）。单人赛击球两次过网，双人赛击球 3 次过网，三人赛击球 4 次过网。单人赛和双人赛都是 15 分一局，三人赛是 21 分一局，都是三局两胜制。

>>> 知识链接

毽球锻炼策略

毽球是一项对身体素质要求比较高的体育项目。由于网上激烈的争夺及“两米线”对头部的限制，使得脚部进攻成为极其重要的手段。在日常教学与训练中，要特别注意柔韧素质的练习。柔韧素质是完成大幅度动作的能力，即肌肉、肌腱、韧带的弹性和伸展性。具有良好的柔韧性，有利于正确掌握技术动作，大幅度完成进攻技术动作，并可防止运动损伤。

第三节 陀螺

一、陀螺概述

陀螺游戏历史悠久，是一项深受儿童少年欢迎的传统体育项目。各地陀螺的玩法不同，有的用鞭子连续抽打陀螺使之在冰面、平滑地面上不停地旋转，或相互碰撞，看谁旋得密、旋得久；有的将陀螺旋放或抽到一定距离外的规定范围内，看谁放得准、旋得久；也有的先将一陀螺旋放后，其他人站在一定距离外用旋转着的陀螺去打击，看谁打得准、旋得久；还有的用鞭子抽打陀螺上斜坡，或抽陀螺越过各种障碍，看谁先到达终点等。由于各地玩法不同，在称谓上也有差异，如“抽陀螺”“打陀螺”“打地螺”“抽地牛”“赶老牛”“打猴儿”“打格螺”“拉拉牛”等。

陀螺的对抗性、技巧性、趣味性很强，是一项具有全面健身价值的体育活动。经常参与陀螺活动，不仅可以发展和提高人的速度、力量、灵敏、耐力等身体素质，提高人体对外界环境的适应能力和对疾病的抵抗能力，而且可以改善人的心理状态，培养人良好的意志品质。

二、陀螺基本技术

（一）放陀技术

1. 缠陀

以左手大拇指、食指和中指抓紧陀螺的柱体下部，无名指屈指贴附于陀螺锥体部位，陀螺底锥朝手掌将陀螺握稳，右手将鞭绳按顺时针方向从陀螺柱体上部开始逐渐向中部缠绕陀螺，至鞭绳缠完或留 20~30 厘米（可随个人习惯而定）为止。缠绕用力要适当，缠得过紧，绳子张力过大，易拉伤绳子；缠得不紧，会导致旋放时力量传递受损，不易旋准旋快，影响放陀效果。

2. 握陀

缠好陀后，左手大拇指与食指、中指握住陀螺柱体，无名指、中指贴于锥体部，将陀握稳。

3. 持陀持鞭

左手握好陀后，右手握住鞭杆把端，这时由于鞭与陀连成一体，双手、双肩活动方向及幅度亦一致，左臂向左侧前方自然伸出，右臂屈肘随之左摆，将陀和鞭持于身体左侧前方胸腹之间。

4. 预备姿势

放陀前，右肩侧对旋放区，两脚左右开立，稍宽于肩，右脚与旋放区中心点的距离以鞭绳长度减去 1.25 ± 0.05 米为宜。两膝微屈，上体前倾，重心落在两脚之间（或稍偏左脚），左手持陀于左侧前方，右手持鞭于腹前。眼睛注视旋放区中心。放陀前可以腰为轴转动上体。左手持陀做两至三次预摆的瞄准动作，两膝随上体转动屈伸调身体重心。也可不做预摆动作，左手持陀向左侧方引臂，右手持鞭随摆，重心随之移至左脚上，左膝稍屈，维持身体平衡，保证掷陀有较长的工作距离。

5. 掷陀

掷陀是放陀技术的主要环节，掷陀动作是否正确、用力是否恰当直接影响到陀螺的转旋力量和落点的准确性。在引臂瞄准或预摆结束后，利用左腿蹬地向右转体的力量，带动左臂向前挥摆，左手不做任何屈腕和拨指动作，全身力量通过手臂和手指作用于陀螺，注意控制陀螺出手方向和路线，使陀螺头朝上、锥朝下向旋放区飞出。

6. 拉陀

左手将陀螺掷出后，右手持鞭顺势前摆。陀螺在向前飞行过程中，由于受到鞭绳的拉动，产生顺时针方向的旋转，当陀螺飞到旋放区上方距地面 20 厘米左右时，右腿用力蹬地向左转体，右手持鞭向左猛力回拉，使陀螺的旋转获得更大的动力，同时将前飞的陀螺受回拉而平稳地落于旋放区内。拉陀后，持鞭迅速退出比赛场区。

放陀动作要领

缠绕顺逆都一样，持陀持鞭侧身放。
拉陀时机是关键，掷陀用力控方向。

（二）攻陀技术

攻陀技术与放陀技术在缠陀、持陀、持鞭的方法上是一致的。由于攻陀掷的距离更远，准确性要求更高，因此在准备姿势、掷陀、拉陀的技术环节上与放陀有明显不同。

1. 准备姿势

陀螺的准备姿势较多，如正面姿势、侧面高姿、侧面低姿、原地准备势、上步准备势等。常用的是侧面高姿和正面姿势，且均为原地准备势。下面以右手持陀为例，介绍侧面高姿动作。攻陀前，左脚站在攻击线后，右脚向右后开立，稍宽于肩，右腿屈膝，上体侧后仰，斜侧面向守方陀螺，重心偏向右脚，右手持陀向右侧后上方引臂，左臂屈肘持鞭于右胸前，眼睛注视守方陀螺。

2. 掷陀

掷陀是攻陀技术的关键环节，其动作质量的高低，直接影响到攻击的准确性、速度和旋转力量。陀螺出手时的速度大小、角度、方向以及出手点高度是决定陀螺落点即攻击准确性的主要因素。

准备姿势做好后，瞄准好守方陀螺，利用右腿蹬地身体左转的协调力量，带动右臂向前快速挥摆，至肘关节伸直时将陀螺掷出手，使陀螺平头朝上椎尖朝下对准守方陀螺飞出。陀螺离手后，右臂随势向左斜下摆动，腿屈膝维持身体平衡，防止踩越攻击线。

3. 拉陀

拉陀是陀螺旋转动量的来源。拉陀技术是为了使陀螺获得尽可能大的旋转强度，并适当调节陀螺飞行弧线，控制陀螺落点。右手将陀螺掷出手后，左手随即持鞭顺势左摆，用力拉动鞭绳，使陀螺在快速飞行的同时在鞭绳的带动下产生顺时针方向的旋转，当缠绕的鞭绳全部拉完后，陀螺即沿鞭绳拉力结束时的即时速度方向、角度飞向守方陀螺。鞭绳拉完后迅速收回鞭，防止鞭绳触及守方陀螺和鞭杆触及比赛场区。

攻陀动作要领

缠陀顺逆都一样，侧面高姿准备放。

掷陀技术是关键，拉陀旋转加力量。

三、陀螺竞赛方法

（一）比赛场地（图 17-3-1）

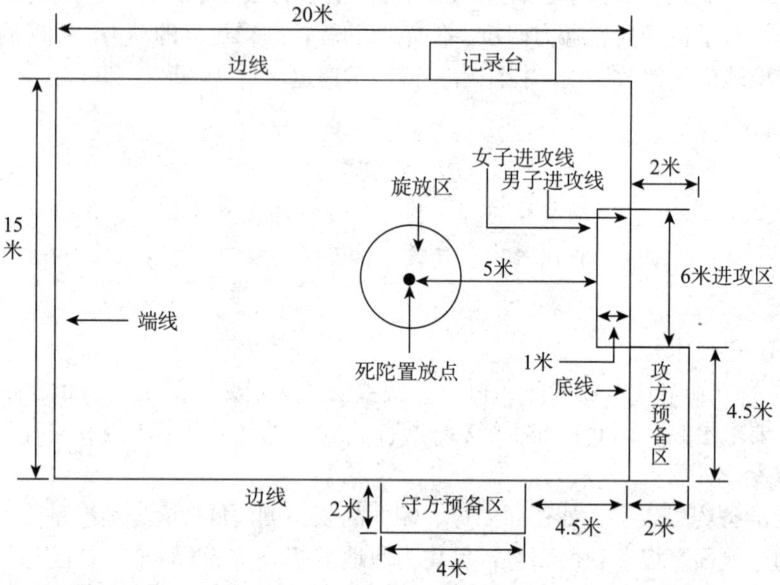

图 17-3-1 比赛场地

（二）比赛器材

1. 陀螺

比赛一般采用木质平头陀螺。陀螺不得上色，除锥尖可装置直径不超过 4 毫米的铁钉外，不得填充或装饰金属及其他材料。陀螺直径为 9~10 厘米，高度（含铁钉高度）为 10~12 厘米，重量不得超过 900 克。

2. 鞭

鞭由鞭杆（无鞭杆亦可）、鞭绳组成。

鞭绳不得用金属材料制作，其粗细不限，长度不得少于 2 米。

（三）比赛过程

（1）比赛开始，由裁判员鸣哨示意攻、守双方队员在各自预备区内就位。

（2）攻、守双方运动员须在预备区内将陀螺用鞭绳缠绕好，缠绕在陀螺上的鞭绳不得少于 1 米。

（3）裁判员鸣哨并用明确手势示意守方队员旋放陀螺。守方队员可在旋放区外任何位置旋放陀螺。

（4）守方队员旋放陀螺并退出比赛场区后，裁判员即鸣哨并且用手势发出攻击信号，攻方队员即可向对方陀螺进行攻击。

（5）当裁判员做出判定报分后，该次攻守即结束。攻、守双方队员方可进入比赛场区内取回陀螺。

四、陀螺裁判法

（一）违例

1. 犯规

（1）踩（越）线。

（2）无效进攻。

（3）顺序错误。

（4）更换器材的时间超过 2 分钟。

（5）在裁判员未做最后判定前，攻方队员在比赛场区所含攻击区内触及任何一方的比赛陀螺。

（6）同一场次中同一队员累计两次及两次以上被给予黄牌警告。

2. 延误比赛

（1）裁判员未发出放陀信号前的放陀行为。

（2）裁判员未发出攻击信号前，守方陀螺已成死陀时，攻方队员实施的进攻行为。

（3）守方旋放的陀螺被判为死陀后，守方队员仍不退出场外。

（4）裁判人员及本队教练员、运动员当轮发现并能够及时纠正的顺序错误。

（5）其他拖延比赛继续进行的不正当行为。

① 比赛进行中或在裁判员鸣哨的同时或之后提出的请求（如暂停、换人、释疑等）；

② 超过规则规定次数的暂停或换人的请求；

③ 在裁判员鸣哨恢复比赛后，拖延暂停时间或局间休息、攻守互换时的间断时间；

④ 教练员或场上队长以外的队员就比赛中遇到的疑问和异议向裁判员提出的解释或其他类似行为。

3. 不良行为

（1）非道德行为。有意干扰对方、争辩、恫吓。

（2）粗鲁行为。违背道德原则和文明举止，有侮辱性表示。

（3）冒犯行为。诽谤、侮辱性语言或形态。

（4）侵犯行为。人身侵犯或企图侵犯。

（二）判罚

1. 犯规的判罚

攻方犯规，判其失去该次进攻机会；守方犯规，判攻方得 4 分。

2. 黄牌警告

对于犯有延误比赛及不良行为中的非道德行为、粗鲁行为，给予出示黄牌警告的判罚。

3. 红牌罚出场

对于犯有不良行为中冒犯行为和侵犯行为的教练员或队员给予出示红牌罚出场的判罚。

4. 红牌、黄牌取消比赛资格

对于犯有不良行为中冒犯行为和侵犯行为且情节严重者，应同时出示红牌、黄牌，并取消其比赛资格。

第四节 滚铁环

一、滚铁环概述

滚铁环是一种中国民间传统儿童游戏，流行于20世纪六七十年代。滚铁环是一项深受少年儿童喜爱的运动项目，自娱性强。经常练习滚铁环可以锻炼人的协调能力和平衡能力。

二、滚铁环基本技术

（一）滚铁环的推法

滚铁环有内推和外推两种推法。内推就是在铁环的圈内推动铁环的前下区，使铁环滚动前进；外推即在铁环的圈外推动铁环的后下区，使铁环滚动前进。

（二）两种起动方式

1. 双手前送起动法

以右手推环为例，两脚前后站立，左脚在前右脚在后，重心在前脚，左手持环右手拿推杆，推杆的钩子底部与环的后下区接触，双手后引，重心后移，环和推杆放置在身体侧后方，弯腰降重心，身体重心前移，向前摆臂送环、推杆，重心跟上，保持推杆的入推角度和对铁环的均匀用力，使铁环匀速前进。注意前送的过程中要保持铁环和推钩的接触，充分降低重心，使铁环抛出后平稳着地，不能使铁环触地反弹跳起，这样不利于控制。顺着铁环前滚的惯性，用推杆对环的后下区发力，使其保持一定速度前进。

2. 单手挂钩摆环前送起动法

这是有一定难度的起环方式。以右手推环为例，两脚前后开立，右手持推杆，用推杆的钩子勾起环，左手不接触铁环，身体重心在前脚，重心后移，推杆带动铁环，向后引，随着铁环的前摆，降低铁环重心，使环前摆，放钩、前滚、推环，铁环触地后因惯性而向前滚动，迅速将推杆对准铁环的后下区，保持入推角度，均匀发力前推，使环保持一定的速度前进。在整个过程中，左手不接触铁环，完全依靠铁环前摆惯性和及时放环完成起环动作，动作要连贯一气呵成。此练习稍有难度，一般要经过一定时间训练后才可以进行此练习。

（三）影响铁环推进的主要因素

影响铁环推进的主要因素是着力点、力量和入推角。在铁环推进的过程中，这三个因素是可以协调和相互弥补的。

三、滚铁环竞赛方法

1. 比赛项目

100米竞速；100米障碍；4×100米接力。

2. 比赛器材

铁环内直径为45厘米，用8毫米光圆钢筋制成，柄长70厘米，柄勾长度不超过3厘米，环上系 3~5 个小环。

3. 场地及设施要求

（1）速度跑。为保证运动员安全及比赛顺利进行，每组不超过 4 人，即 1、3、5、7 道安排运动员参加，2、4、6、8 道为隔离道。

（2）障碍跑。起跑后 20 米处开始蛇行跑，即每隔 5 米插竿一根，共 5 根。第 5 根竿与独木桥的距离为 20 米，桥与小道的距离为 15 米。

桥：全长 2 米，桥高 30 厘米，桥宽 30 厘米，用木料制成。

小道：跨栏的栏板 2 块，将 2 块栏板固定成宽为 15 厘米的小道。

接力区：长度为 10 米。安排如下：第一接力区为 95~105 米；第二接力区为 195~205 米；第三接力区为 295~305 米。

4. 比赛办法

个人项目要求铁环不出跑道，顺利通过障碍，不影响他人，必须在推铁环不失控的前提下比速度。集体项目除保证上述条件外，还必须保证在接力区内完成传接任务的前提下比速度。

5. 成绩计取

枪响开表，人与环以二者最后通过终点者停表计时。

6. 重新推环继续比赛

出现下列情况，可重新推环继续参加比赛：

（1）起跑后或推环过程中，环倒地，但未出跑道，又未影响他人。

（2）各种障碍没能顺利通过，但环未出跑道，可重新推环过障碍。

（3）环离开本跑道倒地，在不影响他人比赛的前提下，必须严格遵守在本跑道坏环地点起步，方可继续参加比赛。

7. 取消比赛录取资格

出现下列情况，均取消比赛录取资格：

（1）坏环 2 次。

（2）环推出本跑道，又影响他人。

（3）未能完成规定障碍者。

（4）铁环失控（即环与钩远离超过 30 厘米）。

（5）未在接力区完成传接任务。

（6）接力区内完成传递任务后，传环运动员协助或帮助接环运动员前进。

（7）套环或钩小环。

第五节　巴山舞

一、巴山舞概述

巴山舞是 20 世纪 80 年代兴起的一种新型的群众自娱性集体舞蹈。它由早先长阳土家人的“跳丧舞”改编而成，所以也称“长阳巴山舞”。巴山舞经过几十年的传播，已成为一种新型的民间舞蹈，在三峡地区广为流传。在清江、神农溪和三峡一些景区内，可以看到巴山舞表演。在其他一些地方，巴山舞已经成为群众文化活动的重要内容。2008 年，国家体育总局把巴山舞作为一种全民健身舞蹈向全国推广。

二、巴山舞基本技术

巴山舞由风摆柳、半边月、喜鹊登枝、百凤朝阳 4 节组成，每节动作各具特色，4 节形成一个整体。

（一）第一节：风摆柳

“风摆柳”动作结合了原始“怀胎歌”中的摆胯、送胯的特点，同时吸取了灵巧翻腕的动作，结合“望月”等舞姿编成。

1. 单腿重心前后摆手

准备：正步站立，双手自然下垂。

1 拍：左脚向前伸直，脚尖点地，同时左臂前摆与肩平，右臂后摆约 45°。重心在右腿。

2 拍：上下颤动一次，同时两臂交换，前后摆动一次。

3—8 拍：反复。

2. 双摆胯步

以胯部的左右摆动为主要动律，上身稍向后躺，若摆胯向左，左脚向左横迈一小步，上身则向右斜后方微倾。双脚除左右横迈步外，亦可连续向前迈，也可后退，还可以在原地来回做左右“摆胯步”。双手配合摆胯自然摆动。左摆胯时，左手在左侧 45° 手心向下，向右摆胯时手反之。摆胯步均按一拍一次进行（图 17−5−1）。

3. 退步摆胯

1—2 拍：左脚开始后退两步，上身向前微倾，双臂从右抬起 45°，经胸前成小上弧线，往左右各摆一次。向左摆时，左手心向上，右手心向下，向右摆时，反之。

3—4 拍：左、右摆胯 3 次，同时，双臂向两侧抬起 45°，摆胯时两脚成正步。

5—8 拍：原地做前后摆手走下沉步，右、左各一次后，再向前走两步（注意两膝颤动不要用腰）（图 17−5−2，图 17−5−3）。

图 17−5−1 双摆胯步

图 17−5−2 退步摆胯 1

图 17−5−3 退步摆胯 2

4. 擦身望月（8 拍完成）

1 拍：右脚向前迈一步。

2—4 拍：向左转身 180°，身体后仰，双膝做一拍一次的颤动，双臂做一拍一次的前后摆动。重心在右脚，左脚在前，虚步点地。

5—8 拍：原地颤动的同时，向右转身 180°，右脚在前，脚尖点地，重心在左脚。

5. 退步转圈（8 拍完成）

顺时针方向走一拍一次的下沉步，前后摆手，上身微向后仰，前后摆手的幅度稍小一点（约 45°）。

（二）第二节：半边月

1. 挑肩小平步（男伴所做起舞动作）

微屈双膝全脚着地，由左脚开始，一拍一步，上身微右倾，形成左肩高右肩低的姿态，眼看左斜前方，左手叉腰，右手下垂前后摆手，手心向后。

2. 小平步前后摆手（女伴所做起舞动作）

全脚着地，左脚开始，一拍一步，双膝随走步自然颤动，左手叉腰，右手下垂，前后摆手，手心向后，上身保持平正。

3. 侧身摆胯（两个 8 拍完成）

1—2 拍：左脚向前迈一步，两臂向上抬起，左臂伸直，手心朝后，右臂屈肘于胸前，手心朝后，同时身体右转 90°，重心在左，立直，眼看前方，注意迈步时双膝必须颤动。

3—4 拍：右脚向右迈一步，左脚收回虚步点地靠于右脚内侧，半蹲，重心在右，两手收回半握拳于胸前，两肘与肩平，上身向左微倾，头向左肩方向平视。

7—8 拍：向左转身 180°，右脚退后一步，双手同时从右下至上晃手同 1—4 拍的相反动作。

第二个 8 拍：

前 4 拍同第一个 8 拍。

5—7 拍：右、左、右摆三次胯，手的姿态同第一个 8 拍 3—4 拍。

8 拍：左腿半蹲，右脚尖点靠左脚内侧，上身微倾（图 17–5–4，图 17–5–5）。

图 17–5–4　侧身摆胯 1

图 17–5–5　侧身摆胯 2

4. 右迈步摆胯、左迈步摆胯（各一个 8 拍完成）

1—3 拍：右脚开始向右走三步，两臂在前面交叉拉开至两侧。双肘微屈，手背朝前。

4 拍：停顿。

5—8 拍：左右摆胯各两次，双手叉腰。

（三）第三节：喜鹊登枝

本节动作以“喜鹊登枝”为主要舞姿，结合“蜻蜓点水”“大摆胯”“转转梅”等舞蹈动作编成。

“喜鹊登枝”姿态说明：双腿半蹲，重心在右脚，左脚尖点靠右脚内侧，上身向左微倾，左手在胸前，按掌提腕。右手臂伸直，在身体右侧斜上方提腕，目视左侧前方（图 17–5–6，图 17–5–7）。

1. 蜻蜓点水喜鹊登枝

1 拍：两臂左右伸开（左高右低，手心向下）的同时，左脚向左侧前方虚步点地，重心在右脚，上身右转 90°，微向右倾。

2 拍：右脚原地微小踮跳一次，同时左脚在前抬起 25°。上身在踮跳中向左回转 90°，双手心向下（此为蜻蜓点水）。

3 拍：左脚在前落地，重心移至左脚，右脚小掖腿双手从两侧举至头上（比两肩略宽一点）。

4 拍：左脚原地微小踮跳一次，同时身体左转 90°。

5 拍：右脚横迈一步颤一次。

6 拍：左脚收点靠右脚内侧，同时双手从右上经胸前大晃手成喜鹊登枝姿态（图 17–5–8）。

2. 倒手撤步喜鹊登枝

1 拍：左脚横迈一步，双手经右至左下弧线晃手。

2—3 拍：原地颤膝两次，双手继续由上方往右倒手，上身向右倾身。

4 拍：右脚向后撤一步，同时向右转身 180°，双手经下弧线成喜鹊登枝舞姿位。

5 拍：左脚收并于右脚内侧，做喜鹊登枝舞姿。

6 拍：原地颤膝一次（图 17–5–9）。

图 17–5–6 喜鹊登枝 1　图 17–5–7 喜鹊登枝 2　图 17–5–8 喜鹊登枝 3　图 17–5–9 喜鹊登枝 4

3. 大摆胯喜鹊登枝

1 拍：左脚向左横迈一步，向左大幅度地摆胯一次，左手随左摆胯向上摆至头部左斜上方，右手心向下摆至右侧约 40°。上身向右倾，眼看左侧前方。

2 拍：向右摆胯。

3—4 拍：左脚原地颤膝向左碾转 180°，同时右脚在后自然提起成小掖腿，双手向左晃手。

5 拍：右脚横迈一步。

6 拍：喜鹊登枝。

4. 转转梅（两小节完成）

1 拍：左脚开始向左斜前方迈一步，并向左拧身 45°，上身向右前微倾，右手在右侧前后摆动。

2—6 拍：按圆圈路线，逆时针方向走圈，一拍一步。

下一个 6 拍按圆圈路线顺时针方向，用小平步退回原位，双手在右肩前顺时针交替绕手腕。

（四）第四节：百凤朝阳

此舞蹈以“凤凰亮翅”“抛手”“一步三颤击掌”等动作构成。

1. 凤凰亮翅（一个动作两小节完成）

准备：正步而站，两手自然下垂。

1 拍：左脚向左横迈一步，左臂从左腿旁自下而上抬至左上与肩平，运动时用肘带动向上，重心在左脚，半蹲，上身向右倾斜，目视左上方。

2 拍：右脚靠至左脚内侧，脚尖点地，右手在右下侧，左高右低；

3 拍：原地颤动一次。

4 拍：右脚向右迈一步；臂从右腿旁自下而上抬至左上与肩平，重心在右脚，半蹲上身向左倾斜，目视右上方；

5 拍：左脚靠至右脚内侧，脚尖点地，左手在左下，成右高左低。与第 1 小节相反。

6 拍：原地颤动一次（图 17−5−10）。

图 17−5−10　百凤朝阳 1

2. 上步抛手

准备：正步站立，双手自然下垂。

第一小节：

1 拍：左脚向前迈一步，重心在左脚，同时右手空拳从腰后，左手空拳屈肘于胸前，向前甩手。

2 拍：右脚靠于左脚内侧，脚尖点地颤动一次。

3 拍：原地颤动，左手空拳落至腰后，右手空拳屈肘于胸前。

第二小节：与第一小节动作相反。

3. 进退步（两小节完成）

准备：正步站立，两手自然下垂，手心向后。

第一小节：

1 拍：左脚向前迈一步，双手从两侧抬至前上方，掌心向后，上身从前倾逐步成微后仰。

2 拍：右脚靠于左脚内侧，脚尖点地。

3 拍：原地颤动，双手保持原状（图 17−5−11）。

第二小节：

1 拍：左脚向后退一步，双手翻掌经两侧向后 25°，手心向后。

2 拍：右脚后退靠于左脚内侧，脚尖点地。

3 拍：原地颤动，手心向后。

4. 一步三颤击掌（两小节完成）

第一小节：

1 拍：左腿向前迈一步，重心在左脚，双手从两侧抬至左肩前。

2—3 拍：右脚靠于左脚内侧，脚尖点地同时击掌两次，身体微向左倾身（图 17-5-12）。

第二小节：与第一小节动作相反。

图 17-5-11 百凤朝阳 2

图 17-5-12 百凤朝阳 3

练习提示

在巴山舞练习过程中，协调、节奏、乐感和韵律非常重要。

三、巴山舞竞赛方法

（一）场地

比赛必须在 14 米 ×14 米的场地内进行，四周用 5 厘米的白带作为标志，标志线包含在规定的场地内，越过白线外沿判出界。

（二）比赛形式

以集体舞的表演形式进行。

（三）竞赛内容和时间规定

1. 竞赛内容

成套动作比赛、动作内容、动作顺序须符合规定成套动作的规格及要求。

2. 规定成套动作时间

成套动作时间为 5 分 15 秒，音乐由大会统一播放。

四、巴山舞裁判法

（一）竞赛办法

1. 竞赛程序

凡报名参赛者，均需参加两轮比赛。第一轮为预赛，第二轮为决赛。

2. 预赛抽签

比赛的顺序在大会竞赛组主持的领队和教练员联席会议上进行抽签，决定预赛顺序。

3. 决赛顺序

决赛本着越比越精彩的原则，采取以倒排顺序法参加决赛，预赛成绩最差者列在最前，参加决赛的队在第一轮成绩相等时，则以第一轮抽签出场顺序在前者先出场。在特殊情况下，也可由组委会竞赛组负责人代行抽签，决定决赛的出场顺序。

4. 计分方法

（1）预赛成绩不带入决赛，仅作为排列决赛出场顺序的依据，各队名次的确定以第二轮比赛的成绩为准，成绩优者名次列前。如成绩相等，则名次并列，继后的名次空出。

（2）预赛成绩带入决赛，各队的名次以预赛和决赛的成绩相加，成绩优者名次列前。如成绩相等，则名次并列，继后的名次空出。

（二）评分方法

巴山舞规定动作比赛的评分因素包括规定动作的质量、组织编排、规定动作的完成情况、完成动作的一致性、动作力度、动作表现力、队形整齐性、总印象、规定动作的时间、场地的利用等。裁判对以上诸因素根据现场的情况分别进行减分。

第六节　竹竿舞

一、竹竿舞概述

竹竿舞也叫跳竹竿或竹杠舞，盛行于海南省东南部，已有数百年历史。竹竿舞黎语意为“跳柴”，“跳柴”原是黎族一种古老的祭祀方式。北宋大文学家苏轼在结束流放生活离开海南时，得到黎族父老乡亲“黎歌变舞祝公归”的欢送，并写下了“蛮舞与黎歌，余音犹杳杳”的诗句。可见，黎族的歌舞不但历史悠久，并且具有独特的魅力。黎族人性格豪爽、能歌善舞，尤其喜欢跳“竹竿舞”，通常是在庭院或打谷场上跳这种舞。竹竿舞场面热烈，引人入胜。持竿者姿势有坐、蹲、站三种，变化多样。在有节奏、有规律的碰击声里，跳舞者在竹竿分合的瞬间，不但要敏捷地进退跳跃，而且要潇洒自然地做各种优美的动作。当一对对舞者灵巧地跳出竹竿时，持竿者会高声地呼喝出“嘿！呵嘿！”场面极为豪迈洒脱。如果跳舞者动作不熟练或胆怯，就会被竹竿夹住脚或打到头，此时，持竿者便会用竹竿抬起被夹到的人往外倒，并群起而嬉笑之。而善跳的小伙子往往因机灵敏捷、应变自如而博得姑娘的青睐。

二、竹竿舞基本技术

表演时，将两根长竹杠平行排放，两杠之间相距约 9 尺，其上横放 8 条竹竿，分为 4 对，每对间隔 2 尺左右。操竹竿者为 8 位男子，分别在竹杠两边，每边 4 人，两人一对，面对面蹲、坐在地上操作竹竿，每人双手平握竹竿末端。一鼓手有节奏地打着鼓点，操竿者按鼓点节拍，敲一下竹杠，合一下竹竿，或是敲两下竹杠，合一下竹竿，发出“的的打打啪啪”的响声，舞者随着竹竿的张合，两脚不断上跳下踏，做出各种美妙动作。“跳竹杠”分“单跳”和“双跳”两种，单跳的方式为：单人在竹竿中间，一个跟着一个沿着 4 个空格一步一跳，边跳边舞，向前向后往复不止。双跳的方式为：两人一组，双方的动作必须协调，彼此相互照应，按照一对竹竿的开与合，在间歇中巧妙地跳动，跳完上一个空格后，又重复返回。

竹竿舞动作多为模仿蚂蚁、斑鸠、豹子、画眉等动物形态，活泼欢快，一般分山间偶遇、搭桥过河、相恋、抬新娘回家 4 个环节，各个环节都流露出青年男女真挚的情感，动作中饱含着许多原生态的审美元素，古朴自然。

第七节 板鞋竞速

一、板鞋竞速概述

板鞋竞速起源于广西壮族自治区。相传，明代倭寇侵扰我国沿海地带，广西河池的瓦氏夫人领旨率兵赴沿海抗倭。瓦氏夫人为了让士兵步调一致，令三名士兵同穿上一副长板鞋齐步走。经过长期训练，士兵的素质大大提高，士兵斗志高涨，所向披靡，一举击败了倭寇。板鞋竞速也由此成为一项民间活动保留了下来。板鞋竞速是一项具有浓厚民族文化特色的娱乐健身运动，能有效地培养人们的协作精神，对提高参与者的运动节律感、协调性、心肺功能和身体素质有着良好的作用，因而受到各族人们的喜爱，成为体育爱好者和学校开展全民健身活动的项目之一。

二、板鞋竞速基本技术

（一）上板动作

由于是三人穿一副板鞋进行跑动练习，为避免跑动时脱板，掌握穿稳板鞋的技术是十分重要的。以三人板鞋为例，将队员分为 1、2、3 号，1 号位指站在板鞋上排头的队员，2、3 号位队员在后面依次站立。上板时，队员站立在两板鞋中，右脚先踏上右板鞋并扣紧，接着依次左脚踏上左板鞋并扣紧，1 号位队员上体前倾，以肩为轴，做前后摆臂姿势，2 号位队员双手扶 1 号位队员腰两侧，3 号位队员双手扶 2 号位队员的腰两侧（或两肩）。大、小腿约成 130°，相互维持身体平衡之后，再依次将两脚抽出下地。反复练习。

（二）跑

板鞋竞速的内容有短距离跑、中长距离跑及接力跑等。各种跑在技术上都包括起跑和加速跑、途中跑、终点冲刺跑三个动作环节。

1. 起跑和加速跑

起跑和加速跑主要是指三人同踏一副“木踏板”，使身体迅速摆脱静止状态，尽快提高速度并顺利过渡到途中跑的过程。起跑包括“各就位”“预备”和鸣枪起跑几个部分，加速跑一般在起跑后的 10~20 米。

（1）起跑（图 17–7–1 至图 17–7–4）。

（2）加速跑。其技术特点是：身体前倾较大，后蹬角度较小，迈步幅度由小到大，频率逐渐加快。

图 17–7–1　运动员上道

图 17–7–2　各就位

图 17–7–3　预备

图 17–7–4　“鸣枪”跑

2. 途中跑

途中跑主要是指直道跑和弯道跑技术。途中跑应进一步发挥加速跑，并保持最快速度跑向终点。

（1）直道跑（图 17–7–5）。

（2）弯道跑。主要以 200 米混合接力项目为主，三人要保持身体重心平稳，克服转弯时的离心力。跑动时，身体稍向内倾斜，右肩高于左肩，右臂摆动幅度稍大且稍向外，左臂幅度小。右脚前抬时稍向内扣，用前脚掌的内侧扣紧板鞋，左脚外侧稍用力，在弯道结束进入直道后整个身体逐渐过渡到正常姿势，快速向前跑。

图 17–7–5　途中跑

（3）板鞋竞速接力跑。当第一组三人板鞋踏入接力区后，即可适当减速出板或脱板，然后迅速把板鞋交给下一组队员。下一组队员接到板鞋后，必须在接力区踏上板鞋，并以起跑和加速跑的技术向前跑进。

3. 终点冲刺跑

接近终点时，目视前方，上体要稍前倾，两小腿积极前摆，1 号位队员摆动两臂，带动两腿加大幅度，快速向前摆动，冲过终点线。

练习提示

要练好板鞋竞速，队员之间必须步调一致、配合默契。

三、板鞋竞速竞赛方法

1. 场地

（1）在平地或田径场上进行。

（2）跑道分道宽 2.44~2.50 米，线宽 5 厘米。

（3）接力区为 10 米，接力区中线为宽 5 厘米的虚线，其前后各 5 米处画一条实线，接力区从这两条线的后沿算起。

2. 器材

比赛板鞋用长 1 米、宽 9 厘米、厚 3 厘米的木料制成（以三人板鞋为例）。每只板鞋配有三块宽度为 5 厘米的护足面皮，分别固定在板鞋规定的位置上，护皮以套紧脚面为宜。第一块护皮前沿距板鞋前端 7 厘米，第三块护皮后沿距板鞋末端 15 厘米，第二块护皮在第一块护皮和第三块护皮的中间。

四、板鞋竞速裁判法

1. 竞赛项目

板鞋竞速的竞赛项目有男 60 米、女 60 米、男 100 米、女 100 米和男女混合 2×100 米接力。

2. 竞赛办法

（1）采用分道跑。

（2）起跑采用“各就位”口令、“预备”口令、鸣枪的方式。

（3）途中跑。在途中跑过程中必须踏着本队板鞋，在各自的跑道内向前跑进。如出现摔倒落地，则必须在落地处重新穿好板鞋才能继续向前跑进。

（4）比赛结束。以运动员板鞋前沿抵达终点线瞬间为止。

（5）接力赛。采用多副板鞋多组进行比赛；第一组队员和第二组队员的交接必须在接力区内完成；完成交接的队员应停留在各自的分道或接力区内，直到跑道畅通后方可离开。

（6）服装。每队服装须统一。

（7）计时。采用全自动电子计时和手动计时均可，计时成绩均以百分之一秒为最小计时单位。

（8）名次判定。比赛用时少者名次列前。如比赛分预赛、复赛和决赛，以决赛成绩判定名次。

3. 犯规与判罚

第二人次抢跑、窜道、脱板或摔倒后未在落地处穿好板鞋继续跑进、未在接力区交接板鞋或退出接力区时阻挡或妨碍其他道运动员比赛均为犯规，取消比赛资格。

五、板鞋竞速游戏

（1）板鞋踩气球比赛。10 个气球分散开，三组板鞋踩气球，踩多者胜。

（2）板鞋倒退跑。跑道上 10 米距离倒退跑比赛，先到为胜。

（3）板鞋绕“8”穿杆。跑道上，每三米插一杆，共 5 杆，“8”字穿杆，先回到起点者为胜。

（4）迎面接力。跑道上 20 米接力，4 板一队，迎面接力，第四板先到终点者为胜。

（5）板鞋追逐赛。以 5 米为半径画一圆圈，通过圆心画一直线相交于圆上两点并向外延伸 1 米。两队队员站在对面线后，同时起跑，逆时针方向在圈外展开追逐赛，追到对方拍 3 号位后背为胜。

第八节　高脚马

一、高脚马概述

高脚马又称高竹马，或称高跷，古称“双木续足之戏”，是我国民族传统体育项目之一，有着悠久的历史，流行于湖南、湖北、贵州、重庆等地的土家族、苗族、侗族、瑶族等少数民族中，有竞速、对抗和竞艺等多种运动形式。

早在原始社会，人们为了采摘较高树枝上的野果，常在腿上绑两根木棍以增加身高，而闲暇时，人们则将其作为一种嬉戏娱乐的方式，这便是最早的高脚马活动。后来，这种活动逐渐发展演变成古代百戏中的技艺表演。在运动方式上，有以木跷直接捆绑固定于脚腿部的固定型，俗称高跷；有脚可灵活踩踏于踏蹬上的手握型，俗称高脚。高跷的优点是手可自由活动，便于进行各种表演，不足之处是上下跷不灵活，难度较大；高脚的优点是上下跷灵活方便，但人跷结合不牢，双手用于握跷杆，活动会受到一定限制。高跷多流行于我国北方，高脚多流行于我国南方，特别是西南少数民族地区，在很久以前是青少年在雨雪天作为“防湿”的步履工具，人踩在高脚上可以通过山间小道，跨过溪河、稻田。在闲暇时则以此进行竞速、角斗对抗、竞艺等嬉戏娱乐。如今，高跷作为防湿工具的功能已基本消失，但因其上下踩踏灵活、方便安全，至今仍是民间儿童少年喜爱的娱乐和健身项目。

二、高脚马基本技术

（一）上马（图 17-8-1）

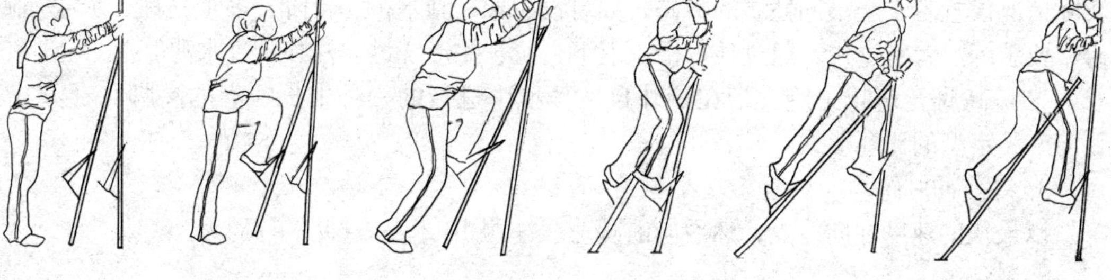

图 17-8-1　上马

（二）行走

双手各握高脚撑杆的上端，双脚各踏在一支撑杆的踏蹬上，手脚配合提杆抬腿，左右交替迈步，维持身体平衡，完成走、跑、跳跃、闪转等动作。

（三）高脚竞速

高脚竞速有短距离跑、中长距离跑、接力跑、障碍跑和越野跑等项目，在技术上，各种跑法都由起跑和加速跑、途中跑、终点冲刺跑三个技术环节组成。

1. 起跑和加速跑

起跑和加速跑，主要是骑上马杆使身体迅速摆脱静止状态，尽快地发挥速度并顺利过渡到途中跑。

（1）起跑。起跑包括“各就位”“预备”和鸣枪起跑三个部分。200 米、400 米、中长距离跑和接力跑都是在弯道上起跑。为了减少离心力的影响，使起跑后更快地发挥速度，起跑时应尽可能沿直线跑一段距离。因此，“各就位”时应站在靠跑道的外侧，身体正对弯道的切点。起跑后的加速跑，要沿切线方向直线跑进，在即将跑到切点时，身体逐渐向内倾斜，以便顺利进入弯道。

（2）加速跑。起跑后的加速跑距离一般在 20~30 米。这段技术的特点是身体前倾较大，后蹬角度较小，迈步幅度由小到大，频率逐渐加快，若从正前方或正后方观察，两只撑杆下端的距离逐渐缩小，直到两只高脚撑杆底部内侧压缩在 10 厘米左右的距离之内。

2. 途中跑

途中跑主要是进一步发挥加速跑获得的速度或保持最快速度跑向终点。

（1）直道跑。途中跑时，应以强有力的动作蹬伸髋、膝和踝关节。摆动腿的大腿和手臂有力地向前上方提杆摆出，以加强后蹬效果。躯干保持稍前倾，两臂配合下肢节奏向前上方提杆，使两撑杆上端稍向外，撑杆下端靠拢，从正面看两杆构成“V”形，这样大腿向前上方提摆时才不至于撞上撑杆，影响动作及造成膝部与大腿外侧损伤。

（2）弯道跑。为了克服离心力的影响，在进入弯道跑时，身体应逐渐向左倾斜，右臂摆幅加大，并稍向内摆，左臂加大向外提杆动作；右腿前摆时，膝部稍内转，左腿前摆时，膝部稍外转。在跑完弯道进入直道时，身体逐渐恢复到正常跑的姿势。

（3）高脚竞速接力跑。是由接力队员依次接替跑完一定距离的集体比赛项目，分为男、女 4×100 米、4×200 米、4×50 米接力，迎面接力或男女混合接力等。由于高脚竞速跑时双手均握高脚撑杆，无法传接接力棒，因此常采用一个队共用一副高脚撑杆的方式，前后棒的运动员在接力区完成高脚撑杆交接后继续跑进。

（4）障碍高脚竞速赛。指在比赛场地上跨越一定障碍的比赛方式。目前，尚无定型的障碍高脚竞速跑比赛项目，但为了提高比赛和练习的趣味性和惊险性，教学中可以根据实际情况设置若干个不同性质的障碍，如可设栏架、独木桥、台阶、多个立柱、水池等障碍，要求练习者跨过栏、通过独木桥、上下台阶、蛇形绕过立柱、跃过水池等。

（5）高脚竞速越野跑。指在野外自然环境中进行的一种中长距离的高脚比赛方式，目前亦无定型的比赛形式。

3. 终点冲刺跑

以最快的速度冲向终点，然后向前减速缓冲跑 10 米左右即跳下高脚。

> **练 习 提 示**
>
> 要练好高脚马，必须做到手脚协调、人马一体。

三、高脚马竞赛方法

1. 场地

（1）在平地或田径场上进行。

（2）跑道分道宽 2.44~2.50 米，线宽 5 厘米。

（3）接力区为 10 米，接力区中线为宽 5 厘米的虚线，其前后各 5 米处画一条实线，接力区从这两条线的后沿算起。

2. 器材

（1）高脚撑杆由竹、木或其他硬质材料制成，踏蹬可用绑木块或用绳索系成。

（2）撑杆上端高度不限，下端（踏蹬以下）高 30 厘米。

四、高脚马裁判法

1. 竞赛项目

高脚马竞赛项目有男、女 100 米、200 米、400 米，4×100 米、2×200 米、4×50 米接力，迎面接力或男女混合接力。

2. 竞赛办法

（1）采用分道跑。

（2）起跑采用“各就位”口令、“预备”口令、鸣枪的方式。

（3）途中跑时必须踩在高脚上，在各自的跑道内向前跑进。如出现落地，则必须在落地处重新踏上高脚才能继续向前跑进。

（4）以运动员身体躯干任何部位抵达终点线后沿垂直面瞬间为比赛结束。

（5）接力赛采用一副高脚撑杆，交接撑杆必须在接力区完成，即前棒队员必须进入接力区才能下高脚，接力队员必须上好高脚才能跑出接力区。

（6）计时。全自动或手动计时均可，比赛成绩均以百分之一秒为最小计时单位。

（7）名次判定。比赛用时少者名次列前。如比赛分预赛、复赛和决赛，以决赛成绩判定名次。

3. 犯规与判罚

第二人次抢跑、窜道、落地或人杆分离后未在落地处重新踏上踏板继续跑进、未在接力区交接撑杆或退出接力区时阻挡或妨碍其他道运动员比赛均为犯规，取消比赛资格。

五、高脚马游戏

（1）高脚站立平衡。站上高脚，调整一下身体重心，站着不动，看谁站得久。

（2）高脚单脚跳。跑道上站上高脚，单脚跳，10 米距离看谁跳得快。

（3）高脚双脚跳。跑道上站上高脚，双脚跳，10 米距离看谁跳得快。

（4）迎面接力。分组进行 20 米 ×4 接力，看谁跑得快。

（5）绕“8”穿杆。跑道上，每三米插一杆，共 5 杆，“8”字穿杆，先回到起点者为胜。

（6）高脚圆圈追逐赛。以 5 米为半径画一圆圈，通过圆心画一直线相交于圆上两点并向外延伸 1 米。两队员站在对面线后，同时起跑，逆时针方向在圈外展开追逐赛，追到对方身体右侧平齐算胜。

第十八章 时尚休闲体育项目

第一节　定向运动

一、定向运动概述

定向运动是一项参赛者借助地图和指北针，在尽可能短的时间内到达若干个被分别标记在地图上和实地中检查点的运动。

按照运动模式，国际定向运动联合会将定向运动划分为徒步定向、滑雪定向、山地自行车定向和轮椅定向。其中，徒步定向也被称为定向越野。

（一）定向运动的起源

定向（orienteering）一词最早出现在1886年的瑞典，意思是在地图和指北针的帮助下，穿越未知的地带。地处北欧斯堪的纳维亚半岛的瑞典，国土崎岖不平，覆盖着一望无际的森林，散布着无数的湖泊、城镇和村庄，人们主要利用隐现在林中湖畔的小径来往于各地。因而，人们必须学会并具备精确辨别方向的能力，否则会有迷失方向的危险。这样，地图和指北针就成为人们行走和生活的必需品。生活在半岛上的居民、军队，便成了定向运动的先驱者。

最初的“定向”只是一项军事活动，军人们把在山地里辨别方向、选择道路和越野行进作为军事训练的内容。后来，在瑞典和挪威的军营中，士兵利用军用地图先后组织了最初的该类体育竞赛。

1897年10月31日，在挪威组织了第一次面向民众的定向比赛，当时参赛的人数仅有8人。其后，在挪威还举行了一些小规模的定向比赛。

定向运动从军营走向社会，始于20世纪初。瑞典的一位童子军领袖吉兰特（Ernst Killander）于1918年组织了一次名为“寻宝游戏”的活动，给定向运动赋予了游戏的特性，这引起了人们的极大兴趣。从此，该项活动在北欧广泛开展起来。1919年3月25日，一次影响深远的定向比赛在斯德哥尔摩南部城市纳卡（Nacka）的林中举行，参赛人数达到217人。这项比赛的组织模式与规格标志着定向运动作为一项独立的体育项目的诞生。时任瑞典斯德哥尔摩体育联合会主席的吉兰特也被人们视作“定向运动之父”。

（二）定向运动的发展

20世纪30年代，定向运动已在瑞典、挪威、芬兰和丹麦等国有了较好的发展。1943年，定向运动传入英国。1946年，美国引进了定向运动。在随后的20年间，加拿大、澳大利亚、法国、德国、日本等国都相继开展了这项运动。从此，定向运动在西方国家得到了蓬勃的发展。

1961 年 5 月，国际定向运动联合会（IOF）在丹麦首都哥本哈根成立。在这次成立会上，确定了定向运动正式的比赛项目，制定了一系列的比赛规则与技术规范。国际定向运动联合会的成立，标志着定向运动进入了崭新的发展时期。目前，国际定向运动联合会已拥有包括中国在内的 70 多个成员国和地区，是国际体育联合会总会之一，同时定向越野也是国际承认的奥林匹克体育项目。

目前，全世界有 400 多万名定向运动爱好者。据悉，在北欧，热爱定向运动的人数已经超过了“世界第一运动”足球的爱好者。在瑞典 800 多万人口中，定向运动爱好者就高达 150 万人，全国有 700 多个定向运动俱乐部，每年组织 1 000 多场定向比赛，每次参赛人数都是成千上万，最多时达 4 万多人。所有瑞典学校的学生和军人都必须学习定向运动，并将它列为一门必修课程。定向运动已成为许多瑞典人的一种生活方式。

目前，定向运动在我国也初具规模，并且呈现出强劲的发展势头。早在 1992 年 7 月，国际定向运动联合会就批准中国以“中国定向运动委员会”的名义加入该组织，成为正式会员。1995 年，“中国定向运动委员会”正式更名为“中国定向运动协会”，简称“中国定协”。此后，中国定向运动协会积极推动定向运动在国内的发展，每年在全国范围内组织“全国定向锦标赛”和“全国城市定向系列赛”。2003 年，中国大学生体育协会定向运动分会的成立，对我国定向运动的发展，尤其是高校定向运动的发展起到了积极的推动作用，全国学生定向越野锦标赛已连续举行了 8 届。近年来，定向运动在高校陆续开展起来，各校纷纷建立了定向运动俱乐部并开设选项课，还举行了各种各样的定向比赛。

（三）定向运动的锻炼价值

定向运动是一项智力与体力相结合的运动。参加各种各样的定向运动，既可提高体适能水平，又可以增长知识和技能，改善心理素质，培养团队精神，特别是社会化水平、自立、自信和独立解决问题的能力。现在，定向通常被人们看作军人、野外勘测者、徒步旅行者、登山者、探险者所必须具备的一种重要的生存能力。随着越来越多的人参与以回归自然为主题的户外运动，定向又成了一种必须掌握的生存技能。

二、定向运动基础知识

（一）定向运动的装备

定向运动的基本装备有定向地图、指北针、点标旗和点签计时系统等（图 18-1-1）。

定向运动器材介绍

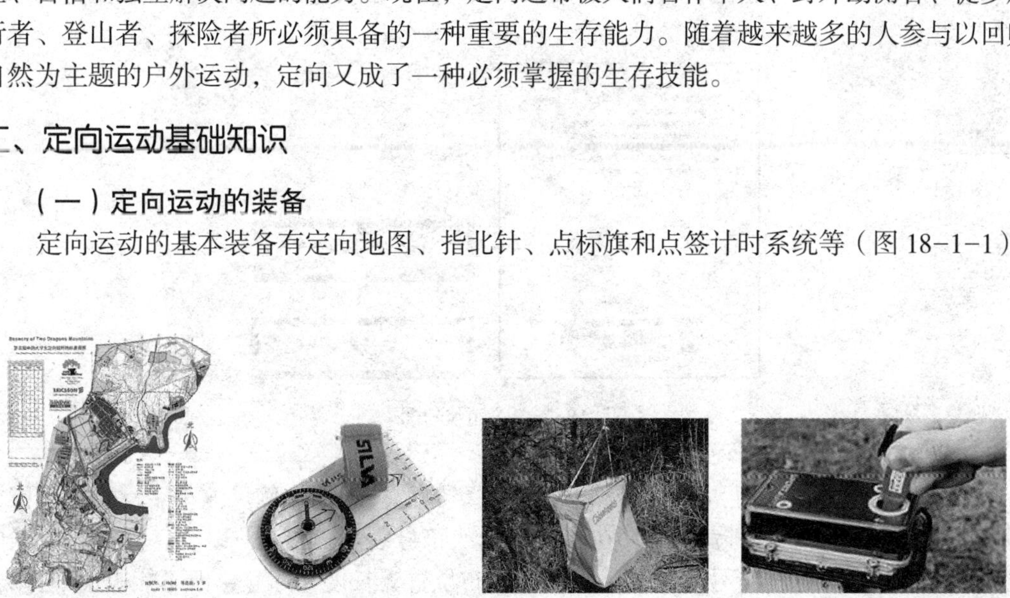

定向地图　指北针　点标旗　点签计时系统

图 18-1-1　定向运动的装备

一条完整的定向运动路线包括一个起点（用三角形表示）、一个终点（用双圆圈表示）和若干个检查点（用单圆圈表示），这些检查点用数字标明了顺序（图 18-1-2）。

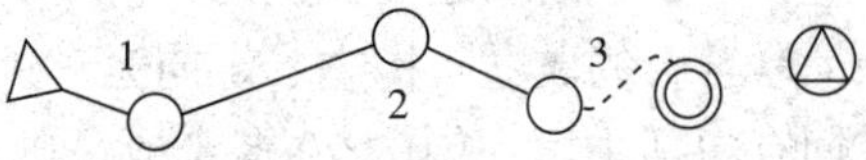

图 18-1-2　定向运动路线

（二）定向地图的识别

地图所表现的是地球上的物体和现象在平面上的缩写。定向地图是为了开展定向运动专门制作的，它要求对读图和选择路线有影响的因素都要表示出来，如地貌、地表状况、可奔跑性、水系、建筑群与独立房屋、道路网、其他线状地物以及对判定方向与确定点位有用的地物等。

1. 比例尺

比例尺是地图上某线段的长度与相应实地水平距离之比。比例尺越大，图上量测的精度就越高；比例尺越小，图上量测的精度就越低。例如，比例尺为 1∶10 000 的地图是指地图上所标示的实地面积在地图上被缩小了 10 000 倍，也说明地图上 1 毫米的距离在实地的距离为 10 000 毫米（10 米）。在定向运动中，量算实地距离是比例尺的主要作用。

2. 定向地图上的地物符号

地面上的各种地物是用形状不同、大小不一、色彩有别的符号表示的。它们不仅具有确定客观事物的空间位置、分布特点以及数量、质量特征的基本功能，还具有相互联系和共同表达地理环境诸要素总体特征的特殊功能。

（1）符号的分类（按符号所代表的事物情况来分）。

① 面状符号。地面事物呈面状分布。当实际面积较大，按地图比例尺缩小后，仍能表示出其分布范围时，可用面状符号表示（图 18-1-3），如大的湖泊、大片森林、沼泽等。这种符号能表示事物的分布位置、形状和大小。一般又把这种符号称为依比例符号。

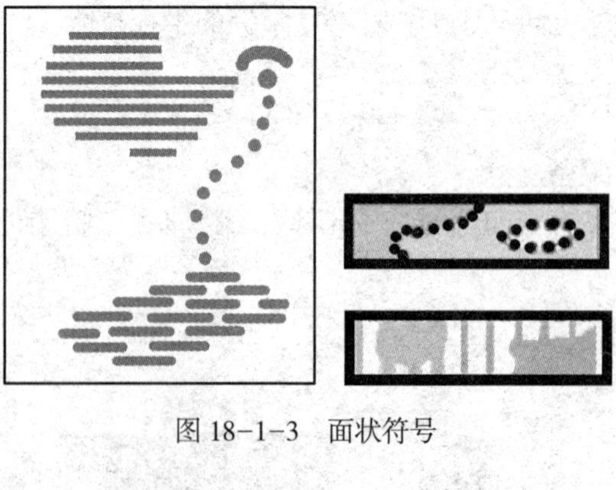

图 18-1-3　面状符号

② 线状符号。地面上呈带状或线状延伸的事物，按地图比例尺缩小后，长度可依比例表示。宽度不能依比例表示时，在图上用线状符号表示（图 18-1-4），如道路、输电线、河流等。由于这种符号仅能表示事物的分布位置、长度和形状，但不能表示其宽度，所以一般又把这种符号称为半依比例符号。

③ 点状符号。客观事物在地面上所占的面积较小，在图上不能按比例尺表示其分布范围时，则用点状符号表示（图 18-1-5），如表示居民点的房屋、小塔形建筑、石块、小树等。由于它只能表示分布位置，不能表示事物的形状和大小，所以一般又称这种符号

为不依比例符号。

（2）符号的构成要素。

① 符号的图形。主要用于表达地理事物性质上的差别。面状符号的图形与事物的实际形状相似；线状符号的图形为不同线形，如双线、单线、实线、虚线和点线等。个体符号的图形多为简单的几何图形或象形图形。

符号的图形具有图案化和系统化的特点。所谓图案化，就是符号的图形有些类似于事物本身的形状（图 18-1-6）。图案化的图形既形象又简单、规则，因而便于根据符号的图形联想实际事物的形状。

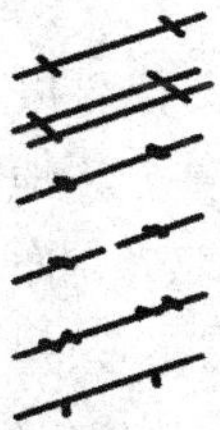

图 18-1-4 线状符号

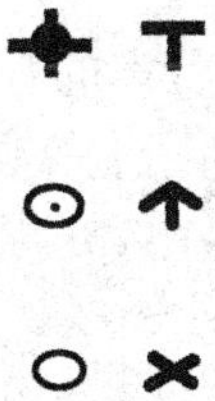

图 18-1-5 点状符号

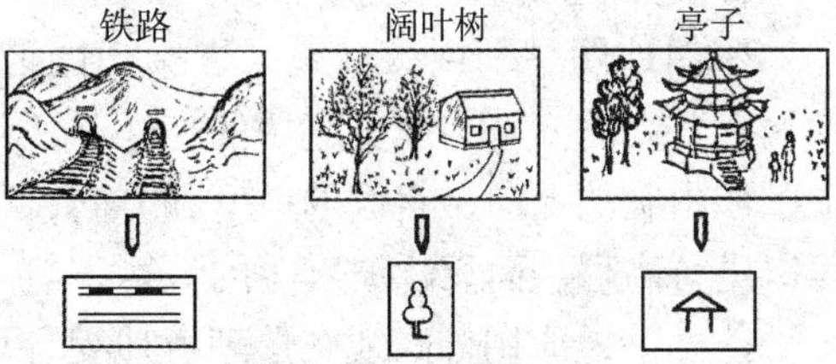

图 18-1-6 符号的图形

系统化是指各种符号的图形具有内在的联系，通过图形的变化，可以把事物的量和质等特征表现出来。系统化表现为同类事物符号的图形相类似。例如，道路一般分为铁路、公路及其他道路，分别以黑白相间的双线、普通双线及单线、虚线、点线等表示其差异（图 18-1-7）。

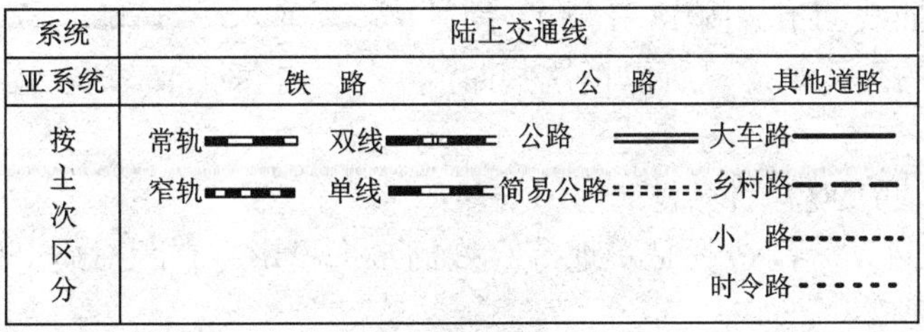

图 18-1-7 符号图形系统化

② 符号的大小。主要反映事物的重要程度及数量差异。一般来说，表示重要的、数量多的事物的符号大些；反之，则符号小些。

为了完整而详细地表示出地形，同时又能保证定向地图清晰易读，国际定联规定了定向图符号的最小尺寸以及当它们相互靠近时的关系处理原则与最小间隔。符号的大小、线条的粗细、符号间最小距离的规定，都是以日光条件下的正常视力和当今的印刷技术水平为依据制定的。

③ 符号的颜色。主要表示事物的质量差异、数量差异和区分事物的重要程度。一般用不同颜色表示质量的差异，如用蓝色表示水系，用绿色表示植物；用同一（或相邻）颜色的深浅表示数量变化，如用深浅不同的绿色表示森林，颜色越深，则表示森林越密，越不易通过。

根据定向比赛的特殊需要，国际定向联合会对定向地图上颜色的使用规定如下：

- 黑色——代表任何人造物体、小路、岩石、悬崖峭壁和大石头等。
- 棕色——表示等高线和主干道及坚硬的路面。
- 蓝色——表示任何有水的地方。
- 白色——表示容易通过的林区。
- 绿色——表示浓密、不易通过的森林，绿色越深，越难通过。
- 黄绿色——表示禁入的民宅、私家花园或草坪。
- 黄色——表示开阔地，如田野、牧场或空旷区。
- 紫色——表示比赛线路，包括起点、检查点、终点。

3. 定向地图上的地貌符号

定向地图是利用等高线来表示山的形态及起伏状态的。利用等高线，不仅可以了解地面上各处的高差、地势起伏的特征，还可以根据地图上等高线的密度和图像分析地貌特征，如山脉的走向、斜坡的坡度和方向，了解哪里是山脊，哪里是谷坑和凹地等，而且还可以进行高程、面积、坡度等的计算。

能熟练地应用等高线图形理解地貌是从事定向运动的基础。在地物稀少的地方及森林中，地貌是主要的甚至是唯一的行进参照物。

（1）等高线显示地貌的原理。

等高线是地面上高程相等的点所连成的闭合曲线。使用“平截法”，假设把一座山从底到顶，按相同的高度，用一层一层的水平面横截，则山的表面与水平面相交得到一组曲线，再将这些曲线垂直投影到地平面上，得到一圈一圈的曲线图形（图 18-1-8）。因为每条线上各点的高度恒等，所以把这些曲线叫作等高线。

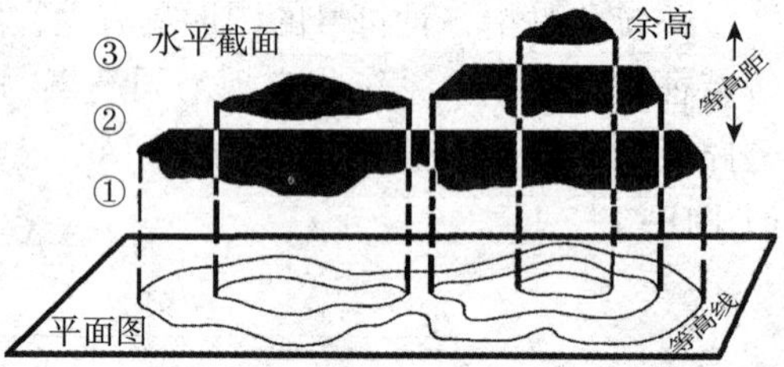

图 18-1-8 等高线显示地貌的原理

（2）等高线显示地貌的特点。

① 地图上的每条等高线都是实地等高线的水平投影，它既描绘出地貌的水平轮廓，也表示出地貌的起伏。

② 等高线是闭合的曲线，同条等高线上的任何点的高度都相等。

③ 在同一地图上，等高线多，山高；等高线少，山低；等高线稀，坡缓；等高线密，坡陡。

④ 在同一地图上，等高线间隔大，坡缓；等高线间隔小，坡陡。

⑤ 地图上等高线的弯曲形状与相应的实地地貌相似。

（3）示坡线。

示坡线指顺着下坡方向绘制并与等高线垂直相交的小短线（图 18-1-9）。示坡线通常被绘在等高线特征最明显的弯曲处，如山顶、鞍部或凹地底部。示坡线可以帮助读图者了解山的起伏，即哪里是上坡，哪里是下坡。顺着示坡线的方向为下坡，逆着示坡线的方向为上坡。

图 18-1-9 示坡线

（4）等高距。

等高距是各相邻等高线的高程差，常用“↑↓”表示，它的大小在很大程度上决定了地貌表示的详略（图 18–1–10）。同一地形，等高距越小，则等高线越密，地貌显示就越详尽；相反，等高距越大，则等高线越稀，地貌显示就越简略。国际定联规定，定向地图的标准比例尺为 1∶15 000，等高距为 5 米。在大面积的平缓地形，其他地物不多的情况下，也可以采用 25 米的等高距。

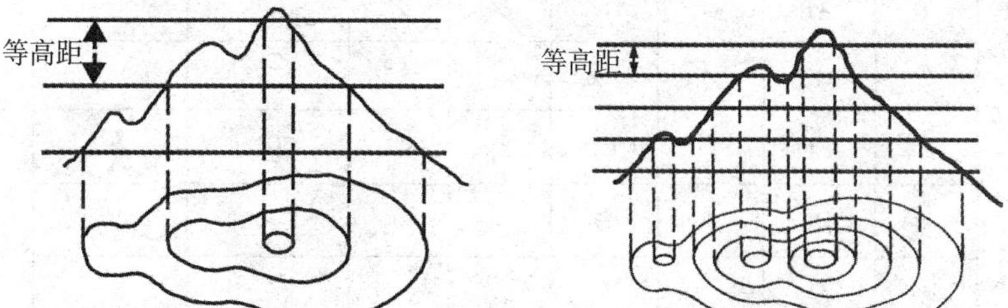

图 18–1–10　等高距

4. 定向地图的方位与磁方位角

定向地图的方位是上北下南、左西右东。图上绘有若干条相等距离的、平行的、北端带有箭头的红色线条，这就是磁北方向线（简称磁北线）。磁北线所指的方向即地图的北方。可以利用这条线确定地图的方位、标定地图、量测磁方位角、估算距离等。

磁方位角也是定向运动中的一个重要参数，这一参数对确定方位有很大的帮助。什么是磁方位角呢？在应用地图的过程中，往往需要从图上判断两点的相对位置。如果仅有两点之间的水平距离，而没有方位关系，显然无法确定两点的相对位置。而要确定两点之间的方位关系，则必须规定起始方向，然后求出两点间的连线与起始方向之间的夹角，以此确定两点的相对位置。这就需要用方位角来表示，它是指从起始方向北端算起，顺时针转至目标方向线间的水平角（图 18–1–11），角值变化范围为 0°~360°。起始方向为真子午线，其方位角称为真方位角；起始方向为磁子午线，则其方位角称为磁方位角。在定向地图中，都以磁北为起始方向，故所用的方位角均为磁方位角。

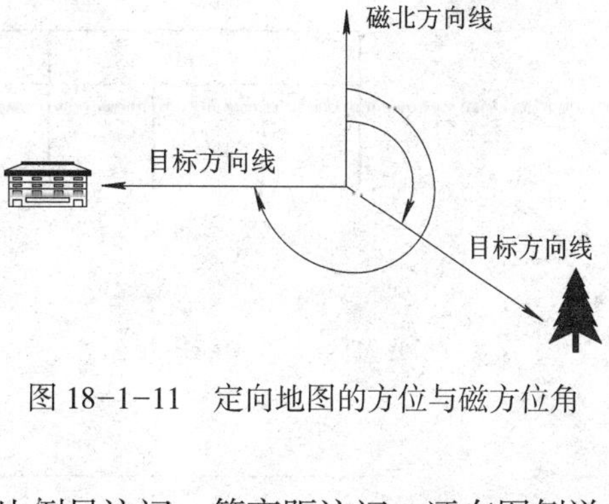

图 18–1–11　定向地图的方位与磁方位角

5. 在定向地图上的图例注记

在定向地图上的图例注记，除了上面介绍过的比例尺注记、等高距注记，还有图例说明、检查点说明以及图名和出版单位说明等。

图例说明可以帮助理解地图所表示的事物。它采用的是国际语言符号，所有符号在全球通用。根据国际定向联合会制定的《国际定向运动图制图规范》（ISOM 2000），定向地图上的语言符号分为地貌、岩石与石块、水系与淤泥地、植被、人工地物、技术符号、线路符号 7 个类别。

在定向地图的一侧，还可以看到一个以符号表的形式（有时也附有文字）出现的《检查点说明》（图 18–1–12）。它是根据国际定联颁发的一套“明确地指示检查点特征物、检查点点标与该特征物之间的相对位置关系”的符号和文字说明系统，用以说明检查点点标在地貌、地物的具体位置。在比赛中，根据这一说明系统，结合地图，可以迅速地找到检查点。

一条完整线路的检查点说明符号表由表头、表体和表尾三部分组成。

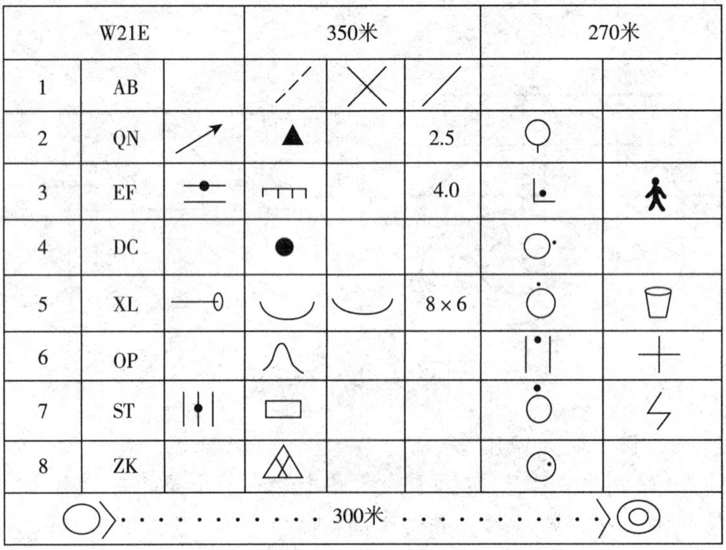

图 18–1–12 检查点说明

（1）表头（图 18–1–13）。

图中甲表示组别（分组），乙表示路线长度，丙表示总爬高量。

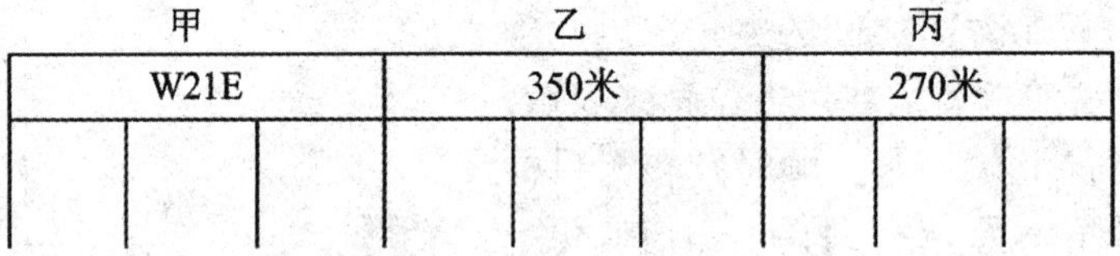

图 18–1–13 表头

（2）表体（图 18–1–14）。

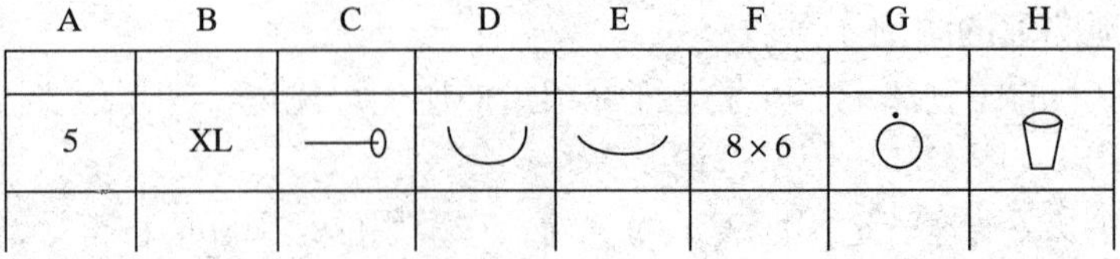

图 18–1–14 表体

A 栏：检查点序号（按比赛路线的顺序）。

B 栏：检查点点标代号。

C 栏：检查点所在地物（地貌）的方位。

D 栏：检查点所在地物（地貌）的名称。

E 栏：检查点所在地物（地貌）的外观特征。

F 栏：检查点所在地物（地貌）的大小。

G 栏：检查点标志与地物（地貌）的相对位置。

H 栏：其他情况。

（3）表尾。

表尾标出的是所有标识路段（必经路线）的长度与类型，包括赛程的、最后检查点至终点的长度与类型（图 18–1–15）。

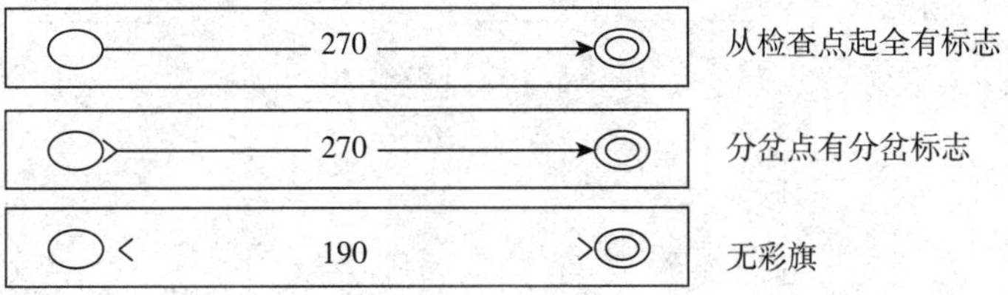

图 18–1–15　表尾

（4）表体中 C 栏至 H 栏内容释义。

C 栏：检查点所在地物（地貌）的方位（图 18–1–16）。

D 栏：检查点所在地物（地貌）的名称（图 18–1–17 至图 18–1–23）。

E 栏：检查点所在地物（地貌）的外观特征（图 18–1–24）。

F 栏：检查点所在地物（地貌）的大小（图 18–1–25）。

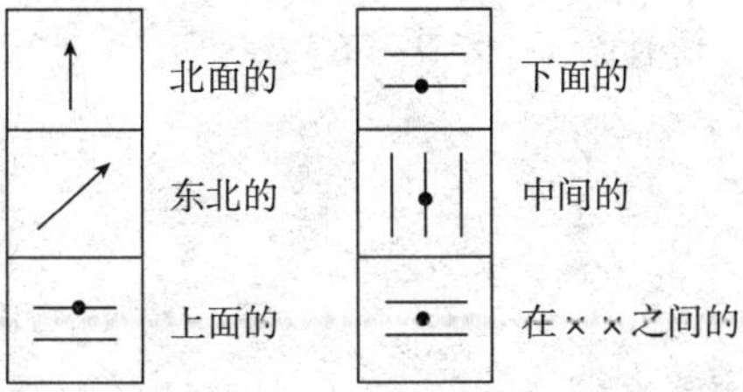

图 18–1–16　C 栏

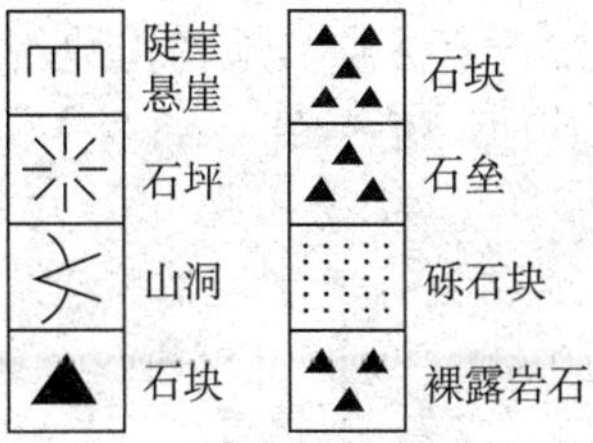

图 18–1–17　D 栏 1

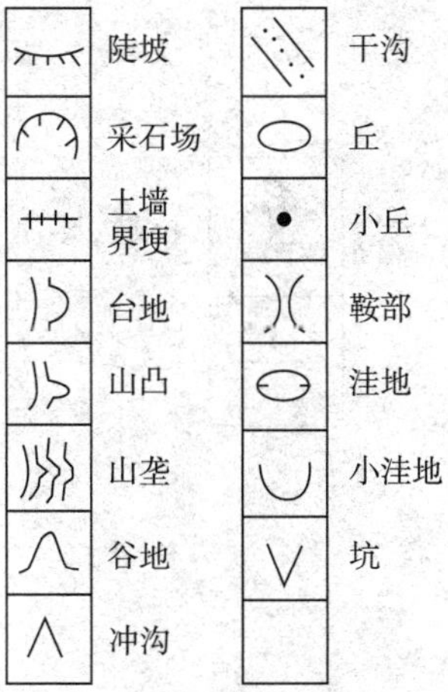

图 18–1–18　D 栏 2

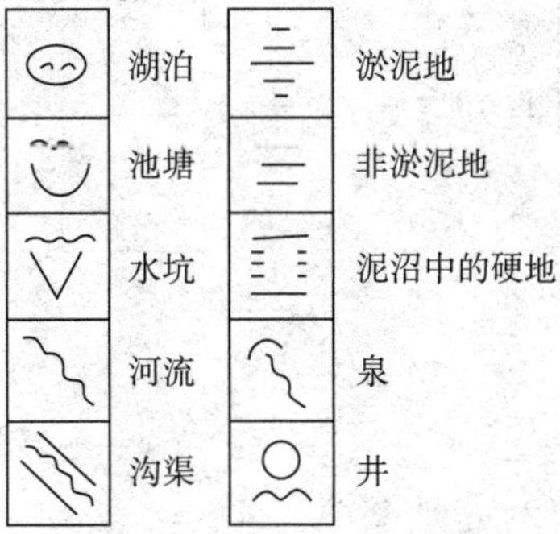

图 18–1–19　D 栏 3

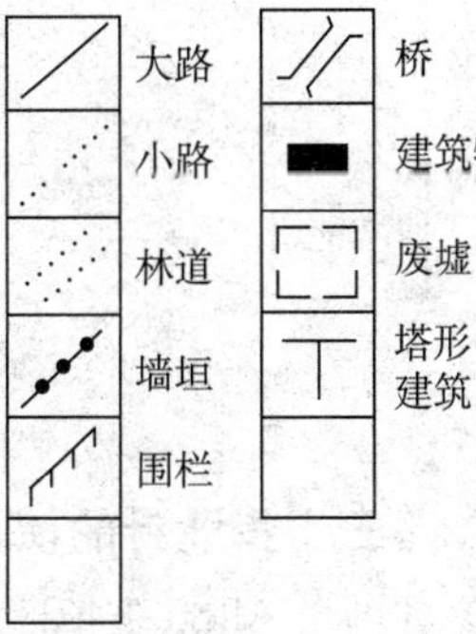

图 18–1–20　D 栏 4

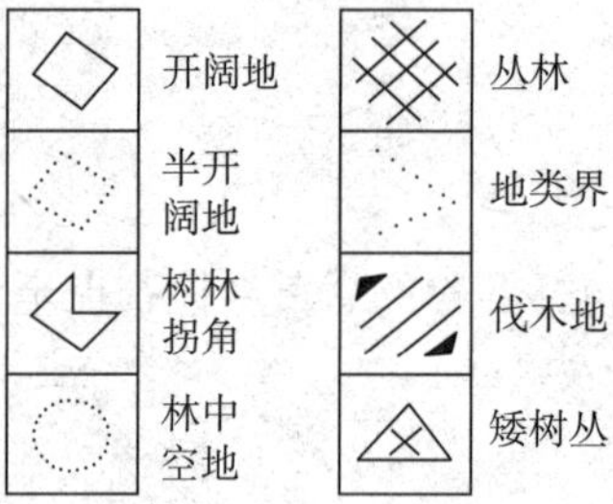

图 18-1-21 D 栏 5

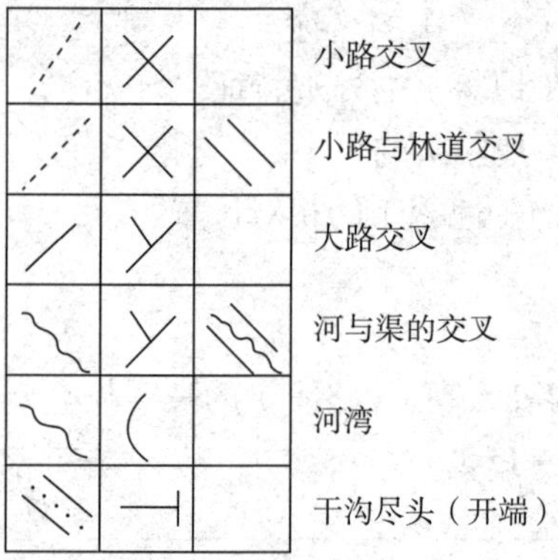

图 18-1-22 D 栏 6

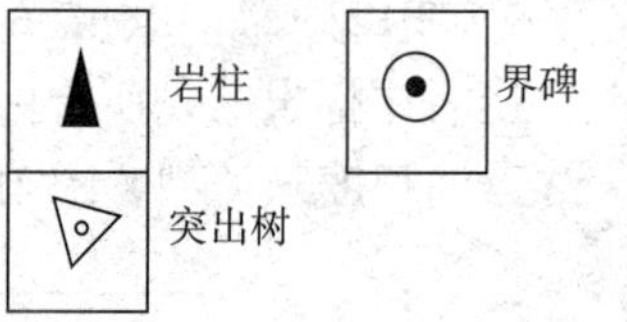

图 18-1-23 D 栏 7

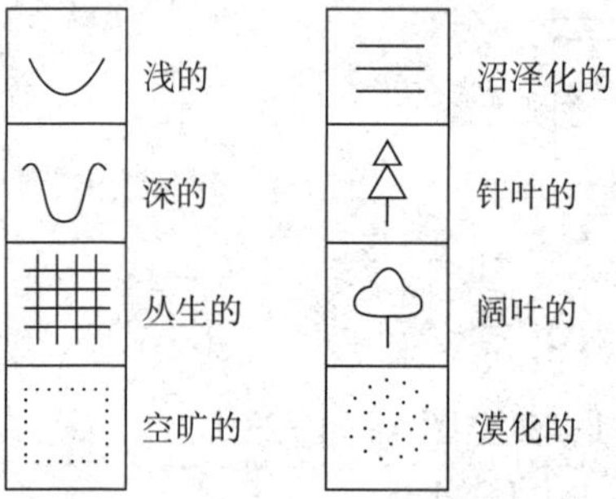

图 18-1-24 E 栏

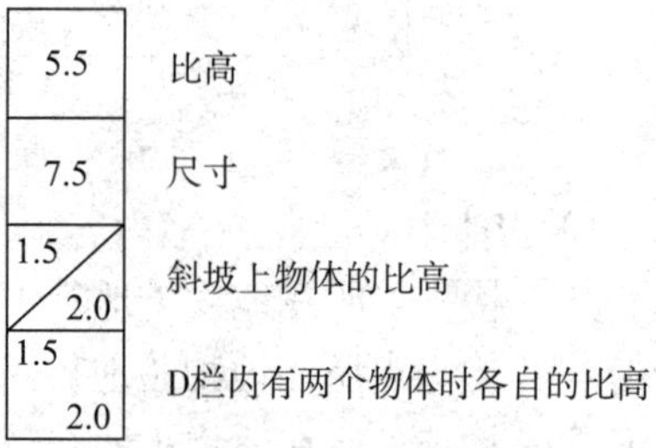

图 18-1-25 F 栏

G 栏：检查点标志与地物（地貌）的相对位置（图 18-1-26）。

H 栏：其他情况（图 18-1-27）。

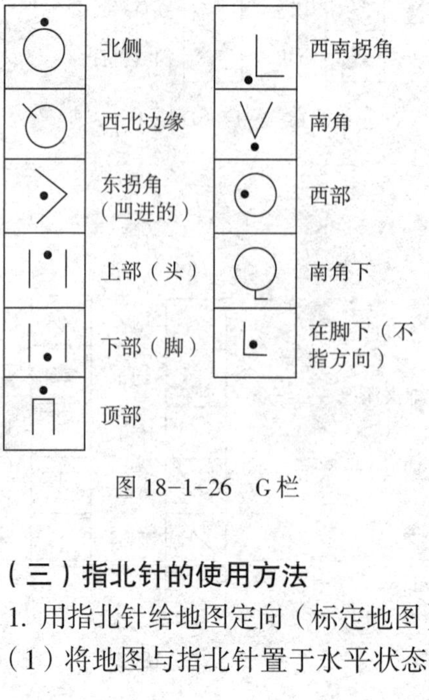

图 18-1-26 G 栏

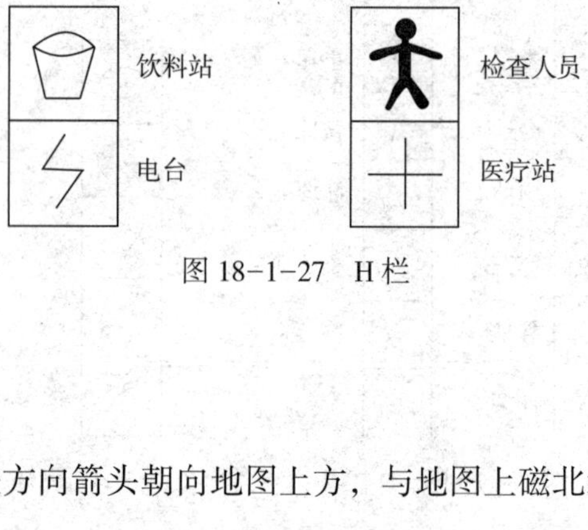

图 18-1-27 H 栏

（三）指北针的使用方法

1. 用指北针给地图定向（标定地图）

（1）将地图与指北针置于水平状态，前进方向箭头朝向地图上方，与地图上磁北线平行（图 18–1–28）。

（2）转动地图和指北针，使磁针北端对正磁北线。

2. 用指北针确定目标点的方向

（1）指北针与地图水平放置，使直尺边垂直于站立点至目标点的连线，前进方向箭头朝向目标方向（图 18–1–29）。

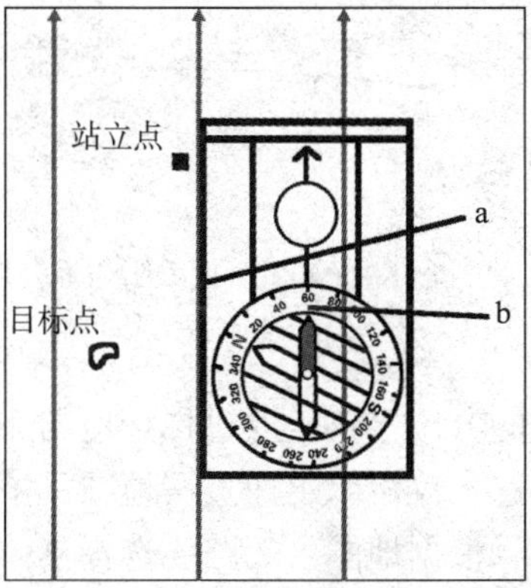

图 18–1–28　用指北针给地图定向

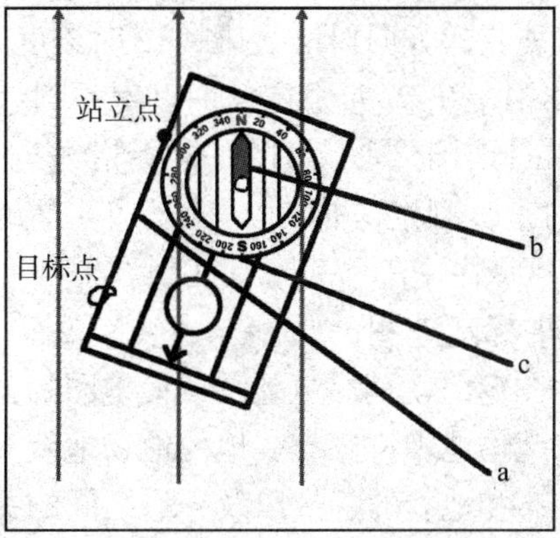

图 18–1–29　用指北针确定目标点的方向

（2）水平转动指北针与地图，身体也随之转动，直至指北针上的红色指针与地图上表示南北方向的指北线都和北方平行。

（3）这时指北针上的方向箭头所指方向就是行进的正确方向。

3. 测定自己的位置

在比赛中，初学者容易忽略自己的位置。遇到这种情况时，应保持冷静，可利用地理环境及指北针找出自己在地图上的位置，再定出前往目标的路线。

三、定向运动基本技能

定向运动的实质就是用最短的时间到达规定的目标点。要想尽快地到达目标点，首先要学会辨明方向、判定方位，即了解自己实地所在的位置，并能够在地图上找到站立点位置，在此基础上确定目标点的方向和位置，迅速找到目标点。

（一）实地判定方位

实地判定方位是指在实地辨明方向。了解实地的方位是使用地图的前提。在野外，可帮助我们辨明方向的工具很多，白天可利用太阳和手表来辨明方向，晚上可利用星体来辨明方向，还可以利用地物特征、建筑物、风向等来判定方位。

1. 利用指北针判定方位

将指北针放平，待磁针完全静止后，磁针的红色一端（即 N 端）代表北面，蓝色一端（即 S 端）代表南面。如果测定方位的人面向北，则他的左为西、右为东、背后为南。

如果想测某一点的方位，可将罗盘上的零刻度对准目标，待罗盘水平静止后，N 端所指的刻度便是测量点至目标的方位。如磁针 N 端指向 36°，则表示目标在测量位置的北偏东 36°。

2. 利用地物判定方位

在有地物和植物生长的野外，可以根据日常生活习惯和自然客观规律判定方位。如在北半球，我们居住的房屋或用于朝拜的庙宇大门通常都朝南开设；树木一般朝南的一侧枝叶茂盛，色泽鲜艳，树皮光泽；长在石头上的青苔喜阴湿，以北面为多旺；积雪多半是朝南的一面先融化。

3. 利用太阳和手表判定方位

“时数折半对太阳，12 指的是北方”，一般在上午 9 时到下午 4 时可以较快地辨别出方向，用时间的一半时针所指的方向对准太阳，12 时刻度方向就是北方（图 18-1-30）。如下午 4 时，其一半为 8 时，时针 8 时指向太阳，那么时针 12 所指方向即为北方。需注意的是，判定方向时，表盘应平置，在南北纬 20°～30° 区域内中午前后不宜使用。

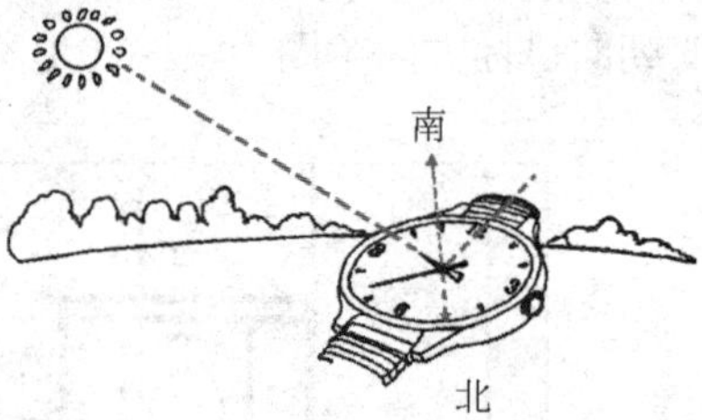

图 18-1-30 利用太阳和手表判定方位

（二）标定地图

给地图定向就是标定地图，使地图的方位与实地的方位一致。通过标定地图，可以将地图上的地物地貌符号与实地的地物地貌一一对应，这不仅可以迅速查看地图，了解实地地物的分布和地貌的起伏以及它们之间的关系，还可以根据地图上的路线选择具体的实地运动路线。这一技能将贯穿整个运动过程。图 18-1-31 就是一张被定向了的地图，湖泊位于地图的右边，运动场和学校位于地图的左边。常用标定地图的方法有概略标定、利用指北针标定、利用地物标定。

1. 概略标定地图

地图上的方位是上北、下南、左西、右东。当我们在实地正确地辨别了方向之后，只要将越野图的上方对向实地的北方，地图即已标定。这种方法简单、易学，是定向比赛中最常用的方法。

2. 利用指北针标定地图

在定向地图上标有磁北线，用红色粗线条标出，箭头指向地图的上方。利用指北针标定地图时，通过转动地图，使指北针上的红色指针与磁北线的方向吻合或平行。由于指北针上的指针和地图上的磁北线都是红色的，所以也称此方法为“红对红”或“北对北”（图 18-1-32）。

▶ 标定地图的方法

图 18-1-31 标定地图

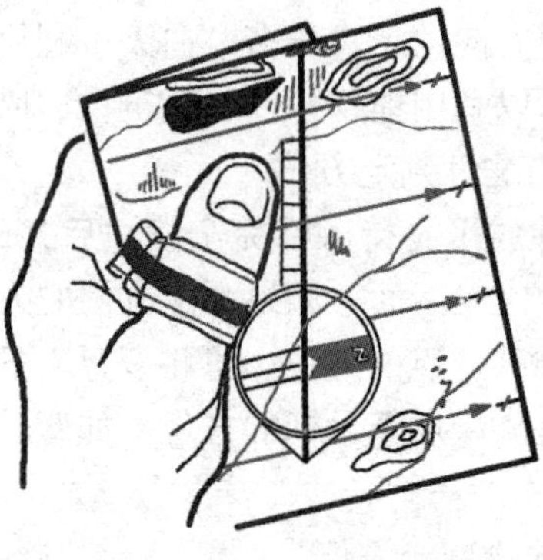

图 18-1-32 利用指北针标定地图

3. 利用地物标定地图

（1）利用直长地物标定地图。直长地物是指较长的线状地物，如铁路、公路、土垣、沟渠、高压线等。

方法：首先在图上找到这段直长地物；然后转动地图，使图上的直长地物与实地的直长地物方向一致；再对照两侧地形，使图与实地各地形点的关系位置相符。如图 18-1-33 所示，利用路边的沟渠来标定地图时，平移且转动地图，使图上的沟渠与实地的沟渠大致重合。

（2）利用明显的地形点标定地图。在实地找出一个与地图上地物符号对应的明显地物，如小桥、亭子、独立的建筑等，然后转动地图，使图上的站立点至目标的连线与实地的站立点至目标的连线相重合。

方法：首先选择一个图上与实地都有的明显的地物，然后转动地图，使图上的站立点至目标的连线与实地的站立点至目标的连线相重合（图 18-1-34）。

图 18-1-33　利用直长地物标定地图

图 18-1-34　利用明显的地形点标定地图

（三）确定站立点在地图上的位置

确定站立点在地图上的位置是从事定向运动的一项基本技能。其主要方法是通过标定地图，将地图与实地的地物、地貌逐一对照，确定自己的方位。

1. 直接确定

当自己所处位置在明显地形点上时，只要从地图上找出该地形点，站立点即可确定。这是最常用的确定方位的方法。图 18-1-35 表示定向者可利用道路交会点来确定自己所在的位置。

2. 利用位置关系来确定

当站立点位于明显地形点附近时，可以利用相对位置关系来确定。利用位置关系法确定站立点主要依据两个要素：一是站立点至明显点的方向，二是站立点至明显点的距离。在地形起伏明显的地方，还可以结合高差情况予以判定。如图 18-1-36 所示，定向者站立于小河北岸、村舍正右方，左距北上偏定向运动公路 150 米远处。依照这样的方位关系，可在地形图上定出站立点的位置。

图 18-1-35 直接确定站立点在地图上的位置

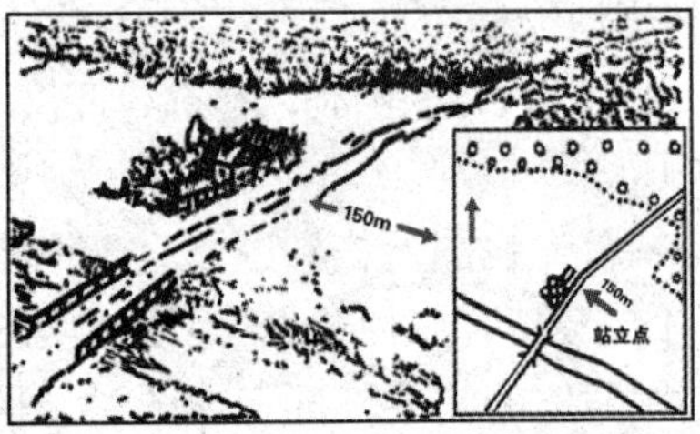

图 18-1-36 利用位置关系确定站立点在地图上的位置

3. 利用“交会法”确定

当站立点附近无明显地形点时，可以利用“交会法”确定站立点位置。按不同情况，它又可以具体分为 90° 法、截线法、连线法、后方交会法和磁方位角交会法。这些方法的优点是不需要判断或测量距离也能确定出较为准确的站立点位置。这对于初学者学习、巩固使用定向图是很有意义的。下面介绍几种常用的方法：

（1）90° 法。当待测点位于线状地形（包括道路、沟渠、山背线、谷底线、坡度变换线等）上时，如果在与运动方向相垂直的方向上能够找出一个明显地形点，那么线状地形符号与垂直方向线的交点即为站立点（图 18-1-37）。

（2）连线法。当待测点位于线状地形上，同时待测的位置恰好是在某两个明显地形点的连线上，可以利用这种方法确定站立点（图 18-1-38）。

（3）后方交会法。在待测点上无线状地物可利用，地图与实地相应地都有两个以上的明显地形点，而且地形较开阔、视线良好的情况下，可以采用这种方法确定站立点（图 18-1-39）。

标定地图后，在地图上取一个山顶为标志，与实地相应山顶在地图上作一直线。地图上的树丛与实地相应的树丛在地图上作一连线。两条直线的交会点就是站立点。

图 18-1-37 90° 法

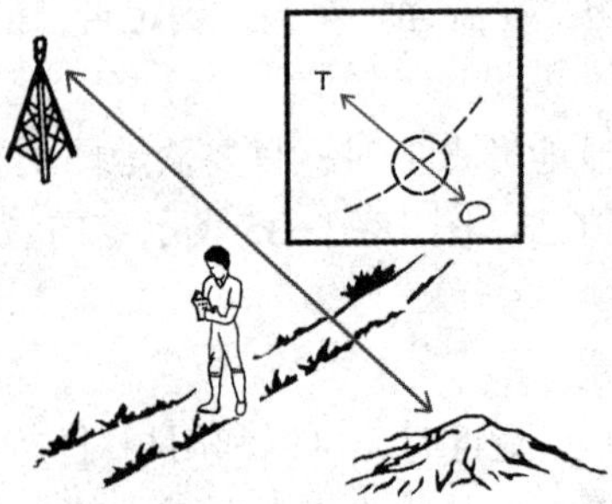

图 18-1-38 连线法

图 18-1-39 后方交会法

四、定向运动竞赛规则简介

（一）竞赛路线符号

（1）起点用等边三角形，检查点用圆圈，终点用两个同心圆。必经路线必须用虚线表示。

（2）三角形或圆圈的中心点表示起、终点及检查点的准确位置，但中心点不必绘出。

（3）检查点按规定顺序注记编号，编号数字字头朝向磁北方向，编号数字应以不压盖图上重要目标为宜。

（4）除必经路线外，起点到检查点及检查点之间按编号顺序用直线连接；遇有重要目标又不能避开时，连线应断开或画得更细些。

（5）竞赛路线、起点、检查点、终点符号、检查点编号一律用红紫色套印或标绘。

（二）检查点标志

（1）检查点标志应悬挂在图上标明的地点，一般距地面 80~120 厘米，实际位置应与检查点说明一致。

（2）检查点标志应有代号，代号用英文字母和两位阿拉伯数字表示，数字从 31 开始选用，字母和数字为黑色字体，高 5~10 厘米，笔画粗 5~10 毫米。

（3）检查点标志的设置应使运动员在寻找时具有一定的难度，但无须隐藏。

（4）每个检查点应有电子打卡计时系统，基层竞赛如没有电子打卡计时系统可用打印器，但是打印器的图案不能重复。

（三）检查卡

（1）检查卡是运动员通过检查点的记录载体，是运动员完成竞赛的成绩证。

（2）电子打卡计时系统检查卡又称指卡，运动员使用指卡时必须是按顺序触及放置在检查点上的点标打卡器，当指卡插入点标打卡器中成绩就会自动记录。

（3）运动员打卡，下列情况不影响成绩：① 在寻找过程中，打到非自己路线的检查点，但已按本组规定的路线和顺序完成竞赛；② 如运动员打卡顺序错误，可以按顺序重新打卡一遍。

（4）运动员回到终点应将检查卡交给终点裁判员，读取竞赛成绩。

（5）基层竞赛中采用传统的检查卡，检查卡可用耐用的纸张制成，大小不得超过 10 厘米 ×21 厘米。运动员通过检查点时，在卡片的空格内打上清楚的标记，若标记打错位置，可在备用格中打上正确标记，但到终点交还时，需向终点裁判说明。

（四）抽签和出发表

（1）在竞赛中，运动员按相等的时间间隔依次出发。在接力赛中，同组第一棒的运动员可以同时出发。

（2）出发顺序可采用人工或计算机抽签排定，但必须是在总裁判长的监督下进行。采用何种抽签形式由竞赛委员会决定。

（3）抽签顺序结束应编印出发顺序表，并应在组委会召开的裁判长及教练联席会议前公布此表。

（4）所有报名参加竞赛的运动员和运动队都编排出发顺序。如有缺席，出发顺序不变。

（5）来自同一运动队的队员不能编排连续出发。

（五）警告

（1）代表队成员擅自出入预备区，但未造成后果。

（2）在出发区提前取图和抢先出发者。

（3）在比赛区域内蓄意帮助或获取他人帮助，但未造成后果。

（4）在比赛中妨碍裁判员正常工作。

（5）完成赛事者以任何形式向其他运动员传递赛场信息。

（6）出发后未到终点报到者。

（7）一次检录不到者。

（8）未按大会要求佩戴比赛标志者。

（六）成绩无效

（1）受到两次警告者。

（2）在比赛中丢失检查卡、地图或号码布者。

（3）因各种原因退出比赛者。

（4）竞赛中超过组委会规定的终点关闭时间。

（5）未按规定读取成绩者。

（6）未通过全部检查点，即检查卡片上打印器图案不全者。

（7）检查卡打印器图案模糊不清，无法辨认者。

（七）取消竞赛资格

定向运动欣赏

（1）冒名顶替参加竞赛者。

（2）在定向越野竞赛中使用交通工具者。

（3）不符合分组年龄标准或谎报年龄、弄虚作假者。

（4）蓄意破坏点标、打卡器或其他竞赛设备者。

（5）有意妨碍他人竞赛者。

第二节 攀岩

一、攀岩概述

（一）攀岩简介

攀岩是从登山运动中衍生出来的竞技运动项目，是指人类利用原始的、本能性的攀爬技术，借助各种装备作安全保护，攀登峭壁、裂缝、海蚀岩、大圆石以及人工岩壁等。20世纪50年代，这项运动起源于苏联，当时是军队中的一项军事训练项目。1974年，攀岩被列入世界比赛项目。20世纪80年代，以难度攀岩为主的现代竞技攀岩比赛开始兴起并得到人们的广泛光注。1985年，在意大利举行了第一次难度攀岩比赛。1988年6月，国际竞技攀登比赛在美国举行。1989年，首届世界杯攀岩赛分阶段在法国、英国、西班牙、意大利、保加利亚和苏联举行。运动员参加各地比赛，最后累计总成绩，进行排名。以后，世界杯攀岩赛每年举行一次。随着攀岩的蓬勃发展，国际攀联在各大洲成立委员会，组织洲内地区性大赛。

（二）攀岩的特点

惊险、刺激是攀岩的显著特点。攀岩能充分满足人们回归自然、寻求刺激、挑战自然、挑战自我的欲望，这是它深受人们喜爱的原因。参与这项运动，可使人在与悬崖峭壁的抗衡中学会坚强，在与大山的拥抱中感受宽容，在征服攀岩路线后享受成功与胜利的喜悦。攀岩者不仅需要具备良好的身体素质、心理素质和娴熟的技巧，更要有良好的应变能力、坚强的毅力和丰富的参赛经验。由于攀岩者在岩壁上稳如壁虎、矫似雄鹰，因此它又是一项极具美感和观赏性的运动，被称为“岩壁上的芭蕾”。

（三）攀岩的分类

1. 按地点分类

（1）自然岩壁攀岩。在野外攀爬天然生成的岩壁，一般是开发和清理过的难度或抱石路线。

（2）人工岩壁攀岩。在人工制造的攀岩墙上攀岩，包括室内攀岩馆和室外人工岩壁。

2. 按攀岩形式分类

（1）自由攀岩。不借助保护器械（主绳、快挂、铁锁等），只靠自身力量攀岩。

（2）器械攀岩。借助器械的力量攀岩。

（3）顶绳攀岩。在岩壁上端预先设置好保护点，主绳通过保护点进行保护，攀岩者在攀岩过程中不需进行器械操作。

（4）先锋攀岩。路线预先打上数个膨胀钉和挂片，攀岩过程中将快挂扣进挂片成为保护点并扣入主绳保护自己，攀岩者需要边攀登边操作。

3. 按比赛形式分类

（1）难度攀岩。难度攀岩是以攀岩路线的难度来区分选手成绩优劣的攀岩比赛。其比赛结果是以在规定时间里选手到达的岩壁高度来判定的。在比赛中，队员下方系绳保护，带绳向上攀登并按照比赛规定有次序地挂上中间保护挂索。比赛岩壁高度一般为15米，线路由定线员根据参赛选手水平设定，通常屋檐类型难度较大。

（2）速度攀岩。速度攀岩以速度决定胜负。在最短的时间内完成路线，便得以晋级，直至产生冠军。

（3）抱石比赛。运动员在指定时间内不限次数去尝试完成多条路线，尝试次数最少而又能完成路线者为冠军。判定名次，首先看结束点的多少，如果结束点同样多则看得分点数量，最后看攀爬次数。

（4）室内攀岩。室内攀岩是在一个高而大的房间内设置不同角度、不同难度的人工岩壁，在上面装有许多大小不一的岩石点，供人用四肢借助岩点的位置，手攀脚蹬。室内攀岩的难易程度可由人直接控制。岩壁也分为人工岩壁和天然岩壁。人工岩壁是人为设置岩点和路线的模拟墙壁，可在室内和室外进行攀岩技术的训练，难易程度可随意控制，训练时间比较机动，但高度和真实感有限；天然岩壁是大自然在地壳运动时自然形成的悬崖峭壁，给人的真实感和挑战性较强，可自行选择攀岩的岩壁、路线及攀登地点，路线变化丰富，有凸台、凹窝、裂缝和仰角等。

4. 按比赛性质分类（竞技攀岩）

（1）完攀（flash）。运动员在比赛之前可以收集路线的有关资料和观察路线，在攀岩过程中一旦脱落或犯规即判其失败。

（2）看攀（on sight）。运动员在比赛前对路线的信息一无所知，边观察边进行攀登，在攀岩过程中一旦脱落或犯规即判其失败。

（3）红点攀岩（red point）。运动员可以对路线进行反复的观察和试攀，只要最终达到终点即可。

（4）速度攀岩（speed climbing）。上方系绳保护，运动员按指定路线进行速度攀岩的比赛。运动员按完成比赛路线所用的时间来决定每轮比赛的名次。

（5）大圆石攀岩（bouldering）。岩石高度不得超过 4 米，每条路线不超过 12 个支点。攀岩时，运动员不系保护绳，每次比赛需要选择 10 条路线攀登。

（四）攀岩的基本装备

装备器材是运动的一部分，是攀岩者的安全保证。攀岩装备分为个人装备和攀登装备。个人装备指的是安全带、下降器、安全铁锁、绳套、安全头盔、攀岩鞋、镁粉和粉袋等；攀登装备指的是绳子、铁锁、绳套、岩石锥、岩石楔，有时还包括悬挂式帐篷。

二、攀岩基本技术

（一）攀岩的基本动作要领

攀岩的基本方法是三点固定法，对身体各部位的姿势和动作均有一定要求。攀登岩石峭壁时，身体要自然放松，以双手双脚中的三个支点稳定身体重心，重心要随着攀登动作的转换而移动，这是攀岩时身体稳定、平衡、省力的关键。

攀登自然岩壁时，手臂的动作变化比较大，要视支点情况不同而采用如抓、攀、抠、拉、张、推、跨、蹬、挂、踏等各种用力方法。

在攀岩过程中，脚的动作要领是：两脚微屈、外旋，大脚趾内侧紧贴岩壁面，以脚踩支点来维持身体重心，在自然岩壁支点大小和方向不同的情况下要灵活运用。在攀岩过程中，膝部不要接触岩面，在用脚踩支点时，要掌握用力的方向，切忌用力过猛。在攀岩过程中还要注意手脚配合。在学习攀岩的过程中，首先要练好上肢力量，上肢又以手指和手腕、手臂力量为主，再配合以脚踝、脚趾以及腿部的力量，使身体重心随着用力方向的不同而协调地向前移动。

（二）攀岩时的基本要求

（1）尽量节省手的力量。攀岩是用手和脚，通过寻找岩面上一切可利用的支点，克服攀岩者自身的体重及所携带的重量向上进行攀登。所有攀岩者应该有一定的手臂、手指及腰腹力量。由于手臂力量相对很有限，在攀岩的过程中，应尽量用腿部力量，而节省手的力量。

（2）控制好重心。控制重心平衡是攀岩过程中最关键的问题，重心控制得好就省力；反之，就会消耗许多不必要的力量，同时也就影响了整个攀岩过程。

（3）有效休息。在一条攀岩路线中，肯定是有些地方简单，有些地方难，要想一口气爬完全程比较困难，所以，想爬得高一些，应学会有效休息，一般是到达一个比较容易的位置，以最省力的姿势，边休息边观察下一段要攀爬的线路。这一点在比赛过程中尤为重要，因为正式的比赛，攀岩的路线是完全陌生的，而且只有一次机会。

（4）主动调节呼吸。初学者往往忽略这一点。攀爬一条线路是一个连续的过程，从一开始就应该主动去调节呼吸，而不应等快坚持不住了再去调整。

另外要强调一点，攀岩是一项有危险性的运动，若装备质量合格，保护技术过硬，保护人员操作规范、认真，就不会有危险；反之，若装备质量有问题，保护人员操作不规范、不认真，就容易出危险。因此，攀岩中的保护是每个参与者都应时刻注意的问题。

（三）攀岩时的保护方法

攀岩者在保护人通过登山绳给予的保护下进行攀登。登山绳的一端通过铁锁或者直接与攀岩者腰间的安全带连接，另一端穿过保护者与其腰间安全带相连的铁锁和下降器，中间穿过一个或多个固定的安全支点上的铁锁。

保护者在攀岩者上升过程中不断给绳或收绳，在攀岩者失手时，握紧绳索制止其坠落。攀岩者在突然发生坠落时冲击力是很大的，直接手握绳索很难将其拉住。冲击力主要通过绳索与铁锁及下降器之间的摩擦力而抵消。因为保护支点上有很大的摩擦力，所以体重较轻的人也可以保护较重的人。保护的形式按保护支点的相对位置一般分为上方保护和下方保护两种。

1. 上方保护

这是保护支点在攀岩者上方的一种保护形式。在攀岩者上升的过程中，保护人不断收绳使攀岩者胸前不留余绳，但也不要拉得过紧，以免影响攀岩者行动。上方保护对攀岩者没有什么特殊要求，发生坠落时冲击力也较小，较为安全。进行上方保护使用的器材一般有安全带、铁锁和下降器。保护人收绳时要注意随时用一只手握住下降器后面的绳索，或把下降器两头的绳索紧紧抓在一起。因为在发生事故时，只抓住下降器前面的绳子是很难制止坠落的。

2. 下方保护

这是保护支点位于攀岩者下方的一种保护方式。该保护方式没有上方预设的保护点，只是在攀岩者上升的过程中，不断把保护绳挂入途中安全支点上的铁锁中。这是国际比赛中规定的保护方法，实用性较大。但这种保护方式要求攀岩者自己挂保护，而且发生坠落时由于坠落距离大且冲击力强，适合技术熟练者使用。

三、攀岩竞赛规则简介

（一）场地

（1）国际竞技攀岩委员会授权的所有比赛都必须在专门设计的人工岩壁上进行，建议第一条线路宽度至少 3 米，高度至少 12 米，路线长度至少 15 米。

（2）整个岩面均可用于攀登。

（3）岩壁的侧缘和顶缘不允许攀登。

（4）若需在岩壁上把某条路线与其他路线划分开，则界线必须连续且清晰可辨。

（5）路线的起点必须清楚地标明。

（二）规则与犯规

1. 路线观察

（1）除非有另外有关难度赛、难度对抗赛、速度赛和抱石赛的特别规定，才允许有资格参加某轮次比赛的运动员在比赛开始前观察并研究路线。在路线观察期间不允许领队陪同运动员。在观察区，所有运动员须遵守隔离的规定。观察时间由裁判长与定线员商定后宣布，每条路线不得超过 6 分钟。

（2）运动员必须在规定的区域观察路线。不得攀爬岩壁，不得站在装备或装置上，不得以任何形式与观察区外的任何人联络。若有疑问，只能向裁判长或项目裁判咨询。在观察时间内，运动员可使用望远镜观察路线，可手画草图或记录，但不允许使用其他观察和记录工具。在双脚不离地的情况下，运动员可抓握第一个支点。每个运动员都可在规则控制的范围内独立了解攀爬路线所需的全部信息。除正式观察时间外，运动员不能通过其他任何途径获取任何有关比赛路线的信息。

（3）观察时间结束时，运动员应立即回到隔离区。对比赛的练习（旧）路线，裁判长与定线员协商后决定时间表、程序和运动员练习时间的长短。

2. 比赛前的准备

（1）当得到离开隔离区进入过渡区的正式指令时，除指定官员外，运动员不能由任何人陪伴。到达过渡区，每一运动员应穿上攀岩鞋，以认可的绳结系好绳子，做好攀登前的一切准备。运动员得到指令时，应随时准备离开过渡区进入赛区。任何无故拖延都可能导致“黄牌”警告；进一步拖延将根据比赛处罚规定，取消比赛资格。

（2）每名运动员在路线攀登时，应对其所穿戴的装备和服装完全自负其责。使用未认可的装备、绳结或服装，或者未经批准对比赛用服的改动，或者不符合广告规定，或者违反规则的任何部分，都将导致运动员直接被取消资格。

（3）在任何情况下均不允许运动员到过渡区以后再回到隔离区。

第三节 台球

一、台球的起源与发展

台球起源于西欧。公元 14 世纪，在英国维多利亚女王时代，台球非常受人们的重视。在一些富豪家庭里，不仅有豪华讲究的台球间，还有严格的台球活动礼节。

二、台球的分类

（一）英式台球

英式台球分为英式比例台球和斯诺克台球两大类，主要流行于欧洲，尤其是英国。英式比例台球又称为三球落袋式台球，属基础类型的台球，是台球正式比赛项目之一。英式比例台球出现较早，要求具备较全面的技术打法。目前，世界许多著名的斯诺克台球运动员，英式比例台球的基本功都相当扎实。英式台球的另一个种类斯诺克台球更是世界流行的主流台球项目之一。英文“斯诺克”的含义为“障碍”，从英文“snooker”音译而得名。斯诺克台球不仅可以自己击球入袋得分，也可以有意识地打出让对方无法施展技术的障碍球，从而使对方受阻挨罚。

（二）美式台球

美式台球又称“美式普尔”，是台球的一个重要流派，是继法式台球和英式台球之后形成的一种新风格。它与英式台球和法式台球并驾齐驱，广泛地流行于西半球和亚洲东部。美式台球包括 8 球制台球、9 球制台球、芝加哥台球、普尔台球和保龄台球等种类。8 球制台球在我国也有广泛的群众基础。

（三）中式斯诺克台球

中式斯诺克台球起源于中国，与其他台球的最主要区别在于台面中间增加了 4 个进球袋及边框，既容易进球，又容易形成斯诺克。中式斯诺克同时拥有更多精彩的运球路线，充分积极地体现球手之间连续进攻、巧妙防守及高难度解球的高超技艺，拓展了台球技术性及艺术性。中式斯诺克注重全局及排兵布阵，更具娱乐性、挑战性以及智慧元素，有“棋球”之说。

（四）法式台球

法式台球起源于法国，也称为卡罗姆台球，其含义是用主球连续撞击两个球，这是法式台球最基本的要求。与英式台球、美式台球最主要区别是法式台球的球台没有网袋。法式台球有多种比赛方式，其中主要的是三边卡罗姆式台球。

三、台球基本技术

（一）球杆重心

拿到球杆时，首先要了解球杆的重心位置，然后由重心点向杆尾处移动约40厘米，在这段距离内握住球杆是比较合适的。当然，根据主球离库边的远近，需要不同力度出杆等情况，握杆的位置可以偏前或偏后。如主球贴库时，要握接近杆的重心位置；主球较远时，可以握杆靠近尾部的位置；如需要大力击球时，握杆手亦可以往后握，以加大握杆和出杆的距离，便于发力。

（二）握杆方法

握杆方法直接影响出杆的质量。正确的握杆方法是：拇指和食指在虎口处用轻力握住球杆，其余三个手指虚握。这样握杆的优点在于保证手指、手腕和整个手臂适度放松，便于肌肉更协调地工作。另外，手指、手腕和整个手臂的适度放松有利于手腕和整个手臂在运杆时的流畅。充分地感觉出杆触击球一刹那间杆头与球的撞击效果，能给手指、手腕以及手臂肌肉本体感觉器更丰富的信号，便于正确学习掌握技术动作，以及时发现和纠正训练过程出现的动作错误。握杆时手腕要自然垂下，既不要外翻，又不要内收。

一个正确的手腕位置对于一位球手的成功十分重要，但这并不意味着所有优秀的台球选手握杆时手腕位置都一模一样。戴维斯和亨得利的手腕位置就各有不同，戴维斯的手腕要稍向外些，亨得利的手腕则是平直的。一般来讲，握杆时的手腕位置有差异，是因为个人长期养成的用力习惯不同，握杆的方法、肘部位置、肩部位置、身体姿势、站位有所差异。总之，在台球训练中，应当时刻注意“手腕位置要自然垂下，既不要外翻，又不要内收”的基本要求，这个基本要求不是一个绝对值，而是一个有限定的范围。斯诺克台球选手要比美式台球选手更应重视这一要求。因为斯诺克台面大，袋口相对球而言比美式台球小，所以对准确性的要求更高。

（三）身体姿势

击球的方向是由站位和身体位置来决定的，保持正确的身体姿势有助于完成正确的击球动作。

1. 站立位置

握好球杆后，面向球台向用主球击打目标球的方向直立，球杆指向主球，握杆手置于体侧，同时确定击打目标球的下球点和主球将要移动的轨迹。

2. 脚的位置

当身体位置确定后，握杆的手保持在体侧不动，左脚向左侧前方迈出一小步，双脚距离与肩同宽。左腿稍微弯曲，右腿保持自然直立。

3. 上体姿势

站好脚的位置后，上体向右侧转并向下弯身，使肩部拉起，上体前倾，与台面接近，头微微抬起，下颌正中部位与手或球杆相贴，双眼顺球杆方向平视。

4. 面部位置

尽量使球杆保持在额头中轴线上，双眼保持水平前视，使面部与球杆和后臂所在平面垂直。

（四）站位与击球

1. 站位

正确站位有助于正确完成击球动作。右手握杆，以右脚为轴，左脚略向侧前方迈出一步，两脚分开不宜过大，身体保持平衡。身体位置与球杆的关系保持上体前倾，脸的中心保持在球杆之上，架杆的手臂肘关节充分伸展。架杆手的位置应与本球保持约 15 厘米距离。

站位要点提示：两脚略前后分开，处在合理位置，身体保持平衡。

2. 击球

以肘部作为支点，像钟摆一样前后晃动，球杆向前移动时要平稳，直线前移，不宜上、下、左、右晃动。击球时，球杆要平稳，直线前后移动。

击球要点提示：以肘关节为支点，前臂自然地前后摆动；球杆平稳地直线前移；出杆击球时不能上、下、左、右摆动。

第四节 轮滑

早在 1 100 年前，猎人在冬天打猎时，将骨头安装在长皮鞋底下滑移，这可算是最早的溜冰鞋了。轮滑又称滚轴溜冰，是穿着带滚轮的特制冰鞋在坚硬的场地上滑行的运动。

一、轮滑的种类

轮滑是一项休闲运动，同时也是竞技项目。随着它的不断完善，目前已形成多项轮滑竞技项目，分为极限轮滑、速度轮滑、花样轮滑、自由式轮滑和轮滑球 5 大项。

（一）极限轮滑

极限轮滑也叫特技直排轮滑，受到现在年轻人的追捧，主要分为街式和专业场地两种。

（二）速度轮滑

以单排、双排轮滑鞋为比赛工具的竞赛项目，分场地跑道比赛和公路比赛两种。世界锦标赛场地跑道正式比赛有 300 米计时赛，500 米淘汰赛，1 000 米、5 000 米、10 000 米、20 000 米积分赛。

（三）花样轮滑

花样轮滑的开创，最早是为了让花样滑冰选手在无冰的情况下也能够训练，而后发展成了一项独立的运动。花样轮滑分为规定图形滑、自由滑、双人滑和双人舞 4 个项目。比赛在长不小于 50 米长、宽不小于 25 米的场地上进行。参赛各队每项比赛可以参加 3 人，男女总计 12 人。根据动作的难易程度、舞姿的优美程度打分确定胜方。

（四）自由式轮滑

自由式轮滑中最有代表性的就是平地花式（简称平花）。其他还包括速降、FSK、休闲、花式刹停、跳高、轮舞。

（五）轮滑球

轮滑球早在 1896 年就出现在英国，算得上是历史最悠久的轮滑。轮滑球融合了冰球和马球两种运动项目的特点，以个人技巧和团体协作为基础，比赛规则宽松，具有很强的对抗性。

二、轮滑基本装备

1. 上鞋

上鞋即轮滑鞋上面的鞋型组成部分，是决定轮滑鞋性能的主要部件。上鞋一般分为外壳和内胆两部分，但速滑鞋和个别的专业平花鞋是没有外壳和内胆之分的。轮滑鞋中，只有速滑鞋少了一个其他品种轮滑鞋都有的东西，叫 cuff，它的作用是保护脚踝，便于让脚踝的力量很好地发挥出来。内胆是在鞋里面那层厚厚的海绵，可以掏出来单独清洗，它的作用是可以缓解脚部和外壳之间的摩擦，最重要的是厚实的内胆可以使轮滑鞋的包脚性非常好，从而使轮滑鞋的性能完美地发挥出来，更便于使用者学习轮滑技能。

2. 刀架

刀架即为连接轮子及上鞋之间的框架。刀架的材质和结构形式是决定轮滑鞋性能的第二大要点。一些成年人专业速滑鞋的刀架装有 5 个轮子，儿童玩具鞋的刀架只装有 3 个轮子，其他所有的单排轮滑鞋的刀架都装有 4 个轮子。

3. 轮子

现今的单排轮滑鞋的轮子一般都是 PU 轮，这种材料的轮子可以适应各种场地和状况。轮子由外面的轮胶和里面硬质的轮毂构成。轮胶的硬度一般为 80~85A（A 为硬度标记；数字越大，硬度越大，轮子就越耐磨）。

4. 轴承

轴承安装在轮子的轮毂里面，轮子的两面各安装一个轴承，两个轴承之间装有一个轴承定位套，作用是给轴承定位，不让它在轮毂里有攒动，从而达到轴承转动的理想状态。

5. 底钉

底钉即把刀架固定在上鞋下面的螺钉。

三、普通轮滑技巧

1. 站姿

一种是普通的平行站立，即让两只脚平行稍窄于肩，双膝微弯以保持重心，以脚踝的力量控制好脚，不要让脚左右摆动，要保证轮子垂直地面。穿专业平花鞋平行站立时，因为鞋的结构设计的影响，两脚会自然地向外压外刃。第二种是应用于非平整地面的丁字形站立（也叫 T 字形站立），即一只鞋的最后一个轮子抵在另一只鞋的第二个和第三个轮子之间，双膝微弯，双腿之间稍有间隙，以保持重心，仍然是以脚踝的力量控制鞋子（图 18-4-1）。

2. 起步

从T字形站姿起步，让一只脚保持前进姿势，脚尖向前，另一只脚向身体侧后方蹬地推出，就会有前进的力量。此时，身体的重心应完全放在前脚上，身体稍向前倾（不是驼背），这样后脚的发力收回过程才能顺畅。后脚收回后，换另一只脚向身体侧后方蹬出，重心位置依然放在前脚上，以此类推（图 18-4-2）。

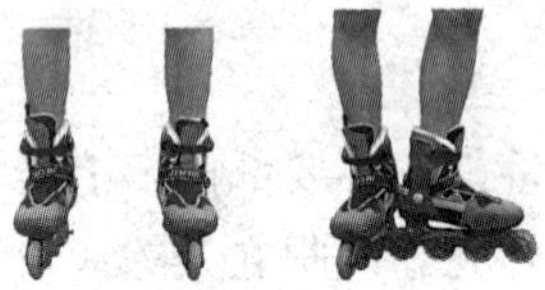

图 18-4-1 站姿

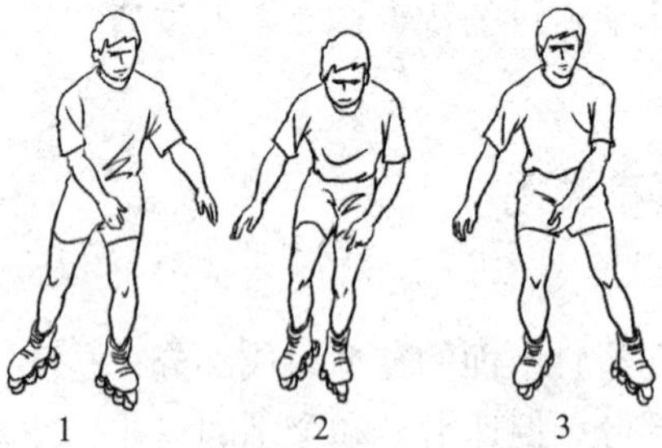

图 18-4-2 起步

3. 滑行

滑行时要保持较好的平衡，应尽量屈膝弯腰以稳定重心和便于发力。

（1）身体的重心。滑行时，身体的重心要始终稍向前倾，随着两脚的不断交替，重心要不断转移。当一只脚向侧后方蹬出时，身体重心必须要完全放在另一条腿上，这样才能保证蹬出的腿很顺畅地收回来。当这条腿收回落地时，重心马上转移到这条腿上，再把另一条腿蹬出。切记每次蹬腿时身体重心都要完全放在另一条腿上。如此循环，以此类推。

（2）滑行姿势。双膝微弯，身体稍向前倾以保持重心。滑行速度越快，屈膝弯腰的幅度越大。标准的速滑姿势为双手自然背后（无摆臂的情况下），背部与地面平行，大腿与小腿之间的夹角不大于 120°，以此类推。

（3）停止。以上述姿势滑行，双脚靠近保持平行，有刹车块的脚稍稍向前，使两脚距离相差约有半个脚，提起脚尖直到刹车块碰触到地面，然后慢慢将重心移到有刹车块的脚，增加压力，直到停下来，以此类推。

四、轮滑技术练习

初学轮滑者一定要注意培养正确姿势。滑行时，膝、踝关节保持自然弯曲，降低身体重心，身体失去平衡时要向下蹲。平衡是掌握轮滑的基础，掌握平衡是非常重要的。初学者可以通过控轮练习来慢慢掌握平衡，控轮练习的目的就是尽快地熟悉脚下的鞋和轮子，找到轮上的感觉，找到平衡。但初学轮滑应避免滑行前不做准备活动，不戴护具，滑行后立即喝水。

具体的练习方法如下：

1. 原地错步

身体正直但不要僵硬，双臂必要时可自然张开调整重心，双腿自然弯曲保持重心，两脚一前一后错开，交错幅度视个人身高而定，两脚尖错开的距离以一肩宽为宜。两脚交错后，两脚仍然保持平行，两脚尖朝前。身体保持原地不动，待重心稳定后两脚收回，换脚错开，要领同上。

要点：每错开一步要等重心稳定后，即身体不再乱晃，方可收回再做下一步。

2. 原地高抬腿

首先将重心移至一条腿上，另一条腿尽可能高地缓缓向上提膝，不要有滞空停留，缓缓落下。在此过程中，身体要始终保持正直，不可乱晃，待身体稳定后再换另一条腿抬起，要领同上。

要点：在循环过程中，要始终保持身体正直不乱晃，抬腿落腿时尽可能慢，高度尽可能高。

3. 平行行走

首先平行向身体的一侧横向迈出该方向的一条腿，跨度视个人身高而定，以 1.5 倍的肩宽为宜。待身体稳定后向迈出的方向收回另一条腿，以平行站立姿势站好。此过程要保持身体的稳定，不可前后乱晃。待身体稳定后向同一方向再走 4 步，要领同上。

向此方向走 5 步后，再向相反方向平行行走 5 步，要领同上。

要点：每横向跨出一步，要待身体稳定后方可收回另一条腿至平行站立姿势，平行站立站好稳定后，方可再走下一步。在循环过程中，身体要始终保持正直稳定不乱晃。

4. 重心转移

静蹲姿势预备。首先在保持身体原地不动的基础上，向身体的一侧横向蹬出该侧的腿，蹬出的腿要蹬直，此时一定要保持身体的重心完全放在没有蹬出去的那条腿上，且上身的位置保持不变。然后上身向蹬出的腿的方向平行移动（切记两脚仍在原地保持不动），上身移动至蹬出的腿的上方，现在，刚才蹬出的腿就是现在的支撑腿，刚才的支撑腿就是现在的蹬出腿，此时的重心仍然要完全放在现在的支撑腿上。在重心转移时，上身切不可左右摇摆或忽高忽低，平移的过程中从头至臀的轴线要始终保持朝向正前方，以静蹲姿势平移过去。如此循环练习，要领同上。

要点：在循环练习中，上身不可左右摇摆或忽高忽低；在平移的过程中，从头至臀的轴线要始终保持朝向正前方；每次重心转移必须将重心完全放在支撑腿上，待稳定后再做下一步动作。

5. 直线滑行

（1）分解直线滑行练习。静蹲姿势准备。首先身体将重心转移至一条腿上，另一条腿用脚内侧向斜后方蹬地。蹬地后，迅速收回至静蹲姿势自由滑行，在此过程中，上身姿势始终保持不变。接着重心转移到另一侧，换用另一条腿蹬地，左右如此往复练习，要领同上（图 18-4-3）。

要点：重心转移要到位，上身姿势要始终保持不变。

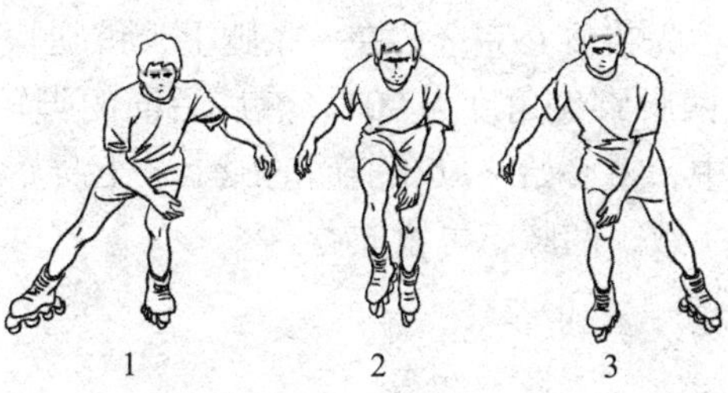

图 18-4-3　分解直线滑行练习

（2）直线滑行练习。直线滑行练习在蹬出脚收回至静蹲姿势时，一条腿蹬出收回后另一条腿马上再蹬出收回。如此循环练习，重心、姿势的要领、要点同分解直线滑行练习。

（3）直道滑行的摆臂动作练习。在滑行过程中，加入摆臂动作的目的和在陆地上跑步、走步摆臂的原理是一样的，都是为了更好地保持平衡，从而能够平稳加速。在直线滑行时，两臂用力一前一后摆动，在摆幅高度为向前摆时，手的高度不超过面部，以视线以下为佳；在向后摆动时，手要从身体下面过再向上摆动，手臂伸直，尽量向身体内侧收，不要太向外打，摆动高度为尽可能向后摆的一个自由高度。

6. 弯道滑行

入弯道时，弯道内侧的手臂自然背后，外侧的手臂用力摆动以保持平衡。此时摆臂的幅度可稍减小。弯道滑行要克服的难点就是自身体重造成的离心力，因为弯道滑行时的离心力，所以我们的身体就要向弯道内侧倾斜，而且在转弯半径越小的弯道上，身体倾斜度就得越大（图 18-4-4）。

图 18-4-4 弯道滑行

7. 平行转弯

入弯道时，两脚一前一后平行错开，弯道内侧的脚向前错，弯道外侧的脚向后错，然后身体重心向弯道内侧倒，同时，身体头尾的纵轴线的朝向也要跟着弯道转向，直至出弯后再收回两脚。

要点：重心的倾斜和身体轴线的转向要同步，两脚错开的距离要适当。

8. 弯道夹脚

弯道夹脚是标准速滑的转弯动作，它的特点就是利用弯道进行加速。平行转弯的过程是个减速的过程，但是弯道夹脚却是个加速的过程。所以，在速滑比赛中，运动员都是利用狭小的弯道空间进行加速超过对手。其要领是：入弯时，采取静蹲姿势，身体重心向弯道内侧倾斜，同时在弯道外侧的脚向外侧蹬出，蹬出后收回至内侧脚的前面，此时两脚呈交叉状。切记外侧腿收回至内侧腿前面的同时，内侧腿就要向外侧蹬出。内侧腿收回后，要放在身体重心的下方，以稳定重心。如此往复练习，要领同上。

要点：重心的倾斜和身体轴线的转向要同步；两脚蹬出收回要紧凑，两腿的蹬出都要发力，同时上身姿势始终保持不变；始终要保持一腿蹬出时另一腿已经收回，一脚落地时，另一脚已离开地面，一定要紧凑。

9. 停止法

不少初学者要面对的难题不仅是转弯，还有更重要的刹停。所谓刹停就是刹车停止。最基本的刹车就是T刹，它适用于一般的直线滑行的刹停。而急速的速滑选手则需要减速之后再用一种叫“A 刹”的刹车方式停止。

要点：在向前滑行中，先将重心完全放在一条腿上，该腿膝关节弯曲，同时抬另一只脚横放在支撑脚脚后，让两脚脚尖角度为 90°，然后后面的脚轻拖地面，减缓滑行速度，直到停止滑行。在此过程中，重心始终放在前面的腿上，上身始终保持正直，后腿的膝部朝向要和后脚脚尖的朝向一致，两膝不可紧挨着。

五、避免运动伤害

首先在穿轮滑鞋之前多做一些热身运动，尤其是身体各主要关节部分，可以多做一些伸展操（所谓伸展操，一般来说包含许多拉筋、压腿的动作）。其次场地的选择也很重要，尽量不要在非平整地面上滑，因为不知道下一秒是否会跌倒。而且在非平整场地滑时，若轮子太硬或是自己关节的柔软度不够时，常常会在不知不觉中造成脚踝和膝关节震伤，形成劳损，这也是为什么我们强烈建议不要用太差的鞋子来溜的原因之一。非平整的地面还会减少轴承和轮子的寿命。所以，尽量不要在凹凸不平的地面上和有沙、石、泥的地面上滑行。

非平整地面会对我们的身体和鞋子造成伤害，在平整地面上也不可完全放松警惕。有些平整地面相对比较光滑，比如地砖地面、水磨石地面等。滑行时要避免做急转弯或极速滑行，因为地面较滑，摩擦力太小，轮子很容易打滑；如果是相对比较粗糙的平整地面，如水泥地面、马路地面、石材地砖等摩擦力较大，且不会对身体和鞋子造成伤害，所以基本可以放心滑行。

若真的不小心跌倒，也要注意跌倒的姿势，注意不要受伤。我们常常看到许多人跌倒时都会用手撑，只为了不让屁股着地，这样的动作常常会造成手肘受伤。

第五节　跑酷

一、跑酷概述

跑酷亦称作“城市疾走”（parkour），诞生于20世纪80年代的法国。跑酷把整个城市当作一个大训练场，一切围墙、屋顶都成为可以攀爬、穿越的对象，特别是废弃的房屋。这项运动最初由越战中的法国士兵发起，2002年在英国开始盛行，后来大卫·贝利（David Belle）把它发扬光大。

二、跑酷的基本功要求

（1）韧带要求。跑酷对参与者腿（劈腿）、手臂和腰部（拱桥）的要求很高。

（2）弹跳能力。跑酷对参与者的弹跳能力要求很高。可以利用蛙跳来锻炼弹跳能力。练习时，可以慢慢地从矮到高，由近到远，并要锻炼着地的准确性。

（3）落地即起。人在远处或高处跳跃落地时，利用侧滚马上站起来或继续下一个动作。

（4）手或肘弹跳。在奔跑的过程中碰到角落及障碍物，或要加大跳跃距离时，可同时利用手或肘部在墙壁上的推动来增加跳跃的距离。

（5）准确 / 精确跳跃。从一个目标准确 / 精确地跳到另一个目标。先从近距离跳跃开始，再过渡到稍远距离跳跃，不断锻炼着地的准确性。

（6）翻墙。一阵轻松的助跑之后，快到目标时先利用一只脚顶着墙壁，然后手抓着墙，再用另一只脚推墙，将第一只踏墙的脚顶上去，双手再助力一下。一般分成正面双手按跳上去和背坐式转身上去两种方式。

（7）TIC-TAC。锻炼时最常用在避开一些障碍物的普通手法。如在跑动过程中，当面前出现一口井，在速度没有减太多的情况下，可以踏着井口附近的树或墙面弹过去再继续向前跑。整个过程只能用脚，不能用手。

（8）手或肘弹跳后手抓。利用手弹跳之后再利用手快速地抓住下一个目标。也可以用一手跳一手抓或两手从一面墙推弹后去抓另一面墙。

（9）降落练习。高弹跳之后，落地时只利用双腿来缓冲，而不能利用侧滚来继续下一个动作。

（10）盲跳。在熟练准确性跳跃之后，在某些跳跃过程中可以闭上眼睛，但照样能感觉到自己要降落的目的地，只要在跳跃之前已经扫描过目标位置，然后在跳跃的过程中就可以不去理会目的地。

（11）前空翻及后空翻。在做完 360° 前空翻及后空翻后都要尽量回到原位。

（12）前翻及后翻。可以用手来支撑。在做完 360° 前翻及后翻后，都要尽量回到原位。

（13）平衡感。锻炼平衡感最好的方法是倒立后往反方向用手走到目的地。

（14）侧空翻。有 180°、360° 和 540° 侧空翻等，也有交叉翻或空中定型翻（即在空中翻到一半时，在空中突然慢下来再着地）。

（15）猫跳跃。从一面墙跳到另一面墙时学猫的降落方法。一般有脚滑法和手抓法两种方法。

（16）猩猩跳跃。像猩猩一样，在奔跑的过程中用双手按着障碍物，然后双脚打开跨过去。

（17）精确度及平衡训练。可以在一根管子上来回行走或学猫爬进行训练。

（18）插入练习。在奔跑的过程中利用单脚或双脚甚至身体任何一个部位先冲进一个进口处，如天窗、窗口等。

（19）空翻或手翻过障碍。一般先从侧翻开始。高度都是以腰部的高度开始，刚开始时，可以先用手撑一下或让朋友在旁边帮忙推一推。

（20）单杠练习。不仅可以用来锻炼手抓力量，对一般想练空翻的朋友来说，还可以从单杠中找出在空中翻身或转身的感觉。

三、跑酷的 38 个基本动作（表 18-5-1）

表 18-5-1 跑酷的 38 个基本动作

序号	动作	序号	动作
1	走栏杆平衡练习	7	精准跳远
2	猫爬	8	反弹墙
3	基本落地	9	蹬壁跳远
4	立定跳远	10	钻栏杆
5	侧手反抓栏杆	11	蹬壁上墙
6	倒立	12	夹墙

续表

序号	动作	序号	动作
13	单脚跳远	26	蹬墙猫扑
14	二级翻越	27	单杆飞抓
15	鱼跃滚翻	28	双猩猩跳
16	懒人跳	29	大飞侧滚翻
17	单手跨栏	30	远猩猩跳
18	猩猩跳	31	转墙
19	“股墩”跳	32	猩猩跳接“股墩”跳
20	单脚上墙	33	侧空翻
21	猫扑	34	猩猩跳接猫扑
22	猫反扑	35	高处侧空翻
23	侧手反抓墙	36	猩猩跳飞台
24	助跑猫扑	37	高处后空翻
25	栏杆转	38	顺风旗

跑酷注意事项

从事跑酷，最好装备一些护具，如护腕、护膝、手套等。另外，必须穿一双舒适的鞋子。

参考文献

[1] 刘建国，崔冬雪，及化娟，等．当代大学体育与健身［M］．北京：高等教育出版社，2014．
[2] 李重申，李金梅．体育实践教程［M］．2版．北京：高等教育出版社，2010．
[3] 李仪．大学体育与健康教程［M］．北京：高等教育出版社，2012．
[4] 刘传进，朱礼金．体育与健康［M］．2版．北京：高等教育出版社，2015．
[5] 彭雪涵，王萍丽，汪焱．大学体育［M］．北京：高等教育出版社，2014．
[6] 李鸿江．田径［M］．3版．北京：高等教育出版社，2014．
[7] 郭永波．篮球运动教程［M］．北京：北京体育大学出版社，2005．
[8] 黄汉升．球类运动——排球［M］．3版．北京：高等教育出版社，2015．
[9] 陆卫平．排球竞赛与裁判方法［M］．北京：北京航空航天大学出版社，2009．
[10] 王崇喜．球类运动——足球［M］．3版．北京：高等教育出版社，2014．
[11] 王崇喜．足球教学设计［M］．北京：高等教育出版社，2009．
[12] 刘丹，赵刚．青少年足球训练纲要与教法指导［M］．北京：人民体育出版社，2011．
[13] 苏丕仁．乒乓球运动教程［M］．北京：高等教育出版社，2004．
[14] 陶志翔．网球运动教程［M］．北京：高等教育出版社，2003．
[15] 周鸣共．网球　世界因你而精彩［M］．北京：高等教育出版社，2007．
[16] 郑兆云，许绍哲．羽毛球［M］．北京：北京体育大学出版社，2010．
[17] 编写组．球类运动——乒乓球　手球　垒球　羽毛球［M］．3版．北京：高等教育出版社，2017．
[18] 蔡仲林，周之华．武术［M］．3版．北京：高等教育出版社，2015．
[19] 梅雪雄．游泳［M］．4版．北京：高等教育出版社，2016．
[20] 黄宽柔，姜桂萍．健美操　体育舞蹈［M］．北京：高等教育出版社，2006．
[21] 夏青，王玮，秦小平．五人制足球［M］．北京：高等教育出版社，2015．